拥有超高人气的南北朝史

彪悍南北朝
之 枭雄的世纪

云淡心远 作品

中国出版集团　现代出版社

图书在版编目（CIP）数据

彪悍南北朝之枭雄的世纪 / 云淡心远著 . -- 北京：现代出版社，2020.6

ISBN 978-7-5143-8436-9

Ⅰ.①彪… Ⅱ.①云… Ⅲ.①中国历史—南北朝时代—通俗读物 Ⅳ.① K239.09

中国版本图书馆 CIP 数据核字（2020）第 054140 号

彪悍南北朝之枭雄的世纪

作 者：云淡心远
责任编辑：张 霆 袁子茵
出版发行：现代出版社
通信地址：北京市安定门外安华里 504 号
邮政编码：100011
电 话：010-64267325 64245264（传真）
网 址：www.1980xd.com
电子信箱：xiandai@vip.sina.com
印 刷：三河市宏盛印务有限公司

开 本：710mm×1000mm 1/16
印 张：27.5　　　　　　　　　　**字 数**：572 千字
版 次：2020 年 6 月第 1 版　　　　**印 次**：2021 年 8 月第 2 次印刷
书 号：ISBN 978-7-5143-8436-9
定 价：58.00 元

版权所有，翻印必究；未经许可，不得转载

历史背景

三国后期，权臣司马懿掌握了魏国的军政大权。

司马懿死后，其子司马师、司马昭相继执政，并于公元263年灭掉蜀汉。

公元265年，司马昭之子司马炎代魏自立，国号晋，是为西晋。

公元280年，晋攻灭东吴，完成了统一。

然而，司马炎死后不久即爆发著名的"八王之乱"，北方少数民族乘机兴起。

公元316年，匈奴人刘曜攻占长安，西晋灭亡。北方地区从此成为以匈奴、鲜卑、羯、氐、羌等多个少数民族的逐鹿之地，史称十六国。

公元317年，琅琊王司马睿在建康(今江苏南京)重建晋廷，占有中国南方地区，史称东晋。

公元376年，氐人苻氏建立的前秦政权统一了中国北方。

公元383年，前秦天王苻坚亲自率军大举南下，进攻东晋，却在淝水遭遇惨败，此后北方再次分崩离析，后燕、后秦、北魏、大夏等国家先后建立。

而在南方的东晋，尽管外部矛盾得到了缓和，但内部斗争却愈加激烈。

接下来会发生什么呢？

让我们拭目以待。

主要人物

刘宋：

刘裕（363—422）：刘宋首任皇帝。出身寒门，早年参加北府军，靠平定孙恩、桓玄内乱起家，以军功执掌东晋朝政，曾两次发动北伐，灭掉南燕和后秦，后废晋自立，建立刘宋政权，是为南朝之始。公元422年病逝，死后谥武帝，庙号高祖。

刘义隆（407—453）：刘裕第三子，刘宋第三任皇帝。初封宜都王，在位期间社会较为稳定，史称"元嘉之治"，于430年、450年、452年三次发动北伐，均以失败告终，公元453年被太子刘劭弑杀，死后谥文帝，庙号太祖。

刘骏（430—464）：刘义隆第三子，刘宋第五任皇帝。初封武陵王，公元453年太子刘劭弑杀宋文帝后，他受诸将推戴，领兵讨伐刘劭，夺取帝位。在位期间推行一系列改制举措，加强中央集权。公元464年病逝，死后谥孝武帝，庙号世祖。

刘子业（449—466）：刘骏长子，刘宋第六任皇帝，以荒淫暴虐著称，公元466年被下属弑杀，史称前废帝。

刘彧（439—472）：刘义隆第十一子，刘宋第七任皇帝。在位期间丢失淮北四州，大肆屠杀宗室和功臣，公元472年去世，死后谥明帝，庙号太宗。

刘昱（463—477）：刘彧长子，刘宋第八任皇帝，以凶狠残暴闻名。公元477年被下属弑杀，史称后废帝。

刘穆之（360—417）：刘裕早期著名谋臣。擅长内政，屡次于刘裕领兵在外时留守建康，总管朝廷内外事务。

王镇恶（373—418）：十六国时期前秦丞相王猛之孙，刘裕早期著名将领。早年随叔父从北方移居东晋，后投入刘裕麾下，在内外战争中屡建战功，以擅长奇袭而著称。

檀道济（？—436）：刘宋名将，开国元勋，相传为《三十六计》作者。在刘裕麾下南征北战，战功卓著。宋文帝刘义隆继位后，又在平叛和与北魏的作战中发挥了重要作用，公元436年被冤杀。

臧质（400—454）：刘宋名将、外戚，刘裕发妻臧爱亲之侄。曾在第二次元嘉北伐时据守小城盱眙，击退北魏皇帝拓跋焘亲率的数十万大军，公元454年起兵谋反，兵败被杀。

徐湛之（410—453）：宋文帝刘义隆宠臣，官至尚书左仆射。后在太子刘劭弑父夺位时，受牵连被杀。

沈庆之（386—465）：刘宋名将，历仕武帝、少帝、文帝、孝武帝、前废帝五朝，参加元嘉北伐，并多次领兵平叛，公元465年被前废帝刘子业赐死。

柳元景（406—465）：刘宋名将。在北伐、平叛等战事中立有大功，孝武帝刘骏去世后与江夏王刘义恭等人一起受遗诏辅佐前废帝刘子业。后因密谋废立，为前废帝所杀。

薛安都（410—469）：刘宋、北魏名将，以勇猛著称。早年曾在北方与族人一起起兵，反抗北魏暴政，失败后投奔刘宋，参与了北伐、平叛等多次战事。宋明帝刘彧自立为帝，薛安都在徐州起兵造反，后投降北魏。

沈攸之（？—478）：刘宋名将，沈庆之族侄。本为前废帝刘子业宠臣，后投靠宋明帝刘彧，成为其麾下的重要将领。公元477年后废帝刘昱死后，萧道成把持朝政，沈攸之在荆州起兵，讨伐萧道成，失败后自缢而死。

袁粲（420—477）：刘宋名臣，出身于南朝名门陈郡袁氏，宋明帝刘彧去世时，曾和褚渊等人一起受命辅政。后废帝刘昱被杀后，萧道成专权，袁粲密谋起兵反抗，事败被杀。

南齐：

萧道成（427—482）：南齐首任皇帝，出身于兰陵萧氏，和刘裕的继母萧文寿同族，因平定桂阳王刘休范叛乱而立下大功，后废帝刘昱被杀后，成为刘宋政权的实际控制者。公元479年废宋自立，建立南齐。死后谥高帝，庙号太祖。

萧赜（440—493）：萧道成长子，南齐第二任皇帝，在位期间政治较为清明，史称"永明之治"。死后谥武帝，庙号世祖。

萧鸾（452—498）：萧道成之侄，南齐第五任皇帝，自幼丧父，由叔父萧道成抚养，齐武帝萧赜死后受命辅政，公元494年先后废杀南齐第三任皇帝萧昭业和第四任皇帝萧昭文，自立为帝。死后谥明帝，庙号高宗。

萧宝卷（483—501）：萧鸾次子，南齐第六任皇帝，在位期间骄奢淫逸，滥杀大臣，导致众叛亲离，后被下属弑杀，死后被追贬为东昏侯。

褚渊（435—482）：南齐开国元勋，出身于南朝名门阳翟褚氏，本为刘宋中书令，受命辅政，后投靠萧道成，帮助后者建立南齐。

王敬则（435—498）：南齐开国元勋，出身寒门，本为刘宋禁军将领，后投靠萧道成，参与弑杀刘宋后废帝刘昱，南齐建国后历任要职，后起兵反对明帝萧鸾，事败被杀。

陈显达（427—500）：南齐名将，本为刘宋将领，后追随萧道成。南齐建立后累官至太尉，以处事圆滑著称。后因东昏侯萧宝卷暴虐滥杀，起兵造反，事败被杀。

南梁：

萧衍（464—549）：南梁首任皇帝，出身于兰陵萧氏，与南齐皇室同族。本为南齐将领，以文武全才知名于世，后起兵造反，攻陷建康，公元502年废齐自立，建立南梁。

韦叡（442—520）：南梁名将，早年历仕刘宋、南齐，但仕途坎坷，名声不显。

后追随萧衍，南梁建立后多次领兵击败北魏军，尤以钟离一战最为著名。

曹景宗（457—508）：南梁名将。本为南齐将领，后追随萧衍，助其夺取帝位。公元506年与韦叡一起并肩作战，在钟离之战中大败北魏。

沈约（441—513）：南梁大臣、文学家、史学家。刘宋开国名将沈林子之孙，南齐时以诗文出名，曾和谢朓等人一起改革诗律，创建"永明体"，后投靠好友萧衍，积极劝进，助萧衍称帝。

北魏：

拓跋珪（371—409）：鲜卑拓跋部首领，北魏政权建立者，先后击败后燕、后秦，使北魏成为北方第一强国，死后谥道武帝，庙号烈祖（后改为太祖）。

拓跋嗣（392—423）：拓跋珪长子，北魏第二任皇帝，死后谥明元帝，庙号太宗。

拓跋焘（408—452）：拓跋嗣长子，北魏第三任皇帝，以"善战好买，暴桀雄武"著称，在位期间先后击灭大夏、北燕、北凉等地方割据政权，统一了北方，同时北逐柔然，南破刘宋，武功鼎盛。公元452年为中常侍宗爱弑杀，死后谥太武帝，庙号世祖。

拓跋晃（428—451）：拓跋焘长子，15岁被册立为太子，参决军国大事，公元450年因受谗言困扰，忧惧而死，其子拓跋濬继位后，被追谥为景穆帝，庙号恭宗。

拓跋濬（440—465）：拓跋晃长子，北魏第五任皇帝，公元452年在大臣陆丽、源贺等人的拥戴下继承帝位，在位期间以休养生息为主，死后谥文成帝，庙号高宗。

拓跋弘（454—476）：拓跋濬长子，北魏第六任皇帝，登基6年后提前传位给太子拓跋宏，成为太上皇帝，后因与冯太后产生矛盾，被后者毒死，死后谥献文帝，庙号显祖。

元宏（467—499）：原名拓跋宏，拓跋弘长子，北魏第七任皇帝，5岁继位，在位早期由祖母冯太后临朝执政，亲政后迁都洛阳，大力推行汉化，推动民族融合，实施了一系列对后世有极大影响的新制度。死后谥孝文帝，庙号高祖。

元恪（483—515）：元宏次子，北魏第八任皇帝，在位早期对南梁发动了一系列战争，取得了一定战果，国势盛极一时，但后来在钟离、朐山两度遭遇惨败，内政上外戚高肇专权，朝政日趋黑暗，国力逐渐削弱。死后谥宣武帝，庙号世宗。

崔浩（？—450）：出身于北方大族清河崔氏，历仕拓跋珪、拓跋嗣、拓跋焘三朝，是拓跋焘最倚重的谋臣，为促进北魏统一北方和各项制度建设做出了巨大贡献。公元450年因"国史之狱"，遭拓跋焘诛杀。

高允（390—487）：北魏名臣，历仕拓跋焘、拓跋濬、拓跋弘、元宏四朝，以忠厚耿直、德才兼备而著称。

冯太后（441—490）：文成帝拓跋濬皇后，出身于北燕皇族，曾两次临朝听政，在其执政期间推行均田制、三长制、班禄制等多项制度，是北魏中期全面改革的实际主持者。死后谥文成文明太皇太后，史称冯太后或文明太后。

李冲（450—498）：北魏名臣，出身于十六国时期的西凉王族，历任中书令、尚书左仆射等要职，是冯太后以及孝文帝元宏推行汉化改革的重要助手。

　　元澄（467—520）：北魏宗室名臣，袭爵任城王，历任中书令、尚书令等要职，是孝文帝元宏实施汉化的重要助手。

　　高肇（？—515）：北魏外戚、权臣，宣武帝元恪的舅舅，凭借外戚身份把持朝政，元恪死后被诛杀。

目 录

引子 / 1

- **第一章 从浪子到战神** / 3
  嫁人不嫁刘寄奴 / 3
  北府名将刘牢之 / 5
  以一当千 / 9
  一见刘裕惊似神，从此胜利是路人 / 12

- **第二章 风云突变** / 16
  两个公子哥的角逐 / 16
  一人三反 / 19
  审时度势 / 22
  桓玄称帝 / 25

- **第三章 京口起兵** / 27
  十二条好汉 / 27
  绝处逢生 / 32
  宜将剩勇追穷寇 / 34
  当仁不让 / 40

- **第四章 气吞万里如虎** / 44
  北魏帝国 / 44
  北征南燕 / 47
  奇才徐道覆 / 49

力挽狂澜 / 54

■ **第五章 相煎何太急** / 66
　　欲擒故纵 / 66
　　攻其不备 / 69
　　谈笑间战友灰飞烟灭 / 72

■ **第六章 敢教日月换新天** / 76
　　朱龄石伐蜀 / 76
　　义熙土断 / 78
　　大刀向皇族的头上砍去 / 79

■ **第七章 北伐后秦** / 84
　　屋漏偏逢连夜雨 / 84
　　却月阵 / 91
　　王镇恶奇袭长安 / 95

■ **第八章 黄雀在后** / 101
　　后院起火 / 101
　　名将凋零 / 104

■ **第九章 南朝第一帝** / 110
　　心有灵犀 / 110
　　六位帝皇完 / 112

■ **第十章 权谋高手刘义隆** / 115
　　吃了我的给我吐出来 / 115
　　泰山崩于前而睡不变 / 118
　　队友变对手 / 122

■ **第十一章 拓跋焘：为打仗而生的战争狂人** / 127
　　战场当成游乐场 / 127

冒险家的乐园 / 129
檀道济唱筹量沙 / 142

■ **第十二章　一统北方** / 147
灭大夏 / 147
平北燕 / 148
吞北凉 / 151

■ **第十三章　暗潮涌动** / 157
元嘉之治 / 157
谢灵运：生命不息，作死不止 / 158
自毁长城 / 160
同室操戈 / 162

■ **第十四章　腥风血雨** / 168
华夷之辨 / 168
太武灭佛 / 172
兵戈再起 / 174
国史之狱：两大名臣崔浩和高允的不同命运 / 177

■ **第十五章　元嘉北伐** / 185
元嘉草草，封狼居胥 / 185
吹牛大王王玄谟 / 189
猛男薛安都 / 192

■ **第十六章　饮马长江** / 196
唇枪舌剑 / 196
不到长江心不死 / 200
由一泡尿引发的盱眙保卫战 / 203

■ **第十七章　平城疑云** / 208
雄主之死 / 208

拨乱反正 / 210

■ 第十八章　建康惨案 / 214
巫蛊案 / 214
首个死于儿子手下的汉人皇帝 / 219
刘骏起兵 / 224
前见子杀父，后见弟杀兄 / 227

■ 第十九章　内乱不休 / 230
不伦之恋 / 230
酒驾都那么危险，何况酒后造反 / 231
南湖水怪 / 235

■ 第二十章　誉之则为明主，毁之则为昏君 / 240
寒人掌机要 / 240
手足相残 / 244
殷淑仪之谜 / 250

■ 第二十一章　临朝称制 / 254
云冈石窟 / 254
忍、等、狠 / 256

■ 第二十二章　禽兽王朝 / 259
鬼目粽 / 259
山阴公主 / 262
老臣沈庆之 / 264
猪王刘彧 / 267

■ 第二十三章　内战内行，外战外行 / 273
普天同叛 / 273
图书管理员吴喜 / 275
张兴世的神来之笔 / 276

征战淮北 / 281

第二十四章　史上最年轻的太上皇 / 286
少年天子 / 286
梅开二度 / 290

第二十五章　刘宋王朝的掘墓人 / 292
错杀一千，放过一个 / 292
对不起，借个种 / 296
危急时刻显身手 / 298

第二十六章　萧道成：史上最走运的开国皇帝 / 303
熊孩子刘昱 / 303
目光如电，须髯尽张 / 306
废宋建齐 / 310

第二十七章　千古一后 / 316
太和改制：均田制、班禄制和三长制 / 316
比汉人还要汉人的鲜卑皇帝 / 321
北魏改革的总设计师 / 322

第二十八章　孝文帝迁都 / 325
永明之治 / 325
力排众议 / 329
南征变南迁 / 332

第二十九章　南齐宫变 / 335
竟陵八友 / 335
萧鸾夺位 / 337

第三十章　汉化改革 / 341
理想和现实之间的差距 / 341

全盘汉化 / 345
螳臂当车 / 349

- **第三十一章 孝文大帝** / 352
  进军汉北 / 352
  皇后出墙 / 356
  壮志未酬 / 360

- **第三十二章 步步生莲花** / 363
  社恐患者萧宝卷 / 363
  四面皆反 / 366

- **第三十三章 时来天地皆同力** / 372
  萧衍起兵 / 372
  两封空函定一州 / 373
  锦鲤之王 / 375
  代齐建梁 / 380

- **第三十四章 烽火再起** / 384
  元恪亲政 / 384
  北风那个吹 / 387

- **第三十五章 天监北伐** / 391
  与陈伯之书 / 391
  韦虎出山 / 393
  洛口大溃败 / 395

- **第三十六章 钟离大战** / 401
  进围钟离 / 401
  撼山易，撼韦叡难！ / 404
  何如霍去病 / 406

第三十七章　由盛转衰 / 410

高肇擅权 / 410

枉杀贤王 / 413

每况愈下 / 417

胡太后：好风凭借力 / 418

引子

如果把中国历史长河比作长江的话，我觉得南北朝可能相当于三峡。

滚滚长江水在奔流到三峡段后，遇到了群山的阻挡，看似已经无路可走，但最终江水还是冲破了重重险阻突围而出，进入了一望无际的平原，从此豁然开朗。

中国历史在奔流到魏晋南北朝后，南北分裂，战事频仍，看似已经成了一团乱麻，但最终还是在不断地冲突、不断地融合中找到了自己的出路，进入空前强盛的隋唐，从此浴火重生。

正如三峡虽然非常险峻但却极为漂亮一样，南北朝虽然是个乱世，但却极为精彩，英雄辈出，传奇纷呈：

有气吞万里的刘裕；

有暴桀雄武的拓跋焘；

有谋比诸葛的崔浩；

有一代贤臣高允；

有唱筹量沙的檀道济；

有屡出奇计的王镇恶；

有文治出众却武功稀松的刘义隆；

有集昏君与明君于一身的刘骏；

有老当益壮的沈庆之；

有扮猪吃老虎的萧道成；

有文武全才的萧衍；

有千古一后的冯太后；

有雄才大略的孝文帝元宏；

有大器晚成的韦叡；

有绝代双雄高欢、宇文泰；

有绝世美男兰陵王高长恭；

有白袍将军陈庆之；

有勇冠三军的高敖曹；

有数学家、天文学家祖冲之；

有地理学家郦道元；

有思想家范缜；

有诗人谢灵运、谢朓、庾信、沈约；

有元嘉之治、永明之治、太和改制……

有刘裕北伐、元嘉北伐、天监北伐、陈庆之北伐，有钟离之战、沙苑之战、河桥之战、邙山之战、玉璧之战……

还有《木兰诗》《水经注》《齐名要术》《哀江南赋》《与陈伯之书》《与朱元思书》《敕勒歌》……

下面，就让我们一起登上"云淡心远"号游轮，一起领略风光无限的南北朝历史吧！

第一章　从浪子到战神

嫁人不嫁刘寄奴

人到中年，不仅一事无成，一贫如洗，一点小生意都做不好，而且还有着一身坏毛病——比如赌博，这样的男人，还能有前途吗？

有。

刘裕就是个例子。

他出生于晋哀帝兴宁元年（公元363年）三月，祖籍彭城（今江苏徐州），自其曾祖南渡以来一直世居京口（今江苏镇江）。

虽然和阿Q一样，他宣称自己祖上也阔过，是所谓的官二十二代——汉高祖刘邦之弟楚元王刘交的二十二代孙，但实际上到他父亲那一代早已是标准的寒门小户，其父刘翘是郡里的小吏，收入极为微薄，母亲赵安宗则在他出生时就死于难产。

由于没有钱请奶妈，刘翘甚至一度有了将这个亲生儿子抛弃的念头。

好在孩子的姨妈颇有爱心，主动相助，用自己的奶水喂养了小刘裕，刘裕才得以避免了婴年早折的悲惨命运。

由于小时候一直寄养在亲戚家，他也因此得了个小名，叫"寄奴"。

而就在刘裕寄居在外的时候，他的父亲刘翘又给他找了个名叫萧文寿的后妈，很快刘裕又有了两个同父异母的弟弟——刘道怜和刘道规。

没过几年，刘翘也去世了，这样一来，家里的经济状况自然也就更窘迫了。

此时，刘裕也回到了自己的本家，继母萧文寿一个人既当爹又当妈，带着三个孩子艰难度日。

虽然并非己出，但萧文寿对刘裕非常好，刘裕对她也颇为孝顺。

可惜的是，孝顺可能是刘裕年轻时唯一的优点了。

他不喜欢读书，识字不多，是个半文盲，又没有什么挣钱的本领，只能做点卖草鞋这样的小本生意，每天也就能赚个块儿八毛的。

没钱就没钱吧，世上穷人千千万，有口饭吃也就算行了。

偏偏他还不安分，又染上了赌博的坏毛病，还总是输多赢少。

有一次，他因为欠了京口首富刁逵一大笔赌债还不起，被刁逵的手下抓住，绑在闹市口的马桩上示众，一顿暴打。

幸亏那天东晋名相王导的孙子王谧正好经过那里，见到刘裕的惨状忍不住动了恻隐之心，当即该出手时就出手，把刘裕的赌债还了——这点小钱，对出身于顶级豪门琅琊王氏的他来说，不过是长江里的一滴水而已。

也许他自己也没有想到，这笔无意中的小投资后来竟收到了巨大的回报——如果评选中国古代最成功的风投案例，王谧这一次肯定能稳居三鼎甲！

而对刘裕来说，这次在大庭广众之下被示众的经历让他在京口的士民中名声大噪。

当然，是臭名——丢人，都丢到太太太太太姥姥家去了！

这样的人，自然会被乡邻们瞧不起，十里八乡的街坊只要提起刘家这个老大，没有一个不摇头的：吃药莫吃黄连苦，嫁人勿嫁刘寄奴！

但这一点他们显然是有些多虑了。

刘裕虽然别的方面不怎么样，但泡妞的水平还是可以的——有个叫臧爱亲的姑娘就和他好上了，两人很快就成了亲，还生了个女儿刘兴弟。

不过这样一来，家里的负担也越来越重了。

眼看着年龄越来越大，生活却是越过越惨——从平民混成了贫民，又从贫民混成了饥民。

锅几乎是揭不开了。

日子快过不下去了。

刘裕再也坐不住了。

那个时候，他已经是三十好几了——在活过五十就算寿星的中国古代，早已是人过中年了！

怎么办？

思来想去，他决定去投军。

这一去，山高水长。

这一去，乘风破浪。

这一去，成就了一段气吞万里的铁血传奇！

北府名将刘牢之

刘裕参加的这支部队，是东晋名相谢安为了应对前秦的威胁而专门组建的，首任统帅是谢安的侄子谢玄，当时的驻地就在刘裕的家乡京口，因京口又名北府，故史称北府军。

北府军的兵源大多是聚居于京口、广陵（今江苏扬州）一带的北方流民，能从烽火连天的北方杀出一条血路来到南方的流民们个个都是强悍之辈，因此北府军的战斗力极为强悍。

创建不久，北府军就大放异彩——在名垂青史的淝水之战中以少胜多，战胜了号称百万的前秦大军！

在多年的征战中，北府军中涌现出刘牢之、何谦、诸葛侃、高衡、刘轨、田洛、孙无终等一大批名将。

其中最为著名的是刘牢之。

刘牢之勇略过人，洛涧一战中他身先士卒，击斩前秦大将梁成，为晋军在淝水的胜利奠定了基础，接着又在随后的北伐中屡建奇功，战功卓著，威名远扬，是北府军的旗帜性人物。

淝水之战后，东晋最大的对手前秦土崩瓦解（详情参见我之前的那本《彪悍南北朝之十六国风云》），面临的外部压力也陡然减轻。

正如被压紧的弹簧一旦撤除外力会迅速扩张一样，当初在强敌压力下被迫团结起来的东晋朝廷一旦没有了外敌，其内部矛盾也迅速膨胀。

新一轮的内斗开始了。

作为军界王牌的北府军，自然也不可避免地卷了进去。

当时在位的，是孝武帝司马曜。

为了提振皇权，他想方设法排挤功高震主的谢安，大力扶植自己的同母弟会稽王司马道子。

没想到谢安去世后，羽翼已成的司马道子居然成了孝武帝最大的对手！

孝武帝心里那个郁闷。

本想与你携手对抗世间风雨，没想到这世上最大的风雨，竟是你所赐！

这段时间，司马道子身兼录尚书事、都督中外诸军事、扬州刺史、太子太傅等多个军政要职，党羽众多，权倾天下，独断专行，让孝武帝大为不满。

兄弟两人的矛盾也愈演愈烈。

公元396年，孝武帝在宫中暴卒，太子司马德宗继位，是为晋安帝。

晋安帝是个真正的白痴，说他蠢笨如猪，那完全是对猪的侮辱。

不要以为这是我夸张，有书有真相。

史书上明确记载：帝不惠，自少及长，口不能言，虽寒暑之变，无以辩也。

话都不会讲，冷热都分不清。

这样一个连生活都不能自理的人，他怎么能治理国家？

皇帝如此傻帽儿，引无数阴谋家竞折腰。

晋安帝在位期间，东晋爆发了一波又一波如滔滔江水连绵不绝的动乱。

首先发难的是继谢玄后出任北府军主帅、坐镇京口的青、兖二州刺史王恭。

王恭出身于名门太原王氏，其妹王法慧是孝武帝的皇后，作为皇帝的小舅子，他是孝武帝的死党，和执政的司马道子水火不容。

公元397年，司马道子与其心腹王国宝等人密谋，打算削减王恭和另一位孝武帝亲信——时任荆州（治所今湖北江陵）刺史的殷仲堪兵权。

王恭当然不可能坐以待毙，便联络了殷仲堪，一起举兵，以清君侧为名要求诛杀王国宝。

危机面前，司马道子尽显草包本色，他顿时吓尿了，慌忙下令赐死王国宝，还派人去低声下气地给王恭道歉。

目的达到，王恭也见好就收，撤兵回了京口。

而荆州那边的殷仲堪虽然口头上答应了王恭，但他胆小怕事，一直没敢行动，直到王国宝被杀了，才开始气势汹汹地领兵东下。

司马道子又不得不写信道歉劝阻，一下子给殷仲堪送上了五百多顶高帽子。

殷仲堪赚足了面子，也志得意满地回去了。

不过，向下属低头认怂毕竟是一种很不开心的人生体验，司马道子当然不想就这样善罢甘休。

谯王司马尚之给司马道子出了个主意：如今藩镇强大，中央弱小，咱们应该在外边多培植忠于朝廷的藩镇。

司马道子深以为然，很快就开始付诸行动。

他任命心腹王愉出任江州（治所今江西九江）刺史，同时为了增强其实力，还专门从临近的豫州（治所今安徽和县）划出了四个郡给江州。

豫州刺史庾楷对此反应强烈，立即上书给司马道子，要求收回成命。

司马道子不肯——我牙口虽然不太好，啃不了王恭这样的硬骨头，但要吃你这样的软柿子还是绰绰有余的！

然而，庾楷虽然是个软柿子，却并非没脑子。

他马上找到了京口的王恭：起初，他们追杀戴黑帽子的人，我没有说话，因为我没戴黑帽子；接着他们追杀戴红帽子的人，我没有说话，因为我戴的是绿帽子……后来他们追杀戴绿帽子的人，却再也没人为我说话了……

王恭：还是开门见山吧。

庾楷这才说道：如今朝廷中的司马尚之，比之前的王国宝还过分。看这样子，削藩是迟早的事。我们应该联合起来，早作打算。

作为地方实力派的一员，王恭当然不会不知道唇亡齿寒的道理。

他爽快地同意了庾楷的要求，同时又派人去通知自己的老盟友——荆州刺史殷仲堪。

殷仲堪对此也表示赞成，并推举王恭为盟主，约定一起发兵，进逼京城。

不过王恭的这个决定遭到了手下大将、北府军核心人物刘牢之的反对：将军您是皇帝的舅舅，会稽王是皇帝的叔叔，都是一家人，上次他还为了您杀了宠臣王国宝，可见他对您还是很尊敬的。这次他把庾楷手中的四个郡划给王愉，跟您又有什么关系呢？

王恭对出身寒门的刘牢之向来就不大看得起，当即毫不客气地否决了刘牢之的建议。

你一个大老粗，懂个啥！踩三轮车的竟然来指导我怎么开劳斯莱斯，也不撒泡尿自己照照！

刘牢之只能悻悻而去。

王恭再次起兵的消息很快就传到了京城建康，司马道子大为震惊。

他的儿子司马元显此时年仅17岁，向父亲进言说，上次您姑息养奸，才有今日之难。这次我们可不能再让步了！

司马道子早已吓得六神无主，见儿子主动请缨，便干脆把防务全权委托给司马元显负责。

司马元显虽然年轻，眼光却比他父亲老辣得多。

他深知王恭之所以如此咄咄逼人，是因为手中有北府军这个王牌，而在北府军中，王恭只是名义上的最高领导，真正的灵魂人物是猛将刘牢之。

如果失去了刘牢之，王恭就成了失去蛛网的蜘蛛，只能坐以待毙！

他一下子就有了主意。

很快，刘牢之在军营中见到了一个自己的老战友——曾是北府旧将的庐江太守高素。

高素给他带来了一封司马元显的亲笔信，信中承诺，只要他愿意倒向朝廷，事成之后，就将王恭现在的职位授予刘牢之。

刘牢之动心了——他早就看不惯这个盛气凌人的顶头上司了，更何况还有这样高的回报！

数日后，作为王恭军前锋主将的刘牢之突然在前线发动兵变，率部投降朝廷，并派其子刘敬宣回军攻打王恭。

毫无防备的王恭怎么可能是刘敬宣和北府军这种虎狼之师的对手？

很快，他就败下阵来，向京口城败退。

到了城下，他却发现城池已经被刘牢之的女婿高雅之占领了！

无奈，他只好拨转马头，狼狈逃窜。

但由于他平时养尊处优，很少骑马，逃了没多远，大腿内侧就磨破了皮，疼痛难忍，他不得不改乘小船。

这样一来，速度自然就慢了，没过多久他就被北府军抓获，送往建康斩首。

东路的王恭就此灰飞烟灭，西路的荆州刺史殷仲堪也成了惊弓之鸟。

殷仲堪是文人出身，因受到孝武帝信任而空降到了荆州，在那里并没有什么根基，他之所以能立足主要依靠的是两个副手——杨佺期和桓玄。

杨佺期时任南郡相，他出自关中著名大族弘农杨氏，但由于过江较晚，在江南不被认可，因此杨佺期一直有一种"清华被电大鄙视"般的愤愤不平，很不服气。

也正因为如此，他出人头地的欲望特别强烈，打仗不要命，以骁勇善战而闻名。

桓玄则是东晋权臣桓温的幼子，成年后先后出任太子洗马、义兴（今江苏宜兴）太守等职，不过自视甚高的桓玄对这样的职务极其不满意：父为九州伯，儿为五湖长！

不久，他就炒了朝廷的鱿鱼，挂冠而去，回到了江陵。

由于父亲桓温、叔叔桓冲在荆州多年的经营，桓家的门生故吏遍布全州，因此他虽然没有官职，但在荆州却有着无人可比的影响力。

可以这么说，如果把殷仲堪的荆州军比作一幢房子的话，那么桓玄和杨佺期就相当于两面最重要的承重墙——如果离开了桓、杨两人，殷仲堪根本就撑不下去！

因此，对于殷仲堪，司马元显用的还是老办法——分化瓦解。

在他的运作下，朝廷发布了这样的任命：桓玄出任江州刺史，杨佺期任雍州（治所今湖北襄阳）刺史，桓玄的堂兄桓修任荆州刺史，殷仲堪则被调到偏远的广州（治所今广东广州）。

对此殷仲堪当然不能接受。

他催促桓玄、杨佺期继续向建康进军，但桓、杨二人却不为所动，按兵不动。

很显然，在得知朝廷开出的价码后，他们已经不再与殷仲堪一条心了。

殷仲堪急中生智，想了一条毒计。

他没有通知桓、杨，带着自己的直属部队先行退军回老巢江陵，同时故意对桓、杨二人的部下放出风声，回去后会尽杀他们的家属。

在这种赤裸裸的威胁下，无奈的桓玄、杨佺期只好再次与殷仲堪结盟，表示将继续联手与朝廷对抗。

见此情景，司马元显也知道自己并无必胜把握，便选择了妥协——在桓玄、杨佺期分别出任江州和雍州的基础上，同意殷仲堪继续留任荆州刺史。

双方就此达成了停火协议。

东晋朝廷的危机终于暂时解除了。

毫无疑问，司马元显是最大的功臣。

他志得意满，开始目空一切起来，甚至连父亲司马道子也不屑一顾。

不久，他干脆趁司马道子喝醉酒的机会，免去其司徒、扬州刺史等职务，由自己接替。

年仅18岁的司马元显就这样成了东晋王朝名正言顺的掌舵人。

以一当千

然而，此时朝廷所能号令的，除了京城建康，只有三吴地区（即吴郡、吴兴、会稽三郡，今江苏南部、浙江大部）而已，西面的大片国土都控制在桓玄、殷仲堪等藩镇手中。

司马元显年轻气盛，少年心事当拏云，初生牛犊不怕虎，当然不能容忍这样的局面长期存在下去。

他开始为西征做准备——一面大量征集钱粮，一面大肆征兵。

作为一个含着金钥匙出生的公子哥，他对百姓疾苦完全没有概念，只知道拼命给地方（当然只局限于东晋中央所能控制的三吴地区）压任务，其要求之严厉，看看这些杀气腾腾的宣传语就知道了：

上缴任务完不成，国家让你活不成！

谁要敢晚交一天，让你全家上西天！

……

三吴百姓的负担陡然加重，一时间民怨沸腾，民不聊生。

煤气压缩到了极点会爆炸，百姓压榨到了极点会造反。

既然一无所有，不如义无反顾！

公元399年，10月，一场席卷江南的大规模叛乱爆发了。

领头的是孙恩。

孙恩的叔父孙泰是东晋五斗米道（即天师道，相传为东汉张道陵所创）首领，后因信徒太多、势力太大而受到当局猜忌，被以"阴谋颠覆国家政权"的罪名处死。孙恩带着一百多名死党逃亡到东海上的舟山群岛，时刻准备报仇雪恨。

得知江东人心骚动，孙恩趁机率部从海上登陆，一举攻克了浙东重镇会稽（今浙江绍兴）。

见有人领头造了朝廷的反，三吴百姓如闻到花香的蜜蜂一般群起响应——仅十几天的时间，孙恩的部众就达到了几十万人！

司马元显大惊，急调刘牢之率北府军前去平乱。

时年37岁的刘裕作为刘牢之麾下的参军，也参加了这次战事，并一战成名，成了家喻户晓的战斗英雄。

当时刘裕奉命率数十人前去侦察敌情，没想到遭遇了一支数千人的起义军大部队。

尽管刘裕拼力死战，但毕竟众寡悬殊，他的部下不久就伤亡殆尽，刘裕本人也因一脚踩空，跌落到了河岸下面。

此时，无数起义军蜂拥而至，在岸上居高临下，想要击杀刘裕。

刘裕毫不畏惧。

要想保命，唯有拼命！

要想绝处逢生，唯有奋不顾身！

他挥舞着长刀仰着头奋力砍杀，连杀岸上的起义军数人。

趁起义军稍有退却，他又一跃而起，一下子跳到了岸上。

此时他早已把生死置之度外，一边厉声高呼，一边冲入起义军阵中，所到之处如入无人之境，人挡爆头，车挡爆胎，长刀与头颅齐飞，战袍共鲜血一色……

起义军虽然人多势众，但大都是未经训练的乌合之众，从来没有见过这样的猛人。

一时间他们被刘裕的气势吓住了，竟然全都四散而逃——仿佛鸡群遇到闯入的老虎一样！

此时，刘牢之的儿子刘敬宣因刘裕很久没回，担心出事，率大军赶来救援，却惊讶地见到了刘裕一个人驱赶数千人的震撼场面。

刘敬宣当然不可能放过这种痛打落水狗的机会，也立即率部加入战斗。

起义军大败，被斩杀千余人。

经此一战，刘裕一下子从籍籍无名变成了天下闻名！

接下来，刘裕又跟随刘牢之继续作战。

在身经百战的北府军面前，起义军的战斗力就显得很业余了，孙恩连战连败，只好带领着男女二十余万残军，狼狈逃回了舟山群岛。

不过，就像小池塘养不了大鲸鱼一样，这样一个小小的海岛也不可能养活这么多的部众，因此在过了几个月后，孙恩不得不带着部众再次登陆，攻打会稽（今浙江绍兴）。

此时驻守会稽的是东晋名将谢琰。

谢琰是谢安的次子，早年曾和堂兄谢玄等人一起指挥过淝水之战，但木秀于林，风必摧之，在谢安、谢玄等人相继去世后，谢家受到排挤，谢琰也一直郁郁不得志，眼看着当年自己的手下刘牢之如今炙手可热，心里更是极不平衡。

他满腹牢骚，成天沉浸在对往日荣光的回忆中。

有人劝他加强战备，以防孙恩卷土重来。

他毫不在意地说：当年苻坚有百万之众，照样是老子我的手下败将，何况小小的蟊贼孙恩？

得知孙恩来袭的消息时，谢琰正打算吃饭，他把碗一推：先灭此贼再吃饭也不迟。

随后他披挂上马，仓促率军迎战。

轻敌和轻信一样，往往是要付出代价的。

最终，谢琰被孙恩诱入伏击圈，兵败身死。

之后，孙恩又乘胜转战浙东沿海一带，所到之处势如破竹。

司马元显不得不再次请出刘牢之和北府军。

孙恩对能征惯战的北府军十分忌惮，加上临近年底，他这段时间抢了不少战利品，足够过一个欢乐富足的新年了，也就不再恋战，又逃回了舟山群岛。

一见刘裕惊似神，从此胜利是路人

刘牢之知道孙恩迟早会再次进犯，便未雨绸缪地在杭州湾沿线几个要地加强了防御：

他本人亲自驻防上虞（今浙江上虞），吴国内史袁山松负责在沪渎（今上海青浦）筑城设防，刘裕则奉命把守句章（今浙江宁波鄞州区）。

句章与孙恩的老巢舟山隔海相望，距离很近，守军又很少，这样的差事危险性显然极高，但刘裕却非常兴奋——毕竟，这是他平生第一次有独当一面的机会！

建不世之功，赢万世之名，就在此时！

他在句章周密部署，严阵以待，做好了充分的准备。

该来的终于来了。

公元401年，2月，孙恩大军在浃口（今浙江镇海）登陆，直扑句章。

孙恩本以为以自己庞大的军队攻打一个小小的句章城，肯定会像博士生做小学一年级数学题一样，不费吹灰之力，没想到刘裕的防守竟然出乎意料地顽强，他使出了浑身解数依然无济于事，绞尽了无数脑汁依然无计可施。

时间一天天地过去，句章城始终岿然不动。

不久，刘牢之率北府军主力前来增援，孙恩只好悻悻地逃回了舟山。

兴师动众却一无所获，他当然不可能甘心。

一个月后，他又开始了自己的第四次登陆——这次他学乖了，决定不再去句章碰刘裕这个强人，而是北上进犯杭州湾北岸的海盐（今浙江海盐）。

然而很多时候，越是极力想避免的东西，往往偏偏避免不了——比如越是极力想避免失眠，往往偏偏会失眠。

这次孙恩也是这样——他越是极力想避开刘裕，偏偏碰上了刘裕。

原来，刘裕一直在密切关注着孙恩的动向，这次居然抢在孙恩之前，率先进入了海盐城。

刘裕组织了数百名敢死队，埋伏在城门口，等孙恩军一到，突然大声鼓噪，四面杀出。

起义军猝不及防，当即被打得大败。

虽然初战告捷，但毕竟众寡太过悬殊，在人数占绝对优势的起义军日复一日的连续攻打下，海盐城的形势还是日渐危急。

然而，再高的山峰，也高不过天空；再难的局面，也难不倒军事天才刘裕。

于是就有了下面一番景象：

这天清晨，起义军准备再次攻城的时候，竟发现城门大开，城楼上只有几个老人，之前戒备森严的晋军全都不见了踪影。

叛军很奇怪，便向老人打听：刘裕到哪儿去啦？

老人回答：你们攻势太猛，刘裕撑不下去了，昨天夜里已经偷偷逃走啦！

起义军喜出望外，争相入城。

没想到，等他们进入狭窄的街巷后，晋军突然如神兵天将般从各个角落冲出，毫无防备的起义军死伤无数，再次大败。

这次失败后，孙恩终于认清了一个道理：要想找到战胜刘裕的办法，简直比在鱼香肉丝里找到鱼还要困难！

他不由长叹一声：既生恩，何生裕！

好在他不是一个认死理的人，他决定不再与刘裕继续纠缠下去，改向沪渎方向进发。

然而，刘裕却不肯放过他，依然率军紧追不舍。

海盐县令鲍陋也派儿子鲍嗣之带着一千民兵前来助战。

鲍嗣之无知无畏，强烈要求担任前锋。刘裕一开始不同意，最后实在拗不过这个倔强的年轻人，无奈只好勉强答应。

打仗和追女生一样，光有勇气是远远不够的。

鲍嗣之轻率冒进，不仅自己很快全军覆没，而且败势还牵动了刘裕军。刘裕不得不且战且退，伤亡不小。

起义军则以人数优势步步进逼。

眼看已濒临绝境，刘裕却突然命部队停了下来，看上去非常从容。

起义军知道刘裕诡计多端，不知他葫芦里卖的什么药，也不敢再向前进逼。

片刻之后，刘裕突然一声怒吼，随后指挥所剩不多的部队大举反攻。

起义军大惊，以为又中伏击了，慌忙撤退。

等敌军走远了，刘裕才率余部返回海盐。

但经此一役，刘裕军也元气大伤，只得在海盐城内暂时休整。

没有了克星刘裕的纠缠，孙恩立即强大起来。

他先是攻破沪渎，斩杀守将袁山松，接着又率十余万大军溯江西上，千帆竞发，目标直指东晋都城建康。

建康危急，司马元显急忙下令刘牢之率部勤王。

刘牢之此时尚在会稽（孙恩围攻海盐、沪渎这么长时间，他却依然按兵不动，可见此时他已有拥兵自重的思想），远水解不了近渴，便命刘裕从海盐火速西进，阻击孙恩。

接到命令后，刘裕没有片刻犹豫，立即上路。

他倍道兼行，终于与孙恩同时抵达了京口（今江苏镇江）。

作为北府军多年的根据地，京口原先的城防是不弱的，由于主力大都跟着刘牢之南下会稽，此时京口的晋军并不多，加上没有强将坐镇，缺少主心骨，突然遭遇如此强大的敌人，不免人心惶惶。

刘裕的及时赶到，让守军本来骚动不安的军心仿佛飘摇不定的风中之烛遇到了坚固的挡风墙——一下子就稳定下来了。

然而，守军毕竟兵力有限，刘裕带来的兵还不足千人，且经过长途跋涉早已疲惫不堪，面对数十倍于己的孙恩军，他们能有胜算的把握吗？

这个问题，刘裕是来不及考虑了。

因为，孙恩此时已经率大军弃舟登岸，大声鼓噪，直扑京口江边的要地蒜山（当时位于现在镇江西津渡附近的一座小山，大约在南宋时期因江水侵袭而坍塌入江，今已不存）。

刘裕立即率部迎击。

一场恶战就此打响。

此战的过程由于史书缺载，我们不得而知，但此战的结果却是明确的。

它再次证明了一个真理：

羊，不管有多少头，都不可能是老虎的对手；孙恩，不管兵力优势有多大，都不可能战胜刘裕。

这一战，起义军再次大败，孙恩本人靠逃得快才算捡回了一条命。

这样一来，孙恩原本准备乘虚拿下京口、走陆路疾趋建康的计划是彻底落空了，无奈只好再次登船，从水路继续向建康进军。

虽然此时起义军声势仍然十分浩大，但由于船只高大，航速不快，加上又逢逆风，孙恩从京口到建康城北的白石垒，竟然用了好几天的时间。

这样一耽误，战机自然也就失去了。包括刘牢之在内的各地勤王晋军已经陆续抵达，在建康附近的各处要地严阵以待。

见势不妙，孙恩只能放弃进攻，率部东撤，随后出长江口，走海路北上占领了郁洲（今江苏连云港云台山一带，古时为海岛）。

司马元显决定对孙恩穷追猛打，彻底解决这个心腹大患。

派谁呢？

对孙恩战无不胜的刘裕，无疑是最佳人选。

就这样，刘裕被提拔为建武将军、下邳太守，受命率水军进军郁洲，讨伐孙恩。

孙恩依然无法走出"逢刘裕不胜"的怪圈，依然是"一见刘裕惊似神，从此胜利是路人"，不得不放弃郁洲，向南奔逃。

刘裕紧追不舍，又在沪渎、海盐等地多次击败叛军，俘斩数万人。

无奈，孙恩只好率残部逃回了舟山群岛，自此一蹶不振。

凭借着对孙恩的非凡战绩，大器晚成的刘裕一飞冲天，无论是威望还是地位都如火箭般迅速蹿升，成为北府军中仅次于刘牢之的第二号人物！

第二章 风云突变

两个公子哥的角逐

除了刘裕，这一时期的另一个大赢家是桓玄。

就在孙恩在长江下游起义的时候，上游的殷仲堪（时任荆州刺史，治所今湖北江陵）、桓玄（时任江州刺史，治所今江西九江）、杨佺期（时任雍州刺史，治所今湖北襄阳）这三个前盟友的矛盾也激化了。

桓玄和杨佺期两人都野心勃勃，向来互不服气，之前之所以会结盟，是因为面临朝廷的压力而不得不抱团取暖而已，后来见朝廷被孙恩搅得焦头烂额无暇他顾，便都起了吞并对方的意图。

首先动手的是桓玄。
公元399年年底，他率军突袭江夏（今湖北安陆），生擒杨佺期的堂弟杨孜敬。
杨佺期不甘示弱，也想出兵反击。
幸亏老好人殷仲堪极力阻止，他这才作罢。

桓玄却并未就此罢休。
这一年荆州大水，百姓饥荒，爱民如子的殷仲堪把府库中的粮食悉数拿出来赈济灾民，一时间军粮异常紧张。
桓玄闻讯，决定乘虚而入，夺取荆州。

见桓玄来势汹汹，殷仲堪慌忙向杨佺期求救。
一开始，杨佺期不同意：江陵没粮，怎么守得住？你还是来我这里，一起共守襄阳吧。
殷仲堪当然不愿放弃江陵——那样的话，自己岂不是成了杨佺期的下属了。
于是他骗杨佺期说：最近新收了一批粮食，已经不缺粮了！

第二章　风云突变

杨佺期信以为真，便亲率八千精锐，南下救援江陵。

到了江陵，他才发现自己上了殷仲堪的当。

无奈，他只好仓促对桓玄发起进攻，企图在部队饿肚子之前解决战斗。

桓玄利用其急于求成的心理，诱敌深入，设伏以待，一举将其击败，杨佺期本人也被擒斩首。

得知杨佺期败死，殷仲堪也不敢再战，慌忙弃城而逃，途中被桓玄的追兵抓获，被逼自杀。

至此，桓玄完全占有了荆、雍、江三个大州，几乎控制了东晋的大半壁江山！

随后，他上疏朝廷，要求中央承认。

司马元显此时正忙于对付孙恩，当然不可能得罪他，只能答应了他的请求。

但桓玄并不满足。

他的目标是占领建康，取东晋而代之！

为此，他时刻都在厉兵秣马，准备东进。

听说孙恩军进逼建康，他主动上表，请求率军勤王。

司马元显知道他用心不善，连忙阻止。加上孙恩败走，桓玄没有了进军的借口，这才停止了行动。

借口，只要想找，总是能找到的。

没过多久，桓玄再次出手了——他给朝廷上书，矛头直指执政的司马元显。

司马元显大惊，连忙找自己的亲信谋士张法顺商量。

张法顺献计说：桓玄拿下荆州的时间还不长，当地的人心尚未完全归附。如果我们先下手为强，以刘牢之为先锋，殿下亲率大军继进，定能一举荡平桓玄！

司马元显表示同意，当即派张法顺前往京口，与刘牢之商议。

但刘牢之对此并不积极，一直在含糊其词：大概……也许……不一定……，似乎……好像……差不多……，可能……应该……很难说……

显然，他内心对此是有顾虑的——除了桓玄兵力强大不好对付外，更重要的是他觉得如果平定了桓玄，自己就有功高震主之忧，必为司马元显所不容。

刘牢之不是戏精，张法顺却是人精。

刘牢之的所思所想当然逃不过张法顺锐利的眼睛。

回到建康后，张法顺马上就找到了司马元显：刘牢之这个人不可靠，必须尽早除掉，否则会坏我们的大事！

司马元显拒绝了。

他对自己的控制力有着黔之驴般的自信——古人云：劳心者治人，劳力者治于人。自己这个劳心的智者怎么可能治不住刘牢之这个劳力的粗人！

一切还是继续按照原计划进行。

公元402年农历正月初一，东晋朝廷正式下诏，历数桓玄的罪状，同时任命司马元显为征讨大都督，刘牢之为前锋，出兵讨伐桓玄。

大战在即，张法顺又对司马元显旧话重提：刘牢之反复无常，不可不防。冠军将军桓谦（桓冲之子）虽然人在建康，但毕竟是桓家人，也必须尽早除去。我看不如命刘牢之杀掉桓谦，以验证其忠心。如果他不肯这么做，那我们就送他上西天！

司马元显还是不同意：没有刘牢之，我们用谁去和桓玄抗衡呢？更何况，临阵诛杀大将，会动摇军心的！

是啊，如今他唯一能倚仗的武装力量，就是刘牢之和他麾下的北府军了。这个时候杀刘牢之，相当于在海上把自己乘坐的船凿沉——根本就是自杀！

他只能怀着忐忑的心，等待着最后的结果。

同样心情不安的，还有桓玄。

原本他以为东晋朝廷在孙恩之乱后处境困难，绝对没有余力远征，万万没想到司马元显居然会在这个时候主动出手！

桓玄慌了，打算收缩兵力，退守江陵。

长史卞范之劝谏他说：明公您威震天下，司马元显不过是个乳臭未干的小屁孩，而且早已失尽人心，如果您能率大军兵临建康，他们马上就会土崩瓦解！

桓玄这才改变了主意，亲率大军，顺流东下。

不过，他心里还是没有底，七上八下的，直到过了浔阳（今江西九江），依然没有见到朝廷讨伐军队的影子，他那颗悬着的心才算落了地：果然不出卞范之所料！

之后桓玄继续进军，一路势如破竹。

当然也不是没有遇到过抵抗——只不过是挠痒痒级别的。

豫州（治所今安徽和县）刺史司马尚之派部将杨秋前去阻击，没想到杨秋却在阵前投降了桓玄。司马尚之的部队军心大乱，竟然不战自溃，他本人也在逃亡途中被桓玄军俘获。

一切比桓玄战前最乐观的预计还要乐观——这哪里是出征啊，比出游还轻松！

与春风得意的桓玄形成鲜明对比的，是他的对手司马元显。

生于深宫之中、从来都是顺风顺水的年轻人司马元显，即使曾经显得很豪壮，遇到真正严峻的形势就尿包了——他虽然早就对外宣布要西征，却一直逗留在建康附近，未敢前进一步。

他只是不停地借酒浇愁，让酒精来麻痹自己，并且全部的希望都寄托在刘牢之身上，焦急地期盼着刘牢之能快点出手。

一人三反

那么，刘牢之在干什么呢？

他此时正率北府军主力驻军于溧洲（今江苏南京以西长江中的一个沙洲），始终按兵不动。

刘裕心急如焚，多次劝他火速发兵西进，与桓玄决战。

刘牢之却置若罔闻。

他之所以如此淡定，是因为几天前的一次会面。

那次来的是他的族舅何穆。

何穆是带着桓玄的使命来的，他对刘牢之说：自古以来，人臣有震主之威、建不赏之功者，谁有过好下场？白起、韩信侍奉的都是明主，尚且难以善终，何况你的上司是个凶暴狂妄的小屁孩！很明显，继续为司马元显效力，无论是获胜还是失败，刘公你都很难保全自己了。要想长保荣华富贵，不如改投桓公！……

何穆的话说到了刘牢之的心坎里。

他对司马元显早就十分不满了。

司马元显年纪虽然小，架子却不小，整天自命不凡，牛气冲天。前不久他在被任命为前锋主将后曾经专程前去拜访司马元显，没想到司马元显竟然不肯见他（其实那天司马元显是喝醉酒了，根本不知道这回事），让他吃了个闭门羹。

这让刘牢之敏感的心非常受伤：既然你对我爱理不理，那我就让你高攀不起！

正是因为有了这样的心理，再加上何穆的思想工作，很快刘牢之就彻底拿定了主意——放弃弱势股司马元显，改持潜力股桓玄！

然而，他这个决定却遭到了麾下多数将领的反对。

不仅刘裕和他的外甥何无忌极力劝谏,甚至连他的儿子刘敬宣也不赞成:如今国势的安危就取决于父亲您和桓玄两个人,您如果放他入京,董卓之祸,就要再现了!……

刘牢之没等他说完就打断了他,大发雷霆:你说的这些我岂能不懂!我今天要消灭桓玄,易如反掌,可是平定桓玄后,司马元显必不能容我,你让我怎么办?

就这样,刘牢之带着全军投降了桓玄。

这一举动无疑是决定性的。

没有了刘牢之和北府军的支持,司马元显就成了没腿的桌子,没根的树木——哪里还可能撑得下去?

很快,建康城就失守了,他自己也和父亲司马道子一起成了俘虏,不久被杀。

桓玄如愿以偿地成了东晋朝廷的新主人。

他自任为丞相、都督中外诸军事、录尚书事,执掌军政大权,哥哥桓伟出任荆州刺史,堂兄桓谦为尚书左仆射,另一个堂兄桓修则担任徐、兖二州刺史,顶替刘牢之掌管北府。

为了安抚人心,他也提拔重用了一些非嫡系的知名人士。

其中排在第一位的是王谧(就是那个当初给刘裕还过赌债的豪门公子)——他被任命为中书令,成为桓玄政权中的头面人物之一。

王谧屁事都没干就无功受禄,而为桓玄入京立下大功的刘牢之得到的却是一记噩梦般的重击——他被解除了一切军职,下放到地方,出任会稽(今浙江绍兴)太守。

刘牢之肺都气炸了。

借给他一万个脑子,他也绝对想不到桓玄居然会来这一手!

不祥的预感油然而生:桓玄一上台就剥夺我的兵权,看来是大祸将至了!

不想坐以待毙,只能再次举起反旗。

人没有第二条命可活,他也没有第二条路可走。

他已经没有选择!

只是,自己上次不顾众将的反对而强行投降桓玄,现在归顺桓玄才仅仅几天的时间就要再反,实在是很难让人信服的。

将士们还会支持自己吗?

对此，刘牢之心里有些没底，便找到了刘裕这个在他心目中能力最强的下属，想先探探其口风。

他说：我打算北上广陵（今江苏扬州），与驻守在那里的高雅之（刘牢之的女婿，时任广陵相）会合，然后起兵讨伐桓玄，你愿意和我一起去吗？

刘裕马上旗帜鲜明地表明了自己的态度：将军当初坐拥数万劲旅，望风降服（这种行为早已寒透了将士们的心）。桓玄新近得志，威震天下，朝野上下都对他寄予了厚望，军心民心都向着他，将军这次别说是起兵了，恐怕连广陵都到不了。恕我不能奉陪！——当然，括号里的话他是在心里说的。

刘牢之无语了。

半晌之后，他才拖着沉重的脚步默默离去。

刘牢之走后，刘裕立即收拾行装，准备离开军队返回京口老家。

好友何无忌见状，连忙问道：我该怎么办？

刘裕的回答充分显示了他敏锐的洞察力：我看镇北将军（刘牢之）这次是很难幸免了。你不妨和我一起离职，回京口以避开此祸。等风头过去后，桓玄为了收买人心，必然会再次任用我们。如果将来他能守臣节，得人心，那我们就为他效力；如果他有异心、失人心，那我们就设法图谋他！

何无忌对刘裕的见解深感佩服，随后两人一起解甲归田，回到了京口。

再看刘牢之。

尽管没有得到刘裕的支持，但为了自保，他也只能在造反的路上一条道走到黑了。

他硬着头皮召集众将，宣布了自己打算据守广陵、起兵反桓的计划。

果然如刘裕所料，这个决策遭到了部下几乎一致的反对。

大将刘袭首先发难：这个世上最不能做的事就是造反！将军几年前反王兖州（王恭），近日反司马郎君（司马元显），现在又要反桓公，一人三反，有何面目自立于天地间！

说完，他立即愤然离去。

他的这一行为马上就引起了别人的大量效仿，转眼间将领们就走了一大半。

刘牢之蒙了。

然而，发射的按钮已经按下，他怎么还可能停得下来？

于是他只好继续按计划行动——派刘敬宣火速潜回京口接家眷，自己则带着为数不多的部分嫡系部属前往广陵。

一路上，部下纷纷逃亡，人越来越少。
刘牢之的心情越发沮丧——照这样的锐减速度，恐怕到不了江边，他就成孤家寡人了！

到了和刘敬宣约定碰头的地方，他又遭到了新的打击。
刘敬宣居然没有到！
难道事情败露，儿子和家眷都被杀啦？
看着身边寥寥无几的随从，他终于彻底崩溃了。

几天前还是众望所归，现在却众叛亲离到了这样的地步！
几天前还想要拯救世界，现在却是整个世界都拯救不了自己！
刘袭的那句"一人三反，有何面目自立于天地间"如丧钟般在他脑海里不停地回响。
他长叹一声，自缢而死。

一代名将，就这样窝囊地离开了人世。
也许刘牢之至死也没有明白，到底是什么造成了他这样的悲剧？
我个人认为，可能是他的定位出了问题。
作为当时最大的实力派，刘牢之其实完全有能力主宰自己的命运，主宰纷乱的时代，主宰国家的政局。
可是他寒门的出身、自卑而敏感的性格却使他从来没有想到过这一点，他始终只想当一个打工仔，而且是一个轻于去留、不停跳槽、有奶便是娘的打工仔！
然而，这样的行为，显然不仅无法让他的上级放心，也无法得到下属的忠心——谁会愿意追随一个无头苍蝇般到处乱撞的头领呢？

扯远了，让我们回到现场。
刘牢之死后不久，迟到的刘敬宣也赶到了这里。但他无暇痛哭，甚至都来不及埋葬父亲，便匆忙渡江，逃往了广陵。

审时度势

这一切很快就传到了桓玄的耳朵里。
他大喜过望，随即趁热打铁，对群龙无首的北府军展开了大清洗。
吴兴太守高素、冠军将军孙无终、辅国将军刘袭（就是之前怒斥刘牢之的那位）、将军竺谦之等北府旧将先后被杀。
刘敬宣、高雅之和东晋宗室司马休之（司马尚之之弟），以及部分残存的北府将领刘轨等人联合起来，企图讨伐桓玄。然而大势已去，起事很快就宣告失败，刘敬宣等只能向北逃到了南燕（鲜卑慕容部，位于今山东半岛一带）。

至此，北府将星大多凋零，只有刘裕、何无忌等少数几人因早早地与刘牢之划清了界限，又自动退出了军界，显得毫无野心，得到了保全。

不仅如此，桓玄还向他们抛出了橄榄枝——像刘裕这样的人，既能打仗，又不是刘牢之的党羽，用来安抚北府军余部，实在是再合适不过了。

于是，公元402年5月，刘裕辞职回乡仅仅两个多月后，就被桓玄再次征召起用——任命为抚军中兵参军。

整个事态的发展与刘裕之前的预判，竟然如同一套模具做出的工件一样分毫不差！

这，就是他的眼光。

他绝不仅仅是个气吞万里如虎的军事天才，更是一个算尽万事如神的谋略高手！

这次，刘裕接到的任务是率部前往东阳（今浙江金华），讨伐孙恩的余党卢循。

看到这里，各位也许会有个疑问，孙恩呢？

孙恩已经死了。

不久前孙恩趁着东晋内部争斗不已又再次登陆，进攻临海（今浙江临海），被临海太守辛景打得大败。

曾经横行天下的孙恩败在一个名不见经传的小角色手下，无疑会有那种"曾经的首富付不起首付"的强烈挫败感。

他心灰意冷，竟投海而死！

当然，在那些信徒眼里，孙恩并没有死，而是成了"水仙"——注意，不是那种石蒜科多年生草本植物啊。

之后孙恩的妹夫卢循成了新的首领。

卢循出身于北方名门范阳卢氏，由于过江较晚，加上其祖上又曾出仕过北方胡人政权，到南方后卢家的地位一落千丈，只能和孙恩这样的平民家族通婚。

和为人苛刻的孙恩相比，卢循的性格更为温和，孙恩曾多次要滥杀无辜，都被他阻止。卢循救了不少人，因此他很得人心。

孙恩死后，他不仅很快就稳住了阵脚，声势反而更大。

此时，桓玄因刚执掌东晋朝政，一时腾不出手来对付卢循，只好暂时采用怀柔政策，封他为永嘉（今浙江温州）太守。

小小的太守不可能满足卢循的胃口，不久他再次造反，进攻临海、东阳一带，一路势如破竹——当然，这是在遇到刘裕之前。

刘裕出马后，卢循的好日子就彻底结束了。

卢循连战连败，在苦苦支撑了一年多后终于再也挺不住了，不得不从晋安（今福建福州）再次下海，往南逃窜。

刘裕大获全胜，胜利归来。

在途经山阴（今浙江绍兴）时，他见到了自己的老搭档何无忌。

何无忌是来劝他造反的。

因为，就在他出征的这段时间，东晋朝中的形势发生了巨大的变化。

桓玄刚掌权的时候，深受苛政之苦的士民百姓都对这个新任领导人充满了期盼，一度民意支持率极高。

但希望越大，失望也越大。

如果说司马元显的执政水平可以用糟糕来形容，那么桓玄就是糟糕透顶！

如果说司马元显的执政水平可以说是低到了海平面，那么桓玄就是马里亚纳海沟！

当时三吴遭遇灾荒，很多百姓不得不外出谋食。这种流离失所的景象，显然与桓玄所标榜的"盛世"不符，于是，桓玄严令地方官必须将这些流浪乞讨人员遣送回家，但又不拨出足够的粮食来赈灾，导致无数百姓饿死。

他最大的特点是爱做表面文章，几乎不干实事：

为显示自己的高风亮节，他多次上表，请求辞职，同时又让朝廷下诏不准；

为显示自己的积极进取，他上表要求北伐中原，朝廷当然还是下诏不许；

为显示自己的明察秋毫，他喜欢咬文嚼字，在小事上大做文章，对大政方针却毫无建树；

为显示自己的勤于政事，他朝令夕改，让下面的人根本无所适从；

……

天下人对桓玄无不大失所望，怨声载道。

一直在用放大镜密切关注朝局动向的何无忌从中看到了机会，特意赶到山阴，向刘裕建议：不要回去了，就带着这支打卢循的队伍起兵反桓玄！

不过，如果没有合适的时间和充分的准备，就连造房也不一定能造成，更何况是造反这样的大事。

因此，刘裕没有马上答应，而是悄悄地与自己在山阴的一位朋友孔靖商量。

孔靖反对说：这里离建康太远，起事不太容易成功。而且桓玄还没有彻底暴露他的不臣之心，现在就反对他号召力还不够。不如等他篡位后，我们在京口举义！

经过一番权衡，刘裕最终决定采纳孔靖的意见，暂不行动。

随后，他率部回到京口，把兵权交还给北府现任领导人桓修。

他也因此给桓玄留下了极佳的印象——这个刘裕，不仅能征善战，而且不恋权，不贪功，仿佛地上一块砖，哪里需要哪里搬，真是个让人放心的好干部，将来我当皇帝后可以大胆地使用！

当皇帝？
是的。
这时，他已经在紧锣密鼓地推进自己上位的禅代大业了。

桓玄称帝

公元403年9月，桓玄晋封自己为楚王，加九锡。
毫无疑问，他的下一步就是改朝换代！

这事毕竟非同小可，在正式动手之前，他还要先试探一下朝中几位重量级人物的反应。

刘裕战功赫赫，威名远扬，此时在东晋军界的地位绝对是举足轻重的，当然也在这份咨询名单当中。

桓玄让自己的堂兄尚书令桓谦悄悄找到了刘裕：朝中有不少人都认为楚王应该登上大位，不知你对此怎么看？

刘裕旗帜鲜明地表态支持：楚王是宣武（桓温，谥宣武）之子，功勋盖世，无人能比。比起楚王，秦皇汉武，尽输文采，魏武晋武，大逊风骚。更何况，如今晋室早已衰弱，失去了民望。楚王在关键时刻挽救了国家，挽救了百姓，是人民的大救星。可以说，天不生楚王，万古如长夜。由楚王代晋称帝，实为顺天意应人心之举，有何不可！

得知刘裕的态度后，桓玄放心了。

12月，34岁的桓玄正式接受晋安帝的禅让，登基称帝，改国号为"楚"。
在登基仪式上还发生了这样一个插曲：
当桓玄坐上他梦寐以求的皇帝宝座时，龙椅突然塌了！

在场的人都惊呆了。
桓玄的脸色也变了。
这似乎不是个好兆头啊！

沧海横流，方显英雄本色。
尴尬时刻，才现屁精之能。
侍中殷仲文的话让我们见识了他能把黑说白、把死说活的非凡语言功底。
他说，这是因为皇上的恩德太过厚重，连大地都承载不住了！
这句话把之前的尴尬气氛一扫而光，桓玄也转惊为喜。

公元404年2月，也就是在桓玄称帝两个月后，刘裕随桓修入朝。
这是他和桓玄第一次见面，其具体过程由于史书缺载我们不得而知，只知道在会面后桓玄对刘裕大加赞赏：真是当今的人杰！
接下来的几天，他对刘裕极力笼络——无论是出游还是宴会，无论是上厕所还是上桑拿包房，他都把刘裕带在身边，热情款待，屡屡赏赐。

但桓玄的皇后刘氏却和丈夫有着不同的看法，她劝桓玄说：刘裕龙行虎步，气度非凡，恐怕不会久居人下，应该早点除掉他。
桓玄不以为然地回答：我正要荡平中原，杀了刘裕，我到哪儿找这样的人才？你说的这些，还是等天下统一了再说吧。
之所以他会这么说，不仅是因为他之前几年的顺风顺水造就了他目空一切的迷之自信，还因为刘裕之前的表现让他觉得刘裕是一个没有政治野心的职业战将，更因为刘裕出身寒门，因自东晋建立以来从来没有一个寒人能够居于高位。
这个规则，百余年来，概莫能外。

第三章　京口起兵

十二条好汉

然而，桓玄错了。

在天才的运动员看来，没有什么纪录是不能被超越的；在刘裕这样的强人看来，没有什么规则是不能被打破的。

事实上，通过这次建康之行，刘裕更坚定了反抗桓玄的信心。

这些天的所见所闻，不仅让他确信桓玄早就失掉了人心，更让他认识到，桓玄的实际能力实在是不值一提的！

回到京口后，他立即开始筹划倒桓事宜。

最早的创始股东，除了他和何无忌外，还有刘毅。

刘毅是时任青州刺史桓弘（桓玄堂兄）的参军，其兄长刘迈是桓玄身边的宠臣，他本人虽然文化水平还不错，却向来不治产业，以酷爱豪赌而闻名，再大的赌注都敢押，再高的风险都敢冒，是个胆大包天的主。

这次，刘毅主动找到了何无忌，直截了当地提出要和他一起讨伐桓玄。

何无忌不敢贸然同意，故意装出一副扭扭捏捏的样子，仿佛第一次遇到男生求爱的小女生：这个……这个……让我想想……

直到刘毅再三追问，他才吞吞吐吐地说：桓氏现在如此强大，恐怕不好对付吧？

刘毅还是那么豪气冲天：强弱是会变化的，现在缺的，只是个带头人罢了！

何无忌还在试探：高手在民间，现在民间并非没有英雄。你觉得应该是谁呢？

刘毅毫不犹豫地答道：我看只有刘裕一人！

何无忌这才消除了戒心。

很快，以刘裕、刘毅、何无忌为核心，一个反桓玄的秘密团体形成了，其中最重要的成员有十二人，除了他们三个外，还有以下九位：

刘道规——刘裕的三弟,和刘毅一样,当时也是在桓弘手下任参军。

孟昶——时任青州主簿,是刘裕的同乡好友,据说他本来受到桓玄赏识,因被刘迈阻挠而没得到重用。

王元德、王仲德兄弟——这哥俩原本是北方人,淝水之战后才投奔到了东晋。

诸葛长民——时任豫州刺史刁逵的参军。此人颇有文武才干,原本是桓玄的僚属,后来因贪污而被免职,因此他对桓氏很是怨恨,便愤而参加了密谋集团。

檀凭之——刘裕的发小,两人家住在同一个街区,后来又一同参加了对孙恩的战事,一起同过窗,一起扛过枪,关系非常铁,刘裕这次行动,他当然不可能袖手旁观。他为人宽厚,堂兄去世后他把几个孤苦无依的堂侄都接到了身边,悉心抚养,视若己出——这几个孩子中,就有后来的刘宋名将檀道济。

魏咏之——此人也是刘裕的老相识,虽然才华横溢,却应了马云的那句话"男人的长相是和才华成反比的"——长得奇丑无比,据说他曾到桓玄那里去应聘,桓玄认为他的长相有碍观瞻,没录用他,他因而愤愤不平。此次得知刘裕举义,他也慨然加盟。

另外还有辛扈兴、童厚之——这两位身世不详。

经过一番策划,一个四路同时起事的计划出炉了:

刘裕、何无忌、檀凭之、魏咏之等人负责杀掉徐、兖二州刺史桓修,夺取京口;

刘毅、刘道规、孟昶等负责干掉青州刺史桓弘,占领广陵;

诸葛长民负责袭杀豫州刺史刁逵,拿下豫州治所历阳(今安徽和县);

王元德、辛扈兴、童厚之三人则受命潜入建康,以刘毅的哥哥刘迈为内应,直接在京城发动政变。

不过,当时刘裕等人手中并无一兵一卒,能发动的只有自己的亲属,如刘裕的小舅子臧熹,刘毅的弟弟刘藩,檀凭之的堂侄檀韶、檀祇、檀道济等,以及为数不多的朋友或旧部。即使在大本营京口,也不过百余人,广陵则仅有数十人,历阳和建康的参与人数史书没有记载,但肯定也不会多。

要以这么一点人推翻庞大的桓楚帝国,可能吗?

当然。

在刘裕的字典里,根本就没有"不可能"这个词!

公元404年2月28日清晨。

京口的城门刚打开,一个朝廷的敕使就带着百余名禁军打扮的随从匆匆进了城,直奔徐、兖二州刺史桓修的宅邸。

桓修连忙出来接旨。

然而他接到的,却不是圣旨,而是刀子!

一道寒光。

一声惨叫。

转眼桓修就已经身首异处。

原来，这个敕使竟然是何无忌冒充的，而刘裕、檀凭之等人则混在了那群随从的队伍里。

见何无忌顺利得手，众人大喜。

但很快他们就笑不出来了。

因为，桓修的司马刁弘（豫州刺史刁逵之子）在得知桓修被杀的消息后，第一时间就领着大批人马前来平乱，人数远远超过刘裕那百十号人！

危急时刻，刘裕毫不慌张。

他对来人大声说道：江州刺史郭昶之已经拥戴皇上复位了（晋安帝司马德宗退位后被桓玄安置在江州，由郭昶之看管）！我刘裕接到皇上的密旨，让我诛杀逆党，如今逆首桓玄的头颅已经被砍下在建康城外示众了！你们还想为他卖命吗？

虽然这些全都是他现编胡诌的，但年轻时在赌场上出惯老千的刘裕却说得义正词严，掷地有声，听起来那么让人不容置疑。

那个时候，没有报纸，没有电视，没有电话，没有微博，没有QQ，没有微信，刁弘等人怎么知道刘裕讲的不是真的？

听了刘裕的话，他们本来就不大高的斗志顿时如吃了番泻叶般一泄如注，很快就四散而逃。

京口城就这样落入了刘裕的手中。

与此同时，刘毅等人也顺利拿下了广陵。

之前一天，孟昶向桓弘提议次日出城打猎，桓弘同意了。

这天一早，孟昶以此为由叫开了城门，随后把刺史府的卫兵全部集结起来，让他们在城外列队待命，等候桓弘。

刘毅、刘道规乘虚而入，带着数十人直闯刺史府，将正在吃早餐的桓弘送上了西天。

占领广陵后，刘毅等人又马上集结部众，渡江南下，与刘裕会合。

而在历阳，义军却遭到了挫败。

诸葛长民因故没有及时发动，后因消息走漏而被刺史刁逵逮捕，用囚车送往建康发落。

建康的情况则更糟。

之前刘裕早就派使者与刘迈取得了联系，刘迈虽然答应了，却一直惴惴不安，疑神疑鬼，听到风声就以为是枪声，看到来人就以为是抓他的差人。

好不容易到了晚上，他正准备就寝，突然接到了桓玄的信件：最近北府那边的情况怎么样啊？

刘迈的心差点从喉咙口蹦出来。

他再也睡不着了。

难道桓玄已经发觉了京口那边的密谋？

在辗转反侧了多少个来回后，他决定向桓玄自首。

其实桓玄本来只是闲着无聊，随便和刘迈扯扯淡，没想到居然歪打正着，扯淡扯出个大金蛋——意外获悉了这样一个惊天造反计划！

为奖赏告密之功，他加封刘迈为重安侯，但刘迈还没来得及庆幸——一转念的工夫，桓玄又改变了主意，想到这小子放跑了刘裕的使者，他转喜为怒，下令将刘迈处死。

刘迈彻底蒙了——从天堂一下子坠入了地狱，这简直不敢相信！

王元德、辛扈兴、童厚之三人当然也逃不了，很快就被捕斩首，成了革命先烈。

对建康和历阳的失败，刘裕当时可能并不清楚，但有一点他肯定是十分清楚的：

楚军的大肆反扑很快就会到来，必须要在最短的时间内，集京口、广陵两地的人力物力，组建起一支像样的军队！

而这需要做大量的工作，必须有一个非凡的行政干才方能胜任！

刘裕问何无忌：我们如今亟须一名优秀的主簿（相当于现在的办公室主任），到哪儿去找呢？

何无忌推荐了一个人：刘穆之！

刘穆之也是刘裕的京口老乡，祖上据说是汉高祖刘邦的庶长子刘肥，但到他这一代早就败落了，家里经常是吃了上顿没下顿，偏偏刘穆之还特别好吃，自己家没得吃怎么办？

君子性非异也，善假于物也——去别人家蹭吧。

正好他妻子江氏的娘家条件不错，他就老是去江家蹭饭吃，只要一到饭点这位姑爷就来了——比高铁还准时。

时间长了，江家人难免要给他脸色看，江氏也屡次劝他以后不要再去了，但刘穆之这个吃货对美食的追求非常执着，还是常常忍不住要去。

有一次，江家搞庆典，大摆宴席，请的都是当地名流，事先还特意给刘穆之打了招呼，不让他来。没想到刘穆之还是不请自到，江家人也不好轰他出去，只好勉强让他入席。

酒足饭饱后，刘穆之见有上好的槟榔，又大大咧咧地提出要带几个回去吃。

他的大舅子早就看这个穷妹夫不顺眼了，便当着所有宾客的面讥笑他说：槟榔是用来消食的，你常年都吃不饱肚子，要这个有什么用呢！

在场的人全都哄堂大笑。

刘穆之羞得无地自容，此后便和江家绝了往来。

刘穆之后来发达后，特意派人邀请江氏的兄弟们来自己府上赴宴，江氏以为他要报复，哭着为她的家人求情，没想到刘穆之很大度：我对他们本来就没有怨恨，你想多了！

果然，江家人来后，刘穆之热情款待，宾主人人尽欢，酒足饭饱后，刘穆之用金盘子抬上来整整一斛（容量单位，大约相当于现在的30升）的槟榔送给江家兄弟。

当然，这是后话。

在刘裕京口举义的时候，他还是穷书生一个。

虽然满腹经纶，学富五车，从语文到天文无一不精，从算术到算命无一不晓，但由于家世寒微，一直怀才不遇，很不得志。

这天早上，他听到外面喧哗不已，知道有大事发生，也跑到街头去看热闹，没想到正好碰到刘裕派来找他的信使。

他站在那里反复考虑了很久，最终还是把心一横，决心加入义军。

要想出人头地，就别怕脑袋落地！

见面后，刘裕对他说：我刚举起义旗，急需一个能干的行政人才，你看谁比较合适？

别看刘裕是武人出身，但他城府极深，说话喜欢拐弯抹角，要让他敞开心扉比让烈女敞开胸衣还要难。

刘穆之当然知道他的心思，马上就毛遂自荐：现在仓促之间，我看没人能超得过我！

之后，大家共推刘裕为盟主，总管军政大事，孟昶则出任长史，留守京口。

刘裕传檄天下，宣布讨伐桓玄。

在这篇气势磅礴的檄文中，除了公布桓玄的罪状，还本着"不怕做不到，就怕想不到"的大无畏吹牛精神发布了如江州（治所今江西九江）、益州（治所今四川成都）等各地群起响应、王元德已占领石头城（今南京市清凉山一带）等一系列振奋人心的假消息，营造出了一种"形势一片大好"的强烈的乐观气氛！

这些消息看起来绚烂夺目、赏心悦目，但实际上这只是个漂亮的冰雕而已——里面全是水分！

真正起兵的，只有刘裕这一支孤军！

经过短短一天的动员发动，义军的人数扩展到了一千七百余名——尽管人数不多，但大都是北府老兵，战斗经验颇为丰富。

绝处逢生

2月29日，刘裕带着这支队伍挥师西进，进抵竹里（今江苏句容北）。

消息传到建康，桓玄大惊，连忙召开会议讨论。

扬州刺史桓谦请求趁刘裕军立足未稳，主动出击。

桓玄表示反对：不可，如今刘裕锐气正盛，万一我军有所闪失，麻烦就大了。我看不如将大军集结于覆舟山（今名九华山，位于南京市玄武区太平门内），凭险据守，才是万全之策。

但桓谦等人依然坚决请战，说得慷慨激昂，让人心潮澎湃。

桓玄脑袋一热，便同意了他们的意见，任命桓谦为征讨都督，大将吴甫之、皇甫敷为先锋，率军东出迎敌。

不过，大军虽然派出去了，桓玄却心神不宁，惶恐不安，做事完全不在状态，喝汤洒到身上，上床滚到地上，小便差点尿到裤裆里。

左右安慰他说：刘裕等人不过是乌合之众，人数又那么少，无须担心。

桓玄把脸一沉，正色道：刘裕乃一世之雄，刘毅家无余粮依然敢一掷百万地豪赌，何无忌酷似其舅刘牢之，这三个人共举大事，谁敢说他们不能成功！

局势的发展证实了他的担心。

楚军先锋吴甫之自恃骁勇，轻敌冒进，很快与义军在江乘（今南京栖霞区仙林大学城）相遇。

刘裕把手一挥：兄弟们，跟我上！

随后他舞着长刀，率先冲入敌阵，锐不可当。

在主帅的带动下，义军人人都奋勇无比，气势如虹，大败敌军，击斩了吴甫之。

接下来，义军继续乘胜追击，进至罗落桥（今南京市栖霞区石埠桥）。

楚军另一名先锋皇甫敷早已在那里严阵以待。

一场恶战就此爆发。

皇甫敷的麾下都是楚军精锐，人数也远远多过义军，又是以逸待劳，因此义军初战不利，檀凭之战死，刘裕本人也被重重包围。

此时他的身边没有一个战友，只有一棵大树！

他依然背倚大树，困兽犹斗！

他虽然是个非凡的强人，但毕竟不是超人！

在手刃了多名敌兵后，他逐渐开始力不从心了。

皇甫敷自认为胜券在握，得意扬扬地问道：你打算怎么死？

说完，他挺戟就刺。

千钧一发之际，濒临绝境之时，刘裕毫无惊慌之色。

他的心理素质在整个中国历史上都是首屈一指的——无论遇到怎样的险境，从来都是心跳不会加快，脸色不会变坏，手脚不会忙乱。

他先是狠狠地瞪了皇甫敷一眼，眼神比飞刀还要凌厉！

接着又发出了一声怒吼，声音比海啸还要暴烈！

受此惊吓，皇甫敷腿一软，身体几乎摔倒，手一抖，长戟差点落地，一时竟然不敢再继续进逼。

接下来发生的事，证实了一句名言：时间就是生命！

因为，就在皇甫敷这一愣神的工夫，战局发生了惊天大逆转！

刘裕的部下见主帅遇险，都拼死往这个方向冲杀，一时间箭如飞蝗，其中有一箭不偏不倚，正中皇甫敷的额头！

皇甫敷受伤栽倒在地。

刘裕见状立即挥刀向前，抵住其咽喉。

皇甫敷自知不免，喃喃说道：公有天命，必能成功，我死后希望你能照顾好我的子孙。

刘裕点了点头，一刀结束了他的性命，之后他信守承诺，厚抚其遗孤。

主将的死让楚军斗志尽失，义军趁势反攻，大获全胜。

在两战两败后，桓玄也不得不调整了策略，改取守势——命桓谦和大将何澹之驻守东陵（今南京城东富贵山一带，位于九华山东南），后将军卞范之驻防覆舟山以西。

三月二日，义军逼近建康。

在饱餐一顿后，刘裕下令将余粮全部丢弃，全军上下怀着有进无退的必死信念，进至覆舟山以东。

当然，有进无退并不表示有勇无谋。

在主力进军的同时，刘裕还派出了部分老弱兵士登上附近的钟山，边走边插旗帜。

很快，山上插满了义军的大旗。

楚军远远看见义军旌旗遍野，全都心生惧意，士气低落。

战斗很快就打响了。

此时东北风正急，刘裕命人顺风纵火，顿时烈焰蔽天，向楚军席卷而去。

楚军阵中有不少北府军旧部，本来就不太愿为桓氏卖命，见此情景哪里还有战意？

很快，楚军全军崩溃，兵败如山倒。

桓玄闻讯大惧，当即决定放弃建康，逃回荆州。

其实他早就留好了退路——在战斗打响之前，他就命领军将军殷仲文在石头城准备好了逃跑的船只。

比起他的对手刘裕，桓玄最缺乏的，也许不是聪明的头脑，而是豁出去的决心！

桓玄对外声称要亲赴前线，带着儿子桓昇和数千心腹卫士出了宫，往江边码头疾行而去。

参军胡藩在半路上拦住了他，声泪俱下地劝谏道，现在禁军中还有很多荆州老兵，他们世代受桓家大恩，都愿效死力，足可一战，如果舍此而去，还能再回来吗？

桓玄没有回答，只是用马鞭指了指天（意思是天意如此），随后命人强行推开胡藩，直奔码头，和殷仲文会合后仓皇上船西逃。

几乎就在同一时间，建康城也迎来了新主人——刘裕。

此时距离他在京口起兵，才过了短短四天时间！

以百余人起家，仅用四天时间就推翻了一个庞大的帝国，这样不可思议的事如果出现在一部影视剧里，这部戏的豆瓣评分肯定不会超过2分，这个编剧就算穿十八件救生衣也肯定会被观众的口水淹死！

但这却偏偏是真实的历史！

如果说台风是天生的灾难制造者，那么刘裕也许就是天生的奇迹创造者！

宜将剩勇追穷寇

入主建康后，接下来的重中之重自然是重建晋廷。

文武百官联名推举刘裕为新任扬州刺史，执掌朝政——必须指出的是，这个扬州和现在的扬州市完全不是一个概念,那时的扬州范围要大得多,辖今江苏南部、安徽南部和浙江全境,治所就在都城建康,是东晋王朝的核心所在。

然而刘裕所做的决定却让人大跌眼镜。

他不仅坚辞不受,还推荐由王谧出任侍中、司徒、录尚书事、扬州刺史。

就这样,曾在桓玄手下担任过高官、有严重历史问题的王谧不仅没被追究责任,反而摇身一变,又成了新政府的首席执行官!

刘裕之所以要这么做,显然并不仅仅是为了报恩。

更重要的原因是,东晋的士族势力此时还十分强大,而刘裕家世寒微,和他们共事就像水和油一样格格不入,如果他一下子走上前台,很容易引起他们的不安,进而导致朝局不稳,而王谧出身于顶级豪门琅琊王氏,又和刘裕有旧,让他当自己的代理人,相当于爱马仕配暴发户——实在是再合适不过了。

当然,王谧地位虽高,却只是用来装点门面的花瓶而已,真正为刘裕主持政务的是刘穆之。

刘穆之不负刘裕所望,充分展示出了他高超的政治能力。

东晋朝廷此前刚经历了司马元显、桓玄等的轮番乱政,政令废弛,法治败坏。刘穆之在刘裕的大力支持下,对朝政厉行整改,不出十天,京城的风气就焕然一新。

疗恶疾须用猛药,治乱世要用重典。

原豫州刺史刁逵和尚书左仆射王愉不幸中枪,成了刘裕新政的祭品。

有人也许要问,刁逵之前不是在历阳吗,怎么被抓了呢?

原来,在破获诸葛长民谋反案后,刁逵将其用囚车押往建康。

走到半路,桓楚帝国被推翻的消息传来,那些押送士兵变起脸来比川剧演员还快,马上就砸烂囚车,放出了诸葛长民。

之后诸葛长民率领这些士兵反身杀回历阳。

刁逵弃城逃走,被追兵抓获后送到了刘裕那里。

刁氏是京口著名的土豪,且名声很臭,向有"京口之蠹(dù,蛀虫的意思)"的恶名,现在落到了当年的仇人刘裕手里,自然不会有好下场。

刘裕下令将刁逵满门处死,家产则全部分给了京口的穷苦百姓。

比起刁逵,王愉的来头更大,出自一流名门太原王氏,是东晋名臣王坦之之子。

按照《晋书·卷七十五》和《资治通鉴》的记载,王愉因之前曾轻侮过刘裕,心情不安,密谋作乱而被族诛,只有一个14岁的孙子王慧龙侥幸逃脱。

不过,王愉的职务是尚书左仆射,只是个文臣,手中并无兵权,之前在军中也没什么根基,而此时刘裕威名正盛,手握重兵,说王愉要造刘裕的反,相当于说羚羊要吃狮子一样——无异于天方夜谭。

事实上，刁逵和王愉之所以会身死族灭，最重要的原因无疑是曾得罪过刘裕！

这种做法固然快意恩仇，但比起汉高祖刘邦封仇人雍齿为侯的行为，刘裕的胸襟气度似乎略微差了一点。在我个人看来，他后来的功业不及刘邦，这也许是原因之一吧。

当然，这段时间除了全力稳定建康局势，刘裕也不会忘记对桓玄的征讨——只是因义军草创，没有水军才不得不暂时搁置了几天。

三月十四日，水军刚组建完成，他就立即以刘毅为主帅，何无忌、刘道规为副帅，发兵西征，追击桓玄。

在浔阳（今江西九江）以东的桑落洲，刘毅等人遇到了前来阻击的楚军大将何澹之——此时桓玄已经裹挟着晋安帝逃回了荆州老家，大将何澹之以及江州刺史郭昶之等人则奉命留守浔阳。

何澹之把所部精锐全都布置在船队的左右两翼，自己也偷偷转移到了侧翼，以便指挥作战。

为了迷惑对方，他故意把里面仅有几个老弱残兵的旗舰放在阵型的中央，还在上面插满了各色旗帜，看起来类似于一个花枝招展的性感艳女站在一群灰头土脸的菜场大妈中——无比显眼。

他的意图是：以中军为靶子诱敌，再用主力出其不意从侧面包抄，打晋军一个措手不及。

听上去是不是很完美？

可惜这只是他想得美。

就像妻子无缘无故地精心打扮很容易引起丈夫的怀疑一样，他这样无缘无故地大肆张扬也立马让晋军副帅何无忌看出了破绽：贼帅肯定不在旗舰上，我们应该将计就计，集中兵力攻下它！

众人都十分不解：既然贼帅不在，拿下这条船又有何用呢？

何无忌笑着说道：何澹之不在旗舰上，其防守必然虚弱，我们肯定能夺取它，敌军见旗舰失守，士气必然大损，如此一来，我们何愁会不胜！

这下大家才恍然大悟。

随后他们依计而行。

果然如何无忌所料，晋军不费吹灰之力就攻下了对方的旗舰，接着又让人四处高声叫喊：何澹之被抓获了！

这个令人震惊的消息迅速传遍了整个战场。

晋军士兵闻讯斗志更加旺盛。

而之前屡战屡败的楚军本就是惊弓之鸟，现在见旗舰被夺，对此当然不会怀疑，哪里还有什么斗志，纷纷四散溃逃。

想象中的如意算盘彻底崩盘，自以为的锦囊妙计成了束手无计，何澹之苦笑不已，只好随败兵一起仓皇向西逃窜。

晋军乘胜追击，攻克浔阳，接着又马不停蹄，继续西进。

再看桓玄。

荆州毕竟是桓氏家族经营了几十年的老根据地，群众基础还是很扎实的，因此桓玄在回去后仅用了不到一个月的时间就重建了一支两万多人的水军。

钱多了就有底气，兵多了就有豪气，在心腹谋士卞范之等人的鼓动下，桓玄鼓起勇气，决定主动出击。

四月二十七日，他以大将苻宏（原前秦天王苻坚的太子，苻坚失败后投奔到了东晋，被安置在江州，后成为桓玄的亲信）为前锋，自己挟持着晋安帝领兵继进，全军出动，顺江东下迎战晋军。

五月十七日，桓玄与刘毅等人统率的晋军在峥嵘洲（当时长江上的一个沙洲，位于今湖北黄冈西北）相遇。

楚军不仅在兵力上有压倒性的优势——晋军不到万人，楚军原本就有两万，现在又会集了何澹之的败军，而且装备也远比晋军精良——楚军都是正儿八经的专业战船，大而整齐，而仓促建成的晋军水师多是东拼西凑的民船，小且杂乱，用现在的话说，一个是航母编队，一个是渔船编队。

见楚军兵多船坚，晋军阵中有不少人胆怯了，渔船对航母，怎么会有胜算？

他们纷纷主张退回浔阳，固守待援。

关键时刻，刘道规站了出来：不可！现在敌众我寡，强弱分明，如果我们撤退，必定会遭到他们的追杀，能回得去吗？何况，就算回去了，浔阳又怎么可能守得住！桓玄虽然看似雄豪，其实不过是胆小鬼一个，加上他们之前多次战败，早已锐气尽失。两军相逢，胜败取决于将领的勇气，不在人数的多少！

说完，他毅然带着自己麾下的战船率先向楚军发起攻击。

刘毅、何无忌等将领见状也连忙跟上。

不得不说，刘道规对桓玄的了解实在太透彻了。

本着"珍爱生命，远离危险"的宗旨，桓玄在指挥作战的时候喜欢在旗舰旁边拴一条轻快的小船，以便自己在战事不利的时候能快速脱险。

这次当然也不例外。

楚军士兵见皇帝如此怕死，自然也都不愿死战——你的命值钱，我们的命也不是充话费送的！

他们大多只出工不出力，只出场不出汗，一有风吹草动，随时准备开溜。

因此，尽管楚军兵力上有绝对优势，却始终处于下风。

场面上如此，风向上也是如此——此时东风正劲！

刘毅下令顺风放火。

火借风势，风助火威，大火在楚军战船中迅速蔓延，转眼间就从一道火光变成了一条火龙，再从一条火龙变成了一片火海！

楚军很快就全军崩溃，桓玄见势不妙，慌忙挟晋安帝乘小船狼狈逃回了江陵。

主力已经覆灭，本钱已经输光，江陵还守得住吗？

在桓玄看来，答案当然是否定的。

五月二十四日晚上，他带着卫士百余人从江陵西门出逃。

这时他已经是众叛亲离，还没出城，士兵们就发生了哗变，有人甚至要杀桓玄，只是因为天黑没有砍中，桓玄才得以侥幸逃脱。

等他逃到船上的时候，身边只剩下了死党卞范之、儿子桓昇、堂兄桓石康以及屯骑校尉毛修之等少数几个随从。

桓玄本打算逃往汉中，毛修之却极力诱导桓玄入蜀，投奔其叔父益州（治所今四川成都）刺史毛璩。

桓玄同意了——成都生活安逸，火锅好吃，川妹子也水灵，的确是个享受余生的好地方。

只是，他已经没有余生了。

船行到江陵以西三十里的枚回洲，他们遇到了一支数百人的益州军——为首的是毛璩的侄孙毛祐之，他们本来的任务是送毛璩之弟毛璠的灵柩归葬故里的。

毛祐之立即下令发起攻击。

益州督护冯迁跳上桓玄的座船，一把抽出刀来。

桓玄本能地尖叫道：你是什么人，居然敢杀天子！

冯迁冷冷一笑：我杀的是背叛天子的逆贼！

随后他挥刀就砍。

桓玄死时年仅35岁。

桓石康等人也一起被杀，其子桓昇则被押回江陵，斩首示众。

看起来，一切似乎都已经尘埃落定。

刘毅等人也是这么想的。

他们之前紧绷的心一下松懈下来了，加上又碰到了逆风，船行不便，他们也就不急着赶路，庆功宴一次接着一次，联欢会一场接着一场，直到桓玄死后十天，还没赶到江陵。

万万没想到，他们这一耽搁，煮熟的鸭子竟然飞了——桓家重新占领了荆州！

主导这次绝地反击的是桓振。

桓振是桓玄的堂侄，其父是东晋著名猛将桓石虔，他颇具父风，也以骁勇著称，由于他太过强悍凶狠，桓玄并不喜欢他，因此桓振一直没得到重用。

桓玄死后，桓振躲藏在华容浦（今湖北监利），在得知刘毅大军未到、江陵城空虚的消息后，他马上召集了两百名党羽，进攻江陵。

堂叔桓谦闻讯也赶来与他会合。

尽管他们的人很少，但守军的实力也强不到哪去，更何况还是毫无防备。

就这样，桓振轻松偷袭得手，再次占领了荆州治所江陵。

刘毅等人这才知道犯了大错。

亡羊补牢，越早越好，何无忌、刘道规率军一路狂飙突进，连续击败荆州军大将桓谦、桓蔚（桓玄堂兄）等人。但在江陵城西，轻敌冒进的何无忌却被桓振打了个落花流水。

这是自京口建义以来，晋军遭受的第一次重挫！

桓振军威大振，刘毅等无力继续进攻，不得不退回浔阳。

公元404年底，刘毅、何无忌、刘道规三人在经过几个月的休整后，再次出兵西征，进至马头（今湖北公安西北）。

与此同时，南阳太守鲁宗之也发兵南下，击败荆州军的襄阳守将桓蔚，夺取了襄阳。

两路晋军对江陵形成了南北夹击之势。

不得不说，这样的安排正好击中了荆州军的要害。

因为，他们唯一能打的只有一个桓振。一个桓振再强，也无法同时防住齐头并进的南北两路晋军。

这一策略果然奏效。

桓振率部出击，想寻机与刘毅决战。无论桓振怎样引诱，刘毅始终都坚守不出。

桓振心急如焚，却毫无办法。

此时，鲁宗之却趁机一路疾进，势如破竹，直抵江陵城北！

桓振闻讯大惊，只好不与刘毅纠缠，率大军北上进攻鲁宗之。

刘毅等的就是这个机会，桓振一走，他立即挥师西进，猛攻江陵城。

守城的桓谦尽显废物本色，不战而逃，桓家的大本营江陵就此再次被晋军攻克。

等桓振击败鲁宗之回师的时候，看到的是满城的大火！

显然，江陵已经陷落了！

他的部众多是荆州本地人，妻儿都在城中，见此情景，再也没有了战意，很快就一哄而散。

桓振喝止不住，无奈也只好逃亡。

倔强的他依然不愿服输。

只要有一丝希望，他就不会绝望！

只要还有一口气，他就不会放弃！

两个月后，他带着数十名死党再次奇袭江陵，竟然又奇迹般地赶跑了新任荆州刺史司马休之，再一次成了江陵的主人！

可惜这只是回光返照而已——他刚刚进城，喘息还未定，屁股还未坐热，厕所还未来得及上，晋军大将刘怀肃（刘裕的表兄）和刘毅的大军就已经杀到了。

桓振与晋军在江陵城外的沙桥决战。

他先是痛饮绝命酒，随后披挂上马，带着他为数不多的部下冲入晋军阵中，左冲右杀，锐不可当。

但毕竟众寡悬殊，他身边的随从越来越少，他身上的伤口越来越多，他手里的长矛越来越重，他手上的动作越来越慢，他脑中的意识也越来越模糊……

最终，桓振力竭被杀。

当仁不让

至此，除了从江陵出逃的桓谦辗转逃到了后秦外，其余桓氏族人大多被杀光。

谯国桓氏，这个在东晋政坛叱咤风云几十年的家族从此淡出了历史舞台。

在平定桓振前后，还发生了两个对后来的历史有深远影响的事件。

一个是谯纵割据巴蜀。

当时东晋益州刺史毛璩在得知桓振占领江陵后，觉得自己立功的机会到了，立即发兵三万，打算攻取荆州。

没想到理想很美好，现实却很残忍——蜀人不愿远征，竟然在行军途中发动兵变，拥参军谯纵为主，反戈一击，杀掉了毛璩一族，占据了成都。

公元405年二月，谯纵自封为成都王，在蜀地建立政权，史称谯蜀。

另一个是卢循占领岭南。

话说卢循被刘裕赶跑之后,一直在广东沿海一带奔走。一段时间后,他又再次发展壮大起来。

公元404年十月,他突然出兵,攻下了广州治所番禺(今广东广州),生擒晋广州刺史吴隐之,接着又派自己的姐夫徐道覆占领了岭南各地。

公元405年四月,卢循遣使到建康纳贡,表示愿意接受招安。

由于此时桓氏刚被讨平,百废待兴,东晋朝廷一时腾不出手来对偏远的广州用兵,也就顺水推舟,任命卢循为广州刺史。

时近端午,卢循特意给老对手刘裕赠送了礼品粽子,名为"益智粽"——你没文化,以后切记要多吃点脑残片补补脑啊!

刘裕也投桃报李,还赠卢循"续命汤"——你给我补脑,那我就给你续命吧!和解只是暂时的,干掉你是迟早的,只不过现在我还顾不上你,姑且让你多活几天吧!

说完了这两段插曲,咱们继续回到主题。

桓氏覆灭后,晋安帝回到建康,正式复位。

刘裕被封为都督荆、司等十六州诸军事,领徐、兖、青三州刺史,镇京口;刘毅为豫州刺史,镇历阳;何无忌为江州刺史,镇浔阳;诸葛长民督淮北,镇山阳(今江苏淮安);孟昶为吏部尚书……

如此多寒门出身的人出任要职,这在东晋历史上是从来没有过的!

这也意味着,百年来门阀专政的局面已经彻底被打破,寒人的崛起已经如离弦的箭一样不可逆转!

公元407年年底,东晋政坛名义上的最高长官王谧去世了。

这对刘裕来说,无疑是极大的损失。

王谧对他来说,相当于名车之于成功人士——不仅可以美化他的形象,而且操控性极佳,指哪儿打哪儿,用起来很是顺手。

是啊,正是有了王谧这样听话的士族领袖作为自己的代言人,他才得以在京口轻松控制朝局!

君今不幸离人世,装点门面我找谁?

刘裕很犯愁。

当然,任何事情都有两面性。

王谧的死,对刘裕来说是件坏事,但对一直胸怀大志、不甘居于刘裕之下的刘毅来说,却是天赐良机。

他当即决定在王谧死后留下的录尚书事和扬州刺史这两个重要职位上大做文章。

在刘毅的精心运作下，朝议很快就拟订出了两个备选方案：

一是由中领军谢混接任录尚书事、扬州刺史。

二是让刘裕在京口遥领扬州刺史一职，朝廷政务则交由孟昶处理。

表面上看起来这似乎非常合理。

谢混出身于和琅琊王氏齐名的另一个顶级豪门陈郡谢氏，无论风度还是名望都堪称一流，由他来接替王谧，就相当于用五粮液来代替茅台、阿奇霉素来代替阿莫西林——完全是顺理成章、无懈可击的。

但实际上，不管采取哪种方案，刘裕都将失去对建康政府的控制权——尤其是谢混和刘毅私交甚好，一旦让他执掌了朝政，给刘毅带来的好处肯定是不可估量的！

尚书右丞皮沈带着这两个提议，来到京口，让刘裕定夺。

刘裕此时刚好有事走不开，让刘穆之先接待。

皮沈向刘穆之传达了廷议的结果，刘穆之听罢假称要上厕所，一出门马上就写下一张纸条"千万不能同意皮沈的意见"，让人火速送给刘裕。

刘裕心领神会，在和皮沈见面时除了打哈哈就是打哈欠，始终没有做出任何表态。

在支走皮沈后，刘裕悄悄召来了刘穆之。

刘穆之先是对局势做了一番分析和预测：晋朝失政已久，天命已移，刘公您的功勋声望在当今是无人能比的，怎么能一味谦让，只甘心做一个边将？刘毅、孟昶等人，与您都是起自布衣，共建大义，只是因举事有先后才暂时推您为盟主，您和他们本来就没有君臣的名义，势力、地位又相差不大，将来迟早会成为敌手、互相吞噬的！

接着他又明确提出了对此事的处理意见：扬州是朝廷的根本所在，绝不能拱手交给别人。之前让王谧当扬州刺史，只不过是权宜之计，这次如果再让出去，我们就只能受制于人了，一旦失去了对朝政的控制，各种诽谤和猜疑必会纷至沓来，将来的危险简直难以想象！不过，他们拿出的这两套方案经过了朝廷的讨论，如果您直接推翻，似乎也不好措辞，我觉得不妨这么回复：此事关系重大，不可草率决定，我将前往京城，与大家共同商议。相信您一旦入京，他们必然不敢越过您，将这些职务另授他人！

刘穆之这番话如强风吹散雾霾，让刘裕眼前的一切顿时清晰起来。

随后刘裕依计而行,立即动身前往建康。

在他的威慑下,新的朝议结果很快就出炉了。

刘裕被任命为侍中、车骑将军、扬州刺史、录尚书事,留京辅政,并仍然兼领徐、兖二州刺史。

他就这样从幕后彻底走上了前台,牢牢地把控住了朝局。

第四章　气吞万里如虎

北魏帝国

不过，刘裕也清楚，自己这么做毕竟打破了东晋立国以来士族执掌朝政的惯例，朝中那些豪门大族以及之前的反桓战友们对此肯定不会服气。

要想彻底让这些人闭嘴，唯有进一步提高自己的威望！

具体该怎样做呢？

茅台的名气是在酒场上喝出来的，梅西的名气是在球场上踢出来的，他刘裕之前的名气是在战场上打出来的。

现在他想到的，当然还是老办法。

那么，该打谁呢？

最先成为他的目标的，是刚建立不久的谯蜀。

由于蜀地距离遥远，刘裕并没有亲自出马（此时他在建康的基础并不稳固，不能离开太久），而是派出了从南燕回归的老友刘敬宣。

然而，由于谯纵据险死守，后秦也派兵相助，加之疫病流行，最终刘敬宣只能无功而返。

不过，刘裕对这次小小的失利也并不在意，接下来他又把自己的注意力放在了北面。

当时北方正处于十六国末期，存在北魏、后秦、南燕、北燕、大夏、南凉、北凉、西凉等多个政权，其中与东晋接壤的有三个，分别是后秦、北魏和南燕。

后秦由羌人姚氏所建。

其开国君主姚苌本是前秦君主苻坚帐下的一员大将，淝水之战后前秦内部大乱,姚苌趁机于公元384年叛秦,次年又擒杀苻坚,386年姚苌于长安称帝,国号秦,史称后秦。

七年后,姚苌去世,其子姚兴继位后又不断开疆扩土,领土范围包括今陕西大部、甘肃东部以及河南西部等地,是当时西北地区的霸主。

北魏则是由鲜卑拓跋部所建。

拓跋部原居于今大兴安岭北部,后南迁到了阴山(位于今内蒙古中部)一带。

西晋末年,在首领拓跋猗卢的带领下,拓跋部曾多次帮助西晋并州刺史刘琨抗击匈奴汉国,并因此被晋愍帝封为代王。

公元316年,代国内部发生动乱,拓跋猗卢被其子拓跋六修所杀,之后拓跋部日渐衰落,直到二十多年后拓跋猗卢的侄孙拓跋什翼犍继位后,才再次复兴。

据史书记载,在拓跋什翼犍当政的全盛时期,代国的疆域东起濊貊(今朝鲜江原道),西到破落那(今乌兹别克斯坦、塔吉克斯坦、吉尔吉斯斯坦三国交界的费尔干纳盆地),南至阴山(位于今内蒙古中部),北尽大漠,部众更是达数十万之多!

不幸的是,早年英明神武的拓跋什翼犍到了后期却变得老迈昏庸。

更不幸的是,在这个时候他却偏偏又遇到了当时正如日中天的前秦帝国。

公元376年,前秦主苻坚在匈奴铁弗部首领刘卫辰这个人的引导下,派大军攻打代国。

屋漏偏逢连夜雨,赶路却遭车爆胎,危急时刻,代国内部竟然又发生了内讧——拓跋什翼犍的庶长子拓跋寔君杀死了父亲,国中大乱。

前秦军乘乱进兵,一举灭掉了代国,处死了拓跋寔君。

之后,苻坚把原代国的疆域一分为二,黄河以东属独孤部首领刘库仁,黄河以西则由铁弗部首领刘卫辰统领。

拓跋什翼犍的嫡孙拓跋珪当时年仅6岁,与母亲贺兰氏一起依附于刘库仁。

刘库仁是拓跋什翼犍的外甥,对拓跋家族颇为忠心,拓跋珪也因此得以在独孤部顺利成长。

但在刘库仁去世后,拓跋珪却为其子刘显所不容,不得不逃亡到了其母的出生地贺兰部。

此时苻坚已死,前秦也已经四分五裂,对远在塞北的草原诸部早已失去了约束力。

在舅舅贺兰讷等人的拥戴下,16岁的拓跋珪在牛川(今内蒙古呼和浩特西南)召集旧部,宣布复国,即代王位。不久又南迁到了代国旧都盛乐(今内蒙古和林格尔），并改国号为魏，史称北魏。

然而仅仅几个月后，羽翼未丰、立足未稳的拓跋珪就遇到了严峻的考验——独孤部的刘显派兵护送拓跋什翼犍的小儿子拓跋窟咄前来争位！

拓跋珪不得不放弃盛乐，再次北上投奔贺兰部，并向后燕求援。

后燕由鲜卑慕容部所建，是当时北方最强大的国家，其领土范围包括今河北、山东及辽宁、河南大部，开创者是原前燕国主慕容皝的第五子、一代传奇名将慕容垂。

凭借后燕的大力支持，拓跋珪最终在与拓跋窟咄的对决中获胜，安全度过了危机。

次年他再次与后燕联手，彻底讨平了刘显所在的独孤部，从此在草原上站稳了脚跟。

之后拓跋珪尽显雄才，先后大破库莫奚、解如、高车、吐突邻等塞北诸部，接着又吞并了自己的舅家贺兰部，实力大增。

公元391年，拓跋珪又击灭了世仇铁弗部，铁弗部首领刘卫辰几乎全族被杀，只有其子刘勃勃等少数几人逃脱。

但年轻气盛的拓跋珪对此并不满足。

成功，我才刚上路呢！

他的目标绝不仅仅是称雄塞北，而是要一统整个北方！

然而，要达成这样的目标，就必然要与他之前的恩主后燕发生冲突——就像要成为新的拳王，就必然要把老拳王打倒一样。

燕、魏两国不可避免地反目成仇了。

公元395年，后燕主慕容垂以太子慕容宝为主帅，率大军讨伐北魏。

拓跋珪采取示弱远避、待疲而击之策，在参合陂（今山西阳高）一战打败后燕军主力，并将其俘虏全部坑杀。

一年后，年迈的慕容垂去世，拓跋珪乘机率北魏军大举南下，经过将近一年的奋战，魏军攻克后燕都城中山，占领了中原大片土地。

公元398年，拓跋珪正式称帝，迁都平城（今山西大同）。

北魏占领中原后，后燕被分割成了互不相连的南北两部。

北部由慕容盛（慕容宝之子）、慕容熙（慕容垂之子）相继执政，定都龙城（今辽宁朝阳），直至公元407年被将领冯跋发动政变推翻，建立北燕政权。

南部的首领则是慕容垂之弟慕容德。

慕容德先是在滑台（今河南滑县）称燕王，后来滑台被北魏占领，慕容德又率军东进，攻取了今山东半岛一带。

公元400年，慕容德称帝，定都广固（今山东青州），史称南燕。

五年后，慕容德去世，22岁的侄子慕容超继位。

北征南燕

毫无疑问，与北魏、东晋等邻国相比，南燕的实力是最弱的——只是因东晋一直内乱频仍、北魏又因刚取得中原大片土地需要时间来消化，它才得以在夹缝中幸存。

如今东晋在刘裕的控制下朝局已日益稳定，明眼人都看得出，南燕的好日子，应该不会太久了。

但慕容超仿佛只顾低着头看手机里爽片的新司机——沉浸在自己的快感里，对外面的变化一无所知。

他不但没有感受到任何危机，反而还制造了让刘裕出兵的理由。

公元409年二月，他派兵入侵东晋边境，掳走了男女两千五百人。

不知道轻重，后果很严重。

当年三月，也就是慕容超发起挑衅行动仅仅一个月后，刘裕正式上表晋安帝，请求讨伐南燕。

朝中大臣对此大多表示不赞成，只有尚书左仆射孟昶等少数几人支持。

不过，此时东晋的朝政由刘裕说了算，正如再多的雨水也改变不了海洋的咸度一样，再多的反对也改变不了刘裕的决定。

四月，刘裕率大军正式出发，开始了他人生中的第一次北伐。

他的进军路线是，先走水路到达下邳（今江苏睢宁），随后弃舟登岸，步行抵达琅琊（今山东临沂）。

从琅琊再往前，就是号称齐地天险的大岘。

大岘又名穆陵关，是位于今山东沂水与临朐交界处古大岘山山口的一处关隘，始建于战国时的齐国，地势险要，易守难攻。

有人对刘裕说：如果南燕军固守大岘，或者坚壁清野，那我们怎么办？

刘裕却胸有成竹：我已经都考虑过了，慕容超那个小儿生性贪婪，目光短浅，不可能据守险关，更舍不得田中的禾苗。他认为我们孤军深入不能持久，我敢肯定他最多只会据守临朐（今山东临朐）或者都城广固（今山东青州），你们放心好了！

果然如刘裕所料，年轻气盛的慕容超根本就没有在大岘山做任何防守，在他看来，兵来将挡，水来土掩，豺狼来了有猎枪，没什么可怕的！

因此，他把主力集中到了临朐，企图利用骑兵优势，在野战中将以步兵为主的晋军一举击溃！

然而，刘裕对此早有准备——他将四千辆战车分成左右两翼，每辆战车均布以帷幔作为防护，晋军的主力步兵手持长槊位于方阵中间，而为数不多的骑兵则被配置在战车周围，承担了机动巡逻的任务，以随时应对可能出现的险情。

整个东晋大军步伐铿锵，队形齐整，号令严明，戒备森严，向临朐城缓缓行进，宛如一座移动的城堡。

慕容超想当然地以为，在广袤的大平原上，以步兵为主的晋军战斗力和自己的铁骑相比，完全是"关公门前耍大刀，金莲面前卖风骚"——根本不是一个档次，没想到晋军竟然摆出了这么个出人意料的怪阵！

不过大敌当前，他也来不及多做思考了，便命大将段晖为主帅，率南燕军主力倾巢而出，在城外迎战晋军，自己则站在城头观战。

在段晖等人的带领下，鲜卑骑兵如潮水般冲向晋军。

晋军则以战车为掩护，拼死抵抗。

战斗一直持续到日头偏西，依然未分胜负。

关键时刻，晋军参军胡藩站了出来。

这个胡藩，就是当初在建康劝阻桓玄不要西逃的那个——桓玄失败后，刘裕久闻其忠义，将他招募至了自己麾下。

胡藩对刘裕说，燕军精锐尽出，临朐城中必然空虚，我请求率骑兵绕过敌军阵地，乘虚袭击临朐城！

刘裕大喜，立即派胡藩和檀韶、向弥三将率骑兵从阵后悄悄撤出，神不知鬼不觉地绕到了临朐城下，声称自己是从海道过来的东晋援军。

临朐城内南燕守军本来人就不多，现在又听说对方还有大批援军，那感觉就如同本来还在海水中苦苦挣扎的溺水者又碰到了十级台风掀起的巨浪——除了放弃，再无任何念想。

晋军因此轻松攻克了临朐，在城头插上了自己的旗帜。

慕容超别的不怎么样，但逃跑是强项。

临朐城陷之际，他单骑逃出，奔向城外的段晖军。

得知后方的临朐失守，南燕军顿时军心大乱。

见此情景，刘裕亲自击鼓，命晋军发起总攻。

失去斗志的南燕军哪里抵挡得住，很快就兵败如山倒，包括主将段晖在内的十多员大将都被晋军斩杀。

而慕容超再次施展他出类拔萃的逃生大法——闪展腾挪、鸡飞狗跳、狼奔豕突鼠窜，最终又成功脱逃，带着部分残兵逃回了广固。

然而，他刚进城，就发现晋军已经追来了！

随后，刘裕把广固团团围住，日日攻打。

广固城由西晋末年的军阀曹嶷所筑，向来以坚固著称，加上慕容超能力虽然不强，意志却颇为顽强，因此直至公元 410 年二月，晋军才拿下了广固。

进城后的刘裕暴露了他性格中残忍的一面——因恼恨广固久攻不下，给晋军造成了一定的伤亡，为了泄愤，他一度曾打算屠城，后来经人劝谏才没有实施，但他仍将被俘的南燕王公以下三千人悉数处死。

慕容超则被送到建康，斩于闹市之中。

立国十二年的南燕就此灭亡。

奇才徐道覆

刘裕还没来得及庆功，后方就传来了一个石破天惊的消息——他的老对手卢循又起兵造反了，正声势浩大地分两路向建康杀来！

这次行动的发起者是卢循的姐夫徐道覆。

得知刘裕出师北伐南燕后，当时正驻扎在始兴（今广东韶关）的徐道覆马上派人劝卢循乘虚而入偷袭建康。

卢循不听。

徐道覆急了，亲自赶到番禺，为小舅子分析形势：我们待在岭南，本就是迫不得已（岭南当时属于老少边穷地区），你难道甘心一直待在这个鸟不拉屎的地方，连鸟都不如？纵观海内，难对付的只有刘裕一人，如今刘裕顿兵于坚城之下，回来还遥遥无期。我军将士早就盼着回家了（卢循军多为吴人），一旦北上必然会死战，击破何无忌、刘毅之流定然易如反掌！只要我们拿下建康，摧毁晋朝的根基，即使刘裕回来也是大势已去，无能为力了！

见卢循还在犹豫，徐道覆又说道：这个世界上，从来都是不是你死，就是我活；不是销魂，就是断魂。如果我们不抓住这次机会，你以为就能苟安吗？朝廷一直把我们当心腹之患，等刘裕灭燕后，一两年间必定会用诏书召你到建康，你如果不去，刘裕就会进驻豫章（今江西南昌），指挥他麾下的精兵强将越过五岭南下，到那个时候，以将军之神武，恐怕也难以抵挡吧！

最后，他以十列火车都拉不回的态度表明了自己的决心：今日之机，万不可失。

如果你不愿干，那我就自率始兴的兵马直扑浔阳（今江西九江）！

徐道覆是卢循最倚重的左膀右臂，两人早已是一根绳上的蚂蚱，他说得如此坚决，卢循又怎么可能拒绝？
然而，要大举北上，必然要大造战船。
要大造战船，必然要大量木材。
短时间内，到哪里去找那么多木材呢？
这难不倒徐道覆，他对此早有安排。

原来，徐道覆一到始兴就派部下伪装成木材商人，到附近的山中砍伐了大量木材，声称要去北方贩卖，然后又说因人力、物力不够，运不出去，只能在当地亏本大甩卖：两块钱，不算贵，用不着去开家庭会。两块钱你买不了吃亏，你买不了上当，却可以买一个立方的优质木材！……
一听这么便宜，始兴百姓全都争相购买。
是啊，多买点囤积在家里，将来无论是造房子还是造棺材都用得着！

如此一来，始兴民间一下子就储存了无数木材，而州郡里面却没任何储备，从而轻而易举地瞒过了对卢循的所作所为一直十分警惕的建康朝廷。
在卢循同意起兵后，徐道覆立即返回始兴，把之前卖给百姓的木材按照当初的销售清单悉数征用，在很短的时间内就打造出了大批战船。
北伐行动随即展开。
起义军兵分两路，齐头并进——西路由卢循本人率领，沿湘江北进，直指长沙、巴陵（今湖南岳阳）；东路由徐道覆指挥，取道赣江，攻打豫章（今江西南昌）、浔阳（今江西九江）。

由于事出突然，东晋各地守将毫无防备，大多望风而逃，起义军一路势如破竹，卢循军连克桂阳（今湖南郴州）、湘东（今湖南衡阳）诸郡，进逼长沙；徐道覆则轻松拿下了南康（今江西赣州）、庐陵（今江西吉安）等地，兵临豫章。
一封接一封的告急文书被送到了京城建康。
留守的尚书左仆射孟昶等人慌忙草拟圣旨，急召刘裕大军班师。

刘裕此时刚刚拿下广固，闻知后院起火，他当然不敢在北方再待下去了，只好留下刘穆之和大将檀韶处理善后事务，自己则率大军匆匆南归。
然而就在刘裕回军途中，南方的局势急转直下。
刘裕的亲密战友何无忌战死了！

第四章 气吞万里如虎

何无忌时任江州刺史，驻在浔阳，徐道覆的进军路线正是他的防区，因此他心急如焚，当即决定率军南下迎敌。

长史邓潜之劝谏说：刘公不在，如今国家安危系于将军您一人，不可不慎重。叛军装备精良，又是从上游顺流而下，很难抵挡。我军应掘开堤防，使赣江水位下降，这样叛军的大船行进就困难了，然后我们再扼守豫章、浔阳两座坚城，他们绝不可能绕过我们直接进攻建康。我们养军蓄锐，等他们师老兵疲之后再寻机破敌，这才是万全之策。如果轻易与他们一战，万一失利，就悔之莫及了！

参军殷阐也进言道：卢循军或者是三吴一带身经百战的老贼，或者是岭南地区敏捷好斗的蛮人，其战斗力千万不可小觑。将军最好还是在豫章驻守，等各路大军会集后再与敌决战也不迟。如果仅凭现有的军队轻率前进，实在是太危险了！

然而，何无忌根本不听。

在他的眼里，起义军虽然看上去挺像那么回事，实际上是徒有其表不堪一击。这帮乌合之众，之前对北府军从未有过胜绩，每次都被打得满地找牙哭爹喊娘，有什么好怕的？

因此，他断然拒绝了邓、殷等人的建议，全军出动，从赣江逆流而上，迎战徐道覆。

两军在豫章附近的赣江中相遇。

何无忌没有片刻犹豫，马上下令发动进攻。

徐道覆对此早有准备，他让自己的水师躲在西岸的小山下，命弓箭手登上山头，用密集的箭雨攻击晋军。

晋军根本抬不起头来，一时陷入了被动。

正当何无忌绞尽脑汁思考应对之策的时候，更坏的情况发生了。

此时突然西风大作，晋军的小船在狂风的作用下，全都像浮萍一样不由自主地漂向东岸。

徐道覆当机立断，下令发起反击。

起义军的船只本就比晋军的更高大，现在又借助风势，威力更足，晋军的那些小船纷纷被撞翻，很快就溃不成军。

何无忌知道败局已定，却不愿做逃兵，他大声吩咐左右：取我的苏武节（即皇帝所赐的代表皇权的符节，因汉代使臣苏武曾持节出使匈奴，被扣十九年却始终不降，后世为了彰显其气节，称之为苏武节）来！

他手握符节，坚决不退，始终站在船头督战，直至被起义军包围，壮烈战死。

之后，徐道覆乘胜北进，攻占浔阳。

何无忌是和刘裕、刘毅并列的东晋军界中三巨头之一，威望极高，他兵败身死的消息传到建康后，朝中顿时乱作一团，有人甚至提出要放弃建康北逃，只是后来得知起义军离得还远，才算作罢。

此时刘裕还在南归的路上。

行至山阳（今江苏淮安），他听到了何无忌的死讯。

何无忌不仅是他多年的好友，感情很深，还是他难得的好搭档，配合极为默契，步调总是一致，他说二，何无忌绝不会说一；他说东，何无忌绝不会说西；他说冰冰比俪俪好看，何无忌绝不会说俪俪更美……

不过现在他根本来不及伤感，他只感到事态的严重。

他下令全军抛弃铠甲，轻装前进，自己则和数十名精锐骑兵脱离大部队，昼夜兼程，以最快的速度赶往建康。

到了长江北岸，刘裕连忙向行人打探建康的消息。

行人激动地说：贼兵目前尚未到达，刘公回来了，建康就不用担心了！

刘裕庆幸不已，看来回来得还不算太晚！

随后他马上下令渡江。

但此时江上风浪极大，众人都觉得在这种情况下摆渡太不安全，想等风停后再走。

刘裕大声吼道：形势紧急，一刻都不能等！如果上天保佑国家，自然会让风浪平息，若天意不在我们这边，那我肯定难逃兵败身死的命运，就算现在翻船溺亡也不过是提前交卷而已，又有什么坏处！

说完，他率先跳上渡船。

说来奇怪，船刚一开动，风就停了，汹涌的江面一下子平静了。

刘裕一行就这样平安过江，顺利进入了建康。

京城的人心这才安定下来。

不久，青州刺史诸葛长民、兖州刺史刘藩、并州刺史刘道怜的援军相继到达，不过，这三位的兵力都不强，加起来也没多少人。

整个建康附近，真正能倚仗的只有豫州（治所今安徽当涂）刺史刘毅麾下的两万精兵。

可是，刘毅会服从刘裕的指挥吗？

当然不会。

刘毅向来心比天高，这一点从他写的一句诗中就可以看出来——恨不遇刘项，与之争中原!

连刘邦、项羽都不在他眼里,何况那个连"的""得""地"都分不清、穿西装还要配运动鞋的土包子刘裕!

如今刘裕执意北伐捅出了这么大的篓子,之前和自己名望相当的何无忌又死了,他觉得自己建立奇功、超越刘裕的时候到了。

其实他早就想和叛军打一仗了,只是前段时间因生病才耽误下来,现在他病已痊愈,当即决定主动出击,迎战叛军。

他要挽狂澜于既倒,扶大厦之将倾,化危机为转机,让天下人看看,在这个世界上,他刘毅才是真正的NO.1!

得知刘毅要出兵,刘裕大惊,连忙写信劝阻:我之前和这帮妖贼交过手,深知其诡计多端,如今他们又挟新胜之威,气势正盛,切勿与其争锋。等我修好战船后,再一起行动为妥。将来平敌之后,我一定会让你全权掌管长江上游!

信发出后,他还是感觉不放心,又派刘毅的族弟刘藩前往刘毅军中劝说。

然而,刘毅不但不听,还对刘藩大发雷霆:当初我不过是因为刘裕有一点儿功劳,临时推他当盟主而已,你难道以为我真的不如刘裕吗?

说完,他把刘裕的信狠狠地扔到地上,随后立即率所部水师两万余人,从姑孰出发西上。

此时,卢循已攻克巴陵(今湖南岳阳),他本打算召徐道覆前来会师,一起进攻荆州治所江陵,没想到却接到了徐道覆派人送来的一封信。

徐道覆在信中说:刘毅的军队即将到来,来势很猛。我们应合兵一处,并力将其歼灭,只要打赢了这一仗,则建康可定,江陵的刘道规何足为虑!

卢循当即改变主意,率部掉头向东,赶赴浔阳与徐道覆所部会合,接着又一起顺流而下,迎战刘毅。

会师后的卢、徐联军军容极盛,有大军十万,战舰千条,其中甚至还有九艘古代的航母——巨型八艚舰(有八个船舱的大型楼船),据说其高度达十二丈(约29米)!

显然,此时叛军不仅在兵力上远超刘毅所部,而且装备也更为精良,而刘毅对此却完全不知,一味地狂妄轻敌,这就仿佛一只瞎了眼的兔子不知天高地厚地去挑战老虎一样——勇气是可嘉的,行为是可笑的,结局也必然是可悲的。

两军在浔阳以东的桑落洲(六年前刘毅等人战胜桓玄军的地方)相遇,面对占有绝对优势的起义军,晋军毫无悬念地遭到了惨败,最终刘毅只带了数百人狼狈逃走,其余部众大多成了起义军的俘虏。

力挽狂澜

刘毅的失利，让本就人心骚动的建康百姓更加惶恐不安。

自从卢循起兵以来，他们就没听到过一次官军获胜的消息，现在又从前线逃回来的败兵口里得知了起义军的强大，而且一传十十传百，越传越神，什么楼船高几十丈直插云霄啦，战船绵延千里一眼看不到头啦，卢循是天蓬元帅转世啦……

甚至连朝中的不少高级官员也患上了严重的"恐卢症"，其中就包括当初和刘裕一起反桓的老战友孟昶。

孟昶对局势极为悲观，他认为现在的卢循是不可战胜的，三号种子何无忌不行，二号种子刘毅不行，即使是头号种子刘裕也不行！

这已经是他的第三次预测了。

何无忌和刘毅出兵前，他都用自己的乌鸦嘴发出了"必败"的预言，两次都得到了准确的验证，这次他再放悲言，自然有无数人都深信不疑。

孟昶联合了诸葛长民等人，向刘裕进言，请求放弃建康，护送晋安帝逃往江北避难。

刘裕断然拒绝。

孟昶还不死心，又再三请求。

刘裕掷地有声地说道：如今江州、豫州两大强镇相继覆没，敌人步步进逼，建康城中人心惶惶，已经经不起任何风吹草动了，如果我们此时一走了之，局势必然失控，在这种情况下能到江北吗？何况，就算到了江北，也不可能挽回败局，不过是晚死几天罢了。现在建康的士兵虽少，但仍可一战，如果取胜，君臣自然都可平安，如果时运不济，我宁可死在太庙前，实现自己以身许国的志向，绝不会逃窜到荒草中苟活！我已经决定了，你不要再多说！

但孟昶依然不肯罢休，最后甚至以死相逼，说刘裕如果不愿撤到江北，就杀了他吧，因为他不能眼睁睁看着晋朝灭亡，像春秋时吴国的伍子胥一样……

刘裕怒吼着打断了他的话：什么舞姿虚不虚的，我读书少，听不懂！你就那么想死吗？等打完这一仗后，再死也不迟！

孟昶无奈，只得怏怏而退。

回到家里后，他越想越担心，越想越灰心，越想越死心，最后竟然真的服毒自尽了。

临死前，他留下了这样一份遗书：当初刘裕北伐，朝臣大多反对，只有我赞成，没想到竟导致盗贼乘虚而入，给国家造成了这样的危险。我只能引咎自杀，向天下人谢罪！

　　孟昶的死，也许在他主观上是无奈之举，但在客观上肯定不是明智之举——作为朝廷高官，他这种"未战先放弃"的行为无疑会让城内军民的信心更加低落。

　　好在刘裕还是一如既往地从容——表情依然是那样轻松，步伐依然是那样轻快，作息依然是那样规律，准时吃饭准时睡觉……
　　在他的带动下，城内的紧张气氛总算稍微得到了些许缓解。
　　而此时北伐南燕的军队也已经有小部分先行返回了，虽然他们很多都有伤病，且早已疲惫不堪，但还是给乌云压顶的建康城带来了一丝微弱的光亮。

　　由于卢循军随时可能杀到，留给刘裕的时间已经非常紧迫。
　　首要的问题是防线的布置。
　　有人认为应分兵把守建康附近的各个交通要道。
　　刘裕对此坚决反对：敌众我寡，如果再把有限的兵力分散到各处，很容易被敌军各个击破，且我军本就士气不足，一处失败很容易打击到全军的士气。我认为，应把兵力集中于石头城，再根据敌人的行动相机行事！
　　石头城位于当时的建康城西北，长江和秦淮河的交汇处，倚清凉山而建，是拱卫建康城的战略要地。
　　之后刘裕立即征集了大批百姓，重新修缮了石头城的防御设施。
　　除此以外，他还不惜重金，大力招募百姓从军，以解决兵力不足的问题。

　　刘裕这边已经严阵以待，那么卢循呢？
　　为什么他这么长时间都没有动静，给了刘裕这么多从容安排的时间？
　　原来，在桑落洲击败刘毅后，卢循从俘虏的口中得知刘裕已经返回建康的消息，潜伏在他体内的老毛病——"恐裕症"一下子就发作了，大脑一片空白，血压急剧上升，手、脚以及尿道括约肌都开始情不自禁地颤动。
　　他下意识地摸了下裤裆，还好……今天没怎么喝水。
　　就像小偷看见警察本能地选择躲避一样，他本能地决定避开刘裕：还是……还是先退回浔阳……然后西进江陵，占据荆、江二州吧……

　　徐道覆见小舅子关键时刻又要退缩，急忙制止他：现在正是刘裕最虚弱，我们最强大的时候，此时不乘胜进军，等他缓过气来，我们就麻烦了！
　　由于徐道覆的态度极为坚决，卢循实在拗不过他，最后还是不得不改变了主意，硬着头皮继续东进。
　　就这样，在延误了好几天后，声势浩大的卢循大军终于抵达了建康郊外。

建康全城戒严，进入紧急状态。

刘裕对左右分析说：如果贼军从新亭（位于今南京雨花台区，濒临长江，六朝时是建康西南的交通要地）登陆，长驱直进，其锋芒将难以阻挡，我们只能暂时退让，以后谁胜谁负就难说了，如果他们把船停泊在西岸（长江南京段是南北走向）休整，那我就有把握战胜他们！

他带着几个随从，登上石头城城楼，紧张地注视着江上的动向。

只见卢循的船队一眼望不到头，正扬帆朝新亭方向驶来。

随从们全都脸色大变，就连一向镇定的刘裕也忍不住吸了口凉气：徐道覆真乃劲敌也！

然而，就在此时，意想不到的事情发生了。

卢循的船队突然掉转方向，开往了长江西岸的蔡洲（建康西面江中的一个沙洲）并在那里停泊了下来。

刘裕这才长舒了一口气。

同时他也有个疑问：这到底是怎么回事？

事情是这样的：

在驶近建康后，徐道覆下令：全军应在新亭到白石（即白石垒，今南京鼓楼区狮子山）一线登陆，并焚毁战船以示有进无退，随后数道并进，以迅雷不及掩耳之势一举击垮刘裕，拿下建康！

然而，卢循却另有高见：我军还没到，孟昶就已经吓得自杀了，现在我们大兵压境，他们肯定会更加恐慌。重赏之下，必有勇夫，重压之下，必有叛徒，我敢说用不了几天，敌人就会不战自乱，何必急着冒险与他们决战呢！不如先观望一下再说，不战而屈人之兵，坐享其成，岂不是很妙！

徐道覆急了：这不是坐享其成，是坐失良机！

他再三劝说，先以理服人，再以情动人，最后甚至以死相逼，但卢循这次牛脾气上来了，无论如何都不听。

他怒吼道：再威猛的男人，也有不应期；再豪放的女人，也有姨妈期。你难道就永远没有犯错的时候？这次我就是不听你的，你用唾沫星子砸死我也没用！

徐道覆知道这次是不可能说服小舅子了，只能无奈地仰天长叹道：我终将被卢公所误！如果我能有幸为英雄之主效力驱驰，平定天下绝非难事！

就这样，之后的一段时间，卢循一直驻军在蔡洲按兵不动，以等待天上掉馅饼的心态等待着前方传来建康内乱的消息。

而刘裕则利用这段宝贵的时间在石头城、秦淮河口、越城（今南京秦淮区西南）、查浦（位于秦淮河南的江边）等要地相继修筑了多道栅栏，进一步完善了城防。

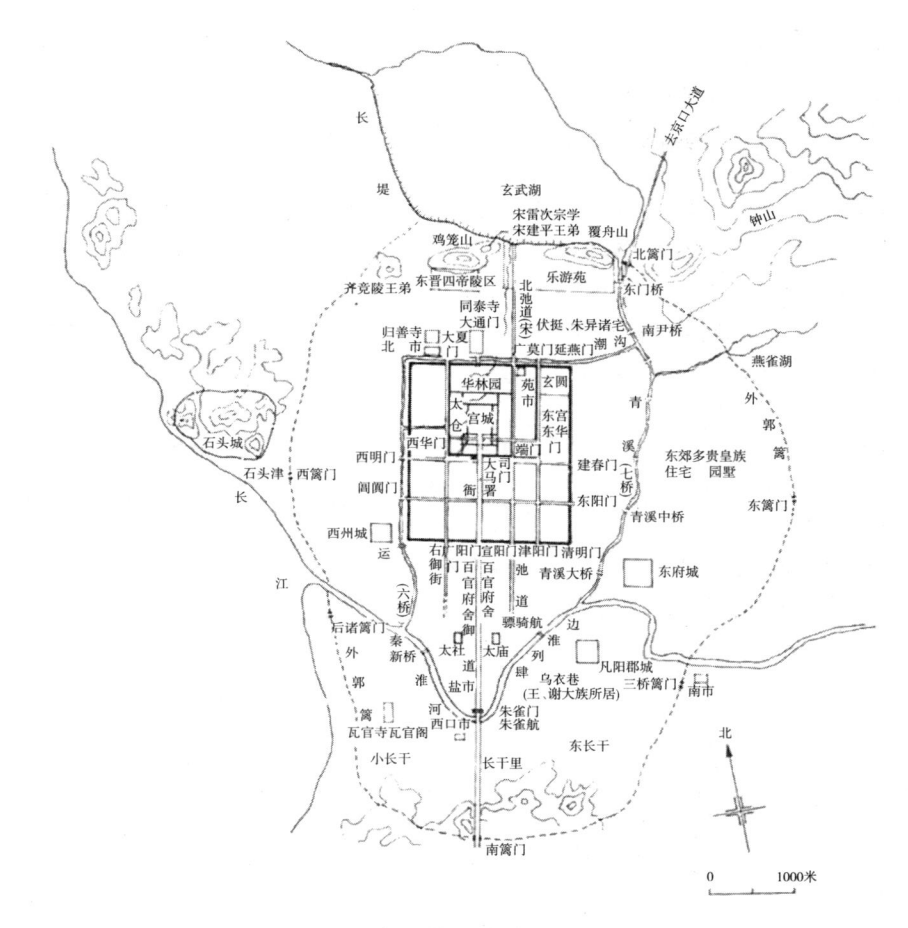

六朝时的建康地形图

与此同时，之前参与伐燕的部队也陆续抵达。

兵力的增强让刘裕布防起来更加得心应手，他派冠军将军刘敬宣、建武将军王仲德等人，在建康外围组成了一个牢固的环形防线。

时间一天天地过去。

卢循的耐心也一点点儿地失去。

他终于意识到，就算等到自己崩溃，也不可能等到建康城自己崩溃！

他不得不改变战术，主动进攻。

在和徐道覆商议后，他定下了一条声北击南之策。

这天深夜，卢循让部分老弱兵士分乘大量战船，在建康城北部的白石垒实施佯攻，而他本人和徐道覆则率主力在夜色掩护下，悄悄在南面的新亭一带登陆，埋伏在秦淮河以南的密林之中。

鉴于白石垒一带的起义军声势极大，刘裕决定亲自率军从石头城驰援北线。

当然，对于南线的防守，他也不会放松。

临行之前，他特意派大将徐赤特、沈林子、刘钟率军驻守在秦淮河一线，再三叮嘱他们如遇敌军来攻，一定要凭借之前修筑的栅栏死守，切勿出战。

然而徐赤特并未把刘裕的话当回事。

第二天清晨，他见外面的起义军数量不多，便按捺不住，想要出营迎击。

沈林子劝谏说：敌军声称进攻白石，却突然在这里出现，里面一定大有文章。我们应坚守不战，等待大军回援。

但徐赤特立功心切，根本不听，执意率部出击。

果然如沈林子所料，徐赤特中了徐道覆的诱敌之计，全军覆没，孤身一人逃回秦淮河北。

随后，徐道覆乘胜追击，想要一举突破秦淮防线。

沈林子、刘钟率部拼死力战，终于将起义军的第一次攻击击退，但也付出了很大的代价，刘钟也因重伤不得不退出了战场。

沈林子知道起义军很快还会卷土重来，而仅凭这点部队是无法守住整条秦淮河防线的，便把赌注押在了南塘大堤上。

南塘是秦淮河以南的一个湖泊（今已不存），此湖湖面宽广，中间仅有一条大堤可以通行，是通往建康城的捷径。

他又赌对了。

徐道覆果然把第二轮攻击的重点放在了南塘大堤。

由于堤岸狭窄，起义军人数虽多却无法展开，因此晋军在沈林子的指挥下起初并不落下风，然而毕竟众寡悬殊，他们挡得住对方一时的进攻，却挡不住对方一直进攻。

时间一长，他们逐渐顶不住了。

关键时刻，刘裕派来的援军赶到了。

原来，刘裕率部到白石后发现对方虽然看上去很猛，却始终没有登陆的意图，马上就明白了：这只是佯攻，起义军真正的主攻方向在南线！

他当即回师，刚回到石头城就接到战报，便立即命大将朱龄石率不久前刚从南燕军中收编的一千鲜卑骑兵，火速前去增援沈林子，自己则率大部队随后跟进。

正是朱龄石的及时赶到，扭转了南线的战局。

因南塘的地形不适合骑兵行动，他命令部队全部下马步战。

这些鲜卑士兵全身披甲，手持长槊，排着整齐的队形向起义军步步逼近。

叛军使用的多为短兵器，加之路窄缺乏闪展腾挪的空间，根本近不了对手的身，遇到这些鲜卑兵，就仿佛硬质合金遇到了金刚石砂轮——完全没有抵抗能力，很快就兵败如山倒。

不久，刘裕的大军也赶到了。

眼见预想中的偷袭战变成了攻坚战，卢循知道战机已经失去，只好下令收兵回到了蔡洲。

这次精心策划的行动失败后，卢循再也没敢贸然出击，只是多次分兵偷袭京口等沿江郡县，但由于晋军早有准备，因此始终未取得什么战果。

过了一个多月后，卢循终于彻底灰心了。

他对徐道覆说：如今军队已经疲惫不堪，不如先回浔阳，再攻取荆州，这样我们就占有了天下的一大半，然后再与刘裕一较短长！

徐道覆虽然心有不甘，但面对此时的形势一时也想不出更好的办法，只好点头同意。

七月十日，卢循大军从蔡洲开拔，向浔阳撤退。

由于缺乏足够强大的水军，除了派出一支小部队做象征性的追击外，刘裕并没有对起义军穷追猛打，而是全力以赴地在建康大造船只，为将来的决战做准备。

第一批战舰造好后，刘裕又做了件出人意料的事——他命大将孙处、沈田子（沈林子之兄）率三千水军从海上南下，长途奔袭卢循的老巢番禺（今广东广州）。

众人都表示不解：海路遥远艰难，这样做的风险不小，更何况进攻番禺也并非当务之急，反而分掉了原本就不雄厚的兵力……

就如爱因斯坦不会因常人看不懂而否定自己提出的相对论一样，刘裕当然也不会因他人看不懂而否定自己拟订的计划。

他信心满满地对孙、沈二将说：今年十二月左右我一定会打败贼兵，你们务必在那之前夺取番禺，让他们失败后无处可逃！

除此以外，刘裕也意识到，卢循此次西撤后，上游荆州的压力必然会增大，但由于水军尚未建好，便先派大将索邈率数千骑兵从陆路前去驰援。

当时的东晋荆州刺史是刘裕的三弟刘道规。

刘道规的处境确实非常艰难。

事实上，他面临的敌人还不止东面的卢循。

西面割据巴蜀的谯纵也来趁火打劫。

谯纵原本是个没多大野心的人。

但很多时候越是胸无大志的人往往越爱占小便宜。

比如阿Q。

比如猪八戒。

比如我家楼下的王大爷。

比如谯纵。

见卢循军节节胜利，东晋政权危如累卵，谯纵也动了分一杯羹的心思，想趁机染指荆州。

他打出的牌是在荆州影响极大的桓氏家族中硕果仅存的桓谦——桓谦之前投奔了后秦，两年前又应谯纵的邀请到了谯蜀。

谯纵以桓谦和大将谯道福为主帅，率军两万顺江而下，攻打荆州。

很快，谯道福攻克了原属东晋的巴东（今重庆奉节），而桓谦则沿路不断招揽旧部，人马越来越多，不久队伍就到了枝江（今湖北枝江），距离江陵不到百里。

与此同时，卢循的前锋大将苟林也抵达了江陵东面的江津（今湖北江陵县东）。

荆州腹背受敌，形势万分危急！

一时间江陵城中人心惶惶，很多本地士民尤其是桓家当年的老部下都和桓谦暗通款曲，或提供城内虚实，或表示愿做内应。

刘道规干脆公开宣布：桓谦就在城外不远，听说城中有人想去投奔他，我从东边带来的人足够做事了，有想走的，我绝不阻拦！

随后他打开城门，彻夜不关。

人的心理往往就是这么奇怪，一件事情越是遮遮掩掩越是会让人忍不住想要尝试，真要挑明了反而不一定有兴趣。

也许正是因为这样的原因，刘道规这种开诚布公的做法竟然收到了奇效——人们为他的胆量和气量所折服，没有一个出城的！

城内的人心也随之安定下来。

此时，正好雍州刺史鲁宗之率数千兵马来援，刘道规当机立断，决定留鲁宗之守荆州，自率所部前去迎击桓谦。

部属们纷纷反对：现在去讨伐桓谦，取胜并没有把握。而苟林军近在咫尺，如果他趁机来偷袭，鲁宗之那点人马未必能守住。一旦有什么闪失，事情就全完了！

刘道规却不容置疑地说：苟林是个庸人，一定不敢贸然攻城，他还在犹豫的时候，我已经打败桓谦回来了。何况还有鲁宗之在，支持几天绝对是没问题的！

第四章 气吞万里如虎

桓谦做梦也没想到困境中的刘道规竟然会主动出击,无奈只得仓促应战。

晋军大将檀道济一马当先,率先冲入敌阵。

其余将士也都紧随其后。

桓谦军人数虽然不少,但大多是新近招募的,缺少战斗经验,在晋军雷霆万钧的冲击下,很快就溃不成军。

见大势已去,桓谦赶紧往脚底抹油,登上一条小艇就溜,没跑多远就被追兵追上斩首。

此战获胜后,刘道规在桓谦的军营中发现了一大堆书信,都是荆州城内上至各级官员下至普通百姓写给桓谦的,刘道规仿效三国时的曹操,看也没看就将其全部烧毁,没有追究任何一个人的通敌罪责。

接着他又马上回师,在江陵东面的涌口击败了苟林,苟林带着少量残兵逃走。

刘道规派部将刘遵率部前去追击苟林,自己则先行返回江陵。

局势转危为安,刘道规终于松了口气,鲁宗之也率部返回襄阳。

然而没过几天,荆州城又遇到了新的考验——徐道覆来了!

也不知徐道覆用的究竟是什么办法,总之他带着三万大军一路隐蔽行军,一直到破冢(今湖北江陵东南)才被晋军发现!

这时再去召鲁宗之回来,已经来不及了,好在荆州士民因为感激刘道规之前烧信的恩德,全都同仇敌忾,没有人有二心。

刘道规临危不乱,率部主动迎敌,与徐道覆在江陵郊外展开了一场大战。

徐道覆攻势凌厉,一举击溃了晋军前军,但晋军在檀道济等人的指挥下奋力反击,很快又稳住了局面。

两军杀得难分难解,几个时辰过去了依然不分胜负。

此时双方的体力都已经到了极限——呼吸基本靠喘,腿脚基本发软,眼神基本呆板,动作基本比 0.5 帧每秒的慢动作还要迟缓……

关键时刻,一支生力军突然加入了战局!

正是之前被刘道规派出去追击苟林的刘遵!

原来,刘遵一路穷追猛打,在巴陵(今湖南岳阳)斩杀了苟林,随后凯旋,恰好在这里赶上了这场大战。

于千万年之中,时间的无涯中,没有早一步,也没有晚一步!

刘遵军的攻击,成了压垮起义军的最后一根稻草——早已筋疲力尽的他们哪里还有什么还手之力!

最终,起义军毫无悬念地大败,徐道覆乘小船狼狈逃回浔阳。

不久，受刘裕委派前来支援荆州的索邈也到了江陵——他之所以花了这么长的时间，是因为道路被起义军所阻断。

他的到来标志着上下游之间的联系终于得到了恢复。

公元410年十月，刘裕的新舰队打造完毕，西征的准备工作基本完成。

刘毅自告奋勇地提出由他来担任此次行动的主帅。

他要报仇，他要雪耻，上次卢循打得他只身逃亡，这次他要让卢循彻底灭亡！

长史王诞偷偷对刘裕进言说：刘毅既已丧败，名声扫地，就不应该再给他立功恢复声誉的机会了。

王诞此言正合刘裕之意。

于是，刘裕当仁不让，自任西征军主帅，率部西进浔阳，讨伐卢循，而刘毅则被任命为监太尉留府，留守建康。

刘裕行军的速度并不快。

不是他不能快，而是他不想快——他不想在十二月前击败卢循。

那是他在出发前与孙处约定的时间。

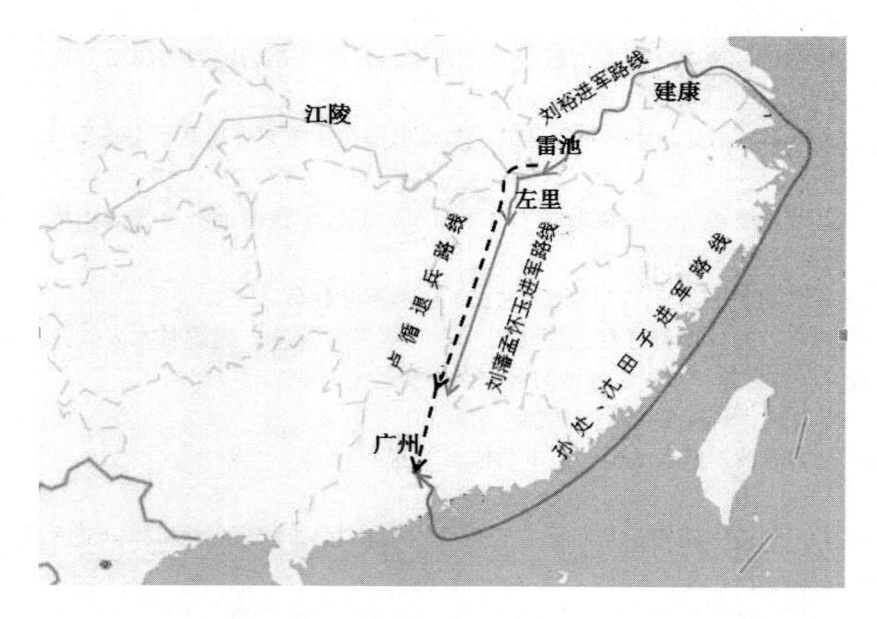

自制地图：刘裕平定卢循

孙处没有让刘裕失望。

十一月初，他和沈田子两人所率的远征舰队在经过两个多月的海上航行后，神不知鬼不觉地出现在广州的治所番禺（今广东广州）。

叛军主力都被卢循带走了，留下来的守军很少，加上他们自认为远离战场，毫无防备，因而战斗进行得异常顺利，当天晋军就占领了番禺城。

之后，孙处又派沈田子领兵前去讨平岭南各地。

由于当时通信不便，刘裕并不知道孙处的情况，依然不紧不慢地按照原定的时间表安排行事。

直到十一月底，他才进驻雷池（当时长江北岸的一个湖泊，位于湖北、安徽交界处，成语"不越雷池一步"指的就是那里）。

雷池距离卢循所在的浔阳不过百余里，卢循大惊，急忙找徐道覆商议。

徐道覆分析说：刘裕虽然陆战无敌，但我们水战也从未败过啊。必须发挥水军的优势，与晋军在水上决战！

十二月二日，叛军倾巢而出，顺江而下，直扑雷池晋军大营。

刘裕对此早有预料。

他胸有成竹，指挥若定——先派了一支步兵携带大量火具埋伏在雷池的西岸，自己则亲率水军在湖中列阵迎敌。

由于起义军之前在水战中一直占尽上风，晋军不少将领对此颇为忌惮。

右军参军庾乐生就是其中一个，他虽然早已登船，却迟迟不进，刘裕马上下令将他斩首示众。

这下将士们没人再敢犹豫了，全都奋勇争先。

起义军之前之所以在水战中屡屡获胜，其中最重要的原因是战船更大更新，但此时晋军的战船与之前比早已乌鸡变凤凰——完全脱胎换骨了，不仅不在叛军之下，而且还装备了大量当时的先进武器万钧神弩，加上在刘裕的亲自坐镇下三军用命，因此在较量中逐渐占据了上风，一步步把起义军逼到了西岸。

早已等候多时的晋军伏兵见叛军战船靠近，立即从隐蔽处冲出，向其投掷纵火器具。

刹那间起义军船只纷纷被引燃，成了一片火海。

卢循见状自知败局已定，只好与徐道覆带着残兵狼狈逃回浔阳，接着又退往更后方的豫章（今江西南昌）。

为了阻截晋军追击，他在从浔阳到豫章必经的彭蠡湖（即今鄱阳湖）中最险要的左里（今江西都昌左里镇）布下重兵，并在那里修筑了栅栏，截断了水路。

十二月十八日，晋军进至左里。

大战再次打响。

正当刘裕挥动令旗准备下达攻击命令的时候，令旗却突然折断了。

看起来似乎是不祥之兆，将士们全都大惊失色。

刘裕到底是出惯老千的赌徒，撒起谎来比撒起尿来还要本能、还要自然、还要挥洒自如：当初在覆舟山大捷时我的令旗也断过，这次又是这样，看来破贼是肯定没有问题了！

古人迷信，因而在刘裕这番话的鼓舞下，晋军全都斗志昂扬，勇往直前，顺利突破了起义军的防线。

卢循、徐道覆为了生存，也指挥部队拼死抵抗，但牛顿第一定律告诉我们，事物总是倾向于保持它原有运动状态的——高速上的货车要想刹住不容易，穷惯了的人要想发财不容易，此前连战连败的起义军要想止住败势当然也没有那么容易！

最终起义军再次大败，死万余人，其余部众大多投降，卢循、徐道覆乘小船逃走。

对起义军降兵，刘裕颇为宽大，下令只要承认是被胁迫参加的一律既往不咎。

不承认的怎么处理呢？

史书没说。

不过我想，就像买彩票的一般都有很强的发财梦一样，主动投降的一般都有很强的求生欲。

考虑到卢循主力基本被歼，已掀不起什么大浪，之后刘裕本人率晋军主力班师回朝，只留大将刘藩、孟怀玉继续追击起义军。

再看卢循。

他和徐道覆两人一边南逃，一边收集残部，总算又凑了数千人。

他归心似箭，一心想早日回老巢番禺疗伤，没想到路上听到的消息让他更受伤——番禺已经被晋军攻占了！

他慌忙留徐道覆守始兴（今广东韶关）以阻挡追兵，自己则继续南下，企图收复番禺。

卢循前脚刚走，刘藩、孟怀玉等人率领的晋军后脚就杀到了，此时，沈田子也在攻下了岭南多地后来到始兴，便一起会攻徐道覆。

徐道覆到底还是名将，在无论士气还是兵力都处于绝对劣势的情况下，他还是咬着牙坚守了一个多月才被晋军攻陷，用自己的生命为代价，给卢循争取到了宝贵的逃命时间。

可惜卢循实在是太偏执了，这段时间他一直在番禺城外围攻孙处，尽管屡攻不下却还是不见棺材不落泪，不见追兵不死心，直到沈田子等人到来后，他才知道情况不妙想走，但哪里还来得及——在孙处和沈田子的内外夹击下，卢循被打得落花流水，落荒而逃。

孙处、沈田子率部紧追不舍，在苍梧（今广西梧州）、郁林（今广西贵港）、宁浦（今广西横县）又三次击败卢循。

然而，就在卢循几乎走投无路之际，孙处突发重病，晋军停止了追击，返回广州。

卢循这才得以死里逃生，南下袭占了合浦（今广西合浦），不过他知道这里离晋军太近，并非久留之地，便决定再次发挥自己擅长水战的特长，带着三千残兵渡海去进攻更偏远的交州（治所龙编，今越南河内）。

人倒霉到极点的时候，喝凉水也会塞牙。

卢循就是如此。

在龙编南郊的渡口，他竟然被他本以为是小菜一碟的交州刺史杜慧度打败，全军覆没。

卢循知道自己这次在劫难逃，要想保持最后的尊严，只能自行了断了。

他先用毒酒毒死妻子，然后召集姬妾们问道：你们谁愿意跟我一起死？

除了少数几个愿意陪卢循一起上路外，大多数的姬妾哭泣道：雀鼠尚且偷生，我们当然想活下去！

如果"人之将死，其言也善"这句话是对的，那么卢循临死前的表现证明他完全是个禽兽——听完她们的回答后，他将那些不想死的姬妾全部杀掉，然后投水自尽。

至此，持续十余年的孙恩、卢循起义彻底被平定。

刘裕也因此大功而被晋封为太尉、中书监。

第五章　相煎何太急

欲擒故纵

　　随着地位的稳定，刘裕在内政方面也开始了大刀阔斧的改革。
　　东晋自建立以来一直皇权不振，纲纪松弛，世家大族凭借其特权肆意兼并，占有无数土地，私藏大量人口，导致税收大量流失，可以说士族的富足是建立在广大百姓的极端贫苦和政府财政的捉襟见肘基础上的。
　　这显然不利于国家的长治久安，出身平民的刘裕决定对此做出改变。
　　会稽豪族虞亮成了刘裕新政的第一个牺牲品——他因隐匿人口千余名而被刘裕下令诛杀。

　　这样的行为，无疑会引起士族们的不满。
　　但在此时的士族中，已经找不到可与刘裕分庭抗礼的领袖人物，他们只能退而求其次，与朝中除刘裕外的另一实力派刘毅结成了同盟。
　　刘毅虽然战功不如刘裕，前不久还刚吃过大败仗，但在当时的东晋军界，无论是资历还是影响力，都是当之无愧的第二号人物，而且刘毅尽管和刘裕一样都是出身寒门，但他的文化程度比刘裕高多了，吟诗作赋样样在行，清谈吹牛无不擅长，还时不时流露出丁香一样的淡淡的忧愁，和那些士族很有些共同语言。

　　与刘毅关系最好的士族大佬有两人：谢混和郗僧施。
　　谢混时任尚书左仆射，这个人咱们之前提到过，当初王谧死后刘毅就曾提名他出任宰辅，可见两人相交之深。
　　郗僧施时任丹阳尹（大致相当于建康市长），出身于东晋另一名门高平郗氏，是桓温首席谋士郗超的嗣子——他本为郗超之侄，因郗超无子，便将他收为继子。

　　也许正是因为有了这些高门大族的支持，刘毅在桑落洲惨败后依然毫不收敛，处事依然高调，态度依然嚣张。

在刘裕击败卢循的庆功宴上，刘毅赋诗道：六国多雄士，正始出风流（战国时的六国多出李牧、乐毅之类的武将，曹魏正始年间多出"竹林七贤"之类的名士）。诗中把武将与名士并称，暗指自己虽然战功不如刘裕，但文才过之，总体来说并不逊色，不服刘裕之情溢于言表。

刘毅与刘裕最倚重的心腹刘穆之也搞得很不愉快，经常在刘裕面前说刘穆之的坏话。这种不自量力的做法唯一能起的作用当然只能是反作用——刘裕不仅不听他的，反而更加信任刘穆之。

刘毅的种种举动，让刘裕越来越不快，越来越不满，越来越不能容忍，最后终于起了杀心。

天上只能有一个太阳，朝廷只能有一个核心。既然你刘毅不甘居于我之下，那我只能送你去地下；既然你不愿摆正自己的位置，那我只能让你的脑袋搬家换个位置！

不过，刘毅毕竟是战功卓著的名将，其堂弟刘藩也是坐镇一方的诸侯——时任兖州（治所广陵，今江苏扬州）刺史，朝中又有谢混等同党，可谓树大根深，实力不容小觑。

因此，刘裕并没有马上就贸然对刘毅下手，反而对他更加客气，甚至达到了"三从四得"的地步——在刘毅面前，他从不生气从不摆谱从不大声说话，刘毅无礼他忍得，刘毅有事他等得，刘毅花钱他舍得，连刘毅夫人的鞋子尺码是多大他都记得……

除此以外，他对刘毅还不断加官晋爵。

刘毅虽然在战败后自请降职，但不久就再获重用，不仅重新出任豫州刺史，还兼任江州都督。

公元412年四月，刘裕的三弟荆州刺史刘道规因得了重病请求解职回京（三个月后他就去世了），荆州刺史一职出现了空缺。

一番权衡后，刘裕把这个要职给了刘毅。

他之所以要这么做，一方面是为了进一步麻痹刘毅，另一方面也是为了分割刘毅集团——把刘毅和刘藩、谢混分开，使他们无法呼应，便于将来各个击破！

不过，沉浸在喜悦中的刘毅似乎并没有意识到这一点。

在他看来，荆州不仅地盘广大，经济发达，而且离建康中央政府距离遥远，极有利于打造独立王国——东晋历史上最著名的两大权臣王敦、桓温都出自荆州，就是明证。

到了那里，天高刘裕远，再也没人管，他就可以放开手脚大干一场了！

为了进一步增强自己的实力，刘毅又上表请求兼督交、广二州，刘裕没有片刻犹豫就同意了。

见刘裕答应得这么爽快，讨价还价之术不亚于菜场大妈的刘毅觉得自己还可以继续提高要价，便又得寸进尺，要求将自己的心腹郗僧施调到荆州，担任南蛮校尉。

刘裕还是二话不说就批准了。

一切都得到满足后，意气风发的刘毅先回京口老家拜祭祖坟，随后登船西进，正式去荆州上任。

途径建康东郊的倪塘时，刘裕还专程前往与其相会。

在刘裕出发前，已成为刘裕心腹的宁远将军胡藩悄悄对刘裕说，刘公您觉得刘毅会甘心始终居于您之下吗？

刘裕没有回答，却反问他：你的看法呢？

胡藩拿出了他早已准备好的说辞：若论统领大军，战必胜，攻必克，刘毅自然不如您。但若论博学文才，谈吐吟咏，刘毅自认为是当今的人杰，因此也有一帮士人书生归附他，恐怕他将来未必会愿意做您的属下，不如就在这次会面时拿下他！

刘裕虽然早有除掉刘毅之意，却觉得此时尚不是时候：刘毅与我一同举义，有复兴国家之功，如今他并未有什么大罪，不可自相残杀。

就这样，刘裕拒绝了胡藩的提议，在倪塘设宴，盛情款待了刘毅一行。

席间，两人纵论天下大事，畅聊古今人物，交流赌博技巧，细数当红女星，气氛极为融洽。

随后，志得意满的刘毅继续沿江西上，途经他原来曾管辖过的豫州、江州时，他又擅自从两州的军队中抽调了万余名精锐，跟随自己一起去荆州上任，对这种视制度如无物、视组织如废物的无法无天之举，刘裕依然是屁都没放一个。

在刘裕的纵容下，刘毅的胆子更大了，到江陵后他大肆安插亲信，变更守令，完全没把朝廷放在眼里。

当年九月，也就是刘毅到荆州还不满五个月的时候，他又再次上书，称自己得了重病，难以应付繁重的工作，要求让他的堂弟兖州刺史刘藩前来担任他的副手。

不出刘毅所料，刘裕这次又立即同意了。

按照惯例，刘藩在离开原先的驻地广陵后，要先到建康朝见，接受任命后再去荆州赴任。

让刘藩做梦也没想到的是，他刚到建康就被逮捕了，同时被抓的还有刘毅在京城的主要党羽尚书仆射谢混。

两人还没搞清楚是怎么回事，也没搞清楚是不是在做梦，就马上被赐死了——罪名是勾结刘毅谋反。

按照既定的计划，接下来刘裕要趁远在千里之外的刘毅还蒙在鼓里的时候发动突袭，将其彻底解决。

兹事体大，刘裕决定亲自出任主帅。

不过，由于刘毅的地位高，影响大，除掉他不可避免地会给其他人带来极大的震动，出征之前，他还必须要做一件事——安抚人心，防止有人借机生事。

需要重点防范的当然是那些与刘毅身份地位相当的军方大佬。

比如时任豫州刺史的诸葛长民。

和刘毅一样，诸葛长民也是京口起义的十二位发起者（这十二人现在已经所剩无几了）之一，与刘裕的关系似乎也说不上有多铁，虽然不至于是点头之交，但也远称不上是刎颈之交。

为了笼络诸葛长民，刘裕特意加封诸葛长民为监太尉留府事（这个职务听起来是不是有点耳熟？），全权委任他负责留守建康的一切事宜，同时为了减轻他的工作压力，刘裕还贴心地安排了谙熟内政的刘穆之担任他的助理。

安排好了这些，出兵的日子也到了。

攻其不备

大军开拔前，有人主动求见刘裕。

来人是参军王镇恶。

王镇恶是前秦名相王猛的孙子，13岁时因前秦败亡而跟随叔父王曜一起来到了东晋，他虽然骑马射箭水平稀松，但兵书战策却样样精通，加之行事果决，胆略过人，颇有其祖父当年的风采。

刘裕攻打南燕前，有人将王镇恶推荐给了刘裕。一经交谈，刘裕对他惊为天人，欲罢不能，忍不住将他留宿了一晚——不要想歪了，应该只是两个直男彻夜长谈而已。

第二天早上刘裕对诸将发出了这样的感叹：这就是所谓的将门有将啊！

这次王镇恶献上了一条奇计，并自告奋勇请求担任前锋。

听完他的建议后，刘裕大为赞许，当即任命王镇恶为振武将军，让他和猛将蒯恩率快船一百艘作为前锋，自己率主力随后继进。

王镇恶一行就这样出发了。

他们昼夜兼行，风雨兼程，沿江关卡有人问起就称这是前往江陵上任的刘藩的船队，一路畅通无阻，在长达千里的刘毅辖区如入无人之境，很快就抵达了距离江陵城仅二十里的豫章口。

随后王镇恶下令，每条船上只留一两人，其余人员悉数登陆，同时在船停靠的岸边树了大量旗帜，旗下放置战鼓，吩咐这些留守士兵说，等过会儿估计我们走到江陵城下的时候，你们就不停地敲鼓，让城中人以为有大军正在登陆。

接着他又派出一支小分队，让他们到停有大量船只的江津渡口，听到鼓声就放火烧船。

安排妥当后，蒯恩和王镇恶一前一后领着部队向江陵城进发，遇到查问还是那套说辞"刘兖州上任来了"，依然没遇到任何阻挡。

到了离江陵几百米的地方，王镇恶的队伍碰到了刘毅的亲信朱显之。

得知老大的兄弟来了，朱显之当然不会放过这个拍马屁的机会，连忙问道：刘兖州人呢？

士兵们往后一指：在后面。

然而，朱显之一直找到最后，眼睛都看成斗鸡眼了也没见到刘藩，心中顿生疑惑，再仔细看这帮人，全副武装，杀气腾腾，不像是上任的，倒像是上战场的，他就更觉得蹊跷了。

此时，远处突然鼓声大作，渡口那边又浓烟四起，朱显之顿时明白了：这是偷袭！他急忙掉转马头直奔回城。

但已经晚了——他刚入城，还没来得及关紧城门，王镇恶就率军冲进来了。

之后，王镇恶一面在城内多处纵火，制造混乱，一面与蒯恩一起围攻刘毅所在的江陵内城。

本着先礼后兵的原则，王镇恶先派人把诏书以及刘裕亲笔写的劝降信送进内城，刘毅对此嗤之以鼻，看也没看，就一把火将其烧毁。

要想让我屈服，除非山无陵天地合骡子能生育！

劝降不成，当然就只能强攻了。

在攻城的同时，王镇恶还不停地向城内喊话说：刘裕大军马上就到了！

由于刘裕此次的行动实在太突然了，城中士兵对此依然一头雾水，根本不敢相信这一切：不是我不明白，这世界变化快！到底咋回事？刘裕和刘毅不是亲密战友吗？怎么前一阵子还好得恨不能穿一条裤子，现在却恨不能把对方的脑袋拧下来当杯子！

不过，虽然心存疑惑，但这些士兵多是身经百战的北府老兵，在刘毅的亲自指挥下战斗力还是很强的。

王镇恶虽然武艺不佳，但却艺低人胆大，他奋不顾身，冲杀在前，即使身中五箭也不下火线，部下在其感染下也都拼死奋战。

激烈的战斗从中午一直持续到傍晚，后来王镇恶在当地向导的指引下在城墙的薄弱处挖了一个洞，这才冲进了内城。

接下来自然是巷战。

由于出自北府同门，刘毅军和王镇恶军很多都是老乡，甚至有些还认识，现在距离近了当然就认出来了，便一边打一边攀谈起来。

交谈中，刘毅那些部下得知刘裕真的和刘毅决裂了，而且真的亲自率军前来了，他们一下子就失去了斗志——如果刘毅在他们心目中是胳膊，那么刘裕就是大腿，胳膊是拧不过大腿的；如果刘毅在他们心目中是月亮，那么刘裕就是太阳，月亮是亮不过太阳的；如果刘毅在他们心目中是孙悟空，那么刘裕就是如来佛，孙悟空是逃不出如来佛的手掌心的！

他们不敢再战，纷纷作鸟兽散。

只剩下刘毅和少数铁杆心腹还在刺史府继续顽抗。

此时，天已经渐渐黑了，王镇恶担心夜间战斗会引起误伤，便让部队围而不攻，还特意不围紧，在南侧留了个缺口。

刘毅决定突围。

久经沙场的他知道南面是王镇恶故意布下的陷阱，因此并没有上当，而是带着残部往北拼死冲出。

等逃到江陵城北二十里的牛牧寺时，他猛然发现随从都已跑散，只剩下他独自一人了。

风在吹，夜更黑，刘毅的心在滴血。

昨天还是狂妄不可一世的一方诸侯，现在却成了惶惶不可终日的一条丧家犬！

思来想去，心灰意冷的刘毅决定皈依佛门，便叩响了牛牧寺的大门，请求寺里的僧人收留他。

没想到僧人却一口回绝：当初在桓玄败亡的时候，我的师父曾收留了桓蔚（桓玄的堂兄），后来刘毅将军说我师父窝藏逃犯，将他杀了，我们现在不敢再容留陌生人了！

刘毅只好长叹一声：天道好轮回，苍天饶过谁！这真是报应啊！

此时的他，上天无路，入地无门，连当个和尚都无可能！

还能干什么呢？

他只能自缢而死。

正所谓甲之蜜糖，乙之砒霜，刘毅的败亡却提升了王镇恶的大名——后者因此一战成名，一跃成为刘裕帐下最闪亮的将星之一！

二十天后，刘裕也带着四万大军来到了江陵——可见他为此次行动是做了充分准备的，即使王镇恶失败了，以这些兵力也足够和刘毅大干一场了！

不过现在王镇恶成功了，荆州已经没仗可打，这么多军队白跑一趟岂不是很浪费？

当然不会。

精算大师刘裕早就留好了后手。

那就是伐蜀！

和上次一样，刘裕这一次也没有亲征，伐蜀的统帅，他出人意料地选择了年轻的新锐将领朱龄石。

他任命朱龄石为益州刺史，率臧熹（刘裕的小舅子）、蒯恩、刘钟等将领统兵两万，从江陵出发攻打谯蜀。

临行前刘裕交给朱龄石一封密函，要求他到白帝城（今重庆奉节）才能打开，到时按密函上的计划行事。

谈笑间战友灰飞烟灭

当然，在安排伐蜀的同时，刘裕也不会疏忽荆州的内政。

他大量任用当地贤才，大幅减免百姓赋税，荆州的人心很快就稳定下来了。

该用谁来担任新的荆州刺史呢？

刘裕的人选再次让人大感意外——他没有起用自己的亲信，而是选择了在皇族中较有声望的司马休之。

他之所以要这么做，显然并不是出自绿叶对根的情意，更不是出自臣子对皇室的忠义，而是为了显示自己宽大的胸怀，消除刘毅无大罪而被诛的不利影响！

尽管如此煞费苦心，刘毅被杀的后果还是很快就显现出来了。

就在刘裕忙于处理荆州事务的时候，他突然收到了北青州（治所今山东青州）刺史刘敬宣送来的一封诸葛长民写给自己的密信。

原来，在得知刘毅的死讯后，尽管事先已有心理准备，诸葛长民还是深感不安。

和野心勃勃的刘毅不同，诸葛长民并没有什么远大的志向，有的只是享受的欲望。

他不追求什么扬名立万，他只追求家财千万；他不想做什么千古一人，他只

第五章　相煎何太急

想要金钱女人。

这样的人做了官，腐化堕落肯定是在所难免的，贪污受贿当然是势所必然的。

因此他的名声向来就不太好，民愤很大，百姓暗地里甚至称他为"诸葛害民"。

刘裕执政后厉行节俭，反腐抓得很紧，不过诸葛长民对此倒也并不怎么在意：我是京口建义排名前列的有功之臣，再怎么反腐也不可能反到我身上吧。

但现在看到比自己功劳更大、地位更高的刘毅死了，他开始坐不住了，有一次甚至情不自禁地对身边的亲信发出了这样的叹息：前年杀彭越，今年杀韩信，看来我的大祸就要来了！

他越想越担心，便偷偷找到了刘穆之：外面好像有传言说太尉（刘裕）对我很不满，有这回事吗？

这种没什么技术含量的问题当然难不倒刘穆之，他立即回答，刘公此次远征荆州，把老母和妻儿都托付给了您，如果对您有一点点不信任，他会这样做吗？

诸葛长民听了直点头，好像是这个理啊。

他的心暂时放下了。

可刘穆之这句话的疗效只持续了半天就失效了。

那天刚回到家，他的弟弟诸葛黎民就一个劲地劝他造反，还对他说，别信刘穆之的那套鬼话，当初打卢循的时候，刘裕还让刘毅留守建康照顾家小呢，可刘毅是什么下场，你难道没看到吗？

诸葛长民听了直点头，好像是这个理啊。

他的心又悬起来了。

但他还是下不了决心造反，刘裕打仗那么厉害，自己造反成功的可能性恐怕比同性恋造人成功的可能性也高不了多少！

他犹豫不决，只好一个劲地长吁短叹：当初贫贱的时候，一心想要博取富贵，如今富贵了却又如此不让人安心，真想回京口老家当一个普通百姓，可是还回得去吗？

他想反又不敢，不反又不安，思来想去，想到了和他曾多次一起出征的昔日战友刘敬宣，打算先试探一下他的态度再做决定。

于是便有了这样一封写给刘敬宣的信：刘毅专横暴戾，完全是自取灭亡。现在叛乱分子已经被铲除了，天下就要太平了。富贵荣华，我们一起去争取！

然而正是这封信，断送了他的性命！

尽管诸葛长民故意把话说得遮遮掩掩，但实际上相当于性感美女穿黑丝情趣装——不但遮掩不了什么，反而有一种欲盖弥彰的效果。

任何人都能一眼看出诸葛长民信中隐含着的异心。

刘敬宣当然也看出来了。

他和诸葛长民虽然也是朋友,但显然比不过和刘裕的交情。

刘裕不仅和他相识更久,相交更深,而且对他有大恩——他从南燕回归后,一直屡获重用,即使上次伐蜀失败也未受到丝毫责罚。

于是他在给诸葛长民的回信中明确表达了自己的态度:下官我近年来历任三州七郡,常常感觉自己的福气已经过头了,只想谦让掉一部分。你说的富贵之事,我实在是不敢当。

不仅如此,他还把诸葛长民的这封亲笔信转交给了刘裕。

看完信后,刘裕笑了:我就知道阿寿(刘敬宣的小名)是不会辜负我的。

这是他对刘敬宣的态度。

对诸葛长民呢,他没有说,但在心里已经判了其死刑。

虽然他知道诸葛长民未必会真的敢造反,但对于异己分子,他信奉的从来就是"只要有百分之一的可能,就必须百分之一百地诛杀"!

当然,按照刘裕的城府,表面上肯定是看不出来的。

他依然不动声色地待在荆州,直到第二年也就是公元413年初,才宣布班师回建康。

再看诸葛长民。

这段时间,他一直坐立不安、茶饭不思,失眠了无数夜,脑细胞阵亡了无数个,各种可能性想了无数条,却依然心乱如麻,没有做出任何决定。

算了,还是棉絮包脑袋,撞到哪儿算哪儿吧!

到了预定刘裕抵达建康的日子,诸葛长民不敢怠慢,连忙带着留守的公卿大臣们一起去江边码头迎接。

等了大半天,等来的却只是一个通知:太尉有事耽误了,明天才到!

第二天,诸葛长民又带着百官前去迎候,没想到还是和昨天一样,刘裕没回来!

之后的几天,每天都是如此。

诸葛长民很纳闷,这到底是怎么回事呢?刘裕到底是在耍我呢,还是看到了美女走不动路了呢,还是得了重病起不了床了呢?

他坐立更不安,茶饭更不思,整个人更不在状态了……

转眼几天过去了。

这天一早,忐忑中的诸葛长民突然得到了刘裕已经回来的消息——他是在半夜坐小船回到建康的!

诸葛长民大惊,但此时他已经来不及想什么了,慌忙硬着头皮前往拜见。

出乎他的意料,刘裕对他的态度格外和善,还特意把他召入内室,屏退左右,推心置腹地密谈了很久。

刘裕说得很动情,甚至连很多从来没人知道的隐秘、从来没有说过的想法、从来没有透露的私情,都向诸葛长民和盘托出,毫无保留。

诸葛长民听得很感动,甚至忍不住热泪盈眶,感觉仿佛又回到了多年前一起参加京口建义时那段亲如兄弟的岁月——忆往昔峥嵘岁月稠……

就在他心潮澎湃沉浸在回忆中不可自拔的时候,惊人的一幕出现了:

刘裕的心腹卫士丁旿突然从屏风后冲出,挥刀砍向了诸葛长民。

毫无防备的诸葛长民当即倒在了血泊之中,嘴角还残存着一丝尚未来得及消逝的笑意!

之后诸葛长民的弟弟诸葛黎民等人也悉数被捕杀。

第六章　敢教日月换新天

朱龄石伐蜀

至此，当初一起反桓的十二个主要首领，除了刘裕本人外，只剩下了一个老黄牛般任劳任怨的老实人王仲德！

现在，刘裕并不担心没人可用，这些曾和他平起平坐的老资格虽然不在了，但他一手提拔的一大批新人却在不断地成长，已经逐渐挑起了大梁！

比如这次受命伐蜀的朱龄石。

由于是逆流而上，加上三峡的水道又非常艰险，朱龄石这一路走得很慢，直到公元413年六月，才抵达了白帝城，随后他按照刘裕当初的吩咐，当着众将的面打开了密函。

密函中是这么说的：主力沿外水（今岷江）直取成都，臧熹领偏师经中水（今沱江）进军广汉（今四川广汉），另派老弱兵乘大船从内水（今嘉陵江、涪江）而上，作为疑兵。

事实上，这个安排是朱龄石和刘裕在出兵前早就商定好的。

之所以要弄得如此神秘，一方面是为了保密，更重要的是因为朱龄石资历尚浅，由他来下令将领们不一定会听，而刘裕亲笔写的手令，则没有人会不服。

这个作战计划，刘裕是经过深思熟虑的。

他认为上次刘敬宣伐蜀就是从内水进军的，因此按照常理判断，这次晋军会改走外水或中水，但谯纵肯定会觉得自己不是一般人，必然不走寻常路，还会走内水，所以刘裕这次偏偏要出乎谯纵的意料，把进攻重点放在外水！

人生得一知己足矣。

如果这句话是真的，我想谯纵就算死也足可以含笑九泉了。

因为，他在千里之外有个堪称"生我者父母，知我者刘裕"的知己刘裕——他内心的所思所想与刘裕之前的预测完全一致，分毫不差！

在得知晋军进攻的消息后，谯纵立即判断出晋军会从内水进攻，迅速派头号大将谯道福率蜀军全部精锐前往涪城（今四川绵阳），以抵御从内水来的"晋军主力"。

同时，为了以防万一，他也在外水、中水的几个要地派驻了些小股部队：部将侯晖守彭模（今四川彭山），部将谯抚之守牛鞞（今四川简阳）……

就这样，在刘裕那个从未谋面却心灵相通的知己谯纵的鼎力相助下，朱龄石等人所率的晋军主力一路畅通无阻，没过多久就推进到了距离成都仅二百里的彭模。

彭模紧邻外水，分为南北二城，谯蜀大将侯晖早已在此严阵以待。

由于北城地势较险，守军也相对较多，众将大多认为应该先易后难，先打较为薄弱的南城，但朱龄石却力排众议，坚持认为应先打北城：北城打下后，南城就唾手可得了！

就这样，晋军未做任何休整就直接对北城发动了猛攻。

在朱龄石的指挥下，晋军士气如虹，兵力本就处于劣势的谯蜀军哪里抵挡得住？

很快，晋军就攻克了彭模北城，斩杀守将侯晖，接着又回师南城，南城守军果然如朱龄石战前所料的那样不战自溃。

随后朱龄石命大军弃舟登岸，向成都进军。

谯蜀各地郡守全都望风而逃。

谯纵其实并不是什么雄才大略之人——如果有一个中国历史上的开国君主能力排行榜，排名第一的可能在刘邦、李世民、朱元璋等各路大牌中竞争，难有定论；但倒数第一的殊荣肯定是毫无争议地归谯纵所有，而且一骑绝尘，遥遥领先！

可以说，他这样的庸人能成为一代开国之君，纯属天上掉馅饼，纯属上帝打瞌睡！

但天上的馅饼总有掉光的时候，上帝的瞌睡总有醒来的时候，他的运气当然也总有用完的时候。

现在他遇到了一生中最严峻的考验。

危机面前，他尽显庸人本色——竟然没放一枪一弹就放弃了成都，前往涪城投奔谯道福。

走到半路，他遇到了匆匆赶回勤王的谯道福。

得知谯纵未战而逃，谯道福气得破口大骂：你堂堂一个男子汉，这样大的功业居然白白丢掉了，还能有什么出路？人谁没有一死，怎么能如此胆怯！

他越说越气，竟拔出佩剑向谯纵猛然掷去。

谯纵慌忙撅起屁股，总算勉强躲了过去——佩剑正中其马鞍，离他的臀尖只有一毫米之差！

这下他再也没胆待下去了，再也没脸待下去了，只能狼狈离开。

连最倚重的大将都不支持他了，他还能靠谁呢？

还是找棵歪脖子树，自挂东南枝吧！

与懦弱的谯纵相比，谯道福要顽强得多。

尽管成都已经失守，他依然不甘心，依然想死马当活马医——他把自己所有的金银财宝都拿出来分给部下，鼓动他们与晋军拼死一战，企图再次夺回成都。

但死马当活马医当然是医不活的——士兵们比他要现实得多，在分到财物后马上就一哄而散，只留下谯道福一个人在风中独自凌乱。

在严酷的现实面前，谯道福的满腔豪气只能变成了灰心丧气，仓皇逃亡，不久也被抓获处死。

立国八年的谯蜀至此灭亡，天府之国的益州再次回到了东晋的怀抱。

义熙土断

随着谯蜀的平定，刘裕在朝野的声望更高了，加之刘毅、诸葛长民等实力派已先后被铲除，刘裕在东晋朝中已没有了强有力的政敌，他开始着手酝酿已久的一项重大改革。

这就是史上著名的"义熙土断"。

"义熙"是晋安帝当时的年号，而"土断"这个词的含义就复杂得多了，百度上是这么说的：东晋、南朝为解决侨置问题而推行的整理户籍及调整地方行政区划的政策。

侨置的由来，还得从西晋末年说起。

那时北方各地乱成了一锅粥，众多北方民众为躲避战乱，纷纷迁往江南，这些远离故土的北方人被称为侨人。实际上，从东晋皇族司马氏到先后执政的王、谢、庾、桓等各大士族都属侨人。

本着"胳膊肘往里拐，肥水只流自己田"的原则，东晋王朝实行的是侨人优待政策。

朝廷专门设置了为数众多的没有实土的侨置州郡县，对侨人和南方本地人实行差别化管理，侨人享有很多特权，既不用交税也不用服劳役。

但这种政策的弊端也是十分明显的——一方面侨置州郡与属地州郡并存导致行政效率低下，管理复杂，增加了许多不必要的麻烦和开支；另一方面对大量侨人的免税又使得朝廷财政不堪重负，从而不得不加大对南方当地人的摊派，导致民间怨声载道，不利于社会的稳定。

正因为如此，不少有识之士很早就提出了要实行土断——省并或撤销侨置郡县，以侨人的实际居住地为准，将其编入当地户籍，不再享受免税特权。

尽管土断对国家的好处是显而易见的，但由于牵涉包括士族在内的广大侨人的利益，因此实施起来阻力很大。

就像逆激流而上的船只需要极大的动力、逆时尚而动的着装需要非凡的美丽一样，逆侨人利益而推行的土断也需要极大的魄力和非凡的实力，故而整个东晋百余年来真正取得成效的土断只有一次——公元364年由东晋最强权臣桓温主持的"庚戌土断"，但桓温死后，这项工作就人亡政息了。

比起当初的桓温，现在刘裕的魄力和实力都有过之无不及，土断之事自然也就再次被提上了议事日程。

公元413年，在刘裕的强力推行下，轰轰烈烈的土断工作在全国范围内展开了。众多侨置郡县被撤销，无数侨人的身份被注销，改成了江南本地户籍……

土断的成果是巨大的——朝廷收入大增，财政状况大为好转，同时百姓的负担也变得比较均衡，大大缓解了社会矛盾。

不过，这次土断仍然是不彻底的。

诏令中明文规定：居住在晋陵郡（治所今江苏镇江）的徐、兖、青三州侨人，不在土断之列。

之所以如此，是因为北府军的主要成员大多是那里人，作为北府军的老大，刘裕不可能不照顾他们的利益。

曾经不可一世的世家大族，只能忍气吞声地接受了这样的改变。

他们无奈地认识到：天下已经不是当初"士族与皇族共有"的东晋的天下了！

大刀向皇族的头上砍去

室外的温度变了，季节变换还会远吗？

当然不会。

王朝的个性变了，朝代更替还会远吗？

当然也不会。

这一点从一件事就可以看出来——刘裕已经将屠刀砍向了司马氏皇族！

首当其冲的，是在皇族中实力最强的荆州刺史司马休之。

司马休之虽然早年曾经和其兄司马尚之一起卷入过司马元显和桓玄的争斗，但近年来一直安分守己，只修身养性，不争名夺利——开会他就拍拍手，表决他就举举手，见人他就拱拱手，一到敏感问题他就避开去解手，给刘裕的印象很是不错。

也正因为如此，他才在刘毅覆灭后被亟须稳定人心的刘裕看中，出掌了荆州。

但司马休之到荆州后的所作所为却和京城大不一样，他在那里大刀阔斧地干了不少实事，很得当地的人心。

这自然是刘裕所不愿看到的。

他决心敲打一下司马休之。

正好司马休之的儿子司马文思在京城犯了点小事，刘裕便把司马文思抓了起来，把他送到荆州，让司马休之自行惩戒——意思是要让他大义灭亲。

但司马休之却并未照办，只是上表请求废去司马文思的爵位，同时又写了封信给刘裕道歉，说了些教子不严、以后一定严加管教之类的空话。

刘裕大为不悦，开始为征讨司马休之做准备。

而司马休之也知道刘裕不会放过他，暗中和雍州（治所今湖北襄阳）刺史鲁宗之联络，与其结成了同盟。

公元415年正月，刘裕正式动手了——他先是捕杀了司马休之留在京城的子侄，随后下令进攻荆州。

司马休之也不甘示弱，上表列举刘裕的罪状，宣布讨伐刘裕。

鲁宗之也在襄阳起兵响应。

尽管鲁宗之的反叛有些出乎意料，刘裕却并不在意。

在他看来，司马休之虽然也上过战场，战绩却惨不忍睹，以自己麾下的百战精兵对付这种常败将军，完全可以轻松取胜。

他把这次行动看成了栽培新人的大好机会。

他任命自己的女婿徐逵之（刘裕长女刘兴弟之夫）为前锋军主帅，统领大将蒯恩、王允之、沈渊子（沈林子之兄）等人率部先行出发，自己则率大军继进。

然而，刘裕这次显然是轻敌了。

司马休之打仗不咋地，但鲁宗之之子鲁轨却是一员勇冠三军的虎将！

在江陵郊外的破冢，初出茅庐的徐逵之被鲁轨打得大败，自己也死在了乱军之中，王允之、沈渊子等人也同时战死，只有蒯恩临危不乱，最终击退了鲁轨的追击，全军而退。

此时，刘裕正在江陵对岸的马头（今湖北公安），得知爱婿身亡的消息后，刘裕怒不可遏，当即下令全军渡江，与司马休之决一死战！

然而，在刘裕的船队驶近岸边之后，士兵们却都傻了眼——原来这一带的长江堤岸又高又陡，攀爬十分困难。

更难办的是，司马休之已经派其子司马文思和鲁轨等人率军四万在北岸占据有利地形，在那里严阵以待了！

刘裕军发动了一次又一次强攻，每次都以失败告终。
见部队屡屡受挫，刘裕心急如焚，竟然穿上盔甲，打算亲自上阵。
众人纷纷劝阻，但他根本听不进去。
关键时刻，一个俊朗的年轻人挺身而出，紧紧抱住了刘裕。

此人名叫谢晦，出身于东晋顶级大族陈郡谢氏，是谢混的堂侄，但其立场却和堂叔完全不同，对刘裕一直倾心追随，因足智多谋很得刘裕的器重，时任太尉主簿，相当于刘裕的秘书。
刘裕拔出佩剑，对谢晦怒吼道：放开我，否则我杀了你！
谢晦毫无惧色地回答：天下可以没有我谢晦，但不能没有刘公您！
这句话的药效堪比对乙酰氨基酚，让刘裕本来热到发烫的头脑瞬间就降了温：是啊，如今自己的地位已经和十几年前完全不一样了，不能再以身犯险了！

既然不能亲自出马，当然就只能指派别人了。
他命令建武将军胡藩立即登岸，发起攻击。
胡藩有些为难：我是胡藩，不是猢狲，这种几乎九十度的悬崖，怎么可能爬得上去？
见胡藩迟迟没有行动，刘裕刚刚压下去的火气忍不住又冒出来了，大声喝令左右：把胡藩给我抓过来，就地正法！
胡藩这才不再犹豫：我宁可死在阵前！

人在求生的时候，创造力往往是非凡的。
胡藩在刘裕的恐吓下为了求生，发明了如今风靡全球的攀岩！
他选择了一个最为险要，因而守军也最不注意的地方，用刀头在岩石上凿出了一个个仅能容纳脚趾的小坑，手脚并用，一步一步往上爬，最终成功攀上了江岸！

接下来，大批士兵也纷纷效仿胡藩，用同样的方法爬上了岩壁，随即马上发动攻击。

守军万万没想到自己的侧面会出现敌人，一时阵脚大乱。

刘裕看到战机已至，也立即指挥大军从正面猛攻。

两面夹攻之下，守军大败，全军溃散。

随后刘裕乘胜进军，一举攻克了江陵。

司马休之、鲁宗之等人仓皇逃往襄阳，鲁轨则带着部分残兵守石城（今湖北钟祥）。

然而，刘裕根本不给他们喘息的机会——司马休之等人前脚刚走，他后脚就命大将赵伦之（刘裕的舅舅）和沈林子率部从陆路追击，大将王镇恶则率水军沿汉水北上，一起会攻石城。

石城是襄阳的门户，不容有失，司马休之和鲁宗之慌忙前去救援。

可他们刚到半路，石城就已经失守了！

他们只好和鲁轨的败兵合军一处，打算一起返回襄阳。

在这个世界上，美玉往往很少，石头却很多；雪中送炭的人往往很少，落井下石的人却很多。

留守襄阳的鲁宗之部将李应之就是这样的多数派。

见老上级大势已去，他反戈一击，关闭了城门，不让他们入城。

司马休之一行无家可归，无奈只能继续北逃，投奔了后秦。

至此，荆襄全部平定。

之后，刘裕以其二弟刘道怜为荆州刺史，舅舅赵伦之为雍州刺史，自己则率军班师回朝，并以讨平司马休之功而被加封为太傅、扬州牧，同时还享有"剑履上殿、入朝不趋、赞拜不名"的殊荣。

这在中国古代基本就是人臣的最高礼遇了，在刘裕之前享受过这种待遇的寥寥无几：萧何、梁冀、董卓、曹操、司马懿、司马师、王敦、桓玄……

从这份名单中可以看出，除萧何外，无一例外全是权臣，而且自曹操以后基本都是有篡位之心的！

刘裕当然也不会例外。

事实上，此时他已经消灭了所有政敌，完全把控了东晋朝政，要想篡位，简直比自慰还要容易!

不过,刘裕想得到的,绝不仅仅是那个已成囊中之物的皇位!

他是个心比天高的人。

麻将,他不仅要和,而且要大四喜大三元十三幺;打仗,他不仅要胜,而且要以最小的代价取得最大的战果;皇帝,他不仅要当,而且要当一个一统天下的千古一帝!

他再次把目光放到了与晋朝分离了百年之久的北方大地。

该从哪里动手呢?

他选择的,是后秦。

第七章　北伐后秦

屋漏偏逢连夜雨

后秦这个曾经的西北霸主如今已经风雨飘摇了。

自从公元414年五月，后秦主姚兴染病开始，围绕继承人问题，他的儿子们发动了一轮又一轮的争夺，政局一直动荡不安，国力也大为衰弱。

公元416年年初，姚兴病逝，性情懦弱的太子姚泓继位，后秦内部更是狼烟四起，一片混乱。

不过，看中后秦这块肥肉的，并不只有刘裕。

还有离后秦更近的大夏主赫连勃勃。

赫连勃勃本名刘勃勃，是匈奴铁弗部首领刘卫辰之子。

公元391年，铁弗部为北魏所灭，刘卫辰被杀，11岁的刘勃勃侥幸逃脱，辗转投奔了依附于后秦的鲜卑破多兰部首领没奕干。

没奕干对刘勃勃悉心栽培，还把自己的女儿嫁给了他。

姚兴对刘勃勃也很器重，任命他为安北将军、五原公，把西北地区五个鲜卑部落以及部分杂胡共两万多户交给他统领。

然而，好心未必会换来好报，比如寓言中的蛇对救它的农夫。

刘勃勃对姚兴、没奕干的态度也是如此。

公元407年，刘勃勃突然袭杀了岳父没奕干，吞并其部众，宣布叛离后秦独立，国号大夏，史称夏。

之后，刘勃勃又不断侵扰自己之前的恩主后秦，并连连取胜，成为姚兴在北面的一大劲敌。

公元413年，刘勃勃在今陕西靖边修建了一座极为坚固的城池作为自己的国都，并将其命名为统万城，意为"统一天下，君临万邦"。

同时他还把自己和整个皇族的姓氏改成了"赫连"，意思是"帝王为上天之子，其显赫与天相连"！

得知姚兴病死的消息后，赫连勃勃大喜，当即产生了和刘裕一样的念头：乘人之危，灭掉后秦！

由于他和后秦离得近，动作当然也更快。

没想到由于行动过于仓促，赫连勃勃在马鞍阪（今甘肃泾川西北）被后秦老将姚绍（姚兴的叔父）击败，不得不暂时退出关中。

接下来自然该轮到刘裕上场了。

公元416年八月，刘裕任命自己年仅11岁的世子刘义符为监太尉留府事，刘穆之为尚书左仆射，留守京城建康，自己则亲率大军，踏上了北伐后秦的征途。

这是自东晋建立以来第一次举全国之力发动的北伐，因此其规模比七年前征讨南燕要大得多。

晋军在长达千里的战线上，从东到西排开了五路大军。

第一路由刘裕本人亲自统领，老将冀州刺史王仲德担任前锋，从彭城（今江苏徐州）出发，然后开通巨野泽到黄河的旧运河，再沿黄河逆流而上，直指洛阳；

第二路由建武将军沈林子和彭城令史刘遵考（刘裕族弟）为主帅，自彭城出发，率水军沿汴水往西，经石门（今河南荥阳北）入黄河；

第三路由龙骧将军王镇恶和冠军将军檀道济指挥，从寿阳（今安徽寿县）出发，率步兵沿淮河、淝水西进，进取许昌、洛阳；

第四路由新野太守朱超石（朱龄石之弟）、宁朔将军胡藩统率，自襄阳（今湖北襄阳）出发，进军阳城（今河南登封东南）；

第五路由振武将军沈田子（沈林子之兄）、建威将军傅弘之带领，从襄阳出发，沿汉水、丹水挺进，直抵关中东南的门户武关（今陕西丹凤）。

除此以外，刘裕还命别将姚珍、窦霸两人各领一支数千人的偏师，分别从子午谷和骆谷（二者穿越秦岭的谷道）进军，从南面威胁长安。

在刘裕的安排中，前四路无疑是主力，虽然其出发路线各不相同，但殊途同归，如经过凸透镜的多条平行光线一样最后都聚焦在了同一个地点——西晋故都洛阳，在攻占洛阳后再合兵一处杀向长安；而第五路沈田子、傅弘之部和姚珍、窦霸的两支偏师则主要是作为疑兵，用来牵制关中的后秦军主力，使其无法分出重兵来救援洛阳。

几路大军中，速度最快的是王镇恶、檀道济的第三路。

他们一路势如破竹，先后拿下了漆丘（今河南商丘东北）、项城（今河南项城）、新蔡（今河南新蔡）等地，随后又攻克许昌，擒获后秦颍川太守姚垣。

第二路的沈林子部进展也颇为顺利。

刚进入后秦境内，他就得到了当地豪强董神虎的响应，接着两人合兵一处进攻仓垣（今河南开封东北），驻守仓垣的后秦兖州刺史韦华迫于其声势，不战而降。

第一路的王仲德此时也率水军从巨野泽进入了黄河，之后一路西进，很快就抵达了黄河南岸的重镇滑台（今河南滑县，因黄河改道，现在已经在黄河以北了）城下。

滑台是北魏的辖地，是其在黄河南面唯一的据点。

对晋军来说，滑台是必须要拿下的——否则后勤运输会面临很大的麻烦，但同时又不能惹恼北魏这个当时北方最强大的国家——否则他们将会面临两线作战，这是刘裕所不愿看到的。

王仲德对此很是头疼——既要抢人家的地盘又不能得罪人家，这类似于既要马儿跑，又要马儿不吃草，几乎是不可能完成的任务。

不过，上天似乎总是那么顽皮，那么喜欢恶作剧，有时看似很容易的事情结果却出奇地麻烦——比如王仲德打滑台的这次。

他还没到滑台呢，北魏滑台守将尉建居然就已经弃城而逃，仓皇退到了北岸！

晋军就这样不费一枪一弹、不失一兵一卒轻松占领了滑台！

得了便宜而不卖乖，相当于出国旅游而不发朋友圈——是需要很大克制力的。

王仲德可没那么低调，他第一时间就发布了这么一条信息：我们晋国本打算用七万匹布帛的价钱向你们魏国借道，没想到你们居然这么够朋友，连钱也不要就走了！

自然，他也没有忘记@北魏国主拓跋嗣——北魏开国皇帝拓跋珪已于公元409年被其子拓跋绍刺杀，太子拓跋嗣在群臣的拥戴下平定了拓跋绍的叛乱，随之继承了帝位。

由于此时北魏朝廷尚未表明态度，为了慎重起见，之后王仲德并没有马上西进，而是停驻在了滑台。

那么，拓跋嗣的态度会是怎样的呢？

当然是大怒——不仅是因为丧土失地，更是因为颜面扫地！

他当即派当时正在河内（今河南沁阳）的大将叔孙建、公孙表领兵南下，前去兴师问罪。

叔孙建率军渡过黄河，来到滑台城下，当众把那个对晋军太够朋友的尉建斩首，并将其尸体抛入黄河，随后气势汹汹地质问王仲德为何要入侵。

本着不激怒北魏的原则，王仲德的答复相当客气：我们这次是去洛阳给我们晋朝的祖先扫墓的，并不是想和你们魏国作对。只是因你们的守将主动放弃了滑台城，所以才借这个空城暂时歇歇脚的，我们马上就会离开这里，绝对不会影响晋魏两国睦邻友好的大局。

不过拓跋嗣对这个回答似乎并不满意，又让叔孙建派人直接找刘裕交涉。

刘裕在重复了一遍和王仲德类似的话语后，又再三表示晋魏两国是一衣带水的友好邻邦，自己向来珍惜与北魏的传统友谊，绝不会与北魏为敌。

拓跋嗣其实也并没有与晋军全面开战的意思，见刘裕给足了自己面子，便也就没有再继续纠缠，只是派大将于栗磾率部在黄河北岸严阵以待，以防止晋军进攻黄河以北。

就这样，刘裕和北魏算是暂时达成了和解。

当然，对于滑台城，刘裕是不可能再还给北魏了，所谓的"借这个空城暂时歇歇脚"，却一借就是多年，直到刘裕离世，都没有归还——颇有现在某些老赖"借的钱下个月就还给你却终生都不还"的那种味道。

与此同时，长安城内的姚泓得知了晋军大举入侵的消息，慌忙派大将阎生、姚益男分别率骑兵三千、步兵一万前去救援洛阳，同时又命在蒲坂的弟弟姚懿率部南下陕津（黄河北岸古渡口，位于今山西平陆），作为声援。

然而，晋军的动作实在是太快了，后秦援军还未赶到，王镇恶、檀道济已经率部从荥阳（今河南荥阳）、成皋（今河南荥阳西）逼近了洛阳！

后秦洛阳守将陈留公姚洸（姚泓的弟弟）大惊失色，连忙把部属找来研究对策。

部将赵玄说：如今晋军已深入国境，人心浮动，且我军兵力上也处于劣势，如果出城迎敌，一旦失利的话后果将不堪设想。不如将外围守军全部撤回，固守金墉城，等待援军。只要金墉没被攻下，晋军必然不敢越过我们西进。这样对方困于坚城之下，时间长了必然疲敝，我们再寻机破敌。

金墉城是洛阳西北角的一座小城，在魏晋时期是专门用来关押顶级政治犯的，晋惠帝皇后贾南风、一度篡位称帝的赵王司马伦等众多在政治斗争中失败的大人物都曾享受过此地的待遇。此城虽然不大，却异常坚固。

结合当时洛阳后秦守军兵微将寡的实际情况，这基本上是可行的最佳方案了。

可惜，很多时候光有好东西是不够的，还要有识货的人。

只是，好的建议也不一定会被采纳——比如赵玄的这个提案。

他话音刚落,马上就有人提出了反对意见。

说话的是姚洸的司马姚禹:殿下英武过人,谋略超群,所以才被委以重任,独当一面。如果这样躲在城中不敢出战,岂不是有损威信,又怎能不受到朝廷谴责?

主簿阎恢、杨虔两人是姚禹的党羽,也纷纷附和姚禹。

早已没了主意的姚洸一看支持姚禹的人多,便马上采纳了他的意见——就仿佛在一个不熟悉的地方找饭店,看哪个店人多就去哪里吃一样。

然而,姚洸不知道的是:姚禹见洛阳形势不妙,早就有了叛降之心,之前他已经和东晋主将檀道济暗中往来过了,现在当然要助晋军一臂之力!

就这样,在姚禹等东晋地下党人的极力鼓动下,姚洸不但没有集中兵力,还下令从本来就不多的洛阳守军中分兵防守外围各地。

其中,赵玄的任务是率千余兵马防守柏谷坞(今河南偃师南)。

临行前赵玄流着泪对姚洸说:我深受国恩,甘愿以死相报,我死不足惜,只可惜殿下你不听忠臣之言,将来必悔之莫及!

赵玄刚到柏谷坞,晋军就已经打来了。

他带着那可怜的一千多人拼死抵抗,但毕竟寡不敌众,柏谷坞最终陷落,赵玄本人也身受十几处创伤,战死沙场。

随后晋军继续前进,由于洛阳外围的守将大多望风而降,很快就兵临洛阳城下。

姚洸见大事不好,第一时间就派人去找姚禹——你出的主意,你可要负责啊!

但哪里还找得到?

姚禹早已偷偷出城投奔了城外的檀道济!

这下姚洸更加手足无措,在思想斗争了两天后,他不得不打开城门,向晋军投降。

就这样,在被后秦占领多年后,洛阳再次被晋军收复!

洛阳失守,对已经危机重重的后秦帝国来说,无疑是一次重创,但令后秦主姚泓担心的,还不止这个。

在这个节骨眼上,他的弟弟——驻守蒲坂的并州牧姚懿又起了异心!

皇位如此堂皇,引无数兄弟竞折腰!

姚懿这个人智商虽然不高,野心倒是不小,此时见大哥姚泓处境艰难,顾此失彼,觉得这正是自己突袭关中,夺取皇位的绝佳机会。

至于能在皇帝宝座上坐几天,他是不会考虑的——圣人不是说了嘛:朝闻道,夕死可矣。只要能当皇帝,哪怕只当一天,这辈子也值了!

在司马孙畅的谋划下,起事之前,姚懿先下令开仓放粮,以争取人心。

左常侍张敞、侍郎左雅劝他不要这样慷国家之慨,姚懿勃然大怒,立即下令将两人鞭打致死。

虽然此时姚懿还没有正式宣布造反,但他又是放粮,又是杀人,动静搞得比奥运会开幕式还大,这下在长安的后秦主姚泓就算是想不知道都不可能了。

姚泓慌忙找来姚绍商量。

姚绍说:姚懿这个人向来见识浅陋,这一定是孙畅给他出的主意。陛下可以让抚军将军姚赞进驻陕城(今河南三门峡西),老臣我则前往潼关节度诸军。随后您下旨征召孙畅来京,如果孙畅肯来的话,那么姚懿就成了无舵之舟、无衔之马,只能乖乖跟着我们走,我正好带着姚懿的河东军队一起对付晋军;如果他执意不肯从命,则说明局势已经不可挽回,我就立即公布姚懿的罪行,就近率军讨伐他!

姚泓依计而行。

很快,姚懿就接到了孙畅的调令,也获知了姚绍统率的政府军在陕城、潼关一带集结的消息,他明白自己的意图已暴露,政府军已经有了准备,偷袭长安已不可能,但他却并未收手——毕竟,长期积攒的反意就和长期积攒的尿意一样,是很难忍住不发泄出来的。

横竖横,拆牛棚,他干脆一不做二不休,在蒲坂就地称帝,同时传檄自己所管辖的河东各州郡,向他们征兵调粮。

但命令发布下去后,姚懿却彻底傻眼了——由于他的所作所为实在是太不得人心,不仅各地几乎没什么人听他的号令,而且在蒲坂城中居然还有人造了他这个造反者的反,包围了他的宅邸,把他困在了家中!

这样一来,不要说是造反了,就是造饭都成了问题!

接下来的事就简单了。

姚绍率军攻打蒲坂——不,准确地说应该是进驻蒲坂,轻而易举就抓获了已成瓮中之鳖的姚懿。

平定姚懿叛乱的消息传到长安,已经是公元417年的正月了。

正月初一,按照惯例,姚泓在皇宫大殿举行了他担任皇帝以来的第一个新年朝会。

在这个本该欢庆的场景中,姚泓却一点都开心不起来。

钟声鼓声音乐声,声声刺耳;家事国事天下事,事事闹心。

这次第,怎一个愁字了得!

他忍不住泪如雨下,失声痛哭。

令姚泓伤心的,除了晋军的不断逼近之外,还有另一个原因。

驻守安定（今甘肃泾川）的齐公姚恢（姚泓的堂弟）反了！

姚恢以"清君侧"为名，在安定起兵反叛，并随即挥师东进，杀向长安。

形势万分危急，姚泓慌忙再次紧急向姚绍求救——姚绍现在是他唯一的救火队员，无论哪里着火都需要他去扑灭。

刚刚搞定姚懿的姚绍立即集结军队，日夜兼程从蒲坂赶回，潼关守将姚赞等人也纷纷率各自麾下的兵马回师勤王。

在姚绍的指挥下，后秦政府军最终在长安郊外一举将叛军击垮，姚恢和他的三个弟弟都被斩杀。

平叛的胜利，并没有让姚泓感到轻松。

因为就在此时，他又得到了另一个更加惊人的消息——东面的晋军从洛阳向关中杀过来了！

其实，原本刘裕的命令是要王镇恶等人在拿下洛阳后按兵不动，等待他所率的主力到来后再合力进攻后秦的老巢关中，但在得知潼关、蒲坂一带的后秦军主力都被调回关中平叛的消息后，在洛阳的晋军将领王镇恶、檀道济、沈林子等人改变了主意，决定按照"将在外君命有所不受"的原则，乘虚而入，直捣关中！

晋军起初的进展颇为顺利，很快就攻克了宜阳（今河南宜阳）、渑池（今河南渑池）等地，随后他们兵分两路，一路由王镇恶统领，西进关中门户潼关（今陕西潼关），一路则由檀道济、沈林子率领，北渡黄河，进军河东重镇蒲坂（今山西永济）。

但大大出乎王镇恶意料的是，姚恢的表现堪比前段时间那个号称"雷公太极创始人"的所谓太极高手——虽然看上去来头很大，但实际上却不堪一击，居然一眨眼的工夫就被KO了！

这样一来，王镇恶更加信心百倍。当他率军来到潼关的时候，眼前的形势让他惊得差点从马上栽下来——姚绍已经带着五万后秦军主力凯旋，在那里严阵以待了！

世界上最遥远的距离，不是生与死，不是天各一方，而是预想的那么可人，现实却如此严酷！

本以为能捏个软柿子，没想到竟然是个铁柱子！

而檀道济、沈林子所部在蒲坂也遇到了麻烦。

由于他们部下的人数并不太多，蒲坂城又极其坚固，加上后秦守将尹昭很顽强，他们一时根本无法攻克。

雪上加霜的是，不久后秦方面的援军又到了，与城内守军一起对晋军形成了夹击之势。

见形势不利，沈林子和檀道济商量后，决定放弃攻打蒲坂，率部南下潼关，与王镇恶会合。

得知檀、沈二将即将到来的消息后，之前一直顺风顺水、横扫叛军如卷席的后秦军主帅姚绍没有多加考虑就做出了决定：吃掉这支疲惫之师！

他当即亲率主力，出城迎击。

轻敌是失败之母。

檀道济、沈林子可不比姚懿、姚恢这些无能之辈，一番大战下来，姚绍遭到了他近年来最大的一次失败，被迫放弃潼关关城，退守定城（今陕西华阴东）。

他毕竟是百战老将，虽然首战失利却并不气馁，一路不通再走一路，一计不成又生一计，他派部将姚鸾率部出击，企图切断晋军的粮道。

然而王镇恶对此早有预料，不仅轻松挫败了他的图谋，还斩杀了姚鸾。

姚绍的如意算盘又一次落了空。

之后，他不得不改变了自己的策略，凭借险要地形，坚守不战。

王镇恶等人由于兵力不足，一时也奈何不了他。

战局自此陷入了僵持。

却月阵

就在姚绍和王镇恶等人在潼关对抗的时候，晋军统帅刘裕也率主力从彭城出发了——乘船沿淮河、泗水进入黄河，再逆流而上，向洛阳进军。

为了避免北岸的北魏军干扰自己的行动，刘裕特意派使者出使北魏，正式向拓跋嗣请求借道。

与此同时，后秦主姚泓派来求救的使臣也到了北魏——之前后秦和北魏已经结亲，姚泓的妹妹西平公主嫁给了拓跋嗣，虽然没被封为皇后，但却极受拓跋嗣的宠爱。

面对这两个完全相反的请求，拓跋嗣一时拿不定主意，便召集群臣商议此事。

多数大臣的见解相当一致：以水军为主的晋军要想突破潼关天险绝不是一件简单的事，但如果他们要调个方向，渡黄河北上，进攻我们魏国则要容易得多。刘裕虽然口口声声说要伐秦，但兵不厌诈，实际上他的真实意图很难判断，我们切不可掉以轻心，何况秦国又和我们有着姻亲之交，他们有难，我们理应救助。因此，我们认为应该发兵封锁黄河河道，阻止晋军的行动。

但一个皮肤白皙、貌若美妇的汉人文臣却给出了截然不同的意见。

此人名叫崔浩，出身于河北著名大族清河崔氏，是三国时曹魏司空崔林的七世孙。

其父崔宏，自幼就有冀州神童之称，曾先后出仕前秦、后燕，在当时名声很大，北魏占领河北后，他又深得拓跋珪器重，先后担任黄门侍郎、吏部尚书等要职，被封为白马公。

和父亲相比，崔浩的才学更是青出于蓝而胜于蓝，从诸子百家到阴阳五行，无所不通，从琴棋书画到诗词歌赋，无一不精。

凭借显赫的家世和出众的才华，崔浩很早就出仕了，在拓跋珪的身边担任著作郎。

拓跋珪晚年疯狂暴虐，很多近臣都对他避而远之，只有崔浩依然跟随在他身边，一直兢兢业业，从不懈怠。

拓跋嗣继位后，他被提拔为博士祭酒（国子学最高长官），经常为拓跋嗣讲课。

拓跋嗣喜欢阴阳术数，正好崔浩在这方面很是精通，便经常为他答疑解难，很是灵验，因此拓跋嗣对他极为信任，各种军国大事都要与其商量。

这次，崔浩先是对局势进行了这么一番分析：刘裕早有吞并秦国之心，如今姚兴已死，姚泓懦弱无能，内部又纷乱不已，刘裕趁机伐秦，志在必得。如果我们发兵切断他的进军路线，他一定会迁怒于我们，转而渡河北侵，那我们岂不是成了秦国的挡箭牌！

随后他又提出了自己的应对之策：我看我们不如借道给刘裕，不要阻挡其西上，然后出兵控制他们东归的道路，如果刘裕获胜，他一定会感激我们；如果他败了，那我们也不失救秦之名。为国家谋划的人，应当把国家利益放在首位，怎能为了一个女人（指姚兴之女）而误了大事呢？

不过，在这个世界上，一个人说话的分量常常是和他的地位成正比的。

当时资历尚浅、职位也不高的崔浩尽管讲得头头是道、滔滔不绝、振振有词，在场的众多重臣却依然对此不屑一顾。

他们仍然强烈主张必须要出兵阻击晋军：刘裕虽然声称要西讨，但实际的意图很可能是北进。如果我们借路给他，放弃黄河的防御，那岂不是成了开门揖盗了！

可能是觉得双方的说法都有些道理，最终拓跋嗣采取了一个折中的方案：他既没有发兵阻断黄河上游，也没有痛痛快快地借道，而是派老将长孙嵩率步骑十万驻屯在黄河北岸，严密监测并伺机干扰晋军的行动。

长孙嵩把自己的大本营放在了畔城（今山东聊城）一带，同时又派出数千游动骑兵，如影子一般跟着黄河中的晋军船只一起移动，对晋军的行为进行抵近侦察。

晋军的大部队中有很多运输辎重的船只，由于载货量大，又是逆水行舟，只能依靠南岸的人力拉纤前进，有时碰上风大水急，负载过重的纤绳难免会断裂，导致船只失去动力，被湍急的水流冲到北岸——当时正值初夏，常刮南风。

这种送上门来的猎物马上激发了北魏骑兵那种游牧民族与生俱来的劫掠本能。

他们立即出动，一拥而上，将船上的货物劫掠一空，船上的晋军士兵则全被残忍杀害。

这样的事一而再、再而三地发生了多次。

刘裕火了，便派部队渡河反击。

但这些北魏骑兵的机动性实在太强——看到晋军上岸，他们立即远远遁走，而晋军大多为步兵，想追也追不上；等晋军一撤，他们又马上回到了岸边，继续从事打劫。

刘裕对此很是头疼，怎样才能给他们一点教训呢？

这事的难度在于：

此次行动晋军出动的军队不能太多，战事的规模不能太大，只能点到为止，小胜即安，否则就会和刘裕避免两线作战的基本战略相矛盾——这类似于教育熊孩子，既要打疼他，让他以后不敢再犯错，又不能狠到让他心生怨恨，影响两代人之间的感情。

可是，如果出兵太少，以步兵为主的晋军又如何才能战胜那些强悍无比且人数占优的北魏骑兵？

看起来，这似乎是个无解的难题。

但天气再热，有空调就不怕；事情再难，有刘裕就不愁。

他很快就想出了办法。

这天，在黄河北岸出现了这样的一幕：

刘裕的亲兵队长丁旿带着七百名勇士和一百辆战车，在北魏军的眼皮底下，突然弃舟登岸，随后按照七人一车的原则，迅速将这些战车排成了一个以河岸为底边，向北凸出的圆弧形，弧形的顶部与河岸相距百余步，两端则与河岸相连。

接着，丁旿一声令下，阵中竖起了一面白色羽旗。

看到旗帜升起，早已在河边船上待命的晋军大将朱超石立即率两千军士飞奔上岸，进入阵中，每辆战车配备的人数也随之增加到二十七人。

同时，朱超石还带来了巨弩一百张、大铁锤若干把、长槊千余支，也都平均分配到了每辆战车，而战车靠外的一侧车辕上则竖起了一排木制屏障，以护卫阵中的晋军士兵。

如果从空中俯瞰，晋军的排列就如一轮新月——这就是史上赫赫有名的"却月阵"。

这一阵型之前从未出现过，一直在北岸跟踪晋军的数千北魏骑兵当然看不懂，便没有轻举妄动，只是派人向后方的主帅长孙嵩报告。

长孙嵩其实也不知道晋军葫芦里卖的什么药，但他相信一个道理：功夫再高，也怕菜刀；花招再多，不如人多！

我十几个打你一个，难道还会怕你不成？

他立即亲率三万骑兵前去增援，随即和之前的那些骑兵合兵一处，向晋军猛扑过来。

面对来势汹汹的魏军，朱超石并不惊慌，下令向敌军放箭——用的，却是射程不远的软弓。

见对方射出的箭像柳絮一样轻飘飘软绵绵的，飞不了多远就纷纷落地，毫无威力，魏军彻底放心了——本来还以为你们有多厉害，没想到竟然是这样人畜无害！

于是，他们争先恐后，以吃瓜群众围观车祸现场之势从各个方向冲向晋军。

见敌军离自己越来越近，朱超石把大旗一挥，晋军的软弓一下子全部换成了强弓。

由于距离实在太近，人员又实在密集，晋军想要射空简直比得诺贝尔奖还难——因此他们的每一箭几乎都能消灭一个敌人，魏军死伤极为惨重。

而晋军由于有战车和车辕上的木制屏障为掩护，魏军的弓箭根本奈何不了他们，基本上毫发无伤。

但北魏军毕竟人多势众，且久经沙场，训练有素，虽遭大量杀伤，但依然前仆后继，如潮水般一浪接着一浪地涌向晋军。

晋军逐渐开始顶不住了。

千钧一发之际，朱超石使出了早就准备好的撒手锏。

他让部下把长槊折成三四尺长的短矛，再将其架到巨弩上，用大铁锤击发。

这种新式武器的威力十分巨大，一矛竟然可以洞穿三四个人——可见科技不仅是第一生产力，还是第一战斗力！

一时间，魏军人仰马翻，到处都是人肉串！

这样的场面实在是太恐怖了。

见识到晋军这种短矛发射器厉害的北魏军很快就崩溃了，全都四散奔逃，自相践踏而死的不计其数。

坐在战船中观战的刘裕见胜局已定，又派大将胡藩、刘荣祖率骑兵上岸增援，与朱超石一起乘胜追击，再一次重创魏军。

然而，此战获胜后，刘裕不但没有继续北侵，反而给北魏主帅长孙嵩送上了酃酒（古代产于湖南衡阳的名酒）和各种江南的土特产：阳澄湖大闸蟹、无锡排骨、江阴马蹄酥、绍兴师爷、苏州红漆马桶……

长孙嵩把这些礼品悉数送到了平城。

拓跋嗣这才认识到刘裕确实没有攻打北魏的念头，下诏同意借道。

他对崔浩的远见卓识也越加佩服。

王镇恶奇袭长安

刘裕在与北魏达成和解后，率晋军大部队抵达了洛阳。

得到这个消息，在潼关前线苦苦支撑的王镇恶、檀道济等人终于松了口气。

这段时间，他们确实很不容易。

因为后秦军主帅姚绍坚守不战的乌龟战术正好点中了他们的死穴。

他们此次出击是在得知后秦内部发生了叛乱而提前发动的，根本就没想到预想中的突袭战竟然打成了持久战——这就相当于考前认真复习了地理，结果发现考的却是物理，肯定是会让人感到措手不及、准备不足的！

本以为能够速战速决，就并未准备太多的粮草，因此没过多长时间，他们就陷入了缺粮的困境。

王镇恶和檀道济商量，打算暂时先撤军，等和刘裕大军会合后再作打算。

但沈林子对此却坚决反对：如今许昌、洛阳都已收复，关中近在咫尺，我们怎能自己挫伤自己的士气，放弃即将到手的大功！更何况，刘公的大军离我们还很远，敌军还很强盛，就算我们要撤退，难道就一定能安全返回吗？

但粮食问题又该怎么解决呢？

王镇恶遣使向后方的刘裕告急，请求支援粮草和兵力。

但当时刘裕正在为北魏的骚扰而烦恼，心情很是不好，因此王镇恶得到的只是一番训斥：我叫你们在洛阳不要进军，你们偏偏要轻敌冒进……

好在王镇恶还有另一手。

他来到潼关附近的弘农（今河南灵宝），号召当地百姓捐献粮食。

由于他的祖父王猛在北方名望极高，爱屋及乌，当地人对他也颇有好感，加上他口才又极佳，演讲极富感染力，让台下的百姓从开始的一动不动到感动，再从感动到激动，从激动到心动，从心动到冲动，从冲动到行动——全都踊跃捐粮捐物。

晋军很快就征集到了大批粮草，解了燃眉之急。

如今得知大部队即将到来，王镇恶更是信心倍增。

与之形成鲜明对比的，是后秦军主帅姚绍的心急如焚。

他知道，现在光是面对晋军前锋，他就已经是很吃力了，如果接下来晋军主力到来，等着他和后秦军的，肯定是死路一条！

与其等死，不如拼死！

他决心铤而走险，力争在刘裕到达之前，先解决掉晋军的前锋部队！

不过，虽然他的决心很大，但他的脑洞似乎不那么大。

他想到的还是之前的老一套——断粮道。

姚绍派大将姚洽、唐小方等人率军北渡黄河，迂回到北岸的九原（今山西平陆），企图切断黄河水道，断绝潼关晋军的补给。

然而，一遍一遍地重复同样的过程，却想要得到不同的结果，可能吗？

毫无意外的，他这次又失败了——姚洽在渡河时被沈林子率军拦腰截击，最终全军覆没。

姚绍彻底绝望了。

身心早已严重透支的他终于再也支持不住了，在把兵权移交给东平公姚赞后，他很快就病逝了。

七月，刘裕大军到达了陕城（今河南三门峡）。

在那里，他又得到了一个好消息。

原本作为偏师使用的沈田子、傅弘之所部，一路过关斩将，此时已突破了关中东南的门户武关（今陕西丹凤），进抵青泥（今陕西蓝田南），距长安不过百里！

这下子，后秦主姚泓再也坐不住了。

但此时长安城内并没有多少兵马——后秦军主力大多在潼关前线，他只能四处招募，好不容易才凑齐了数万人。

而将领更是严重缺乏，没办法，他只能硬着头皮亲自上阵。

尽管战场对他来说，就像女澡堂对我来说一样——只听说过，却从来没有见识过。

就这样，姚泓带着数万新军南下到了青泥。

他的如意算盘是：先凭借自己的兵力优势，歼灭人数较少的沈田子所部，然后再东进和定城的姚赞会合，与刘裕决战！

然而，他的第一步就落了空。

因为，他的对手是胆略过人的沈田子！

沈田子手下当时不过千余兵马，在得知姚泓亲自来攻的消息后，却毫不畏惧，准备主动出击。

傅弘之连忙劝阻：敌众我寡，这样太危险了。

沈田子斩钉截铁地说：用兵贵在出奇，不必人多。何况如今众寡悬殊，如果等敌军修好了营寨，我军将士见对方声势浩大，肯定会产生惧怕之心，那样我们就完了。不如趁他们刚到，立足未稳，先发制人！

随后他一马当先，冲入后秦军阵中。

傅弘之也抛弃成见，带着晋军将士紧随其后。

不过，晋军毕竟人少，很快就陷入了重围。

沈田子对部众们高声呼喊：诸君弃家别子，冒险远来，为的不就是今天吗？封侯的大业，就在你们眼前了！

在他的激励下，晋军将士人人如打了兴奋剂般神勇无比。

后秦军虽然人多，但大多是临时召集的新兵，其战斗力和久经沙场的晋军相比，有如羊群比猛虎、生铁比超高强度钢、津巴布韦币比美元……

在晋军的冲杀下，后秦军很快就溃不成军。

姚泓也狼狈逃回了灞上（今陕西西安东）。

此时，沈林子带着援军也赶到了战场——原来刘裕担心沈田子兵少，特地派其弟沈林子前来支援。

兄弟两人合兵一处，继续追击，大有斩获。

这一战让沈田子威名大震，关中很多郡县都遣使向他请降。

见形势一片大好，沈田子不由得心潮澎湃，热血沸腾，决心乘胜进军，一举拿下长安。

但沈林子却阻止他说：枕头好不好取决于体感，人生成不成取决于位置感。兄长你所领的本是一支偏师，此次在青泥击败秦国皇帝已经是超额完成任务了，如果再攻克了长安，那就成了以一己之力平定敌国。这不仅是不世之功，更是不赏之功啊！

他的这番话，让沈田子本来有些发热的头脑一下子又恢复了冷静。

之后，他按照沈林子的建议，一直按兵不动。

而此时刘裕也已带着晋军主力抵达了潼关，和王镇恶、檀道济所率的前锋部队实现了会师。

尽管实力已大为增强，但由于他们面对的是后秦军主力，地形又易守难攻，僵持的局面一时还是难以打破。

经过深思熟虑后，王镇恶向刘裕提出了一条大胆的建议：我请求率领一支轻装水军，沿渭河西上，绕过敌军重兵把守的陆路，从水路直取长安！

刘裕同意了。

在一个风雨交加的深夜，王镇恶带着一批晋军精锐，分乘若干艨艟小舰，从黄河进入渭河，踏上了征途。

这种艨艟小舰，外形狭长，行动灵活，除了两舷开有若干供划桨的小孔外，其船舱全部由牛皮包裹封闭，具有极强的防御性和机动性。

北方人从来没有见过这样的怪物——居然连一个人都看不到却能行动如飞！

正如第一次见到男生示爱的少女往往会感到手足无措一样，第一次见到艨艟小舰的后秦将士都是一头雾水，根本不知道怎么回事。

过了很长一段时间后，他们才开始明白过来——那玩意儿很可能不是UFO，而是晋军的战船！

反应最快的是原本驻扎在香城（今陕西大荔东南）的后秦将领姚难。

他慌忙退兵，回防泾上（今陕西西安高陵区泾河与渭河的交汇处），企图凭借地利封锁渭河河道。

不过，这种仓促组织起来的防线类似于仓促写就的文章，当然不可能有什么质量可言。

王镇恶派部将毛德祖率军一通猛攻，很快就击垮了这支后秦军，姚难狼狈逃回了长安。

后秦军主帅姚赞闻讯也仓皇西撤，先是退到了郑城（今陕西渭南华州区），接着又退守灞东（今陕西西安灞河东岸）。

刘裕见状，也随之率军步步推进，紧逼姚赞，使其不敢全力回援。

当时长安城内还有数万后秦守军，姚泓命其弟姚裕守卫皇宫，将军姚丕把守渭河河桥，大将胡翼度驻防石积（今陕西渭南华州区西南），他本人则驻守在长安城西的逍遥园。

公元417年八月二十三日凌晨，在夜色的掩护下，王镇恶的船队悄然抵达了长安城北的渭河河桥附近。

他先让士兵们在船上饱餐一顿，随后下令全军立即弃舟登岸，迟缓登陆的斩首！

晋军刚一上岸，那些无人操控的艨艟小舰转眼就被渭河湍急的水流冲向下游，瞬间消失得无影无踪。

王镇恶对部下发表了激动人心的战前动员：我们的亲人和家园都在江南，这里是长安北门，离故乡有万里之遥！我们的衣服、食品和乘坐的船只，都已经顺流漂走。摆在我们面前的只有两个选择，打胜了，功成名就，永享富贵；打败了，葬身异乡，尸骨不返。大家一起拼吧！

说完，王镇恶一马当先，冲向渭桥边的后秦军大营。

见武艺一向差劲的主帅都如此奋勇，他麾下的晋军将士也全都群情振奋，紧随其后。

常言道，软的怕硬的，硬的怕横的，横的怕不要命的，早已军心涣散的后秦守军怎么可能敌得过这群拼命三郎？

没过多长时间，后秦军就如落叶遭遇秋风般被冲得七零八落，纷纷向城内溃逃。

此时城内的后秦主姚泓也得到了晋军在渭桥登陆的消息，慌忙集结部队赶来增援。

然而，他们还没碰到敌军，就先遇到了那些从渭桥逃回来的自己人。

正所谓兵败如山倒，这些争相逃命的败兵的冲击力就如滑坡时倒下的山体一样势不可当，姚泓那支强度堪比豆腐渣的增援部队当然经受不住。

后秦军自相践踏，死伤惨重，姚泓的弟弟镇西将军姚谌等一大批高级将领都死在了乱军之中。

姚泓本人还算命大，总算是单骑逃回了皇宫。

而晋军则在王镇恶的指挥下顺势掩杀，尾随败兵从平朔门（长安北门）攻入了长安城内。

这时灞东的后秦军主帅姚赞听说长安告急，也连忙率军回援，但到了长安城外，他一下子傻了眼——长安的各个城门都已经被晋军占领！

见此情景，本来就畏畏缩缩畏首畏尾的后秦军就如羚羊群看到了狮群，一哄而散。

后秦军的最后一支主力部队就这样消失了。

八月二十四日，走投无路的姚泓不得不从自己的藏身之地走出来，向王镇恶投降。

立国三十四年的后秦就此灭亡。

九月，踌躇满志的刘裕进入了长安城。

他下令将后秦主姚泓送往建康，斩于闹市之中；其余投降的姚氏宗族百余人也悉数在长安被处死。

灭掉后秦后，东晋的疆域几乎三分天下有其二——按照司马光的说法就是：南国之盛，未有过于斯时者也。

而刘裕本人更是威震天下——按照云淡心远的说法就是：退北魏，灭后秦，无往不胜；克洛阳，拔长安，无坚不摧。慕容超、姚泓传首京师，拓跋嗣、赫连勃勃噤若寒蝉。气吞万里如虎，无人敢于争锋！

可以说，刘裕在当时中华大地上的地位相当于如今动画界的宫崎骏、农业界的袁隆平、短跑界的博尔特——一骑绝尘，无人能比！

但刘裕对此并不满足，他的目标是统一天下！

他已经把北魏当成了自己的下一个对手。

为此，他决定把关中作为自己经营北方的根据地，一面安抚百姓，稳定民心，一面厉兵秣马，为征讨北魏做各种准备，同时还秉承"拉一个，打一个"的原则，遣使向北魏的世仇——大夏的赫连勃勃通好。

第八章　黄雀在后

后院起火

然而，玉不会完美无瑕，人不会事事顺心。

公元 417 年十一月，一个意外彻底打乱了刘裕的部署。

留在建康为他全权处理后方事务的尚书左仆射刘穆之去世了！

刘穆之的死，据说与前段时间发生的一件事有关。

那时北伐军前锋已经拿下了西晋旧都洛阳，消息传来，刘裕所在的晋军总部一片欢腾。

可能是在身边一帮马屁精的鼓动下，沉浸在喜悦中的刘裕做出了一个决定：派长史王弘回建康，向朝廷请求加九锡！

熟悉古代历史的都知道，九锡是权臣篡位所需的标配，刘裕当然迟早也会迈出这一步。

只不过，他选择的时机和方式似乎有些欠妥——他没有考虑到刘穆之的感受。

长期以来，刘穆之一直都以刘裕第一心腹而自居，刘裕对他也非常信任，家事国事天下事，事事都和他讲；军情政情婚外情，样样都跟他说。

他也秉承着"士为知己者死"的信念而为刘裕尽心尽力，鞠躬尽瘁。

他总管朝廷各种政务，工作量极大，工作效率也极高，他可以一面看文件做批复，一面听汇报议事情，一心多用，且从不出错，相当于一台多任务并行的高效服务器。

支撑服务器运行的是 CPU，支撑刘穆之工作的是刘裕对他的信任。

但这次，他居然被蒙在了鼓里！

刘穆之很受伤——难道刘裕已经不再信任他啦？

受此打击，本来就一直在超负荷工作、身心早已透支的刘穆之一下子就病倒了，并日渐严重，最终回天乏力，离开了人世。

对刘裕来说，刘穆之的过早去世是一个难以弥补的损失。

在刘裕的班底中，刘穆之的地位相当于汉初的萧何——他既是刘裕最信任的心腹，又特别擅长内政，有他在，刘裕就完全不用担心建康有任何闪失，但偏偏在这个节骨眼上，他却突然去世了。

刘穆之不在了，谁还能像他一样承担起稳定后方的重任呢？

刘裕绞尽脑汁也无法找到一个合适的替代人选。

他出身低微，虽然凭借自己超人的能力硬是在世家大族把控的东晋杀出了一条血路——那里本没有路，走的人太强，才有了路，但在这一过程中他也不可避免地得罪了无数人，故而在看似他一手遮天的东晋朝中，实际上却有着很多蠢蠢欲动的潜在敌人——就像表面上平静的海面下实际上暗潮涌动一样。

如今他和他的嫡系部下大多远离朝廷，朝中又无人能挑大梁，这怎能让他放心？

江南是他的根本所在，他绝不能让它有任何闪失——因为地基一旦出现问题，大楼便可能会坍塌；江南一旦有失，他的一切便可能成为泡影！

考虑到后方不稳，加上在外征战已久，将士大多思归，最终刘裕不得不放弃了攻打北魏的计划，决定率大多数部队东返。

刚打下的关中当然也不可能放弃。

他任命年仅12岁的次子刘义真为安西将军，都督雍、梁、秦三州诸军事，作为晋军留守关中的最高领导——当然只是名义上的；太尉谘议参军王修为长史，实际负责关中的政务；王镇恶为司马兼冯翊（今陕西大荔）太守，实际负责关中的军事；沈田子、傅弘之、毛德祖等将领则分别担任始平（今陕西彬县）太守、天水（今甘肃天水）太守等职，受王镇恶节度。

这个阵容可谓名将云集——如果在当时全天下范围内评选最佳阵容前十名，王、沈、傅、毛等将领都能毫无争议地入选，如果要从中再选出天下最佳，王镇恶、沈田子两人也毫无疑问会是最有力的竞争者之一。

不过，有时候明星多了并不一定是好事。

1990年世界杯的荷兰队就是这样的例子——虽然拥有巴斯滕、古利特、里杰卡尔德等多位超级巨星，却因为队内不团结不能形成合力而早早就被淘汰出局。

这次的晋军留守部队也是如此——内部矛盾重重，尤其是王镇恶和沈田子。

王镇恶的祖父王猛在关中享有极高的威望，他自身的魅力、能力也都非常出众，文能诗词歌赋，武能克敌制胜，上知天文地理，下知鸡毛蒜皮，这次又因率先攻占长安而名声大噪，因此他成了关中人眼里的传奇巨星，受尽追捧，出尽风头，春风得意马蹄疾，一时羡煞长安人。

这难免会引起晋军其他将领的不满。

更何况，王镇恶本人也不是没有缺点。

他非常贪财，在占领长安后捞了很多好处，而且他似乎不太乐意与人共享，喜欢被窝里放屁——独吞（也有人说他这么做可能是为了自污）。

史书上记载的下面这件事就充分说明了这一点：

刘裕到长安后，有人向他告发说王镇恶私藏了姚泓的御用辇车，有僭越之嫌，经调查却发现他只是拆走了车上装饰用的金银，那辆"裸车"则被丢到了城外的垃圾堆里！

也正因为如此，王镇恶在晋军将领中的人缘并不是那么好。

沈田子对他尤其不服气。

在王镇恶被任命为司马的消息发布后，他和傅弘之等人一起悄悄找到了刘裕：王镇恶是关中人，不能太信任他。

刘裕天性多疑，对"用人不疑，疑人不用"之类的鸡汤从来都是嗤之以鼻——他信奉的是"用人必疑，边用边防"，便回答说：我之所以留下你们这些将军，还有万余精兵，意思还不清楚吗？如果王镇恶真有异心，那也不过是自取灭亡罢了。你们不必再多说了。

为了更好地贯彻自己的用人原则，他在画蛇之外，还添了个足——私下对沈田子授意说，三国时的钟会之所以作乱没成，就是因为有了卫瓘。俗话说，猛兽不如群狐，你们十几个人，难道还怕对付不了王镇恶？

也许刘裕做梦都不会想到，自己的这句话会结出怎样的恶果！

当然了，这是后话，咱们还是先看眼前吧。

晋军将要班师的消息传出后，关中各地的百姓纷纷前往刘裕的大营前请愿。

他们流着眼泪说：我们这些遗留在北方的汉人接受不到朝廷的教化，已经有百年之久了，如今能再次见到汉家衣冠，人人都欢欣鼓舞。长安郊外的十陵（指西汉的十一座皇陵）是刘公您家的祖坟，咸阳的宫殿是您家的祖宅，您怎能舍此而去呢？

刘裕虽然也有些感动，但感动对向来冷酷无情的他来说，就相当于美酒对酒精过敏的我来说一样——根本就是毫无价值的。

他当然不可能为此而改变自己既定的决策：各位父老乡亲，你们对故国的深情厚谊，我非常理解。只是朝廷有命，我不得不回。不过，诸位也完全不必担心，我虽然走了，但我会让我的次子和文武贤才共同镇守这里，希望你们能好好地配合他们！

公元417年农历十二月初三，刘裕率部离开长安，踏上了归途。
气贯长虹的北伐至此戛然而止，一统天下的理想就此化为泡影！
刘裕的心情无比沉重。
他不甘心如此，却又不得不如此。
七百多年后的诗人陆游也在诗里表达了他对刘裕此次撤军的惋惜之情：
萧相守关成汉业，穆之一死宋班师。赫连拓跋非难取，天意从来未易知。

名将凋零

接下来，让我们把视线转向赫连勃勃的"统万城"。
得知刘裕率部东归，夏主赫连勃勃大喜。
他对关中觊觎已久，早就打起了在姚兴死后袭取关中的如意算盘，曾出兵被后秦老将姚绍击败。本想重整旗鼓，没想到竟然被实力强大的刘裕抢得了先机，他不得不把已经流到嘴边的口水又默默咽了下去——仿佛一只鬣狗只能眼睁睁地看着自己心仪的猎物被狮子猎取一样。
然而，他并未丧失信心。
早在刘裕伐秦之初，他就对下属说了这么一番话：刘裕必能拿下关中，不过他肯定不会久留，只要他一走，我取关中就易如反掌了！
如今他的预言成真了，他怎能不欣喜若狂？

他第一时间召来了自己的头号谋士王买德：我想要夺取关中，说说你的办法。
王买德分析道：关中是形胜之地，刘裕却让一个黄口小儿来把守，大概是急于回去篡位，无暇顾及中原了。这是上天要把关中赐给我们，千万不可错过这样的良机。青泥（今陕西蓝田）、上洛（今陕西商洛）是沟通南北的要地，我们应该先派骑兵将其控制；同时出兵拿下潼关，切断其水陆通道，使关中晋军孤立无援，然后陛下再传檄长安，恩威并施，刘义真独守空城，无处可逃，不出十天，必会被捆绑到陛下面前！
赫连勃勃依计而行，立即派第三子赫连昌率军直趋潼关，派王买德统兵赴青泥，以切断晋军退路，同时命长子赫连璝（guī）担任前锋，率两万骑兵进逼长安，他本人亲统大军为后继。

公元418年正月，夏军前锋赫连璝进抵渭河北岸。
王镇恶命沈田子率军抵御。
见敌军来势凶猛，沈田子没有轻易出击，一面在渭河边的要塞刘回堡（今陕西兴平东南）严阵以待，一面遣使向王镇恶求援。

104

第八章　黄雀在后

当着使者的面，心直口快的王镇恶在和长史王修讨论应对之策时毫不掩饰地表达了他对沈田子的不满：刘公把他12岁的儿子托付给我们，这是多大的责任！我们怎能不为此尽心竭力！如果像沈田子这样拥兵不进，怎么可能平定敌寇！

沈田子对王镇恶本来就很不服气，从使者口中听到这番话后更是怒不可遏。

想起刘裕临行前说的那一句"猛兽不如群狐"，错把杭州当汴州的沈田子自认为得到了尚方宝剑，立马下了决心：杀掉王镇恶！

很快，一条谣言开始在关中的晋军士兵中流传开来：王镇恶打算杀尽军中的南方人，把刘义真送回去，然后占据关中造反！

毫无疑问，这是沈田子的杰作。

但王镇恶对此却一无所知。

这段时间他一直忙于考虑作战，脑子里全是各种作战计划用兵策略，根本没有精力顾及别的东西——就像高考时全力以赴做题的学子，根本不可能顾及窗外树上小鸟的羽毛究竟是黄的还是红的一样。

虽然对沈田子的表现有些成见，但他并没有因私废公，还是率军前来援助沈田子。

两人合兵一处，驻扎于北地（今陕西铜川市耀州区）。

这天，沈田子邀请王镇恶一起喝酒议事——为避免王镇恶起疑，他还煞费苦心地把地点安排在了另一名将领傅弘之的大营内。

席间，沈田子称自己与王镇恶有要事相商，把包括傅弘之在内的其他人员全都请了出去。

此时，事先躲藏在隐蔽处的沈田子族人沈敬弘突然挥刀冲出，寒光一闪，鲜血四溅，毫无防备的王镇恶瞬间身首异处！

在自己的军营中发生这样的恶性事件，傅弘之大为震惊。

尽管沈田子宣称是奉了刘裕的密令，但傅弘之还是马上以最快的速度跑回长安，向刘义真和王修汇报了此事。

王修立即下令戒严，随后与刘义真等人召集部队，全副武装登上城门，严阵以待。

没过多长时间，沈田子带着数十人也来到了长安。

杀了自己的同僚，他当然也要向刘义真汇报——大概是自认为按照刘裕口令击杀被扣上"反贼"帽子的王镇恶不仅无过，而且有功，所以他才会带了这么点人，大摇大摆地自投罗网。

王修当即命人拿下沈田子，以擅杀重臣的罪名将其斩首。

就这样，晋军两大王牌名将在同一天因同室操戈而同归于尽！

之后，王修任命冠军将军毛修之为安西司马，接替王镇恶，傅弘之则临危受命，担负起了反击大夏军的重任。

应该说，王修的举措还是比较恰当的——虽然经历了这样的剧变，但晋军的战斗力并没有受到太大的影响。

不久，傅弘之率五千晋军在池阳（今陕西泾阳）和寡妇渡（今甘肃庆阳西北）两次击败了赫连璝所率的胡夏军前锋。

习惯于欺软怕硬的赫连勃勃见识到了晋军的厉害，也不敢再战，率部撤军。

长安就此转危为安。

不过好景不长，仅仅九个月后，晋军的形势再一次急转直下！

和上次一样，还是因为内讧。

这次作死的，是关中晋军名义上的最高领导刘义真。

刘义真不仅年幼，而且生于深宫之中，从小就娇生惯养，没经过什么历练，这样一个屁都不懂的孩子现在却一下子成了大权在握的一方藩镇！

在这个世界上，只要有美色存在就不愁没男人追求，只要有利润可图就不愁没资本进入，只要有权力可用就不愁没马屁精包围，很快刘义真的身边就有了一大群趋炎附势的小人。

在他们的大肆吹捧下，刘义真更加不知轻重，经常毫无节制地胡乱赏赐这些人。

长史王修受刘裕之托，身负辅佐刘义真的重任，对此自然不能不管，便屡次制止他的胡作非为。

这样一来，刘义真身边的那些小人都恨透了王修。

他们一起向刘义真告状：王镇恶要造反，所以沈田子才杀了他，而王修又杀了沈田子，显然他也想要造反。

刘义真小朋友掰着手指头算了半天：负负得正，正负得负，我昨天的小学四年级数学课上刚学过。

咦，好像确实是这个理啊！

他当即命令自己的亲信刘乞等人将王修处死。

王修是当时晋军在关中地区实际上的最高决策者，他这一死，小屁孩刘义真能管好自己的吃喝拉撒睡，做到不拉裤子不尿床就算不错了，哪里能管得了纷繁复杂的财政、人事、宣传、工商、治安、税务、军事、外交？

长安几乎成了无政府状态。

刘义真身边的那些下属趁机放纵手下到处抢掠，秋毫必犯，童叟必欺，搞得民怨沸腾，民不聊生。

很快，关中各地人心离散，乱作一团，百姓或四处叛逃，或各自为政，都不再听从长安的号令。

见情况不妙，刘义真惶惶不可终日，就如乌龟在面临危险时会本能地把四肢缩回去一样，他本能地下令放弃长安以外所有的城池，把全部兵力都撤回来保卫自己的安全。

一直密切关注晋军动向的赫连勃勃当然不可能放弃这样的机会，立即再度率军南下。

关中百姓对刘义真等人的倒行逆施早已深恶痛绝，纷纷向夏军投降。

赫连勃勃长驱直入，不费吹灰之力就占领了长安西北的咸阳，长安军民外出砍柴的路都被胡夏军切断了。

长安城内的晋军顿时陷入了困境。

事态严重，刘裕当然不能置之不理。

他立即命辅国将军蒯恩前往长安，护送自己的爱子刘义真回江南，同时又以爱将朱龄石为都督关中诸军事、雍州刺史，代替刘义真镇守长安。

临行前，刘裕叮嘱他说：你到长安后，一定要让义真轻装迅速返回，等出了潼关才能放慢脚步。如果你觉得关中守不住，也可以和他一起回来。

朱龄石走后，刘裕还是觉得放心不下，便又派朱超石（朱龄石之弟）前往洛阳以西，以安抚那里的民众，同时接应朱龄石。

朱龄石抵达长安后，刘义真如蒙大赦，立即往脚底抹油准备开溜。

不过，他和他的亲信们并没有按照刘裕的命令轻装速行——他们不但不愿意放弃这段时间抢来的众多财物，还在出发前又对长安城及其附近进行了最后一次地毯式全方位不留死角的大洗劫，然后才意犹未尽地满载而归，缓缓向东南方向进发。

见此情景，奉命和蒯恩一起护送刘义真的大将傅弘之心急如焚，连忙对刘义真进谏说：刘公让我们务必要急速前行，可殿下您却带着这么多辎重车辆，一天都走不了十里，万一敌人前来追击，我们怎么办？殿下，快点下令放弃这些东西吧，这样才能早日脱险。

让刘义真那些爱财如命的下属主动放弃钱财，相当于让鱼儿主动离开水——完全违背了其天性，当然是不可能的。

在他们的怂恿下，刘义真非常干脆地拒绝了傅弘之的建议。

然而现实是残酷的，傅弘之最担心的事很快就发生了。

有个对刘义真一伙恨之入骨的当地人向大夏军报告了刘义真的行踪，赫连勃勃立即派长子赫连璝率三万骑兵前去追击。

没过多久，赫连璝就追上了刘义真一行。

傅弘之毕竟久经沙场，他毫不畏惧，与蒯恩两人一起率部断后，保护着刘义真等人且战且退，苦战多日，总算退到了青泥（今陕西蓝田）。

只听一声炮响，伏兵四起，原来王买德率领的大夏军早已在此等候多时！

前有堵截，后有追兵，早已筋疲力尽的晋军哪里还抵挡得住！

最终他们全军覆没，傅弘之、蒯恩、毛修之等晋军将领悉数被擒，只有刘义真躲在了草丛中，因人矮目标小加上天色已晚而没有被大夏军发现，得以幸免于难。

战后，他被晋军另一名幸存者——参军段宏找到，两人共骑一马，逃回了江南。

和狗屎运冲天的刘义真相比，那些被俘晋军将领的命运可就惨多了。

猛将傅弘之本有活命的机会——赫连勃勃对勇冠三军的他颇为欣赏，极力想招降他，但傅弘之不仅坚决不降，还叫骂不停，最后惹得赫连勃勃恼羞成怒，下令剥光他的衣服，将其赤身裸体置于雪地之中活活冻死！

漫漫风雪中，傅弘之的体温越来越低，呼吸越来越困难，意识越来越模糊，身体越来越僵硬，但他至死都没有倒下！

同时被俘的蒯恩也不屈被杀。

除此以外，赫连勃勃还将晋军的死难将士全都砍下头颅，堆积成山，号称骷髅台，以炫耀自己的武功。

而晋军的悲剧到此还没有结束。

接下来轮到的是代替刘义真接管长安的朱龄石。

朱龄石本来还想力挽狂澜，尽力守住关中，但他很快就发现自己错了。

纸一旦被揉破了就再也无法恢复到原先的平整，百姓对晋军的信任一旦被破坏了就再也无法恢复到原先的那种鱼水深情。

由于刘义真一伙之前的所作所为对百姓的伤害实在太大，因此尽管朱龄石一再表示自己和他不一样，但根本没用。长安百姓早已对晋军恨之入骨，不断发起暴动。

朱龄石兵微将寡，面对一浪高过一浪的反对浪潮，就如小舢板面对海啸一样——完全无力应付。

既然无法拯救危局，那就拯救自己吧！

无奈，朱龄石只好率军退出长安，向潼关方向突围。

然而此时潼关已经被夏军攻陷，他无处可去，只好移军向北，投奔驻守在曹公垒（按《水经注》的记载，此地在黄河以南，是当年曹操讨伐马超时所筑）的另一名晋将王敬先，正在蒲坂的朱超石听说哥哥在曹公垒，也赶来与他会合。

但朱氏兄弟屁股还没坐热，大夏大将赫连昌（赫连勃勃第三子）已经率大军赶到了。

他将曹公垒团团包围，并切断其水源。

饥渴难耐的晋军很快就失去了战斗力——成天喝不到水，哪能迈得动腿？

加上他们的人数本就远远少于大夏军，曹公垒没过多久就失陷了。

城破之前，朱龄石对弟弟说：如果我们兄弟俩都死在异乡，家中的父母会何等伤心！你快从小路逃走，这样我就算死也无憾了！

朱超石泪如雨下，坚决不肯：人谁能不死，我怎么能在这个时候弃你而去？

最终，两人一起被俘，随后遇害。

整个关中就此落入了大夏之手。

进入长安的赫连勃勃大宴宾客，席间，他举杯对王买德大加赞赏：爱卿你往日所言，仅仅一年就应验了，真可谓算无遗策！

随后，他在长安正式称帝。

群臣都劝他定都长安，但赫连勃勃坚决不从，还是回到了旧都统万城。

"西边日出东边雨。"

这边的赫连勃勃意气风发，那边的刘裕却是意乱如麻。

此时，他正在北伐的大本营彭城，得知关中大败、爱子刘义真生死未卜的消息后，刘裕大为震怒，不顾一切地下令克期再次北伐。

谢晦连忙提醒他：现在士卒疲惫，还是等以后再说吧。

奉常（掌管宗庙祭祀的官员）郑鲜之则说得更为具体：今年江南各州水灾频发，饥馑遍地，士庶百姓都翘首盼望刘公您早日还朝，如果听到您又要北征，恐怕民心就要不稳了！

在他们的竭力劝说下，刘裕的头脑逐渐冷静了下来。

是啊，再好的车也需要保养，再强的军队也需要休整，在目前的情况下再次发动像去年那样大规模的北伐绝非易事！

正好这时传来了刘义真安全返回的消息，综合考虑各方面因素后，刘裕最终还是放弃了北征的念头。

他登上城楼，遥望北方。

想到好不容易得来的关中瞬间丢失，想到跟随自己多年的将士葬身异乡，想到那一个个熟悉的面孔：王镇恶、沈田子、朱龄石、朱超石、傅弘之、蒯恩、毛修之……

他忍不住悲从中来，泪如雨下。

第九章　南朝第一帝

心有灵犀

之后，已经56岁、自感身体大不如前的刘裕开始把自己的全部精力放在了禅代大业上。

公元418年六月，他接受了此前推辞多次的九锡，并被封为宋公。

十二月，他又根据"昌明（晋安帝司马德宗之父孝武帝司马曜，字昌明）之后有二帝"的谶文，派人趁白痴皇帝司马德宗独处的时候将其勒死，随后拥立司马德宗的弟弟琅琊王司马德文为新任皇帝，是为晋恭帝。

司马德文比哥哥的智商高多了——他是个正常人，对自己此时面临的处境非常清楚：他只是刘裕因为谶文而用来凑数的道具而已，要想全身而退，只有全力为刘裕服务！

刚继位没几天，他就按照历朝禅代的套路，加封刘裕为宋王。

刘裕当然也按照套路坚决推辞，直到半年后的公元419年七月，才勉为其难地接受了这一任命。

接下来，就只差关键的最后一步了。

虽然刘裕篡位的意图早已路人皆知，但由于他之前的每一步都走得十分缓慢——从赞拜不名到受九锡用了整整三年，从受九锡到受封宋王也间隔了一年多的时间，因此朝臣们大都认为他不会那么急于称帝，也就暂时没有人劝进。

但刘裕却有些等不及了。

心机深沉的他当然不会明说。

公元420年正月，刘裕在自己位于寿阳（今安徽寿县）的宋王府中大摆宴席，宴请手下官员。

就在酒席上高潮迭起之际，刘裕突然发表了一段和当时的欢乐气氛很不搭的言论：当年桓玄篡位，颠覆国家，我首倡大义，兴复晋室，之后又南征北战，平定四海，于是得蒙皇上恩赐九锡。如今我年纪已经很大了，地位也已经达到了人臣之极，花开全盛之后就谢了，月至全圆之后就缺了，世间万物，都不可过于满盈，否则不能长久。因此，我打算辞掉所有职务，然后回到京城，以一个普通老百姓的身份颐养天年……

一向锐意进取的刘裕突然主动请退，这就仿佛一向滚滚东流的长江突然改向西流一样让人难以置信，在场的人一时都不明白怎么回事，只能本着"千穿万穿，马屁不穿"的原则拼命地歌功颂德。

直到曲终人散之后，才有一个人悟出了刘裕话中的弦外之音。
此人名叫傅亮，是西晋名臣傅咸的曾孙，时任宋国中书令。
正在回家路上的他立即掉转马头，叩响了宋王府的大门，求见刘裕。

两人见面后的对话总共只有短短的十八个字。
傅亮：我想回京城一趟。
刘裕：需多少人护送？
傅亮：数十人足矣。
周围的人听上去似乎云里雾里，但他们彼此却心如明镜。
真正的好食材是无须多放料的，原汁原味就够了。
真正的美少女是无须多装饰的，清汤挂面就够了。
真正的聪明人是无须多言语的，心有灵犀就够了。

傅亮回京后，改朝换代之事便走上了快车道。
当年四月，刘裕受诏入京辅政。
随后傅亮入宫，给晋恭帝送上了一份早已拟好的禅位诏书，让他照着抄写一遍。
晋恭帝司马德文对这一天早就有了充分的心理准备，因而他没有丝毫犹豫就"欣然"提笔，同时还以一种"巨额债务终还清"的口吻对左右说，本来晋朝在桓玄之乱的时候就已经失掉了天下，幸赖刘公之力才又延续了近二十年，把天下交还给刘公，我当然是心甘情愿的！

公元420年六月十四日，58岁的刘裕在建康南郊正式登上了帝位，改国号为宋，史称南朝宋或刘宋。
随后他追尊父亲刘翘为孝穆皇帝，母亲赵安宗为孝穆皇后，尊继母萧文寿为皇太后。
年仅15岁的长子刘义符则被立为太子。

六位帝皇完

而逊位后的晋恭帝司马德文则被降封为零陵王，搬出了皇宫。

司马德文此时会想些什么，我们不得而知，但有一点似乎是可以确定的：他应该不会想到自己会有性命之忧。

因为在此之前以禅让形式进行的几次改朝换代中，无论是被斥为乱臣贼子的王莽、桓玄，还是被尊为开国之君的曹丕、司马炎，从来都没有杀害前朝废帝的先例。

更何况，他还那么的温顺，那么的听话！

然而，他错了。

羊是否会被老虎吃掉，既不取决于老虎之前有没有吃过羊，也不取决于这只羊是否温顺，只取决于老虎饿不饿。

他能否保全自己的性命，既不取决于历史上是否有这样的先例，也不取决于他是否听话，只取决于刘裕想不想。

事实上，由于刘裕当时年事已高，而太子刘义符却还年幼，为了杜绝后患——避免自己死后有人打着复兴晋室的旗号拿废帝司马德文做文章，向来心狠手辣的刘裕早就决心干掉他了。

但这种事当然不能公开做。

他命司马德文的大舅子褚淡之以探亲的名义前往妹夫府上，借故支开了司马德文的左右，将废帝用被子活活闷死。

司马德文是死在刘裕手里的第六个君主，前五个分别是桓楚皇帝桓玄、南燕皇帝慕容超、蜀王谯纵、后秦皇帝姚泓、晋安帝司马德宗。如果搞一个中国历史上的皇帝杀手排名，"六位帝皇完"的刘裕可以毫无争议地以大比分夺冠！

刘裕此举还为后世开了个坏头——此后新朝君主登基后，杀死禅位的前朝末代皇帝几乎成了标配，而下一拨遭殃的，就是刘裕的子孙！

始作俑者，其无后乎！

信哉斯言。

不过，虽然对政敌毫不留情，出身平民的刘裕对百姓却颇为仁慈。

登基之后，为了减轻民众负担，他先后推出了一系列大刀阔斧的改革措施，比如降低赋税，减轻刑罚，精简行政人员……

他本人崇尚节俭，车马不用珠玉装饰，后宫无有丝竹之音，御床上按照规定要用银钉，他不允许，只好改用铁钉，公主出嫁，嫁妆不过二十万钱，皇帝出巡，随从只带十多个人……

在他的带动下，宫内宫外没人敢铺张浪费，魏晋以来铺张奢华的社会风气为之一变。

刘裕相信，以自己的不懈努力，天下大治的日子很快就会到来的。

可惜，他等不到那一天了。

公元 422 年三月，在皇帝宝座上仅坐了一年零九个月的刘裕得了重病，卧床不起。

病床上的刘裕依然心事重重。

最让他放心不下的，是自己的继承人——年仅 17 岁的太子刘义符。

刘义符出生于公元 406 年，当时刘裕已 44 岁，晚年得子，难免有些溺爱，加之当时刘裕已经是东晋头号实权人物，刘义符可谓是含着金匙出生的，自幼生活条件优越，身边不缺吃，不缺穿，当然更不缺马屁精，小屁孩天性爱玩，这帮宵小就投其所好，挖空心思陪他玩各种游戏，硬是把他培养成了一个大玩家——成天不干正事，只知道玩耍。

这样一个人，能承担得起治国的重任吗？

刘裕晚年最器重的谋士谢晦对此持否定意见。

他直言不讳地对刘裕说：陛下年事已高，如要将基业传之万世，帝位就不能给不称职的人！

刘裕沉吟了一会儿，问道：你觉得庐陵王刘义真怎么样？

虽然次子刘义真之前的胡搞曾造成了关中丢失、良将尽丧的严重后果，但由于长相俊美，又聪明伶俐，因而刘裕对他依然非常偏爱，便特意让谢晦前去考察他。

谢晦回来后汇报说，庐陵王德轻于才，也不适合尊位。

刘裕这才打消了易储的念头。

五月，刘裕病情恶化，他自知不治，便留下了这样一份遗命：自己死后，由司空徐羡之、中书令傅亮、领军将军谢晦、镇北将军檀道济四人共同辅政，辅佐幼主。

徐羡之是刘裕未发迹前就情同兄弟的好友，关系极为密切，还结成了儿女亲家——刘裕第六女富阳公主嫁给了徐羡之的儿子徐乔之，之前在讨伐司马休之时战死的刘裕大女婿徐逵之则是徐羡之的侄子。

徐羡之曾长期担任刘穆之的副手，刘穆之死后他正式转正，执掌朝廷内政。刘裕称帝后，徐羡之先后出任尚书令、扬州刺史、录尚书事、司空等要职，成为朝臣中的第一人。

四人中，徐羡之是行政老手，傅亮擅长人事，谢晦谋略过人，檀道济则是身经百战的军事奇才,这样一个组合,有文有武,有勇有谋,完全可以称之为黄金搭档。

但刘裕还是感到不太放心,又把太子刘义符叫到了病榻前,叮嘱他说:檀道济有干略,却没有野心,徐羡之和傅亮也不会有异志,这三人你应该不必担心。只有谢晦这个人你必须多加提防,他曾多次随我征战,善于随机应变,脑子很活络,将来如果有什么变故,一定是他。

五月二十一日,刘裕在建康宫中去世,享年六十岁。

由于刘裕所建的南朝宋国国运不长且并未实现统一,因而刘裕在如今普通大众中的知名度极低——不仅与秦皇汉武、唐宗宋祖相比差了几十个光年的距离,而且也远不如同时代的冉闵、苻坚。

但我依然觉得,他是那个暗无天日的三百年大分裂时代中最闪亮的明星!

没有之一!

是的,他没有潘安那种玉树临风的颜值,没有王羲之那种豪门公子的出身,没有谢安那种潇洒自如的风度,没有桓温那些风流倜傥的逸事,更没有庾信那种名动天下的文才,但这个出自"斜阳草树、寻常巷陌"的寒门男儿却有着同时代众多名人望尘莫及的优点——处变不惊的大将风度,运筹帷幄的军事才能,坚韧不拔的钢铁意志,不畏强敌的进取精神,横扫千军的英雄气概,志在千里的远大理想,无与伦比的雄才伟略……

尤其是他那两次气壮山河的北伐,更是一扫南方政权萎靡已久的颓势,让胡人闻风丧胆,奏响了两晋南北朝时期汉人的最强音!

即使千载之后,依然让人热血沸腾,心潮澎湃!

第十章　权谋高手刘义隆

吃了我的给我吐出来

刘裕死后，太子刘义符随即继位，是为宋少帝。

这个消息传到北方后，北魏国主拓跋嗣由衷地松了口气——仿佛被压在五行山下五百年的孙猴子终于重获了自由。

之前由于畏惧刘裕的威名，他一直没敢向南扩张，甚至连原本属于北魏的滑台也没敢讨回，憋气几乎憋成了内伤，现在他觉得自己扬眉吐气的时候到了。

他当即决定出兵进攻刘宋，目标是刘裕前几年刚从后秦和自己手里夺取的洛阳、虎牢（今河南荥阳汜水镇）、滑台（今河南滑县）等地。

我不但要让你把吃了我的给我吐出来，拿了我的给我还回来，还要讨回利息，而且是年息高达1000%的高利贷！

崔浩以礼不伐丧为由劝阻拓跋嗣不要攻宋。

拓跋嗣不听：当年刘裕也是在姚兴刚死的时候一举灭掉的秦国，现在刘裕死了，我讨伐宋国，有何不可？

崔浩依然苦苦相劝：那是不一样的，当初姚兴死了，姚兴诸子相争，内讧不断，所以刘裕才乘机讨伐，而现在宋国内部无隙可乘，不好比的。

但拓跋嗣还是不听——什么无隙可乘！刘裕死了就是最大的可乘之隙！

他任命司空奚斤为主帅，统领大将周幾、公孙表等人率军南下攻宋。

公元422年十月，奚斤率步骑二万，渡过黄河，进攻滑台。

刘宋滑台守将王景度一面固守，一面向驻在虎牢的司州刺史毛德祖求援。

毛德祖派部将翟广率军三千前去增援。

在宋军的顽强防守下，北魏军损失惨重，却毫无进展。

见前方战事不利，拓跋嗣又亲率五万大军南下助战。

十一月，在付出了巨大的伤亡后，奚斤终于攻下了滑台，随后乘胜西进，攻打虎牢。

宋军虎牢守将毛德祖毫不畏惧，不仅力保城池不失，还多次主动出击，重创北魏军。

除了有勇，他还有谋。

由于之前在北方时和北魏将领公孙表有旧交，他知道此人诡计多端，不可小觑，便想出了一个借刀杀人之计。

他多次写信给公孙表叙旧。

出于礼节，公孙表也给他回了信，当然大多是"德祖兄，别来无恙"之类的套话。

然而，就像一般用户不会注意到很多恶意软件设下的后门一样，公孙表也没有注意到毛德祖设下的后门——信里的不少地方都有些涂涂改改。

不久，毛德祖偷偷让人给奚斤透露消息，说公孙表和毛德祖暗中往来，图谋不轨。

奚斤把公孙表找来，询问是否真有此事。

为了显示自己的坦诚，公孙表慌忙把毛德祖给自己的信全都交给奚斤查看。

奚斤看到信上有很多涂改得一塌糊涂的字迹，却顿生怀疑之心——你这不是欲盖弥彰吗？

他立即秘密向拓跋嗣汇报了此事。

拓跋嗣非常恼火，马上下令处死了公孙表。

随后拓跋嗣又多次派兵增援奚斤，虎牢城外的北魏军越来越多，攻势也越来越猛烈。

然而，面对蒸不烂煮不熟捶不扁炒不爆响当当一粒铜豌豆般的毛德祖，北魏军依然只能一次次地铩羽而归。

不过，尽管在虎牢遇到了很大的麻烦，但作为一个合格的领袖，拓跋嗣的大局观颇强，并不会只盯着一城一地的得失不放。

在围攻虎牢的同时，他还派黑槊将军于栗䃅率军进驻河阳（今河南孟州），准备伺机夺取洛阳，接着又开辟了东线战场——命大将叔孙建领兵从平原（今山东平原）渡过黄河，目标是刘宋的青州（治所东阳城，今山东青州）、兖州（治所今山东东阿）一带。

见北魏军势大，刘宋兖州刺史徐琰不战而逃，泰山（今山东泰安）、高平（今山东巨野）、金乡（今山东金乡）等郡全都落入了北魏手中。

一时间，刘宋帝国北部边境狼烟四起，到处告急。

童心未泯的小皇帝刘义符对此根本不管，任凭风吹浪打，他自闲庭信步——成天在宫中与一帮宵小吃喝玩乐，政事则全都交给徐羡之等几位顾命大臣处理。

徐羡之等经过商议，连忙派檀道济等人北上救援。

可形势依然在不断恶化。

公元423年正月，北魏于栗䃟部攻占了洛阳。

东线的叔孙建部也顺利夺取了临淄（今山东淄博东北），进逼东阳城。

刘宋青州刺史竺夔据城死守。

三个月后，檀道济、王仲德等人的援军终于来到了离东阳城不远的临朐（今山东临朐）。

叔孙建闻讯率部往滑台方向撤退，随后又向西到虎牢城外与奚斤会合，与其一起攻打虎牢。

此时虎牢城已经被包围了两百多天，几乎无日不战，城中的宋军将士虽然英勇抗击，不断重创北魏军，但对方的援军如长江后浪推前浪般滔滔不绝源源不断，杀敌一千，又来三千，越打越多，越打越强，而宋军却得不到任何补充，战死一个就少一个。

这是一场极其不公平的对决——对方的筹码无限供应，而你的筹码却十分有限！

这也是一场看不到希望的对决——就算你的胜率达到惊人的90%，等待着你的依然只能是悲剧！

这个时候，城中的精锐大多已经阵亡，但毛德祖依然不肯放弃。

外城被攻破了，他就在里面再筑了三道内城。

新筑的内城又被北魏军占领了两道，他还是凭借最后一道城墙死守不降。

在拓跋嗣的亲自督战下，北魏的倾国之师对小小的虎牢城不分昼夜地持续猛攻，城中的宋军将士根本得不到休息，眼睛都生了疮，但因为毛德祖深受士兵们爱戴，始终没人有叛离之心。

当时宋军将领檀道济、刘粹、沈叔狸等人都率军驻扎在离虎牢不远的地方，因惧怕北魏军的强大，都不敢前去救援。

到闰四月二十三日，虎牢城终于被北魏军攻破。

将士们劝毛德祖突围逃生，毛德祖斩钉截铁地拒绝了：我发誓与此城共存亡！

城陷了，他就巷战；马死了，他就步战；枪断了，他就用佩剑；剑折了，他就肉搏；没力了，他就念咒语：画个圈圈诅咒你……

他的忠勇赢得了敌人的敬佩，拓跋嗣下令不准任何人伤害他，最终毛德祖没能实现自己战死沙场的愿望，力竭被擒。

此战之后，刘宋的司州、兖州、豫州等郡县全部被北魏占领，刘裕北伐后秦的成果至此全部丧失——关中被大夏所得，包括洛阳在内的河南各地则落入了北魏囊中。

不过，在此次南征中，北魏也付出了很大的代价，除了大量的战斗性减员，死于疾疫的也有十分之二三。

更严重的是，这场战争也极大地损伤了拓跋嗣原本就不大健康的身体。

拓跋嗣喜欢服用寒食散（魏晋时期在贵族圈流行的一种所谓"神药"，相传能让人产生不可描述的快感，但长期服用却会对身体造成不可逆转的慢性伤害），由于药性频频发作，尽管他年纪尚轻，还是一身疾病。

也正是因为身体不佳，精力不足，他早在前一年就接受了崔浩的建议，立长子拓跋焘为太子，并让他监国，作为国家的副主，协助他处理政事。

公元423年十一月，拓跋嗣因病去世，享年三十二岁。

年仅16岁的太子拓跋焘随即继位，他就是在历史上赫赫有名的北魏太武帝。

泰山崩于前而睡不变

刚登上政治舞台的拓跋焘踌躇满志，即将大显身手。

而比他年长两岁的刘宋皇帝刘义符却即将走到人生的尽头。

自从继位以来，刘义符就把游戏当成了自己的主业，成天与一帮随从肆意玩乐，大声喧哗，还在宫中设立了集市，他本人也常常亲自上阵吆喝：浙江温州江南皮革厂倒闭了，王八蛋老板黄鹤带着小姨子跑了……

对于政事，他完全是不闻不问。

即使河南大片土地沦丧，他也没有任何反应，既不追究责任人，也不总结经验教训——仿佛只是在距他十万八千里的地方有只蚂蚁放了个屁，跟他丝毫没有关系。

然而，他毕竟是皇帝。

学生的任务是学习，皇帝的职责是治国。

一个学生，可以打游戏，可以谈恋爱，但总不能一点都不学习——否则就有被开除的危险；一个皇帝，可以玩乐，可以好色，但总不能一点都不理朝政——否则也会有被推翻的可能。

刘义符就是这样的例子。

徐羡之、傅亮、谢晦三位在京的执政大臣经过商议，觉得刘义符这个沉迷于玩乐的小屁孩也许可以当个优秀的游戏玩家，但却绝无可能治理好一个国家，一致认为应该废掉他。

他们坚定地认为，九泉之下的刘裕如果知道自己的儿子这么不成器，也一定会气得从棺材里爬出来把这个不肖子从皇位上赶下来的！

但废了刘义符，又该立谁呢？

如果按照长幼顺序，应该立刘裕的次子时任南豫州刺史的庐陵王刘义真。

然而这是不可能的。

因为徐羡之等人和刘义真早就有了过节。

刘义真爱好文学，与谢灵运、颜延之等一批才子过从甚密。

谢灵运是东晋名将谢玄的孙子，自幼才华横溢，诗词歌赋无一不精，被后世称为山水诗的鼻祖，更是一代诗仙李白的偶像。他和颜延之两人都是当时的文坛泰斗，不过谢、颜二人虽文才出众，为人却放荡不羁，轻浮孟浪……因而并不为时人所看重。

但年少轻狂的刘义真却和他们意气相投，引为知己，甚至还公然放言：如果我当了皇帝，就让谢灵运、颜延之当宰相！

在君主专权的封建社会，这样的话肯定是不能随便说的——"如果我当了皇帝"岂不是说明你想当皇帝？岂不是说明你想谋反？

不过，刘义真毕竟是皇帝的亲弟弟，徐羡之等人也没拿他怎么样，只是一纸调令，把谢灵运、颜延之两人都贬到了遥远的外地——谢灵运为永嘉（今浙江温州）太守，颜延之为始安（今广西桂林）太守。

本来刘义真对执政大臣就极其不满——要不是谢晦当初在父皇那里给了我一个差评，如今坐在皇位上的就是我了！

现在他自然更是怨气冲天，便常在各种场合大肆攻击徐羡之等人。

此时徐羡之等人已经有了废掉刘义符的打算，为了彻底避免刘义真上台的可能性——这小子如果掌权了肯定会对他们实施疯狂的报复，他们决定先解决掉刘义真。

于是他们罗织了刘义真在任上的一些罪证，上表请求废掉刘义真。

小皇帝刘义符之前就和刘义真之间有过旧怨——究竟是什么旧怨，史书上没讲，不过，以刘义真的尿性，不得罪人是不正常的。

现在刘义符看了徐羡之等人添油加醋的表章，当然更是气不打一处来，想也没想就批准了。

很快，刘义真被废为庶人，迁到新安（今安徽歙县）严加看管。

初战告捷，接下来自然就要进入正题——废立皇帝了。

但徐羡之、傅亮、谢晦三人都是文臣出身（谢晦虽然时任领军将军，统领禁军，但之前只是个谋士，从未真刀真枪地上过战场），胸有治国之才，手无缚鸡之力。常言道：秀才造反，三年不成。这样的大事，仅凭他们几个书生显然是不够的，必须得到手握重兵的武将支持，才能保证万无一失。

此时朝中排名第一的将领，无疑当数南兖州（治所广陵，今江苏扬州）刺史檀道济——当初与他齐名的王镇恶、沈田子、朱龄石等人俱已牺牲在关中，沈林子、刘钟等人则在此前先后病死，如今他是硕果仅存的几位百战名将（另外还有王仲德、胡藩等）中威名最盛的一个。

很快，檀道济以及江州刺史王弘两人就被召到了建康。

事实上，在废黜刘义真之前，徐羡之也曾跟檀道济商量过，檀道济对此表示反对，但徐羡之不肯听，檀道济也就没有多说。

这次，徐羡之把废立皇帝的计划告诉他后，他依然没说什么。

公元424年五月二十四日，谢晦以自己的府第破败需要翻修为名，将家人悉数迁出府外居住，在空出来的谢府中设立了政变指挥中心，里面布置了大批禁军将士。

当晚，谢晦和檀道济两人同居一室，谢晦紧张得无法入眠，而檀道济却倒头便睡，不到一秒就鼾声大起，睡得十分酣畅。

谢晦不由对檀道济大为叹服——泰山崩于前而睡不变，这才是干大事的人啊！

第二天清晨，檀道济、谢晦领兵在前，徐羡之、傅亮紧随其后，一起冲进了皇宫——由于事先早就安排好了内应，一切都畅通无阻。

刘义符前晚与一帮佞臣夜游皇宫北侧华林园中的天渊池，直到凌晨才睡，此时还没起床，睡眼蒙眬中还没搞明白怎么回事，就被政变士兵们连拉带架地拖了下来——不知他有没有裸睡的习惯，如果有，那就尴尬了……

不过，刘义符毕竟年轻气盛，本能地想要抵抗，但这当然是徒劳的，很快他就被砍伤手指制服，送到原先继位前居住的太子宫软禁起来。

新任皇帝的人选，徐羡之等执政大臣早就达成了一致——时任荆州刺史的宜都王刘义隆。

刘义隆是刘裕的第三子，其母胡氏在他3岁的时候就被刘裕赐死了。没妈的孩子像根草，懂事懂得都比较早，刘义隆自幼勤奋好学，熟读经史，也没什么不良嗜好，名声比两个哥哥要好得多，加上他年龄居长——老大老二都被废了，接下来自然该轮到他这个老三了，由他来继承皇位无疑是顺理成章的。

执政大臣们以皇太后的名义下旨，废刘义符为营阳王，迁往吴郡（今江苏苏州）安置，由宜都王刘义隆入继大统。

　　也许，在贪玩的刘义符看来，当不当皇帝其实是无所谓的，只要能继续逍遥尽情玩乐天天吃鸡打游戏，做一个亲王似乎也挺好。
　　人生苦短，不能不玩。这样，在临死的时候，他才不会因虚度年华而悔恨，也不会因碌碌无为而羞愧，因为，他把整个生命和全部精力都献给了人生最宝贵的事业——玩！
　　可惜，他已经玩不成了。
　　因为，深受刘裕"要么不做，要么做绝"风格影响的徐羡之等人绝不可能留下他这个后患！
　　刘义符刚到吴郡没几天就被徐羡之派人杀死了。
　　同时被杀的，还有他那个被贬到新安的二弟刘义真。

　　刘义符毙命的时候，傅亮正在前往江陵的船上——政变成功后，他奉命带着百官前去迎接刘义隆入京继位，徐羡之、谢晦、檀道济则留在建康，控制朝局。
　　随行的尚书蔡廓对傅亮说，营阳王在吴地，你们对他一定要照顾得好一点，否则万一他有什么不测，你们几个就难逃弑主的罪名，后果不堪设想！
　　傅亮之前已经和徐羡之等人商议好要谋害少帝，听了蔡廓的话后顿时大惊，连忙派人送信给徐羡之，想要制止其行动，然而已经晚了。
　　不过，这封信也让徐羡之认识到了事情的严重性。
　　为了以防万一，他凭借总领朝政的特权，任命谢晦为都督荆、湘等七州诸军事、荆州刺史——有谢晦这样的强援在外，朝廷将来就算真的要清算自己，应该也会投鼠忌器吧。

　　傅亮怀着忐忑的心继续西进，抵达了江陵。
　　此时刘义隆已经听说了刘义符、刘义真遇害的消息，他手下的文武官员大多劝他不要去建康自投罗网，以免重蹈两个哥哥的覆辙。
　　刘义隆本人也很纠结。
　　但司马王华却力排众议：先帝有大功于天下，四海所服，虽然嗣主所作所为不够妥当，但人望未改。徐羡之、傅亮都是寒门出身的书生，绝对没有晋宣帝（司马懿）、王大将军（东晋权臣王敦）那样的野心，且徐羡之、傅亮、谢晦三人势均力敌，谁都不服谁，即使有人心怀不轨，也势必不成。他们所以要杀害废主，是因为害怕将来遭到报复，这正说明了他们的贪生怕死，怎么可能谋反呢？他们的意图，不过是要巩固自己的地位而已。殿下您尽管放心去吧，不要辜负上天的期望！

长史王昙首、南蛮校尉到彦之也支持王华的意见。

就像净水器能让本来浑浊的水一下子变清澈一样，王华等人的分析也让刘义隆觉得本来迷雾重重的形势一下子清晰起来，他这才不再犹豫，决定东下。

公元424年八月，在徐羡之等人的拥戴下，18岁的刘义隆在建康正式登上了帝位，改元元嘉，是为宋文帝。

队友变对手

继位之初，羽翼未丰的刘义隆对徐羡之等五位政变领导人大加笼络——徐羡之擢升司徒，王弘晋级司空，傅亮加授开府仪同三司，谢晦加封为卫将军，檀道济进号征北将军，同时又正式批准了谢晦出任荆州刺史的任命。

坐在开往荆州的船上，谢晦如鸟儿出樊笼一般轻松：总算离开了建康这个是非之地，可以高枕无忧了！

但他留在京城的两个盟友徐羡之和傅亮却越来越感觉不安心。

随着时间的推移，两人发现，他们虽然位极人臣，头衔多得连一张名片都印不下（徐羡之身兼司徒、录尚书事、扬州刺史，傅亮则集中书监、尚书令、护军将军、左光禄大夫等要职于一身），但实际上真正得到皇帝信任的还是他从荆州带过来的几个亲信部下！

刘义隆登基后不久，就提拔了一大批自己的嫡系：

原荆州司马王华出任侍中、骁骑将军，原荆州长史王昙首为侍中、右卫将军，原荆州参军朱容子为右军将军，原南蛮校尉到彦之则被任命为中领军,统领禁军……

而刘义隆对二者的态度也截然不同。

他对徐、傅两人总是恭恭敬敬，客客气气——是那种拒人千里的客气，对王华等亲信却总是大大咧咧，说说笑笑——是那种不分彼此的说笑；

他对徐、傅两人总是吞吞吐吐欲言又止，对王华等亲信却总是知无不言言无不尽；

他对徐、傅两人的意见总是我考虑考虑就没了下文，对王华等亲信的意见却总是当场表态就这么定了爱咋咋地！

……

这让徐羡之、傅亮逐步意识到了危险，但此时他们当然不可能再像废掉刘义符那样废掉刘义隆了——刘义隆虽然年轻，但少年老成，城府很深，而且有自己的一帮班底，绝非刘义符那样的小屁孩可比！

经过再三考虑，两人决定以退让换取安全。

公元 425 年正月，徐羡之、傅亮两位在朝的顾命大臣联名上表，请求归政。

刘义隆在装模作样地辞让一番后答应了，从此正式亲政。

但徐羡之还觉得不安全，又请求辞去所有职务，回家养老。

但回到家后，在侄子徐佩之等人的劝说下，他又反悔了。

正好皇帝下诏挽留，他于是又吃了回头草，再次上岗。

接下来，徐羡之、傅亮在惴惴不安中又度过了将近一年，见悬在头上的剑一直没落下来，两人逐渐放心了。

然而，他们错了。

刘义隆虽然外表颇为文静，但内心却不乏狠劲——他从来没忘记徐、傅等人的杀兄之仇！

而对于他的亲信侍中王华等人来说，要想在官场上能更进一步，也必须搬掉这两个身居高位的绊脚石，因此在刘义隆面前不断地以"鸡蛋里挑骨头""太监身上找蛋蛋"的精神拼命诬陷徐羡之和傅亮。

在他们的怂恿下，刘义隆终于下定了决心——除掉徐羡之等人！

尽管参与废立的有徐羡之、傅亮、谢晦、檀道济、王弘五人，但刘义隆认为，这里边真正的主谋其实只有徐、傅、谢三个，檀、王是后来被胁迫才不得不加入的，更何况檀道济是个没多少政治头脑的职业军人，王弘则是他的亲信王昙首的亲哥哥，因此他只把矛头对准了徐羡之、傅亮和谢晦，确立了诛杀徐、傅，征讨谢晦的行动计划。

为了在调兵遣将时掩人耳目，刘义隆故意声称要讨伐北魏，夺回河南之地。

这个惊人的消息一经传出，朝中舆论马上一片哗然。

傅亮连忙写信给谢晦，向他通报此事，并说皇帝将派使者来与你商量。

也许正是这封信麻痹了谢晦。

有人提醒他此次皇帝集结大军可能要对他动手，但他却根本不信——傅亮说了，那是皇帝要打北魏，专门派人来听取我的意见，可见他对我信任着呢。

就这样，他什么也没做，只是静静地等着使者的到来。

显然，他的所作所为就像在公交车站等高铁，是注定要失望的——他左等右等，也没等到使者，等到的，却是徐羡之、傅亮的死讯。

公元 426 年正月，刘义隆下诏征召徐羡之、傅亮入朝。

按照他的计划,是要在朝堂上将两人逮捕诛杀,随后公开徐、傅、谢三人杀害二王(营阳王刘义符、庐陵王刘义真)的罪行,同时发兵讨伐谢晦。

没想到消息被谢晦的弟弟黄门郎谢曒探听到了,谢曒大惊,立即派人通知傅亮。

傅亮当时已经走在了半路上,闻讯连忙疾奔回家,同时又让人告知徐羡之。

徐羡之仓皇出逃,但普天之下,莫非王土,他又能逃到哪儿去呢?

心灰意冷的他最后只能找了个烧陶的废窑,自缢身亡。

与此同时,傅亮也在逃跑的路上被追兵抓获。

临刑前,刘义隆让人给他带信:为答谢傅公江陵迎驾之功,朕会保住你儿子性命的,你就放心地去吧。

傅亮长叹道:我受先帝托孤重任,废昏立明,完全是为了社稷着想。这真是欲加之罪,何患无辞!

只剩下一个谢晦了。

征讨谢晦的主将,派谁呢?

按照常理,自然应该是在刘义隆的心腹中选择。

但建筑大师的设计往往是不落俗套的,政坛高手的决定常常是出人意料的。

刘义隆就是这样的高手。

他选择的,是谢晦当初的同党——南兖州刺史檀道济!

此议一出,举座皆惊。

王华等人对此表示坚决反对,但刘义隆始终不为所动:檀道济只是被胁从才参加废立之事的,杀害二王更是跟他毫无关系。我只要诚心诚意地对待他,相信他绝对不会辜负我的。

不得不说,在识人用人上,刘义隆确实是目光如炬,不,应该是目光如CT——实在是太精准了!

果然如他所料,檀道济一到建康,就立即与谢晦等人划清了界限,并自信满满地表示:臣当初曾与谢晦一起北伐,夺取关中的策略十有八九大多出自他的谋划。此人的才略确实世上少有,但他只是个参谋人员,从未单独领兵打过仗,沙场决胜非其所长。如今我奉皇帝之命讨逆,一战必能将他擒获!

刘义隆闻言大喜,当即下令以领军将军到彦之为前锋,檀道济率主力继进,前往讨伐谢晦。

此时,谢晦也听说了徐、傅两个盟友被杀的消息,虽然之前毫无准备,但已被逼上绝路的他还是不得不选择了起兵反抗。

他让弟弟谢遁留守江陵,自己亲率两万大军,顺江东下,直指建康,宣称要清君侧。

在彭城洲（今湖南岳阳东北），他遇到了政府军前锋到彦之。

一场交锋下来，到彦之不敌，退保隐圻（今湖北赤壁）。

初战告捷，谢晦信心大增，便扬扬得意地给皇帝上了一篇表文：只要陛下枭四凶之首，申二台之无辜，明两蕃之无罪，臣就马上停止进攻，回到江陵！

这里边的四凶无疑指的是王华、王昙首、王弘等刘义隆的几个宠臣，二台为尚书台长官（录尚书事）徐羡之和中书台长官（中书监）傅亮，两蕃则是他本人以及南兖州刺史檀道济。

之所以要把檀道济和他自己并列，他当然是有充分理由的——檀道济和他同是顾命四大臣之一，同样参与了废立皇帝，之前四人还曾一起约定，徐、傅位居中央，他们两人则分据上下游，各拥强兵，一旦有事，就一起行动。如今徐、傅已经被杀，他也被迫起兵造反，因此他想当然地以为，檀道济也必然会有和自己一样的遭遇，也必然会做出和自己一样的选择！

但他万万没想到，紧随到彦之之后的政府军统帅，居然是檀道济！
预想中的队友竟变成了对手！
预想中的强援竟变成了强敌！
这……这……这……
到底是怎么回事？

谢晦一下子就蒙了，也一下子就慌了。
是的，放眼刘宋国内，谁来他都不怕。
除了檀道济！

他暗自念苦，六神无主，一时不知如何是好。
就在他犹豫不决的时候，政府军的后续部队已经陆续抵达。
茫茫大江之上，舰船樯橹相接，一眼望不到头，声势极为浩大。
见此情景，荆州军全都失去了斗志。
两军刚一接战，荆州军就全线崩溃，谢晦乘小船狼狈逃回江陵。
他知道大势已去，便带着弟弟谢遁等七人向北逃亡，想投奔北魏。
然而谢遁是个大胖子，骑不了马——估计没有马能承受他的重量，无奈谢晦只能一次又一次停下来等他。
这样的速度怎么可能逃得了？
没过多久他们就被政府军抓获，送往建康，满门抄斩。

刑场上的谢家人倒是不失书香门第的本色，谢晦的侄子谢世基赋诗道：伟哉横海鳞，壮矣垂天翼。一旦失风水，翻为蝼蚁食。

　　谢晦随即应声续道：功遂侔昔人，保退无智力。既涉太行险，斯路信难陟。

　　言罢，他从容就戮。

　　剪除徐、傅、谢三位老臣之后，年仅20岁的刘义隆彻底把持了朝政大权。

　　他重用王华、王昙首（出自琅琊王氏）、殷景仁（出自陈郡殷氏）、谢弘微（出自陈郡谢氏）等一批士族文臣，大力整顿吏治，促进生产，从此刘宋国内社会日趋安定，经济日趋繁荣，百姓生活也蒸蒸日上。

第十一章　拓跋焘：为打仗而生的战争狂人

战场当成游乐场

趁着这几年南方无事，让我们把目光转到北方。

与致力于内政的刘义隆不同，比他更年轻的北魏皇帝拓跋焘则更热衷于征服。上台后不久，他就表现出了自己非同寻常的一面——好战！

那是在公元424年八月，他的对手，是北方的柔然。

柔然本来是拓跋鲜卑的一个附属部落，代国灭亡后依附于拓跋部的世仇铁弗部。

拓跋珪建立北魏后，对柔然军实施了毁灭性的打击，其残部被徙居到了云中（今内蒙古中部）一带。后来拓跋珪入主中原，一时无暇北顾，柔然贵族郁久闾社仑乘机率领部众逃到漠北，抓住山中无老虎的机会猴子称大王——大肆兼并高车等各游牧部落，从此成了漠北的新主人。

社仑自称丘豆伐可汗，他不断骚扰北魏的北方边境。

社仑死后，其弟斛律、侄子步鹿真、侄子大檀又先后继任首领。

这次，听说北魏皇帝拓跋嗣去世，继任的是个十几岁的小屁孩，柔然可汗大檀喜出望外，马上率军南下，大举入侵。

柔然军很快就攻占了北魏旧都盛乐（今内蒙古和林格尔），大肆烧杀抢掠。

拓跋焘闻讯亲自率轻骑兵前去救援。

他昼夜兼行，仅用了三天两夜就赶到了前线，与敌军交上了火。

由于初出茅庐，缺乏经验，拓跋焘此行所带的部队并不多，而他的对手却是大檀所率的柔然主力，很快他和他麾下的北魏军就陷入了柔然军的重围。

惯用"夸张"（也可以说是"吹牛不上税"）这种修辞手法的《魏书》记载说：

当时拓跋焘本人所在的位置竟然被围了五十多重，柔然骑兵的马头都已经碰上了拓跋焘坐骑的马头！

这样的局面，对马的感情交流来说十分有利，但对拓跋焘的人身安全却是万分不利——可以说是危在旦夕！

眼看拓跋焘就要英年早逝，以"最年轻的战死沙场的皇帝"而名垂青史，周围的北魏将士都大为恐惧，但第一次踏上战场的拓跋焘却毫不惊慌，泰然自若，表情依然是那么从容，目光依然是那么坚毅，似乎他看到的根本不是生命危险，而是风光无限！

他这种英勇无畏的表现，如惊涛骇浪中的定海神针安定了魏军的情绪，如漫漫黑暗中的闪亮灯塔照亮了魏军的前程，如茫茫沙漠中的突降甘霖滋润了魏军的心灵。

在他的带动下，魏军信心大振，勇气倍增，人人都奋不顾身，个个都英勇无比。

柔然人的作战原则向来就是"打得赢就打，打不赢就走，只捏软柿子，不碰硬骨头"，看见魏军实在不好惹，他们逐渐萌生了退意。

在激烈的战斗中，柔然军中旗帜性的大将——大檀的侄子于陟斤被流箭射死，这成了压垮柔然人的最后一根稻草，他们再也无心作战，很快就如过境的台风般消失得无影无踪。

拓跋焘就这样创造了奇迹，完成了大逆转！

如果说莫扎特是为了音乐而生的，马拉多纳是为了足球而生的，徐霞客是为了旅游而生的，那么，拓跋焘就是为了打仗而生的！

在他的眼里，战场比游乐场还要好玩，打仗比打游戏还要有趣，他喜欢战争，享受杀戮，酷爱亲自出马东征西讨，嗜好亲冒矢石南征北战。

《宋书·索虏传》中这样描述这位北魏皇帝：（拓跋焘）壮健有筋力，勇于战斗，忍虐好杀，夷、宋畏之。攻城临敌，皆亲贯甲胄。

他是天生的战争狂人！

就像游戏狂人总是渴望通过一次次的打怪完成通关，他无比渴望通过一场场的战争，去征服所有不服，完成统一整个北方的大业！

当然，在这之前，他先要打服柔然，安定自己的后方。

公元424年十一月，拓跋焘命大将长孙翰、尉眷率军北上，攻打柔然，大获全胜。

第二年十月，他又亲自率军北征，兵分五路，再次讨伐柔然。

见北魏军声势浩大，柔然各部大为惊慌，仓皇向北逃窜。

经过这两次大规模的军事行动，柔然人见识到了拓跋焘的厉害，一时不敢轻举妄动。

这让拓跋焘得以腾出手来，开始推进自己的统一大业。

当时的北方大地，除了北魏帝国外，还有四个比较大的政权：大夏、北燕、西秦、北凉。

北燕、西秦、北凉在本文中是第一次出现，这里简单介绍一下（如需详细了解，可参看我的另一部作品《彪悍南北朝之十六国风云》）：

北燕位于今辽宁西部一带，国都龙城（今辽宁朝阳），建立者是汉人冯跋，他本是后燕禁军将领，在公元407年发动政变推翻了后燕主慕容熙，并于两年后自立为帝，国号则依然是燕，史称北燕。

西秦占有今甘肃西南部及青海的部分地区，由鲜卑乞伏部于公元385年所建，公元400年为后秦所灭，公元409年又再次复国，此时在位的是第三任君主乞伏炽磐。

北凉的实际创建者是卢水胡人（匈奴人为主体的西北少数民族之一，因早期居于卢水附近而得名）沮渠蒙逊。公元397年，沮渠蒙逊起兵占据了张掖（今甘肃张掖）一带，四年后称凉州牧，公元411年改称河西王，史称北凉。后经过多年的征战，领土逐步扩大，此时其控制范围包括今甘肃大部以及青海、新疆、宁夏的部分地区。

冒险家的乐园

不过，在拓跋焘看来，北燕、西秦、北凉这三个偏远地区的小国，比起庞大的北魏帝国，完全是弹弓比大炮——根本就不值一提。

此时唯一在拓跋焘眼里还能算个对手的，是盘踞在关中一带的胡夏帝国。

公元425年八月，大夏开国皇帝赫连勃勃在统万城去世。

消息传到北魏，两征柔然刚刚班师的拓跋焘立即召集群臣商议讨伐大夏的事宜。

老臣长孙嵩对此表示反对：不可，统万城极其坚固，易守难攻，如果我军久攻不下，柔然得知后乘虚而入，那我们可就麻烦了。

崔浩则站出来力挺皇帝：臣夜观天象，发现近年来火星一直在羽林一带运行，这表示秦地的国家将会灭亡，而且今年金木水火土五星同时出现在东方，有利于向西讨伐。这是上天在指示我们，机不可失！

这番话正合拓跋焘之意，他当即拍板西征。

但长孙嵩依然坚持己见：陛下，这样真的很危险！

拓跋焘不听：该冒的险总还是要冒的。不倒翁虽然不会摔倒，但也不会前进一步！

不识相的长孙嵩还是不肯罢休，还在喋喋不休。

拓跋焘的忍耐力是极其有限的，他哪里受得了这些，很快就勃然大怒，大脑内通向"暴虐"的开关也瞬间被接通。

他当即命武士把长孙嵩的头按在地上，狠狠地羞辱了一番。

长孙嵩是北魏开国元老，历仕三朝，德高望重，在拓跋焘的父亲拓跋嗣继位时就曾名列"八公"之首，是朝中首屈一指的重臣，连他都遭到了如此的下场，还有谁敢再反对？

当年十月，拓跋焘命司空奚斤率军四万五千南下攻打河东重镇蒲坂（今山西永济），大将周幾率军一万奔袭关中西面的门户陕城（今河南三门峡西），随后再合兵一处，夺取长安。

他自己则亲率主力直扑胡夏国都统万城。

十一月初，拓跋焘的大军抵达了黄河重要渡口君子津（今内蒙古清水河西北）。

当时寒潮骤至，气温骤降，河面被冻得严严实实，拓跋焘大喜，当即率两万轻骑踏冰渡过黄河，随后日夜兼程，驰往统万城。

十一月初七，北魏军如神兵天降般出现在统万城下。

当天夜里，北魏军在统万城北宿营。

为了激怒赫连昌，诱使其出城决战，第二天，拓跋焘下令分兵四出，在统万城外到处烧杀抢掠。

但赫连昌并未上当，一直龟缩在城内，摆出一副死守的架势。

拓跋焘知道，自己麾下这两万轻骑虽然擅长野战，却没带任何攻城器具，要让这些人去攻克坚固异常的统万城，就如同让在水中所向无敌的鲨鱼上岸去和老虎搏斗一样——不仅用非所长，而且毫无胜算！

因此他并没有一意孤行继续攻城，而是下令带着掳掠来的数万百姓班师回国。

和皇帝拓跋焘亲自统率的北路军相比，奚斤、周幾等人所率的北魏南路大军则取得了更大的战果。

当然了，考试能得高分，有时不一定是水平有多高，而是因为题目太简单。

南路军这次能大获全胜，主要也是因为对手的表现实在太废柴。

北魏军离对方还有几十里地呢，驻守陕城的大夏弘农太守曹达就已经弃城而逃，周幾因而得以长驱直入，轻松突破潼关天险，进入关中腹地。

大夏的蒲坂守将赫连乙斗也是个胆小鬼，得知魏军奚斤所部大举来攻，他慌忙派使者到统万城求援。

当时北魏军刚刚包围了统万城，看到城外刀枪如林，杀声震天，使者的裤裆立马就湿了，哪里还敢靠近，只是隔着十八里地远远瞥了一眼就马上回去报告：统万城方面自身难保，咱们还是自求多福吧！

赫连乙斗大惊，连京城都快保不住了，那我还在这里卖什么命啊，便立即弃城逃往长安。

驻守长安的是夏主赫连昌的弟弟赫连助兴，听赫连乙斗一讲，他也吓坏了。

双厾合璧，其厾状自然更是无人可比。

两个人一合计，觉得长安也不保险，马上就以迅雷不及掩耳之势放弃了长安，一口气狂奔了五百里，一直逃到了安定（今甘肃泾川）。

转眼间，所有大夏守军就从长安消失得无影无踪，仿佛一个无声无息的屁，连一丝痕迹都没留下。

奚斤就这样捡了个超级大便宜，不费一枪一弹就轻松拿下了长安！

由于此时周几在军中病死，奚斤也就顺理成章地成了北魏南路军的最高统帅。

北魏军声势大振，不仅关中各地纷纷归附，连北凉的沮渠蒙逊也遣使表示臣服。

这么糊里糊涂就丢了关中，赫连昌当然不肯甘心。

第二年刚刚开春，他就派自己的弟弟平原公赫连定（赫连勃勃第五子）率夏军主力南下关中，企图重新夺回长安。

得知这个消息后，拓跋焘立即下令砍伐树木，制造攻城器械，并在君子津修建浮桥，准备趁大夏军主力不在，再次发兵攻打统万城。

经过一番紧锣密鼓的准备后，拓跋焘终于出手了。

他自领中军，同时命司徒长孙翰率三万骑兵为前锋，常山王拓跋素（拓跋遵之子）领三万步兵为后继，南阳王拓跋伏真等人则负责率军护送攻城器械，浩浩荡荡杀向统万城。

五月，北魏军在君子津渡过黄河，随后进至拔邻山（今内蒙古准格尔旗南）。

在那里，拓跋焘做出了一个令所有人都瞠目结舌的决定——留下大部队和全部辎重、器械，由他本人亲率三万轻骑前去突袭统万城。

群臣都非常不解，每个人心头都缠绕着十万个为什么：都知道轻骑兵不利于攻城，为什么还要这么做？你花这么大力气打造攻城器械，为什么现在又不用？难道是钱太多烧的，把脑子给烧开锅啦？……

拓跋焘用不容置疑的口气解释道：用兵之道，攻城是最下策，不到万不得已应尽量不用。如果我们带着大批步兵和攻城器械开进到城下,对方知道我们要攻城,一定会坚守到底。如果一时攻不下来,对方又坚壁清野,我们粮尽兵疲,情况就不妙了。不如用骑兵直抵城下,再故意示弱,引诱对方与我们决战,一定能得手!

这下群臣就无话可说了。

到达统万城附近后,为了迷惑赫连昌,拓跋焘把大部队隐藏在山谷中,故意只带了少数骑兵来到城下挑战。

可惜,他非但没有盼到赫连昌出战,反而先盼到了一盆冷水。

有个刚投降北魏的大夏将领给拓跋焘提供了这么一个情报:夏主赫连昌听说魏军将至,曾派人征召赫连定回师。但赫连定认为统万城坚固异常,只要专心守城,一时半会不会有事,等他平定了奚斤再回师夹击魏军。故而赫连昌决定坚守不出,等待弟弟回军。

这对拓跋焘来说当然不是个好消息。

但他并不愿就此放弃。

他先是令部队撤退以诱使对手追击,接着又让大将娥清率五千骑兵在城外到处掳掠,以激怒对手。

然而,赫连昌似乎成了坐怀不乱的柳下惠——无论面对什么诱惑,他都毫不心动,毫无行动,始终抱定自己的龟缩战术不动摇。

但拓跋焘知道,赫连昌毕竟不是柳下惠,而是个普通的男人。

他之所以没有动心,也许是因为诱惑还不够大。

既然如此,那就给你来个性感迷人的绝色美女吧,看你还能不能坐得住!

接下来就发生了下面的这一幕:

有个北魏士兵叛逃到了大夏,向赫连昌汇报说,北魏军的粮食已经吃尽了,只能以野菜为食,他们的后勤辎重、步兵和攻城器械都远在几百里之外!

赫连昌果然把持不住了——北魏军已经断粮,这是个乘人之危的好机会。而且,如果现在不打,等北魏的后续部队来了,那可就不好打了!

千里马常有,这样的战机可不常有!

第二天,他亲率三万步骑出城,直扑北魏军。

见大夏军来势汹汹,长孙翰建议说,夏军的步兵方阵密集严整,难以攻破,我们应避其锋锐才行。

拓跋焘反驳道,我们之所以大老远地跑来,本来就是要引诱他们出战的,现在他们来了,我们如果再避而不打,那岂不是长他人志气灭自己威风!

不过,话是这么说,拓跋焘也知道夏军现在气势正盛,正面硬拼显然并非良策。

他下令诈败诱敌。

见北魏军不战而逃,赫连昌不由大喜——看来昨天得到的情报没错,北魏军果然已经到了山穷水尽的地步了!

他把部队分为左右两翼,对北魏军紧追不舍。

追了五六里地后,夏军本来紧凑密集的阵形逐渐出现了松动。

队伍越拉越开,越来越散——从开始的方形变成了一会儿 S 形一会儿 B 形,从开始的铁板一块变成了散沙一盘。

拓跋焘觉得战机已到,正打算发令反攻,没想到此时天气突变,从东南方向刮起了大风。

一时间,狂风大作,飞沙走石,刚才还是阳光明媚的天空像是被一支饱蘸浓墨的狼毫一笔涂黑,能见度不到一米五!

北魏军中有个精通术数的宦官赵倪,见此情景连忙对拓跋焘说:风从敌人那边吹来,我们逆风,敌人顺风,这说明天不助我!陛下还是先退兵回避,来日再战吧!

此时崔浩正在拓跋焘身边,当即怒斥他道:你这是什么话!我们早就订好了作战计划,怎么可以在一日之内说变就变!敌军贪功冒进,前后脱节,正是我们克敌制胜的好机会。刮风下雨全看我们怎么利用,怎么能够认为一定就会对我们不利!

崔浩所言正合拓跋焘之意。

他马上下令把全军分为左右两队,掉转方向,对夏军发起猛攻。

和以往一样,这次他还是身先士卒,冲锋在前。

激战中,拓跋焘的坐骑马失前蹄,他被摔下马来,险些被夏军擒获——幸亏他身边的护卫拓跋齐(拓跋焘的远房族兄)极力苦战,死死护住了他,他才得以幸免。

随后拓跋焘重新上马,挺起一枪,刺杀了大夏尚书斛黎文,接着又连续击杀了十多名敌军。

他越战越勇,越战越爽,越战越兴奋,沉醉在杀戮快感中的他连手掌被流矢击中也全然不顾。

皇帝都如此拼命,北魏军中还有谁敢不尽全力?

很快夏军就全线崩溃,败退下来。

北魏军乘胜追击,大获全胜,斩杀敌军万余人。

在北魏军的穷追猛打下,大夏主赫连昌慌不择路,走偏了方向,导致没能逃回城内,无奈只好带着少数残兵逃往上邽(今甘肃天水)。

而世间的事往往是会阴差阳错的。

有的人本该近视却偏偏不近视——比如看书看手机毫无节制的我的老婆，有的人本不该近视却偏偏近视了——比如极其注重用眼卫生的我；有的人本该进城却偏偏没有进——比如大夏国主赫连昌，有的人本不该进城却偏偏进去了——比如北魏皇帝拓跋焘！

当时拓跋焘杀得兴起，一路不管不顾地追逐败兵，居然不知不觉地杀到了统万城内！

由于他冲得实在太过靠前，跟进来的北魏军很少，只有拓跋齐等少数几个随从。

虽然当时拓跋焘穿的只是普通的军服，而且那时候也没有几杠几星之类的军衔标志，可他的身份还是被城里的夏军认出来了。

他们立即关闭城门，想来个瓮中捉鳖。

但拓跋焘并不慌张——对他这样的冒险家来说，无论身处什么样的险境都不会感觉到危险。

他带着拓跋齐等人趁着混乱混入了大夏内宫，找到了几件女人的裙子，将其系在槊上制成一个简易的飞钩，借此爬上城墙，最终顺利脱险。

因大夏主赫连昌一直音讯皆无，统万城内人心惶惶，谣言满天飞：有说他被俘的，有说他被杀的，有说他先被俘再被杀的……

在恐慌情绪的支配下，当天晚上，大夏尚书仆射问至保护着赫连昌的母亲等人弃城而逃。

这样一来，城中再也没人能控制局面了。

次日，也就是公元427年六月三日，有人打开城门，迎接北魏军进城。

大批没来得及逃走的大夏王公贵族、嫔妃公主都成了北魏的战利品。

入城后的拓跋焘见统万城城墙坚固得可以磨刀，皇宫内的各种建筑奢华至极，生性节俭的他忍不住对此大发感慨：一个蕞尔小国，竟然如此不惜民力，焉能不亡！

不过，虽然对赫连勃勃的所作所为颇为鄙视，但拓跋焘对赫连勃勃所生的女儿却很是珍视——他把赫连勃勃的三个女儿都纳入了后宫，其中有一个后来被封为了皇后！

之所以会这么做，也许后世某个同样出自游牧民族的名人所说的名言说出了他的心声：人生最大的快乐在于到处追杀敌人，侵略他们的土地，掠夺他们的财富，拥抱他们的妻女！

统万城陷落的时候，赫连定还率军在长安与北魏将领奚斤相持，得知这个消息后，他也不敢再打下去了，慌忙率部退往上邽，与夏主赫连昌会合。

令人意外的是，之后拓跋焘并未一鼓作气继续西进，彻底消灭已经奄奄一息的大夏政权，而是留下常山王拓跋素等人镇守统万城，自己则带着主力班师回国。

之所以做出这样的决策，拓跋焘当然有他的考虑——一方面他担心自己在外太久，后方的柔然会乘机作乱，另一方面，在他看来，丧失了大部分国土的大夏已经不可能再翻起什么浪了，不如暂时先不去动它，让它和西秦、北凉等西北小国继续狗咬狗！

但长安城内的北魏大将奚斤却不这么看，他坚决请求要乘胜追击，直捣上邽。

在他的一再坚持下，拓跋焘最后还是批准了他的申请——奚斤这人的名字和"西进"同音，似乎还是挺适合西进的，上次西进长安就瞎猫撞到死老鼠中了大奖，这次没准额头又能撞上天花板！

毕竟，很多时候，运气比才气还要重要得多！

于是他又拨给了奚斤一万名士卒和三千匹战马，同时还派大将娥清、丘堆等人前去支援。

七月，拓跋焘回到了平城。

果然不出他所料，柔然可汗大檀真的乘虚南下了，准备侵略云中（今内蒙古托克托），得知北魏军班师的消息，才不得不退兵。

不久，奚斤也踏上了他的西征之路。

应该说，他的开局还是很顺利的。

在北魏骁将尉眷的凌厉攻势下，夏主赫连昌不得不放弃了上邽，退保平凉（今甘肃平凉）。

奚斤则步步紧逼，进抵安定（今甘肃泾川）。

但在那里，他却遇到了麻烦。

由于遭受到严重的疫病，北魏军的战马大批死亡。加上他们孤军深入已久，军粮也出现了问题。

夏主赫连昌乘机反守为攻，击败了在外征粮的北魏大将丘堆。

奚斤只好把部队都撤到了安定城内。

面对严峻的形势，他一筹莫展。

要打吧，没马；要守吧，没粮；要走吧，没方向；要和吧，没面子；要找个地洞钻下去吧，没地洞……

怎么办？

监军侍御史安颉（北魏开国元勋安同之子）劝奚斤与敌军决一死战。

奚斤不假思索就拒绝了：没有马，怎么打？

安颉说：战马再少，两百匹总能凑出来吧？赫连昌急躁无谋又轻率好斗，常常亲自出阵挑战，我军士卒都认识他，如果我们设下伏兵，对他发动突袭，一定能生擒他！

奚斤还是不同意。

但安颉并没有放弃，他和另一名将领尉眷一起挑选了一批精骑，做好了出击的准备。

没过几天，赫连昌果然亲自来攻，安颉立即率部迎击，集中全部兵力，向赫连昌本人所在之处猛冲。

此时又是天色大变，狂风突起，沙尘飞扬。

这已经是赫连昌连续第二次碰到这样的情况了——如果说萧敬腾是雨神、云淡心远是云神（请原谅我的厚脸皮）的话，那他就是风神。

只不过这次的风向和上次不一样。

他是逆风。

由于风沙太大，赫连昌几乎睁不开眼睛，根本无法看清北魏军的动向，等到他发现敌军都是冲着自己来的时候，已经太晚了。

他慌忙拨马就逃。

不料他胯下的战马由于转弯太急，不可避免地发生了侧滑，一下子把他摔了个狗吃屎！

北魏军一拥而上，将他活捉。

皇帝被擒，大夏军顿时失去了斗志，很快就败下阵来。

赫连昌的弟弟赫连定收集残兵万余人，退回了平凉，并在那里宣布继位，成为大夏最后一任君主。

再看北魏那边。

此战过后，奚斤也坐不住了。

身为主帅的自己碌碌无为，而部下却大出风头，这就好比老师遇到难题束手无策，却被学生给轻易做出来了，世界上还有比这更丢面子的事吗？

饿死事小，面子事大，如果自己再不奋起直追，另建奇功，又有何颜面见代北父老？有何颜面见皇帝拓跋焘？

他必须抓获赫连定，彻底平定大夏！

于是他命令部下丢弃所有辎重，只带三天口粮，迂回到平凉的后面，打算切断赫连定北逃的退路，将所有大夏残部一网打尽。

由于抢功心切，走得太急，沿途又没有任何水源，走到马鬃岭（今宁夏固原西南）

的时候，北魏军已经疲惫不堪，干渴难耐。

有个北魏士兵因犯法而叛逃到了平凉，把奚斤的窘境全都告诉了大夏主赫连定。

赫连定本来已经想逃走了，得知这个消息大喜过望，立即命他为向导，领着自己前去截击。

此时的北魏军已经渴得快虚脱了，累得快迈不开腿了，哪里还有什么战斗力？

这一战，大夏军胜得太轻松了——斩杀无数，奚斤、娥清等北魏将领悉数被俘。

留守安定的北魏老将丘堆听说奚斤战败，大惊失色，慌忙弃城逃回长安，接着又与长安守将拓跋礼一起放弃长安，逃到了蒲坂。

大夏军乘机收复失地，时隔一年多后再次占领了长安。

消息传到平城，拓跋焘大为震怒。

这段时间的战报让他的心情经历了过山车般的刺激——先是奚斤所部遭遇疫病，陷入困境，接着是安颉抓获了对方皇帝赫连昌，现在又是奚斤被俘长安丢失……

幸亏他没有心脑血管疾病，否则恐怕早就受不了了！

他当即命人将丘堆斩首。

有过要惩，有功当然也要赏。

尉眷被封为宁北将军、渔阳公；安颉则被封为建节将军、西平公，代领丘堆的部众，负责镇守要地蒲坂。

对被送到平城的大夏前国主赫连昌，拓跋焘也极为优待——不仅封他为会稽公，还把自己的妹妹始平公主嫁给了他，经常让他跟随在自己的左右。

有人劝他不要与赫连昌这样亲近——赫连昌素来以武勇著称，万一趁机搞刺杀，那可不是闹着玩的。

拓跋焘却毫不在意：天命自有定数，有什么好担心的！

他之所以要这么做，当然不是出于人道主义，更不是出于喜欢赫连昌这个人，而是因为，在他看来，赫连昌还是有很大利用价值的。

毕竟，大夏尚未灭亡，甚至还有死灰复燃之势！

赫连定的野心极大，尽管又重新夺回了关中，但他并不满足。

他曾经登上苛蓝山（即贺兰山，今宁夏、内蒙古交界处），遥望旧都统万城，泪流满面，痛哭不已：先帝如果当初让我继承大业，又怎么可能会发生今日的事！

不过，虽然一心想复兴父亲在世时的荣光，但赫连定也不是那种"兜里仅两块就敢去天上人间点头牌"的莽夫。

他清楚地知道，现在的北魏拔根腿毛都比自己的胳膊粗，因此，虽然他的心一直蠢蠢欲动，却一直没有轻举妄动。

对北魏来说，和大夏的战争已经打了差不多两年，虽然取得了很大的战果，但也付出了不小的代价，魏军也需要时间休整，因此也没有马上发动新的军事行动。

但仅仅过了不到一年，好战的拓跋焘又按捺不住了。

公元429年四月，他决定再次远征柔然。

由于久战疲乏，北魏从上到下都不愿用兵，就连宫中的保太后（拓跋焘的乳母窦氏，在拓跋焘上台后被尊为保太后，大概是保姆兼太后的意思）也极力劝阻，只有太常崔浩对此表示赞成。

太史令张渊、徐辩两人以天象不利、出兵必败为由，劝谏拓跋焘不要北征。

张渊这个人资历很老，以精通术数著称，据说四十多年前他曾力劝前秦主苻坚不要南征东晋，苻坚不听，结果不幸被他的乌鸦嘴言中——最终苻坚在淝水惨败，身死国灭，从此张渊名声大噪，一下子成了闻名遐迩的顶级预言家。后来他历仕后秦、大夏等多国，在北魏攻下统万城后，他又成了北魏的臣子。

张渊这么一说，群臣也都纷纷附和：世界上只有两样东西是百发百中的，一个是陛下您的箭法，另一个就是张渊的预测。他讲的话，陛下您可千万不能不听啊！（否则，苻坚就是你的榜样！）——当然，括号里的话他们是在肚子里说的。

拓跋焘让崔浩在殿前与张渊辩论。

崔浩只用一句话就堵上了张渊的嘴：既然世人都说你张渊通晓方术，能预知兴亡，那么臣想问一下你，在夏国的统万城被我们攻克前，你有没有发现预兆？如果知道了却不说，那就说明你不忠；如果没有预测到，那就说明你根本没有这样的水平！

张渊要想证明自己的水平和人品，这个问题唯一的答案只能是"我说了，可是赫连昌不听"，可是此时赫连昌也在现场，他当然不能这么说——否则会被当场拆穿的。

张渊只能无言以对，冷汗直流，脸色比粪坑里的蛆还难看，样子比吃了粪坑里的蛆还难受。

见此情景，拓跋焘不由大喜：崔太常说得对，这事就这么定了！

然而，就在他准备出征前，又发生了一件意想不到的事。

南方的刘宋皇帝刘义隆派使者前来讨要之前在刘义符任上丢失的包括洛阳在内的河南之地：河南自古以来就是我们宋国领土不可分割的一部分，被你们非法占有已经几年了，请马上归还，千万不要低估了我们宋国人民捍卫国家主权和领土完整的决心！

拓跋焘对此自然是嗤之以鼻。

那些反对出兵的大臣却因此又找到了新的理由：如果我们大军北征的时候，蠕蠕（北魏人对柔然的蔑称，据说这个绰号是拓跋焘亲自起的，意指其为不会思考的虫子）远逃，而宋国却乘虚从南面入侵，我们前无所获，后有强敌，问题岂不是很严重！

这次又是崔浩挺身而出，义正词严地反驳道：我可以确定肯定一定地断定，在我们击破蠕蠕一去一来期间，宋国必不会有所行动。而蠕蠕自恃偏远，加上我们之前几次对他们发动攻击都是在秋冬（那时马匹在经历了草料丰富的春夏后大都膘肥体壮，有利于骑兵作战），因此他们每到夏季就放松戒备，把部众解散，各逐水草放牧。这次我们出其不意，偏偏选择在夏季出兵，必可将其一举歼灭！

这下子再也没人敢说什么了。

北魏大军就这样踏上了征途。

他们兵分两路，西路由大将长孙翰指挥，取道大娥山（今内蒙古托克托一带）；东路则由拓跋焘本人亲自统率，取道黑山（今内蒙古和林格尔），约定两路大军一起在柔然王庭（今蒙古国境内，具体位置不详）会合。

五月十六日，北魏大军抵达漠南，拓跋焘下令抛弃辎重，率轻骑兵对柔然发动突袭。

春夏之交的大草原，天是那么蓝，地是那么绿，草在结它的种子，马在吃它的叶子，美得可以拿来做电脑桌面。

柔然人三五成群，一边悠闲地放牧，一边对唱着情歌。

这是一年中最美好的时光。

可惜对他们很多人来说，这也是最后的时光。

因为，此时凶神恶煞般的北魏人突然出现在了他们的面前！

漂亮的电脑桌面瞬间变成了惨烈的地狱画面！

无数离得近的柔然人还没来得及反应，就身首异处，血染草原。

离得远的则慌忙四散奔逃。

柔然可汗大檀也混在人群中狼狈西窜，一时不知去向。

拓跋焘率军沿栗水（今蒙古国翁金河）向西追击，到处追杀星散躲避的柔然部众，大有斩获。

草原民族向来是崇拜强者的，见柔然失势，原本依附于柔然的高车诸部也争先恐后地投靠北魏，对柔然人反戈一击，趁火打劫。

北魏军一口气一直追到涿邪山（今蒙古国满达勒戈壁一带），众将见那里地势险要，加上已经深入敌境太深，担心会遇到柔然的伏兵，纷纷请求退兵。

尽管事先崔浩曾建议这次对柔然人一定要穷追不舍，一举将其彻底荡平，但由于此次崔浩并未随军，最终拓跋焘还是听从了将领们的意见，撤兵回到了北魏境内。

直到这时，他才从投降的柔然人那里得到信息，说大檀那时已经身患重病，行动不便，带着数百人躲藏在距离涿邪山仅百余里的地方，只因北魏军没有再继续追击，才得以保住了性命。

拓跋焘不由大为后悔——唉，不听崔浩言，吃亏在眼前！

但尽管如此，北魏军这次出人意料的突袭还是极大地重创了柔然人，柔然可汗大檀也在不久后忧愤而死，其子吴提继位后不敢再与北魏对抗，此后多年再也没有侵犯北魏。

当然，拓跋焘也知道，只要柔然还存在，和平就只是暂时的。

为了防患于未然，他在北部边境自西向东设立了沃野（今内蒙古临河）、怀朔（今内蒙古固阳）、武川（今内蒙古武川）、抚冥（今内蒙古四子王旗）、柔玄（今内蒙古兴和）和怀荒（今河北张北）等六个军镇，作为拱卫内地的屏障。

北征的胜利，也让拓跋焘对崔浩的神机妙算更加佩服。

他加封崔浩为侍中、抚军大将军，还在新归附的高车酋长面前用手指着崔浩大加赞赏：别看此人看上去文文弱弱，既不能拉弓也不能持矛，但他胸中所怀的谋略超过了百万雄兵，我这些年所建立的功勋，可以说都是拜此人所赐的。

他甚至专门给尚书省下诏：崔浩的想法就是你们的做法，崔浩的意图就是你们的蓝图。以后凡是军国大事，你们所不能决定的，都应该向崔浩请教，然后才能付诸实施。

打服了柔然，安定了北方，拓跋焘终于可以一心一意地应付刘义隆的挑战了。

公元430年三月，刘义隆果然开始行动了。

本着先礼后兵的原则，他先派使臣告诉拓跋焘：河南是被你们侵占的我国固有领土，现在我打算出兵把它们收回，但我们是热爱和平的人，绝对不会进入原本不属于我们的黄河以北。

拓跋焘当然不可能让步，大声咆哮道：我生下来头发还未干，就知道河南是我们的，怎么可能让你们拿走！你们如果一定要来攻取，你们就来吧，等到冬天黄河结冰后，我们再重新拿过来就是了！

这话其实说得很夸张——北魏夺取河南土地是在公元423年，那时拓跋焘已经16岁了，说乳臭未干还勉强能接受，说刚生下来头发未干，就未免是信口雌黄了。

不过，谨言慎语从来就不是他的风格，敢说敢干才是他的本色！

既然谈判谈崩，自然就只能兵戎相见了。

宋军兵分两路。

东路军为此次北伐的主力，刘义隆的心腹爱将到彦之出任主帅，统领老将王仲德、兖州刺史竺灵秀等率领精兵五万走水路，从淮河、泗水进入黄河，随后逆流西上；西路军则由大将段宏为主将，督率豫州刺史刘德武等率领步骑一万八千人走陆路，进军河南重镇虎牢（今河南荥阳汜水镇）。

同时，刘义隆还命自己的堂弟长沙王刘义欣（刘裕二弟刘道怜之子）领兵三万进驻彭城（今江苏徐州），以声援前方大军。

由于北魏在河南的守军不多，加之成长于代北的鲜卑骑兵不习惯在河南炎热的夏季作战，一向好战的北魏主拓跋焘竟主动将守军撤离到了黄河以北。

宋军就这样轻松拿下了包括洛阳、虎牢、滑台（今河南滑县）等要地在内的河南全部领土！

全军上下都如中了大奖般一片欢腾——本以为要血染沙场，没想到竟然不伤一根毫毛！

看来，世界上也许没有无缘无故的爱，没有无缘无故的恨，但绝对有无缘无故的好运！

只有老将王仲德依然保持着清醒的头脑：胡虏仁义不足却狡诈有余，等到冬天黄河冰冻，他们肯定会南下大举进攻的。这怎能不让人担忧！

北伐军主帅到彦之之前不过是荆州的一个地方将领，从未指挥过大规模的战事，更从未与北魏军打过交道，因而他对王仲德的话根本不以为然，只是一味向朝廷报喜。

很快，宋军恢复河南的消息就传遍了大江南北，也传到了远在平凉（今甘肃平凉）的大夏主赫连定耳朵里。

得知宋军北伐，一直期盼向北魏复仇的赫连定看到了机会。

他一面派使臣出使建康，与刘宋结盟，约定联手进攻北魏，一面立即出兵攻打北魏边境的鄜城（今陕西洛川）。

面对两线作战的不利形势，拓跋焘果断决定东面对刘宋采取守势，先集中力量对付实力更弱的大夏。

朝中的群臣大多对此表示反对：这样不行啊，如果我们西线被夏国拖住，不能迅速取胜，东面的宋军一定会乘虚北上，河北地区就危险了。

但崔浩却旗帜鲜明地支持拓跋焘的意见：宋军在河南东西长达两千里的战线

上分兵防守，每一处只有数千人，看他们这个样子，最多不过是要想守住黄河防线，绝不可能再继续北上。而赫连定只是枯树的残根，一击就倒，我们平定夏国后再东出潼关，席卷而前，江淮大地必将尽归我所有！

他的话既有说服力又有感染力，一下子如万吨冲压机将钢板定型成车身一样将此时北魏朝廷所需的决策迅速定型。

拓跋焘也就不再迟疑，立即亲自领兵西征。

十一月，北魏军抵达了赫连定的老巢平凉。

此时赫连定还在鄜城与北魏军相持——就这种战斗力也想联宋灭魏，唉，赫连定也不撒泡尿自己照照。

得知这个消息后，他顿时大惊，连忙撤兵，回援平凉。

拓跋焘对此早有预料，事先已派大将古弼切断了他的退路。

赫连定无路可走，只好与古弼死磕。

古弼佯装败退，赫连定紧追不舍，没想到中途中了北魏军的埋伏，夏军大败，赫连定带着余众逃到了鹑觚原（今陕西长武西北）。

北魏军将其团团围住，并切断了水源。

夏军干渴难耐，最后只得抱着"宁做战死鬼，不做渴死人"的心态冒死突围。

然而，北魏军早有防备，哪这么容易冲得出去？

经过一番苦战，夏军大多被歼——实现了他们"做战死鬼"的愿望。

赫连定本人虽然侥幸杀出了重围，却也身负重伤，后收集残兵，逃往上邦。

此役过后，各地的大夏守将再无战意，要么弃城而逃，要么献城投降，包括长安、平凉等在内的关中地区全都为北魏所得。

之前被大夏俘虏的北魏大将奚斤、娥清也终于从监狱中被解救了出来，重见了天日。

为了羞辱败军之将奚斤，拓跋焘别出心裁地任命他为宰士（估计类似于如今的勤务员），让他每天背负着酒菜跟随在自己的左右。

他要喝酒，奚斤得帮他倒；他要吐痰，奚斤得帮他接……

檀道济唱筹量沙

在西线大获成功的同时，北魏军在东线也向宋军发动了大规模的反攻。

十月，北魏大将安颉率军渡过黄河，直扑宋军最西面的据点金墉城（今河南洛阳东），守将杜骥不战而逃，北魏军轻松占领了金墉，接着又乘胜拿下洛阳。

之后安颉又与另一名北魏将领陆俟合兵进攻虎牢，很快将其攻克，守将尹冲投降。

此时，刘宋北伐军主帅到彦之正驻军于东平（今山东东平），得知洛阳、虎牢两大重镇居然在几天以内就相继失守，之前从未与北魏军打过交道的他不由得倒吸一口凉气：知道那些鲜卑人打仗厉害，没想到这么厉害！

刹那间他眼前似乎出现了无数名人名言："好汉不吃眼前亏""三十六计走为上""珍爱生命远离魏军"……

他不敢再战——确切地说，是不敢再待，当即决定撤军。

殿中将军垣护之劝谏说：我军目前兵精粮足，足可一战，这样白白撤退，怎么对得起朝廷的重托？

到彦之哪里肯听——肯听就不是他了。

为了能尽快逃到安全区，他还下令焚毁战船和所有辎重，轻装南逃。

老将王仲德连忙阻止：敌军现在离我们还远得很，如果突然放弃战船必然会引起慌乱，导致士卒溃散，我认为就算要退兵也一定要从容，务必要乘船入济水（古河流，今已不存），到马耳谷口（今山东淄博博山区西境）后再作商议。

就这样，宋军开始乘船沿济水向东撤退。

时值冬季，河道水浅，船行异常缓慢。

与行军速度成反比的，是到彦之的心跳速度。走到历城（今山东济南历城区）的时候，他的心跳已经达到了每分钟八百次，且还在以环比10%的增速持续上升。

他彻底失去了耐心——再这样下去，就算不死于北魏军，也要死于心脏病了！

于是他以自己眼病复发疼痛难忍、必须尽快赶回京城治疗为由，下令全军烧掉战船和所有辎重，丢弃盔甲，轻装逃往彭城。

榜样的力量是无穷的，在到彦之这个厌货领导的带动下，包括兖州刺史竺灵秀在内的大批刘宋守将也都自觉与领导保持一致，争先恐后地弃城而逃。

青州、兖州一带的宋军一时混乱不堪。

不过，哀鸿遍野的熊市中依然会有逆势上扬的股票，懦夫遍地的宋军中也依然会有挺身而出的英雄。

济南（今山东济南）太守萧承之就是其中一个。

说起来，这个萧承之也大有来头，他是刘裕继母萧文寿的族弟，还是后来南齐开国皇帝萧道成的父亲。

在北魏大军即将到来、形势万分危急之际，萧承之却发布了一个出人意料的命令——让自己麾下仅有的几百名部下全都隐蔽起来，同时还大开城门。

部下都很不解：本来就敌众我寡，就算关一百道门都不一定能守住，如此全不设防，岂不是找死吗？

萧承之微微一笑：你说得没错，我就是要找死。在这种时候，越是怕死越是会死，越是找死反而越安全。现在我们守卫孤城，如果再示弱，肯定保不住城池和我们的性命。只有摆出强大的姿态来迷惑敌人，才可能会有一线生机。

他赌赢了——魏军来到城下后，看到里面偃旗息鼓，四门大开，以为城内必有伏兵，没敢进城就退走了。

这就是萧承之的胆识！

诸葛亮的空城计纯属虚构，而萧承之的这次却是正史记载的事实！

然而，一叶难障目，独木不成林，萧承之再厉害，也不可能改变宋军落败的大局。

刚刚收复的河南大片土地，此时除了滑台一地还在守将朱修之的带领下坚守，其余已经全都落入了北魏军的手中！

败讯传到建康，刘义隆大为震怒，立即下令将到彦之免职下狱（但不久就赦免了），兖州刺史竺灵秀则因逃跑被处死。

直到这个时候，他才不得不起用之前一直被他雪藏的檀道济——命檀道济火速率军救援滑台。

北魏大将叔孙建、长孙道生领兵前来阻击。

在二十多天的时间里，两军交战三十多次，檀道济连战连捷，步步推进，眼看着离滑台是越来越近了。

不过，他的对手叔孙建也不是吃素的，正面交锋没占到便宜，他就发挥骑兵机动灵活的优势。他派轻骑兵迂回到檀道济的身后，纵火焚烧了宋军的粮草辎重。

由于缺粮，宋军一时无法继续前进。

此时滑台宋军面临的形势也愈加恶劣。

援军迟迟不到，城外的北魏军又越来越多——除了原先安颉等人所率军队，拓跋焘又先后派原东晋降将司马楚之（东晋宗室）、王慧龙（出身于太原王氏，是之前被刘裕灭门的王愉之孙，王氏被灭时他侥幸逃脱，后辗转逃到北魏）领兵前来助战，在苦苦支撑了几个月后，滑台的宋军逐渐撑不住了。

城内早已弹尽粮绝，甚至连藏在洞内的老鼠都被朱修之带着士兵用烟熏出来吃光了。

公元431年二月，滑台城最终陷落，朱修之及城内守军悉数被俘。

滑台的失守让檀道济的救援失去了意义。

孤军深入，加之粮草又将尽，他不得不率军南撤。

此时他军中有个士兵投降了北魏，把宋军没粮的窘况告知了他的对手——魏军主帅叔孙建。

　　叔孙建立即率军追击。

　　突然，看到大批魏军尾随而至，已经连喝了几天稀粥的宋军将士大为惊慌。

　　但檀道济却处变不惊，从容自若，神情还是那样镇定，目光还是那样坚定，口气还是那样笃定，视敌情如无物，视魏军如废物。

　　就如大功率空调可以让原本热浪滚滚的室内迅速降温一样，他的表现也让原本躁动不安的将士们迅速平静了下来。

　　随后，他又有条不紊地安排部队扎好了营帐，布好了防线。

　　由于天色已晚，叔孙建并未马上发动进攻，只是严密地监视着宋军的一举一动。

　　但他看到的景象却与他想象中的截然不同。

　　只见宋军士兵正在月色下清点粮草，一边拿着筹码大声计数，一边一斗一斗地计量，一辆接着一辆的粮车上，全都是白花花的大米！

　　叔孙建大吃一惊。

　　原来宋军根本就不缺粮！

　　这个投降的宋军士兵肯定是檀道济派来的奸细，想以假情报引诱我追击，宋军一定早已设好了埋伏圈！

　　他火从心头起，恶向胆边生，当即杀掉了那个士兵。

　　看到这里，各位也许有个疑问：檀道济不是已经快没粮了吗？哪来这么多米？难道他会法术？

　　当然不会，他只会魔术。

　　魔术的关键是道具。

　　檀道济所用的道具是沙子——事实上，宋军粮车里装的基本都是沙子，只有表面薄薄的一层才是真正的大米！

　　这就是史上著名的"唱筹量沙"之计。

　　第二天清晨，檀道济身穿白衣，坐上马车，带着部队大摇大摆地从容撤退。

　　叔孙建见状，更加确信里面必有圈套，根本不敢靠近。

　　檀道济所部最终毫发无伤，全军而退。

　　第一次元嘉北伐（元嘉是刘义隆的年号）就这样结束了。

　　此役宋军不仅没有完成收复河南的战略目标，反而损兵折将，无数后勤辎重因到彦之的不战而逃全都落入了敌手，以至于战前几年好不容易积攒起来的丰盈的国库一下子变得空空如也！

最大的问题无疑是刘义隆的用人——正是因为他用人唯亲，宁可用知根知底却不知兵的老部下到彦之为主帅，也不用檀道济、王仲德等久经沙场的名将，才造成了这样严重的后果！

由于国力损失太大，在接下来的几年里，刘义隆不得不暂时压下了收复北方领土的雄心，老老实实地致力于巩固半壁江山的内政。

南北两朝的冲突就此告一段落。

这也让拓跋焘得以全力以赴地推进自己统一北方的大业。

第十二章　一统北方

灭大夏

此时的北方形势已经十分明朗。

任何人都看得出，在大夏的最后一支主力被歼后，北方的统一只是个时间问题了——就像春天到了，花迟早会开一样。

事实也证明了这一点，在短短半年时间内，甚至根本就没用拓跋焘动手，西秦和大夏两国就先后宣告灭亡了！

西秦这几年一直在苟延残喘。

先是在公元426年被大夏偷袭，受到重创，两年后国主乞伏炽磐又死了，太子乞伏暮末（又是暮又是末，不做个末代君主感觉都对不起这个名字啊）继位。

此后，西秦国内一直叛乱频仍，外敌北凉又多次入侵，内外夹攻之下，西秦的国势如在下坡路上刹车失灵的车辆一样不断加速下滑。

后来，眼看实在是揭不开锅了，乞伏暮末无奈只得主动寻求转型——转成了乞丐暮末。

他向北魏国主拓跋焘摇尾乞怜，请求归附：我真的活不下去了，您就可怜可怜我，打发点吧！

拓跋焘同意了他的申请，下令把平凉、安定等地封给他。

乞伏暮末喜出望外，连忙把城池房子都烧了，带着部众东迁，没想到中途却被大夏的赫连定拦住了去路，乞伏暮末根本过不去，只好在南安（今甘肃陇西）停了下来。

没住的，就搭草棚；没吃的，就挖草根；没喝的，就喝西北风……

公元431年年初，赫连定派他的叔父赫连韦伐率一万兵马前去攻打南安。

虽然大夏已经很衰了,但衰中更有衰中手,比起挣扎在生存线上的西秦还是要强出不少,因此在这两个末等生的对决中,大夏占了明显的上风,乞伏暮末抵挡不住,只好出城投降,不久被赫连定杀死。

西秦就此灭亡,立国共三十七年。

灭掉西秦,对本已穷途末路的赫连定来说,无疑是一支强心针,让他的信心大为增强;但同时也是一瓶致幻剂,让他对自己的实力产生了不切实际的幻想——明明只是壁虎,却偏偏自以为是鳄鱼!

也正是在这种心态的支配下,他决心继续向西进军,夺取北凉的领土。

但幻想毕竟只是幻想。

正如幻想着"我要什么就是什么,我喜欢谁就是谁"的阿Q最终什么都没得到就被杀了头一样,赫连定最终连北凉的边都没摸到就挂了。

袭击他的是一支游牧部落——吐谷浑。

吐谷浑源出于慕容鲜卑,其始祖慕容吐谷浑是慕容部首领慕容廆的庶长兄,因与慕容廆不和,吐谷浑率部西迁到了今青海一带,后世代相传,以始祖吐谷浑为族名。

本来吐谷浑一直生活在西秦的阴影下,但近几年西秦衰落,吐谷浑部得以迅速发展壮大。

当年六月,就在赫连定北渡黄河刚渡到一半的时候,吐谷浑可汗慕瞶(guì)遣军突然发动偷袭。

赫连定毫无防备,兵败被擒,后被送到北魏,拓跋焘将其斩首。

大夏灭亡,立国二十五年。

平北燕

至此,整个北方只剩下了三个主要的政权:北魏、北燕和北凉。

北凉主沮渠蒙逊是个识时务的人,他清楚地知道自己无法与强大的北魏相抗衡,早已向北魏称臣纳贡,被拓跋焘封为侍中、征西大将军、凉王。

与北魏为敌的,只剩下了一个割据辽西的北燕。

北燕的创建者冯跋已经于公元430年去世,此时在位的是其弟冯弘。

冯弘的位子是夺来的——他在冯跋病重弥留之际突然发动政变,将太子冯翼和冯跋的其余一百多个儿子(冯跋应该是中国历代君主中无可争议的生子冠军)全都杀死,登上了天王之位。

可怜的冯跋就这样成了冯白劳——他辛苦耕耘几十年才收获的这么多儿子,

竟然大多连名字都没留下就从这个世界上彻底消失了！

由于北燕的国民大多是原来后燕的子民，对当初杀掉自己无数亲人的死敌北魏有着刻骨铭心的仇恨，因此为了顺应民心，北燕政权自建立以来，就一直和北魏不对付，而与北魏的对手柔然、胡夏等国却一直保持着友好关系。

之前由于北燕地处偏远，国力也不强，加上冯跋奉行的政策主要是自保，对北魏并没有什么实质性的威胁，因此两国之间的冲突并不多。

但现在的形势已经完全不同了——拓跋焘志在一统北方，当然不可能容忍卧榻之侧存在这么一个敌对政权。

公元432年六月，拓跋焘率军从平城出发，前往讨伐北燕，一路势如破竹，北燕石城（今辽宁凌源）等十郡的守将纷纷投降。

北魏军很快就把北燕国都龙城（今辽宁朝阳）团团围住。

然而，经过慕容氏多年经营的和龙城十分险固，以骑兵为主的北魏军又向来只擅野战，不擅攻城，因而围攻了两个多月依然未果。

不过拓跋焘并不是一根筋的人，见一时难有进展，他也没有再无谓地坚持，而是把辽东（今辽宁辽阳）等六郡的三万多百姓迁到北魏所属的幽州（今北京）地区，随后班师回国。

就和当初灭大夏一样，他灭国并不指望能一蹴而就，而是把这一过程当成拔大树——先左右摇晃，让树的根基逐步松动，等持续多次以后再拔，就轻而易举了！

北魏撤兵了，但北燕主冯弘却并没有感到轻松。

真是屋漏偏逢老婆难产，破产又遇债主逼债——就在北魏撤军后不久，北燕又发生了内乱！

冯弘的长子冯崇因没被立为太子而心怀怨恨，在与自己的胞弟冯朗等人商量后，他偷偷派使者与北魏联络，打算献出自己镇守的肥如（今河北卢龙）投降北魏。

没想到他虑事不周导致消息走漏，北燕主冯弘闻讯立即派兵围攻肥如。

冯崇连忙向北魏求救。

拓跋焘派永昌王拓跋健（拓跋焘之弟）领军前去救援，很快就击败了北燕军，救出冯崇，接着又扫荡了北燕的凡城（今河北平泉）等地，随后撤军回国。

在北魏接二连三的打击下，冯弘不得不低下了自己高傲的头颅——派出使者，向北魏表示臣服。

拓跋焘提出了一个条件：必须把北燕太子冯王仁送到北魏国都平城作为人质。

冯弘借口太子有病，一直没有把冯王仁送过去。

这下拓跋焘终于失去了耐心。

公元 435 年六月，拓跋焘派其弟乐平王拓跋丕领兵四万再次讨伐北燕，北魏军长驱直入，一直进抵到了和龙城城下，抢掠了男女六千多人后才撤兵。

冯弘这才认识到了问题的严重性。

在北魏一次接一次频繁地蚕食下，北燕不仅国土面积日渐缩小，人口数量更是以十次方根级别迅速减少，再这样下去，恐怕要不了多久他就会变成真正的孤家寡人了——一人吃饱，全国不饿！

他不得不开始寻找退路。

然而，他并不打算投降北魏。

因为他知道，自己如果落到杀伐果断的拓跋焘手里，是肯定没有好下场的——大夏前国主赫连昌就是个例子，虽然刚开始拓跋焘对他非常优待，但大夏灭亡后不久，他和他的兄弟就全被杀了！

经过再三考虑，他决定向自己当初的小弟——东邻小国高句丽申请政治避难。

他派使者前往高句丽，请求高句丽王高琏派兵迎接自己。

高琏同意了。

公元 436 年，拓跋焘再次遣军大举伐燕。

这次，早有准备的冯弘没有再抵抗，而是一把火烧掉了和龙城，随后带着城中百姓，在高句丽军的保护下，一起逃往高句丽，开创了历史上流亡君主的先河。

北燕至此灭亡。

但拓跋焘依然不愿意就此放过冯弘，又派使臣前往高句丽，逼高琏交出冯弘。

高琏倒是挺讲义气，严词拒绝。

拓跋焘一怒之下，打算再次出兵东征，讨伐高句丽。

大臣们纷纷劝阻：和龙城刚刚平定，局势还不稳定，还是过一段时间再说吧。

他这才暂时放下了这一念头。

这一放下，就是永久。

因为，拓跋焘还没来得及动手，冯弘就已经被高句丽王高琏杀了！

原来，冯弘虽然客居异国，寄人篱下，却总是摆出一副天朝上国的架子，对高句丽君臣颐指气使，这让高琏非常不爽——这是我的地盘，你不要打错了算盘！

于是他对冯弘不再客气，不仅强迫冯弘交出太子冯王仁作为人质，还强行赶走了冯弘身边所有的随从。

这样一来，冯弘只能自己做饭，自己洗衣服，自己倒马桶……

一向养尊处优、连擦屁股都要八十名宫女伺候的冯弘，怎么可能受得了这样的罪？

他忍无可忍，就派自己的小儿子冯业等人渡海前往刘宋，请求刘义隆接他到南朝避难。

这终于触怒了高琏。

他当即派人将冯弘及其身边的子孙十余人全部杀死。

不过，尽管逃到高句丽的冯家所有人都被族灭了，但冯弘留在北魏和刘宋的后人中却出了不少名人：几十年后执掌北魏大权的冯太后就是他的孙女（和冯崇一起投降北魏的冯朗之女）；一百多年后威震岭南、被誉为岭南圣母的冼夫人则是其玄孙冯宝（南逃到刘宋的幼子冯业之后）的媳妇；唐玄宗时的著名宦官高力士则是他的十一世孙（冯宝的六世孙）……

当然，这是后话，暂且不提。

还是先把镜头对准拓跋焘吧。

吞北凉

吞并北燕后，拓跋焘又把解决北凉的战事提上了议事日程。

尽管北凉早就对北魏称臣，对这个宗主国也非常恭敬，但拓跋焘志在统一，当然不可能放过它。

事实上，早在公元431年，大夏赫连定刚刚覆灭的时候，拓跋焘就派自己的亲信——尚书李顺出使北凉，名义上是友好访问，实际上却是打探虚实，为攻打北凉做准备。

李顺出身于河北大族赵郡李氏，他不仅博学多才，而且足智多谋，为拓跋焘东征西讨出过不少主意，是拓跋焘身边仅次于崔浩的智囊人物。

这次出使北凉回来后，李顺向拓跋焘汇报说，沮渠蒙逊控制河西已经整整三十年了，此人阅历丰富，善于应变，还是很有些能力的。不过，他现在已经年逾花甲，衰老多病，我看他的日子应该不会太长了。沮渠蒙逊的几个儿子都是平庸之辈，如果硬要矮子里面挑高个，丑女里面找妃子，那也只有沮渠牧犍稍微强一点，将来继承王位的一定是这个人。不过沮渠牧犍比起他的父亲，相当于五粮醇比五粮液五十年陈酿——根本就不是一个档次的，到他上台后，我们再取北凉就轻而易举了。

拓跋焘闻言大喜：既然如此，灭掉北凉应该也就是几年的事了，那就等等再说吧。

事实证明，李顺的预言比天气预报要准多了——之后仅过了两年，沮渠蒙逊就病死了，其子沮渠牧犍继位。

这样一来，拓跋焘对李顺自然更为信任：你说的一切都应验了，真神人也！

不过由于当时北魏正忙于对东面的北燕用兵，一时顾不上西面的北凉，北凉这才苟延残喘了几年。

两国表面上的友好关系也因此得以继续维持，不仅双方的使节频繁往来，而且还互相结成了姻亲关系——拓跋焘娶沮渠牧犍的妹妹兴平公主为右昭仪，沮渠牧犍则娶拓跋焘的妹妹武威公主为王后。

当然，在拓跋焘看来，这种友好的保质期是有限的，等到北燕不复存在了，两国关系就该变质了，他也该变脸了。

到了公元437年，也就是北燕灭亡的第二年，拓跋焘就迫不及待地要对北凉动手。

李顺进谏说：如今国家频频兴兵，士卒疲惫不堪，西征的事，还是等几年再说吧。

拓跋焘虽然心中有些不快，脸色有点难看，但想想李顺所言似乎也有些道理，最后还是听从了他的意见。

这时安分了多年的柔然又开始不安分了，再次派兵骚扰北魏边境，拓跋焘便把注意力重新放在了柔然身上。

公元438年五月，拓跋焘又一次亲率大军，从五原（今内蒙古包头）出发，北伐柔然。

大概是听到了风声，柔然可汗吴提早早地逃走了。

应该说，他的躲猫猫水平还是很高的——北魏大军一口气远征到白阜山（今蒙古杭爱山），大海捞针一般搜寻了多日，却始终没有发现柔然人的踪影。

天苍苍，野茫茫，风吹草低没见啥。

无奈，拓跋焘只得下令班师，没想到回程路上又因遇到大旱而导致很多士兵和马匹饥渴而死，损失不小。

古道西风瘦马，夕阳西下，断肠人在天涯。

拓跋焘很是郁闷。

这次徒劳无功的远征，让他清楚地认识到，柔然毕竟腹地广阔，不是一朝一夕能解决的，还是先打北凉再说吧。

然而，要对北凉这样一个交好多年的国家动手，也需要合适的理由。

这当然难不倒拓跋焘。

公元439年年初，北凉宫中发生了一件离奇的事情。

第十二章 一统北方

据说沮渠牧犍和他的嫂子李氏私通，这也许不奇怪——不是有句话"好吃不过饺子，好玩不过嫂子"嘛，奇怪的是，和李氏有不正当关系的，除了沮渠牧犍，还有他的另外两个兄弟，四人常在一起玩三王一后的游戏；这倒也罢了，奇怪的是，李氏这个小三出于嫉妒，竟然还和沮渠牧犍的姐姐一起合谋，要毒死沮渠牧健的正宫王后拓跋氏；这倒也罢了，更奇怪的是，拓跋焘得知妹妹被下毒后，从北魏紧急派出解毒医生乘坐驿站的马车前往北凉诊治，竟然又把拓跋氏救活了！

从北魏国都平城（今山西大同）到北凉都城姑臧（今甘肃武威）相距近三千里，马车起码得跑几天，而且拓跋焘要得知消息至少也要好几天，两者加起来最少十几天过去了。

这么久的时间拓跋氏居然还没死，可见要么是李氏等人下毒水平太不入流，要么是拓跋焘栽赃的水平太不入流！

这件事的真相到底是什么？

也许《魏书》中的一句话可以提供一点线索：世祖（拓跋焘）平凉州，颇以公主（武威公主）通密计助之，故宠遇差隆。

这里所讲的"密计"会不会就是这次苦肉计？

我觉得不无可能。

当然，这只是我个人的猜测而已。

此事发生后，拓跋焘大为震怒，强烈要求沮渠牧犍马上交出凶手李氏，但沮渠牧犍并没有照做，只是把李氏迁到了酒泉。

两国关系就此破裂。

紧接着，沮渠牧犍的各种罪状不断地被揭发出来。

先是之前曾途经北凉出使西域的使者举报，说沮渠牧犍去年在听说北魏征讨柔然无功而返、赔了战马又折兵的时候幸灾乐祸，比死了仇人还高兴，不但在国内大肆宣传，还到西域大放厥词，导致西域多国对北魏怀有二心；

接着又有人反映说，沮渠牧犍和柔然可汗吴提一直暗通款曲，长期保持不正当关系（不要想歪了）；

还有人说，虽然沮渠牧健表面上对北魏很恭敬，实际上却有很多大逆不道之举，比如曾在拓跋焘帅气的画像上画上了难看的八字胡……

拓跋焘趁热打铁，立即召开御前会议，讨论西征北凉之事。

但老将奚斤、古弼以及尚书李顺等众多大臣都表示反对。

李顺说，姑臧城附近百里之内遍地都是枯石，绝无水草，只有城南山上积雪融化流下的水可以用来灌溉，若是北凉在我军到来之前把渠口决断，我们的兵马无水可用，那可就麻烦了。

李顺是曾十二次到过北凉的北凉通，他的话无疑应该是最权威的，加上去年北魏军远征柔然经历了没水喝的苦，因此很多大臣也纷纷附和：李尚书说得对！

但崔浩却偏偏不信。

说起来，崔浩和李顺其实还是亲戚——李顺的妹妹嫁给了他的弟弟，他的侄子又娶了李顺的女儿，但不知是出于妒忌还是别的什么原因，崔李二人的关系并不融洽，崔浩看李顺很不顺眼，李顺对崔浩也很不服气。

这次，崔浩站了出来，厉声反驳道：《汉书·地理志》中说，凉州之畜，为天下饶，要是那里没有水草，牲畜资源怎么可能那么丰富？那么多的牛难道都是吹出来的？而且，汉代的人也绝不可能在没有水源的地方筑城池，建郡县！更何况，积雪融化的水浸湿地皮就不错了，能用来灌溉吗？你说的实在是太荒谬了！

李顺也毫不示弱：我是亲眼所见，你又没去过，凭什么说我是错的？是不是自大膨胀了你的想象力？

崔浩冷笑说：我看不是凉州缺水，而是你缺德！你受了人家的贿赂，当然要为他们说话，别以为我那么好骗！

他的声音虽然并不高，但这句话的威力却不亚于一颗卫星定位的战斧式巡航导弹——无比精准地击中了李顺的要害。

事实上，李顺在出使北凉时，的确是暗中收了沮渠蒙逊父子不少好处——和田玉石、汗血宝马、达坂城的姑娘……可谓应有尽有。

两年前他之所以要竭力阻挠拓跋焘西征，正是出于这个原因。

现在一下子被崔浩揭穿，心虚的他顿时无语了。

就这样，在崔浩的据理力争下，征讨北凉的决策终于定了下来。

公元439年六月，拓跋焘让年仅12岁的太子拓跋晃在宜都王穆寿（北魏开国元勋穆崇之孙）的辅佐下留守国都平城；同时又命长乐王嵇敬、建宁王拓跋崇（拓跋焘的堂叔）率军二万屯兵漠南，以防备柔然；随后自领大军浩浩荡荡西进，直扑凉州。

这次西征，他还为自己找了一位向导。

此人是南凉末代君主秃发傉檀之子，本名秃发破羌，南凉灭亡后，他辗转来到了北魏，拓跋焘见他相貌不俗，见识不凡，对他极为欣赏，不仅封他为龙骧将军，还特意赐他姓源——据说秃发氏和拓跋氏同源，两百年前是一家，从此他就改名为源贺。

源贺对拓跋焘说，姑臧城外有四个鲜卑部落，都是我祖父当年的老部下，我愿意在大军到来之前，先去说服他们归降。这样沮渠牧犍势单力孤，攻取他就容易多了。

拓跋焘同意了。

源贺没有食言，果然招降了原本属于北凉的三万多鲜卑部落。

北魏军声势大震，很快就进抵姑臧城下。

见姑臧周围水草茂盛，绿意盎然，拓跋焘放心了，不由兴奋地对崔浩说：爱卿所言，果然不虚！

崔浩意味深长地回答：臣一向不敢不说实话！

是啊，他不敢不说实话，敢不说实话的是谁呢？

当然是李顺。

从此，在拓跋焘的心目中，李顺的形象一落千丈——从天使变成了狗屎，拓跋焘对李顺的态度也有了180度的转变——从深受信任变成了深恶痛绝。

三年后又有凉州人告发李顺受贿的实据，崔浩乘机在拓跋焘面前落井下石，大说特说他的坏话，从隐瞒军情到隐瞒婚外情，从不讲真话到不讲卫生，从为人傲气到患有脚气……惹得拓跋焘勃然大怒，李顺因此被杀。

不过这是后话，暂且不提，还是先看沮渠牧健吧。

尽管北魏大兵压境，实力又相差悬殊，但顽强的沮渠牧犍依然不愿屈服，依然决定要负隅顽抗。

他命其弟沮渠董来率军出城迎战，沮渠董来却被打得大败而回，无奈他只得一面固守城池，一面紧急派人向柔然求救——请求柔然可汗吴提出兵威胁北魏本土，以迫使拓跋焘退兵。

吴提派其兄乞列归在六镇一带与北魏稽敬、拓跋崇相持，自己则率精锐骑兵乘虚南下入侵北魏，很快就抵达了距平城仅二百余里的善无（今山西右玉）。

一时间平城城内乱作一团，穆寿等人惊慌失措，甚至想带着太子逃走，幸亏保太后临危不惧，坚决制止了穆寿的举动，人心才逐渐稳定下来。

随后保太后又派大将长孙道生等人领兵前去抵抗柔然，终于在土颓山（今山西平鲁西北）一带挡住了吴提的大军。

与此同时，稽敬、拓跋崇也在阴山以北对柔然发动了反攻——大破乞列归所部，乞列归本人也成了北魏军的俘虏。

得知老家有失，吴提不敢恋战，慌忙退回了漠北。

155

柔然的失利，让姑臧城内的北凉军民彻底失去了信心。

公元439年九月，沮渠牧犍的侄子沮渠万年打开城门，投降了北魏。

魏军随即蜂拥而入，攻占了姑臧。

见大势已去，沮渠牧犍只得带着文武百官向拓跋焘面缚请降。

北凉就此灭亡。

拓跋焘终于实现了统一北方的夙愿。

持续一百三十多年的十六国时期至此结束。

历史也翻开了新的一页——吞并了北方诸国后的北魏和南朝的刘宋南北对峙，真正意义上的南北朝时期从此开始。

第十三章　暗潮涌动

元嘉之治

接下来，让我们把镜头转向南朝。

与四处扩张的拓跋焘不一样，这些年刘宋皇帝刘义隆的工作重心是内政。

他勤于政事，励精图治，先后颁布并实行了兴农、减税、劝学、清理户籍等一系列改革措施，在以他为核心的刘宋第三代领导集体的努力下，这一时期刘宋境内政治较为清明，百姓生活较为安定，社会生产迅速发展，经济文化日益繁荣。

按照《宋书》的记载就是：区宇宴安，方内无事，三十年间，氓庶蕃息，奉上供徭，止于岁赋，晨出莫归，自事而已。守宰之职，以六期为断，虽没世不徙，未及蘘时，而民有所系，吏无苟得。家给人足，即事虽难，转死沟渠，于时可免。凡百户之乡，有市之邑，歌谣舞蹈，触处成群，盖宋世之极盛也……

这就是史上著名的"元嘉之治"。

之所以能取得这样的成就，刘义隆当然不是一个人在战斗，而是他身边有一批得力的帮手。

在继位初期，他最倚重的是他在荆州时的亲信王华、王昙首以及王昙首的哥哥王弘，这几位都是世家出身的文士，世代官宦，家学渊源，在治国方面很有一套，让他们去处理政务可以说是得心应手。

可惜王华在刘义隆继位没几年就去世了，王弘兄弟两人便成了朝中炙手可热的人物。

当时王弘身兼司徒、录尚书事、扬州刺史等多个要职，不过他虽然位居显要，但由于之前曾参与过徐羡之等人的废立，历史并不清白，因此他很不安心，一直如履薄冰。

在他看来，这是最好的时代，也是最坏的时代；这是最风光的时代，也是最危险的时代。

有人劝他说，无限风光在险峰……不，无限风险在高峰，你们兄弟的权位太高了，容易招人嫉恨。彭城王刘义康是皇上的弟弟，最好将他征召入朝，与你共辅朝政为妥。

王弘对此深表认同，便上疏请求将自己的职务转给刘义康。

刘义隆起初不肯，但在王弘的一再坚持下，最后还是不得不同意了他的要求，任命刘义康为侍中、司徒、录尚书事，与王弘共同执掌朝政。

深感高处不胜寒的王弘此时早已把明哲保身放在第一位，对手中权力的态度像对用过的卫生纸一样——弃之唯恐不及，很快他就把朝中大小事务全都委托给了刘义康处理。

之后的三年内，王昙首、王弘相继去世，从此刘义康开始独掌大权。

刘义康是刘裕的第四子，比刘义隆小两岁，他自幼就聪明过人，尤其是记忆力极强，几乎过目不忘，如果去参加"最强大脑"的话，相信他很可能会是脑王的有力竞争者。

刘义隆对这个弟弟印象相当不错，所以才会毫不犹豫地对他委以重任。

刘义康的表现果然没有让哥哥失望——他不仅思路清晰，处事干练，而且非常勤奋，起得比卖煎饼的还早，睡得比 KTV 服务员还晚，每天都有近百人到他的办公室门口求见，即使来的人身份卑微，他都亲自接见，从不嫌麻烦。

在刘义隆、刘义康兄弟两人以及其他臣僚的通力合作下，这几年刘宋的国势一直蒸蒸日上。

谢灵运：生命不息，作死不止

当然，尽管国家总体的发展势头很好，但对个体来说，却并非没有悲剧。

比如大诗人谢灵运。

前面说过，谢灵运本来在京城担任要职，因与刘义真过从太密，引起徐羡之等人的忌恨，被贬为了永嘉（今浙江温州）太守。

这让心比天高的他无比郁闷。

何以解忧，唯有旅游。

在永嘉的这段时间，他对游山玩水无比上心——雁荡山、楠溪江，到处都留下了他的足迹；对处理政事却漠不关心——办公楼、会议室，从来都不见他的踪影。

第十三章 暗潮涌动

好在他并没有郁闷太久。

仅仅两年后，他就重新回到了京城建康。

这回他的贵人是皇帝刘义隆。

刘义隆是个文艺青年，极其喜欢谢灵运的诗文，因此在继位后不多时就召回了他，出任秘书监。

刘义隆对谢灵运非常热情，不仅经常引见他，赏赐也非常丰厚。谢灵运一开始还挺高兴，但后来却发现皇帝只不过是欣赏他的文才而已——和他在一起往往只谈论诗文，真正的机密要事从来不跟他说，只和王华等几个亲信商量。

这对一心想做宰相的谢灵运来说显然是一个极大的打击——我喜欢吃的，明明是苹果，可是你却只给我香蕉，这怎么能让我满意！

从此，他开始消极怠工，不仅老是称病不参加朝会，还常常一声招呼都不打就出去旅游，而且动辄十天半月都不回。

时间一长，刘义隆也忍受不了了——整整一年，你上班的次数比上坟的次数还少。既然你那么爱玩，那就请辞职吧，让你回家玩个够！

就这样，谢灵运回到了老家会稽（今浙江绍兴）。

返乡之后，谢灵运依然不改驴友本色，成天呼朋唤友，四处游玩。

由于很多美景都藏在深山之中，无路可走，他便常常兴师动众，带着数百随从伐木开路，对生态环境造成了很大的破坏，当地百姓不胜其扰，对他很是不满。

谢灵运却全然不觉，反而变本加厉。

他利用自己士族的特权，大肆兼并土地，不仅得罪了无数百姓，还和会稽太守孟顗产生了不可调和的矛盾。

一气之下，孟顗罗织了多个罪名，向朝廷告发他。

不过，爱才的刘义隆非但没有治他的罪，还出于保护他的考虑，劝他别回会稽，任命他为临川（今江西抚州）内史。

然而，自视甚高的谢灵运对刘义隆的好意并不领情——让我这样经天纬地的大才，做这种芝麻绿豆的小官，岂不是等于把一台6米长的劳斯莱斯幻影放到山间的小路上，怎么可能跑得起来？那不是三轮车干的事嘛！

这样的差使，他当然不屑干。

于是，他在临川依然和当初在永嘉一样，天天游玩，根本就不上班。

好山好水好风景，处处都走遍；国事政事百姓事，事事不关心。结果是民怨沸腾，被有关部门弹劾。

执政的司徒刘义康派人前去将他双规，没想到他竟然武装拒捕，随后聚众逃逸，还写下了这样一首诗：韩亡子房奋，秦帝鲁连耻……

诗的意思很明显——他这个东晋名臣的后代，要像韩国宰相的后代张良反抗秦朝一样，反抗刘宋政权！

这还了得！

朝廷下令通缉，很快将他抓捕归案。

本来廷尉给他定的罪是死刑，但刘义隆还是不忍心杀他，只是将他流放到了广州。

不料谢灵运依然不安分，在作死的路上越走越远——到广州后又有人告发他购买武器企图造反，证据确凿，司法部门再次奏请治他的死罪。

刘义隆这才不得不忍痛批准了对谢灵运的死刑判决。

自毁长城

平心而论，谢灵运落得这样的下场，怪不了别人，只能怪他自己作死。

和他相比，檀道济的死就显得非常冤枉了。

檀道济当时的职务是司空、征南大将军、江州刺史，负责镇守重镇浔阳（今江西九江）。

毫无疑问，此时他是刘宋国内毫无争议的第一名将——不论是资历、能力还是军中的影响力，无人能出其右；不论是战绩、功绩还是传奇的事迹，无人能与他比。

他不仅本人非同凡响，他的几个儿子也都很有本事，不是满腹经纶就是满身武艺。

他不仅拥有一支身经百战的军队，麾下还有不少忠心耿耿的将领——他的两个心腹部将薛彤、高进之都有万夫不当之勇，时人甚至将其比作关羽、张飞。

对这样的人，刘裕当然是不大放心的——刘裕的军事才能他似乎360度无死角地没遗传到，但刘裕的多疑他倒是360度无死角地继承下来了。

万一檀道济有了异心，自己该怎么办？要不要未雨绸缪，将危险扼杀于萌芽之中……不，萌芽之前？

刘义隆常常思考这个问题。

尤其是他躺在病床上的时候——他虽然年纪尚轻，身体却一直不大好，三天两头地生病，时不时地卧床不起。

公元436年初，30岁的刘义隆得了重病，久治不愈，看起来似乎时日不多了。

他不得不开始考虑自己的身后事了。

他身边的人也不得不开始考虑他的身后事了。

领军将军刘湛对执政的刘义康说：一旦皇上驾崩了，我们这些人怎么可能驾驭得了檀道济？

刘义康深以为然，便马上向刘义隆进言，劝他下旨召檀道济入朝，以免万一京城有事，檀道济在外手握重兵，不好控制。

刘义隆同意了。

檀道济接到诏书后，马上就收拾行李，准备动身。

他的妻子向氏对此事很敏感，劝他务必找个借口推托一下，千万不要去：自古功高盖世之臣，必遭嫉恨，这次朝廷无事相召，恐怕不是好事啊！

然而，檀道济不听。

到建康后，刘义隆虽然多次在病床上召见他，但每次都没什么事，每次都是没话找话——不是"今天天气怎么样"，就是"冰冰演技怎么样"。

檀道济开始有了不祥的预感。

一个多月后，刘义隆的病情略有好转，似乎没有了生命危险，便又决定让他返回浔阳——毕竟檀道济是不可多得的将才，以后对付北魏军还有用。

檀道济这才松了口气。

没想到他刚到江边码头，还没来得及上船，诏书又来了，让他再回去一趟，说皇帝要亲自为他饯行。

这一回去，他就彻底失去了自由。

原来，就在他准备出发的时候，刘义隆的病情又突然加重，刘义康生怕放虎归山，立即假传圣旨，将其骗回建康，以图谋不轨的罪名把他逮捕。

被抓的时候，檀道济怒目圆睁，眼中仿佛都能喷出火来。

他一把扯下头巾，狠狠地摔在地上，厉声吼道：乃坏汝万里长城！——你们这是在毁坏自己的万里长城！

几天后，檀道济被处死。

他的几个儿子以及薛彤、高进之等勇将也在不久后相继被抓捕杀害。

一代战将檀道济就这样死在了自己人的手里！

不过，有句话是这么说的：有的人死了，他还活着。

檀道济就是这样的例子。

后人始终没有忘记这个被冤杀的南朝大将。

唐代曾设立武庙，供奉从西周到唐朝的六十四位名将，檀道济就名列其中，与檀道济同时代的只有他曾经的战友王镇恶一人。

而更让他名声远扬的是：
相传他还是著名的奇书《三十六计》的作者！
六十四将恒久远，三十六计永流传！
相信檀道济在九泉之下也可以瞑目了！

但无论如何，他的死对刘宋来说是个极大的损失。
这一点从刘宋的对手北魏的反应就可以看出来。
据史书记载，得知檀道济已死，北魏人纷纷弹冠相庆：檀道济不在了，南方那些鼠辈就没谁值得我们忌惮了！

同室操戈

不过，由于这几年拓跋焘的注意力一直集中在北面，忙着对北燕、北凉和柔然等国用兵，根本无暇顾及南方，因而宋魏边境没什么战事，檀道济被杀的恶果并没有马上显现出来。

在接下来的数年中，刘宋的朝局依然还算平静，刘义康和刘义隆兄弟俩的合作依然还算顺畅。

应该说，至少在公元439年之前，两人的关系还是相当不错的。
刘义隆是个病秧子，每个月总有那么几天要卧病在床。
每到这个时候，刘义康总是衣不解带、通宵达旦地在病床前侍候，端茶端饭，端屎端尿，照顾得非常周到。
刘义隆很受感动，对刘义康自然也越加信任。
由于自感身体欠佳，精力不足，朝廷的大小事务，他大多授权给刘义康处理。
刘义康因而权倾天下。

花只要够香，蜜蜂必然不会缺席；女人只要够美，追求者肯定蜂拥而至；权力只要够大，追随的当然也绝不会少。
包括领军将军刘湛、司徒左长史刘斌、主簿刘敬文、祭酒孔胤秀等一大批重要官员都主动投靠到了刘义康的门下。
这些人大多是马屁精，甚至连刘义康放个屁都要被形容成"依稀乎丝竹之音，仿佛乎麝兰之味"。
在他们的大肆吹捧下，刘义康不免越来越自大，逐渐忘乎所以起来，甚至自认为是兄弟至亲，连君臣之别都不放在眼里。
他喜好排场，家中的家奴就有六千多个，各地进贡的特产，上品都到了他的府上，次一等的才到皇帝那里。

刘义隆一开始对此并不知情，直到发生了这样一件事：

有一次，刘义隆在宫中品尝完地方进贡的柑橘后，忍不住对身边的刘义康感叹道：今年的柑橘怎么又小又不好吃？

刘义康不假思索地回答：今年的柑橘也有好的啊！

随后他马上让人到自己府上去取，拿来的柑橘果然是又大又甜。

甜在嘴里，苦在心里，刘义隆感觉很不是滋味，他嘴上当然什么也不会说。

刘义康这个人智商虽然挺高，但情商却似乎很不怎么样。

就像很多低情商的男人（比如我）根本不知道自己在不经意间已经惹怒了女友一样，他也根本不知道自己在不经意间已经触犯了龙颜，做事依然毫无顾忌，依然是想用谁就用谁，想贬谁就贬谁，想睡谁就睡谁。

一般来说，小鬼总是比阎王更难缠，走狗总是比主人更嚣张，刘义康身边的那些党羽也比他更为猖狂，更为大胆——见刘义隆身体状况不佳，他们甚至有了非分之想。

刘湛等人私下里经常在一起密谋，并很快达成了共识：宫车一旦晏驾，宜立长君——皇帝一旦驾崩了，应该立皇族中的成年者为新任君主。

当时刘义隆的太子刘劭才十多岁，这里的长君毫无疑问指的是刘义康。

不久，刘义隆果然又再次病重了，不得不召刘义康入宫商量后事，甚至还提出要他担任辅政大臣，辅佐幼主继位。

回到自己设在尚书省的办公室后，刘义康依然沉浸在哥哥的病情中无法自拔，忍不住泪如雨下。

尚书仆射殷景仁、领军将军刘湛当时也在场，便问怎么回事。

刘义康把这件事一五一十都告诉了他们。

刘湛立即脱口说道：现在天下局势艰难，幼主怎么可能胜任！

此言一出，旁边的刘义康和殷景仁都惊呆了。

刘义康恨不得马上打他个大耳光，殷景仁则恨不得马上入宫打他的小报告。

因为，殷景仁是刘义隆的亲信！

早在很久之前，殷景仁就向刘义隆进谏说，相王（指刘义康）的权力太大了，应该稍微削减一些。

这次听了刘湛的话，他在第一时间就告知了病床上的刘义隆。

冒失的刘湛对此却浑然不觉，依然只知道秉持着"要成功，先发疯，头脑简单向前冲"的宗旨，与孔胤秀等人一起抓紧策划，加紧行动，打算等刘义隆一死，就拥立刘义康继位。

没想到刘义隆的身体居然奇迹般地康复了，刘湛等人的密谋自然也就胎死腹中了。

刘湛很失落。

同样失落的，还有刘义康。

因为他发现，皇帝对他的态度跟以前完全不一样了！

以前皇帝常常光临他府上，而现在却把他家当成了敏感词——避之唯恐不及；以前皇帝对他百依百顺，而现在他推荐的人事安排大都被驳回；以前皇帝和他在一起是无话不谈，而现在却是无话可谈……

一向大大咧咧的刘义康这才有了不祥的预感。

他的预感很快就成真了。

公元440年十月，刘义康接到皇帝征召要其入宫，刚一进去他就失去了自由，被软禁在了中书省。

与此同时，刘湛、刘斌、孔胤秀等刘义康的一干党羽也全都被逮捕。

受到牵连的还有个身份特殊的人物——刘义隆的外甥徐湛之。

他因与刘义康过从甚密，也在此次行动中被抓。

徐湛之是此前在讨伐司马休之一役中阵亡的徐逵之的儿子，其母为会稽长公主刘兴弟。

刘兴弟是刘裕的嫡长女——刘裕和结发妻子臧爱亲所生的唯一一个孩子，年龄也比弟弟们要大得多，因而她在家中一直有着很高的地位。

刘裕对她非常宠爱，临去世前还专门把一件自己贫贱时穿过的满是补丁的旧衣服留给了她：这是你母亲当年亲手缝制的，后世子孙如果有人骄横奢侈，你就把这件衣服给他看。

刘义隆对大姐也很尊敬，家里的事务无论大小都要征求她的意见。当年御驾亲征讨伐谢晦时，甚至还曾让她总管后宫。

这次得知爱子获罪，会稽公主大惊，连忙入宫觐见。

见到刘义隆后，她一边拿出女人特有的撒手锏——大声号哭，一边拿出自己特有的撒手锏——那件父亲给她的旧衣服，将其一把扔在地上，对弟弟说了这么一番话：你们家原本穷得很，这是我母亲为你父亲做的衣裳，现在你能吃上一顿饱饭了，便要残害我的儿子！嘤嘤嘤嘤嘤嘤……

她这么一弄，刘义隆就算再狠心，也拉不下脸了。

徐湛之因此得以转危为安。

而刘湛等人则被悉数处死。

作为事件的核心人物,刘义康当然不可能幸免——他被贬为江州刺史,出镇豫章(今江西南昌)。

临行前,他请求再见皇帝一面,刘义隆答应了。

两人会面后,刘义康自然要竭力为自己开脱。

一会儿是"这事都是刘湛他们干的,我并不知情",其理也足;

一会儿是"我们是骨肉相连血脉相通的亲兄弟,小时候我还给你让过梨",其情也真;

一会儿是"看在我帮您倒过夜壶的分上,放过我吧",其态也怜……

然而,他嘴皮都说破了,口水都用完了,嗓子都扯哑了,刘义隆依然不为所动,始终是"咬定沉默不放松,任尔东南西北风"——除了流下几滴鳄鱼泪,从头至尾没说一句话。

刘义康无奈,只能悻悻地离开了建康,从此再也没有回来。

在江州,他虽然名为刺史,实际上却如同大冬天的蒲扇一样,根本起不了任何作用,真正的权力,都掌握在刘义隆的亲信参军萧斌(刘裕继母萧文寿的堂侄)的手里。

事实上,刘义隆想对刘义康做的,很可能还不止这些。

幸亏家里还有个重亲情的大姐会稽长公主。

这天,刘义隆应邀去大姐家赴宴,姐弟两人一边品着美酒美味,一边畅谈家事国事,气氛十分融洽。

相谈甚欢之际,会稽长公主却突然离席,在皇帝面前跪了下来,连磕几个头,眼泪不停地流。

刘义隆慌忙起身扶她:姐姐,你别这样,快起来,有话好好说……

会稽长公主这才泣不成声地说道:车子(刘义康的小名)将来年纪大了……必不为陛下所容……我今天请求……陛下能留他性命……

话刚说完,她又恸哭起来。

刘义隆也只得一面陪着她哭,一面指着刘裕陵墓所在的蒋山(今南京紫金山)发誓说:你不必担心,我如果违背了今天的誓言,便对不起父皇陵寝!

就这样,终公主一生,刘义隆没有再动刘义康一根毫毛。

可惜，会稽长公主在四年后（公元 444 年）就去世了。

她死后不久，刘义康的命运就再一次急转直下。

难道他做了什么不该做的事？

并没有。

只是，这世界本来就不是公平的——有不劳而获的人，也有不劳而"祸"的人。

很不幸，刘义康就是后者。

他每天闭门家中坐，但依然祸从天上来。

也许他做梦也不会想到，这一切居然源于他多年前执政时期做的一件好事——救了一个人。

被救的，是一个姓孔的官员。

这个官员有个儿子叫孔熙先。孔熙先人心比天高，却一直郁郁不得志，仕途很不顺畅，蹉跎多年依然只做了个小官——员外散骑侍郎。

梦想是"大权在握，纵横天下"，而现实却只能是"大饼在握，纵横厨房"，这让他怎能接受？

与其这样窝窝囊囊地活，不如轰轰烈烈地干一票大的！

出于对刘义康的感激，更出于自己的野心，他决心铤而走险，发动政变逼刘义隆下台，拥立刘义康。

但要做这样的大事，仅凭他这样的小人物当然是不可能成功的——必须要有掌握实权的大人物参与才行。

他看中的这个大人物，是时任左卫将军、执掌禁军的范晔。

范晔是当时著名的才子，二十四史之一的《后汉书》就是他在担任地方官时所作。

孔熙先通过范晔的外甥——太子舍人谢综，结识了范晔，出手阔绰的他很快就获得了范晔的好感。

凭借他的三寸不烂之舌，加上范晔本身也不是个安分的人，两人一拍即合，政变的决策很快就定了下来。

之后，他们又秘密联络了一批原先跟刘义康关系密切的官员，其中就包括时任丹阳尹（京城最高行政长官）的徐湛之。

徐湛之表面答应，转过身马上向刘义隆告发，范、孔等人的阴谋就此败露。

范晔、孔熙先、谢综等涉案人员都以谋反罪被斩首。

而刘义康尽管什么都没干，但由于范晔等人打的是他的招牌，他当然不可能不受到牵连——被废为庶人，流放到安成郡（今江西安福），严加看管，从此彻底失去了自由。

刘义康的悲惨命运，对皇族的其他人也产生了极大的影响。

当时刘义隆除了刘义康以外，尚有三个弟弟——五弟刘义恭、六弟刘义宣和小弟刘义季。

刘义恭在刘义康失势后取代他出任了司徒、录尚书事的职务，不过他吸取了四哥的教训，做事非常小心，从不擅自做主——连买一根棉签都要向皇帝请示，连拍一只蚊子都要向皇帝汇报……

刘义隆对他的表现很满意。

如果说刘义恭之所以能让刘义隆放心，是因为他的聪明，那么另一个兄弟刘义宣能让刘义隆放心的原因，却是由于他的不聪明。

刘义宣此时的职务是荆州刺史。

刘义隆认为以刘义宣的能力根本不配执掌荆州这样一个上游要地，只是因为会稽长公主多次劝说，他才不得不违心地起用了这个才智低下的弟弟，但他还是很不放心，经常不厌其烦地写信去教导刘义宣：那个人应该怎么用，那件事应该怎么做，那个垃圾桶应该怎么放，另外，卫生纸是擦屁股用的，餐巾纸是擦嘴巴用的，以后千万注意不要混用……

这样的一个饭桶，当然不会被刘义隆放在眼里。

而受刘义康遭贬一事影响最大的，是时任徐州刺史的刘义季。

为了避祸，他决定与刘义康这个功高震主的反面典型反着做，处处做他的反义词——刘义康锐意进取，他不思进取；刘义康勤奋敬业，他不务正业；刘义康日夜不停地干事，他日夜不停地喝酒……

然而，他错了——世上的事并不总是负负得正的，有时也会殊途同归。

一心想避祸的他竟然比刘义康还早死了好几年——因酗酒得病，刘义季年仅33岁就一命呜呼了！

随着刘义康的被废和刘义季的去世，刘义隆的兄弟辈中只剩下了服服帖帖的刘义恭和呆呆傻傻的刘义宣，从此再也没人能威胁刘义隆的帝位。

刘义隆终于彻底放心了。

之后的几年，在尚书仆射徐湛之、吏部尚书江湛等大臣的辅佐下，刘宋国内延续了元嘉以来的良好局面，经济继续发展，社会继续稳定，国力也日益强大。

第十四章　腥风血雨

华夷之辨

与刘义隆相比，他的对手拓跋焘面临的局面要复杂得多，也艰难得多。

尽管拓跋焘统一了整个北方，实现了多年梦想，但他却发现，这根本不是终点，只是长途跋涉的第一站而已。

之前后赵的石勒、前秦的苻坚都曾短暂地抵达过这一站，都没能维持多久就灰飞烟灭了。

没有任何成功经验可循，他只能摸着石头过河。

不过有一点他是清楚的，就像文化水平不高的风尘女子适合做情人却不适合做妻子一样，马上功夫出众、文化水平不高的鲜卑武人适合打天下，却不适合治天下。

要实现国家的长治久安，就必须依靠文化更先进的汉人，必须依靠汉人多年来的治国经验，大力推进汉化。

因此，早在刚刚灭掉胡夏的时候，他就提出要偃武修文，一下子征召了范阳卢玄、博陵崔绰、赵郡李灵、渤海高允、河间邢颖、广平游雅、太原张伟等数百名汉族名流。

一时间，北魏朝廷内冠盖云集，文士众多。

这样的盛况是自西晋灭亡以来从未有过的！

无数汉人士子对此奔走相告，后来的北魏名臣高允就在一篇文章中兴奋地说：千载一时，始于此矣！

当然，此时拓跋焘最倚重的汉臣，肯定还是崔浩。

崔浩时任司徒，位列三公，对于拓跋焘赋予他的治国安邦的重任，志存高远的他自然是当仁不让。

他开出的药方，是恢复魏晋时的门阀士族制度，严格按照出身门第选拔官员。

为此，他不惜"大整流品，明辨姓族"——整顿官员品级，辨明官员姓氏和出身家族。

卢玄劝他说：制度要因时制宜，赞成您这种做法的，能有几人？希望您三思而行！

然而，崔浩根本不听，一意孤行，得罪了很多人。

河北高门出身的崔浩门第情结极重，为此还惹出了一个不小的风波。

前面说过，多年前东晋豪门太原王氏家族的王愉被刘裕灭族，只有王愉的孙子王慧龙侥幸逃脱，逃到了北魏。

据说太原王氏世代都遗传齇鼻——酒糟鼻，崔浩遇到王慧龙后，看到他占全脸五分之四面积、打一个喷嚏满屋子都下雨的大鼻子，忍不住赞叹不已：的确是王家人，真是贵种！

他不仅把侄女嫁给了王慧龙，还多次在大臣们面前称颂王慧龙。

这让朝中的鲜卑贵族很是不满。

长孙嵩向皇帝拓跋焘告状，说崔浩夸赞南人有"讪鄙国化之意"——称王慧龙这个南方降人是贵种，难道我们北人都是杂种？

拓跋焘听了也很不爽，把崔浩叫来训斥了一番。

崔浩只得连连道歉，这才平息了拓跋焘的怒气。

从这里也可以看出，以崔浩为代表的汉人高官和以长孙嵩为代表的鲜卑贵族之间，关系并不融洽。

拓跋焘所做的，只能是尽量在二者之间保持平衡，尽量做到不偏不倚。

这一点在他为太子拓跋晃设立的四辅臣名单上表现得非常明显。

公元444年，拓跋焘援引其父拓跋嗣时的成例，以17岁的太子拓跋晃监国，同时命中书监穆寿、司徒崔浩、侍中古弼、侍中张黎四位重臣辅佐太子处理日常政务。

四人中，穆寿、古弼为鲜卑，崔浩、张黎则是汉人，正好各占一半。

不过，饶是拓跋焘如此煞费苦心，汉族文人在北魏政坛的广泛崛起还是引起了朝中广大鲜卑勋贵的强烈不满：天下是我们鲜卑人真刀真枪打仗打下来的，不是那些汉人假模假样念书念出来的，凭什么我们和汉人平起平坐！

怎样才能把朝臣们捏合成一个整体？

拓跋焘对此感到很头疼。

而更让他头疼的，还有另一个更严重的问题：

怎样才能把国内的各民族捏合成一个整体？

统一后的北魏是一个汉、鲜卑、氐、羌、匈奴、羯、敕勒等各族并存的多民族国家，之前又经历了长达一百三十多年的分裂和战乱，彼此信仰不同，矛盾重重，生活水平、风俗习惯之类的差距不亚于上海和索马里……

关东的情况要略好一点，毕竟自北魏开国以来经过了多年的磨合。

问题尤为严重的，是北魏夺取不久的关中地区。

当时关中的主体民族是汉人、氐人、羌人以及匈奴人，居于北魏高层的鲜卑人在那里基本属于外来户。

就像人在接受异体器官移植时必然会产生排异反应一样，关中人在接受外来鲜卑人的统治时也必然会产生排斥心理。

面对民众的排斥，北魏在关中的官员做的，不是想办法化解，而只是一味地高压：菜刀要实名制——疑似武器，骡马要实名制——疑似军用工具，连放屁也要实名制——疑似生化武器……

我们都知道，在面对易燃易爆物品的时候，高压往往有导致爆炸的危险。

而关中那些刚烈尚武的胡人恰好正是这样的易燃易爆物品！

公元445年九月，卢水胡（匈奴的一支）人盖吴不堪北魏的严苛统治，在杏城（今陕西黄陵）聚众造反，关中各地的胡人群情激愤，群起应之，盖吴的队伍很快就达到了十几万人！

北魏长安镇副将拓跋纥率军前去镇压，没想到反而被愤怒的民众镇压了——战败而死。

盖吴声势大振。

得知关中大乱，拓跋焘不敢怠慢，连忙派出大批敕勒骑兵奔赴长安支援，同时又命大将叔孙拔率并、雍、秦三州的军队屯驻在渭河以北，严防死守。

不久，盖吴真的遣军进攻长安，与叔孙拔进行了一场恶战，最终叛军大败，战死三万余人。

见长安这块硬骨头不好啃，盖吴不得不调整了进军方向，转而派兵西进。

这一招儿果然奏效，叛军在西面得到了安定（今甘肃泾川）一带胡人的大力支持，势力再次壮大起来。

事实上，响应盖吴的还不只是胡人——河东（今山西西南部）汉人豪强薛永宗也和族人薛安都等人在汾曲（今陕西新绛）扯起大旗，起兵反魏。

有了友军的支持，盖吴气势更盛，自称天台王，设置百官。

大白鲨最不怕的就是风浪，拓跋焘最不怕的就是打仗，对此他当然不可能退缩。

他一面命薛永宗的同族薛拔（薛家是河东大族，薛拔这一支三代出仕北魏）纠集族人，在黄河边筑起营垒，阻断薛永宗和盖吴的联系；一面又调兵遣将，派大将拓跋处直领兵两万前去讨伐薛永宗，大将乙拔率骑兵三万攻打盖吴。

为了应对日益严峻的形势，盖吴派使者前往南朝的刘宋，请求归附并出兵协助。

想法很美好，现实很不巧。

刚好这时刘宋政坛发生了前文讲过的范晔等人谋逆的大案，刘义隆忙着内部维稳，根本无暇顾及外部事务，因而他只是给了盖吴一个都督关陇诸军事、雍州刺史的空头头衔，同时命汉中（今陕西汉中）一带的宋军驻扎在宋魏边境，象征性地与盖吴军遥相呼应。

热脸贴了个冷屁股，盖吴大失所望。

而北魏却在不断增兵。

公元446年初，拓跋焘亲率大军南下河东，兵临薛永宗据守的城堡。

崔浩提议不作休整，马上发动进攻：薛永宗不知陛下亲来，军心懈怠，加上现在北风正劲，我们顺风，应该急速进击！

拓跋焘深以为然，随即挥军疾进，猛打猛冲，果然大获全胜——薛永宗全军覆没，自己也投水而死，而薛安都则逃到了南朝，后来成为刘宋名将。

击灭薛永宗后，拓跋焘又继续乘胜西进，渡过黄河，进入关中。

此时摆在拓跋焘面前的有两条路：一条是北道，走这条路到盖吴大营较近，但所经之处偏僻荒凉，无法补充粮草；一条是南道，路虽然远一些，但途中经过多个城池，便于补给。

崔浩认为应该走北道：走北道，我们的轻骑兵只需一天时间就能抵达盖吴大营，叛军来不及防备，必能将其一举荡平；若走南道，盖吴的军队就会有足够的时间进入渭北山区，要消灭他们就没那么容易了！

但这回拓跋焘没听他的——选择走南道。毕竟谁都不喜欢饿肚子。

没想到竟然又被崔浩说中了——北魏军刚到戏水（今陕西临潼东），盖吴就得到了消息，全军散入北地山区。

拓跋焘大为后悔，却已无从挽回，只得悻悻地领军进入长安。

之后，他不得不从关东征发了大量军队，一面封锁渭北各处山谷，一面对叛军不断围追堵截，费了九牛二虎之力，花了大半年的时间才扑灭了叛乱，盖吴本人也被下属所杀。

太武灭佛

历史总是充满了意外。

术士本想炼仙丹,却意外发明了火药;拓跋焘进军关中本想打盖吴,却意外干了件历史上影响深远的大事——灭掉了佛教。

不过,盖吴和佛教之间,似乎比我和世界首富之间的距离还要远,怎么会扯到一块儿呢?

且听我细细道来。

拓跋焘到达长安后,便在城内驻军休整。

长安之前曾是十六国之一后秦的都城,后秦主姚兴是出了名的崇佛,因而长安城内香火极盛,寺庙星罗棋布。

这一天,拓跋焘的侍从进入一个寺庙,闲逛。

见皇帝的近臣来了,寺中的僧人大献殷勤,不仅拿出美酒热情招待,还将其引入内室包间。

没想到正是他的这一举动,引来了整个佛教的灭顶之灾!

因为按照佛教的戒律,和尚是不能饮酒的!

更严重的是,这个侍从还在僧人的住处看到了兵器!

侍从回去后就把这一情况告诉了拓跋焘。

拓跋焘当即发飙了:这些东西不是佛门该有的,他们肯定是和盖吴有勾结,想要作乱!

他当即下令将这座寺庙中的僧人悉数处死,并对其进行地毯式搜查。

查出的结果可谓触目惊心:寺里装饰豪华,财物众多,不仅有供僧人饮用的无数美酒佳酿,而且还有很多供僧人淫乐的美女佳人。

拓跋焘惊呆了。

这哪里是什么佛门净地,简直比夜总会还要夜总会,比天上人间还要天上人间!

崔浩趁机在旁边怂恿他灭佛——诛杀天下的僧人,捣毁所有佛经和佛像!

当时,佛教在整个北魏十分风行,包括不少拓跋皇族在内的众多鲜卑贵族都是佛教的信奉者。

可皇帝拓跋焘却是个例外。

其实，拓跋焘起初对佛教也并不排斥，刚即位的那几年还曾多次召集各地德僧，一起谈论佛理，每年的四月初八佛诞节（释迦牟尼生日）他还亲登门楼，观看散花，以示礼敬。

但后来情况却起了变化——拓跋焘对佛教越来越反感。

这里边有两个人起了很大的作用。

一个是崔浩。

崔浩向来以华夏文化捍卫者自居，对外来的佛教极为厌恶，经常向拓跋焘进言，说佛教虚幻荒诞，危害世人，应该予以取缔。

另一个则是道士寇谦之。

寇谦之曾在中岳嵩山潜心修道多年，冬修三九，夏修三伏，日修吐纳导引，夜修采阴补阳，比高三学生还刻苦。

天上的道家始祖太上老君为了酬谢他的勤奋（简称"天道酬勤"），亲自下凡接见了他，并亲口册封他为天师，之后太上老君的玄孙李谱文又降临嵩山，授予他秘籍《九阴真经》——对不起，是《录图真经》，并让他下山，辅佐北方的太上老君——对不起，是太平真君。

太上老君的话，寇谦之当然不能不听，于是他离开了嵩山，来到北魏国都平城，求见拓跋焘。

当然，这一切都是他自己说的。

北魏多数朝臣认为，寇谦之所讲的完全不能相信，但一心想借道教来对抗佛教的崔浩却对寇谦之深信不疑，说他的确是高人，有仙气。

有仙气？有脚气还差不多！

朝臣们对此嗤之以鼻。

但崔浩却对他们的嗤之以鼻嗤之以鼻，始终对寇谦之极为推崇，还专门拜其为师。

在崔浩的影响下，拓跋焘也逐渐接受了寇谦之的理论——长生不老、得道成仙。这一套道教的东西对皇帝的吸引力还是很大的，因为金钱、美女之类常人渴望的东西对他们来说，已经如空气一般唾手可得了。

公元440年统一北方后，他更是按照寇谦之的说法，把年号改成了"太平真君"。

自从信奉道教以后，拓跋焘就抛弃了佛教。

早在公元444年，他就颁下禁令，要求上至王公，下至平民，一律不得在家中供养僧人及巫师。

而这次在长安某寺发生的事，尽管只是个个例，但就像某些性情偏激的女人因为受了一个男人的骗，便认为天下所有男人都不是好东西一样，性情偏激的拓跋焘也因为一个寺庙不守法纪，便认为天下所有佛寺都不守法纪，天下所有僧人都不是好东西，从而对整个佛教更加深恶痛绝。

加上崔浩又在旁边火上浇油，拓跋焘一怒之下，宣布佛教为邪教，下令把长安城内的所有僧人悉数诛杀，所有佛像和佛经一律捣毁，同时传诏给留守平城的太子拓跋晃，让他通令各地，把长安的做法推广到全国。

拓跋焘在诏令中要求：……诸有浮屠、形象及胡经，皆击破焚烧，沙门无少长悉坑之！——所有的佛教建筑、佛像以及佛经，全部捣毁焚烧，和尚不管年龄大小全部坑杀！

如果照此不折不扣执行的话，佛教在中国可能就会彻底消失了。

幸亏太子拓跋晃并没有这么做。

作为虔诚的佛教徒，虽然他没有违抗父亲旨意的胆量，却有意放缓了执行法令的时间，并提前放出风声，使远近各地的大多数僧人得以逃匿幸免于难，佛像、佛经也有不少被偷偷收藏保存了下来，为佛教后来的"春风吹又生"留下了宝贵的种子。

而北魏境内的佛寺、佛塔等佛教建筑则全都被夷为平地。

这是佛教自东汉传入中国以来遭受的第一次大劫难，也是佛教史上著名的"三武一宗之厄"（北魏太武帝拓跋焘、北周武帝宇文邕、唐武宗李炎、周世宗柴荣）的第一桩：太武灭佛。

兵戈再起

当然，对此时的拓跋焘来说，灭佛只是副业，他最主要的精力还是在平叛上。

击灭盖吴后，他又分派将领平定了全国各地的零星叛乱，接着又命大将万度归、唐和等人在西域击败了不服北魏的鄯善（今新疆若羌一带）、焉耆（今新疆焉耆一带）等国，彻底征服了西域。

不过，尽管武功已臻极盛，但好战的拓跋焘依然不满足。

他想要的，是北灭柔然，南平刘宋，一统整个天下！

公元448年年底，拓跋焘下令全国戒严，随后亲率大军，征讨柔然。

柔然可汗吴提已于几年前去世，此时在位的，是他的儿子吐贺真。

见北魏军来势汹汹，吐贺真不敢与其正面对抗，而是采用他父亲之前屡试不爽的躲猫猫策略，早早地逃走躲了起来。

在茫茫大漠中要找到柔然人的踪迹，几乎是不可能的。

北魏军遍寻柔然踪迹而不得，无奈只好撤兵。

顽强的拓跋焘当然不可能就此罢休。

第二年春天，他又卷土重来。

这次北魏军的声势更加浩大，全军兵分三路，高凉王拓跋那（拓跋焘族弟）走东路，略阳王拓跋羯儿（拓跋焘堂弟）走西路，拓跋焘本人则和太子拓跋晃一起统率中路主力。

柔然人这次的对策还是原来的配方，还是原来的味道，还是提前就藏了起来，拓跋焘又扑了个空，只得再次悻悻地退兵。

连续两次兴师动众都无功而返，让拓跋焘认识到了一个道理：打柔然，就像抓泥鳅，你越是用力，就越是抓不住它！

当年秋天，他第三次北征柔然。

吸取了前两次的教训，这次他出动的兵力比之前要小得多——他没有亲征，只是派拓跋那和拓跋羯儿分别率少数精锐骑兵从东路和中路北上。

见北魏军人数不多，吐贺真果然没有再逃——我们三个打你们一个，还可以多出一大帮人在旁边拍视频发抖音，这还有什么可怕的！

于是，他亲率主力与拓跋那展开了面对面的较量。

然而，拓跋那所部虽然人少，但个个都是百里挑一的精兵——身高不低于一米八，体重不低于一百八，战斗力不低于一敌八……

一场恶战下来，吐贺真才发现自己根本占不了便宜，他一下子就慌了——如果被拓跋那这支小部队死死地拖住，万一北魏主力到来，那可就麻烦了，搞得不好就要英年早逝了！

想到这里，他不敢再战，慌忙撤退。

拓跋那率军穷追不舍，一口气连追了几天几夜。

吐贺真不由暗自叫苦——这家伙怎么比卖保险的还要难缠！

最后他不得不丢弃了所有辎重，翻山越岭，涉水爬树，钻洞跳崖，吃蚂蟥，费了吃奶的劲才勉强摆脱了追兵。

拓跋那这才带着缴获的大量物资凯旋。

与此同时，另一路的拓跋羯儿也大有斩获，俘虏了众多柔然牧民和牲畜。

此役尽管依然没有彻底消灭柔然，但还是取得了很大的成果——《资治通鉴》是这么记载的：自是柔然衰弱，屏迹不敢犯魏塞——从此柔然国力大减，躲起来不敢再侵犯北魏的边塞。

打服了柔然没多久，拓跋焘又把进攻的矛头对准了南朝。

公元450年二月，拓跋焘亲率十万骑兵南侵，刘宋南顿（今河南项城）太守郑琨、颍川（今河南禹州）太守郑道引等守将纷纷弃城南逃。

魏军长驱直入，很快兵临河南重镇悬瓠（今河南汝南）。

当时刘宋的悬瓠守军不到千人，守将还是个临时工——此人名叫陈宪，本是豫州（治所寿阳，今安徽寿县）刺史、南平王刘铄（刘义隆第四子）麾下的参军，他是因军情紧急临时被刘铄派来防守悬瓠的。

北魏军将悬瓠城团团包围，日夜攻打。

拓跋焘下令在城外修建了很多高楼，从上面往城中不停地射箭，守军根本出不了门，取不了水。

但陈宪很快就想出了对策。

他让士兵们在行军或取水时都在背上背一块大门板，不但保证了安全，还收获了无数守城必备的战略物资——箭。

一计不成，再生一计，北魏军又改用冲车。

经过无数次猛烈的冲击，他们终于把南城墙撞开了一道口子，没想到陈宪马上让人在里面修了一道内墙，外面又竖起了木栅，北魏军还是进不了城。

见冲车依然无法奏效，拓跋焘急了，命部队架起云梯，玩命登城，陈宪则带着守军在城头居高临下以滚木礌石阻击，北魏军伤亡惨重，尸首越堆越高，到后来，北魏军踩着堆积起来的层层叠叠的尸体，冲到了城上！

陈宪依然毫不畏惧，身先士卒领着部众与登城的魏军拼死肉搏，一次又一次击退了他们的攻击。

整整四十二天过去了。

北魏军付出了伤亡过万的代价，却依然望城兴叹；拓跋焘使出了浑身的解数，却依然毫无建树！

虽然守军也损失过半，但悬瓠城依然牢牢掌握在他们的手中！

陈宪在悬瓠的坚守，也为刘宋的救援赢得了宝贵的时间。

两路救兵分别从彭城（今江苏徐州）和寿阳出发。

彭城的一路是徐州刺史、武陵王刘骏（刘义隆第三子）派出的，大将刘泰之出任统帅。

刘泰之在半路上碰到了北魏大将拓跋仁（拓跋焘之侄），当时拓跋仁正驱赶着抢掠来的百姓北上，根本没想到会遭遇宋军，一时措手不及，辎重被烧，士兵也被打散，百姓也乘机逃走。

但拓跋仁毕竟是一员虎将，很快他就稳住了阵脚，向宋军反扑，最终宋军先胜后败，主将刘泰之也当场阵亡。

而寿阳出发的另一路宋军却取得了不错的战果。

这一路由大将臧质（刘裕正妻臧氏之侄）、刘康祖带领，他们一路气势如虹，击斩了前来阻击的北魏大将乞地真，很快就逼近了悬瓠城。

得知刘宋大批援军即将到来，早已疲惫不堪的北魏军开始军心动摇。

从不放弃的硬汉拓跋焘也只能无奈地选择了放弃。

眼前的悬瓠城，看起来那么近，近在咫尺，却又是那么远，远在天涯，根本够不着！

眼前的悬瓠城，看起来那么弱，摇摇欲坠，却又是那么强，坚不可摧，完全打不下！

他长叹一声，下令撤围北归。

陈宪就这样创造了奇迹！

他也因此战而名垂青史，可惜之后的史书上再也没有了他的记载。

这颗璀璨的流星就这样消失在历史的长河中，像一道耀眼的闪电消失在漆黑夜空。

我们不知道他的容貌，不知道他的籍贯，不知道他的出身，不知道他的血型，不知道他的爱好，不知道他的生卒年月，但我们永远都应该知道这个名字，知道这次悲壮的悬瓠保卫战！

国史之狱：两大名臣崔浩和高允的不同命运

与一战成名的陈宪形成鲜明对比的是拓跋焘。

这一战，他和他麾下的北魏军再次暴露了只擅野战不擅攻城的缺点。

可想而知，他的心情是不会太好的。

没想到，刚回到平城，又发生了让他更不开心的事情，最终酿成了一件大案！

这就是史上著名的"国史之狱"。

顾名思义，这事和修史有关。

中国人自古以来就非常重视修史，入主中原后的北魏王朝当然也不会免俗。

早在北魏立国之初，道武帝拓跋珪就曾命著作郎邓渊撰写北魏国史，可惜邓渊只写了十余卷就因故被赐死了，没有来得及完成。

拓跋焘平定北凉后，又命司徒崔浩担任主编，中书侍郎高允、散骑侍郎张伟等一批汉族名士出任编委，共同编修国史。

拓跋焘对他们的要求，只有四个字：务从实录——务必要根据事实撰写。

跟现在的大多数主编一样，崔浩其实只是挂个名、定个基调、偶尔出席一下会议，讲几句不痛不痒、不咸不淡、不温不火的套话而已，并不怎么参与具体的编写。

真正执笔的，除了高允、张伟等人外，还包括著作令史闵湛、郗标等相关官员。

闵、郗二人对崔浩百般逢迎，很得崔浩宠信。

历经十年，国史这个大工程终于完成了。

闵湛、郗标建议崔浩把国史刻在石碑上，让世人都能看到他们的研究成果。

高允得知此事后大惊，忍不住对另一名国史编撰者宗钦说，闵湛、郗标如果真的这么做，只要稍有差错，恐怕就会给崔氏满门带来大祸！

可惜崔浩并不这么想。

这段时间，他被闵、郗等人吹捧成了一个古今无人可比的完人，什么"张良再生，诸葛再世，谢安再起，不如你"、什么"确认过眼神，你是最完美的人"、什么"万物生长靠太阳，治国家靠的是崔司徒思想"……

崔浩对此很是受用，有时自己也免不了以完人自居。

然而很多时候，当一个人自以为是完人的时候，他往往真的快要完了。

崔浩就是这样的例子——他竟然真的采纳了闵、郗等人所提的那个让他彻底完蛋的建议！

当时拓跋焘正在南征军中，不在京城，崔浩便向留守的太子拓跋晃提了出来，拓跋晃也表示认可。

于是，崔浩命人在平城郊外修造了一个规模宏大的碑林，方圆各一百三十步，总共花了整整三百万的人工！

碑林落成后，很快得到了各界人士的广泛关注，跑去观看的人络绎不绝。

关于石碑上刻的内容，史书上只记了几个字：书魏之先世，事皆翔实——记录了北魏先人的事迹，每件事都非常详细真实。

第十四章 腥风血雨

到底是怎样的事迹呢？

由于石碑早已被毁，具体的内容现在我们已经不得而知了，只知道看了这些东西后，汉人们都交头接耳，指指点点；而鲜卑人则大多面红耳赤，愤恨不已。等拓跋焘南征一回来，就纷纷向皇帝告状：崔浩暴扬国恶，大肆宣传我们祖先的污点！

这当然是可以理解的。

北魏的皇族拓跋氏出自代北游牧民族，开化较晚，祖上的很多事情在经过文明洗礼的后人看来都很不光彩——乱伦像车轮一样平常，爬灰像尘灰一样普遍，这些羞于见人的东西刻在碑上，任人观看，那岂不是把高高在上的皇家的底裤都扒光了！

很多鲜卑贵族原本就看崔浩很不顺眼。

因为崔浩自恃得到皇帝拓跋焘的信任，做事非常专横。

有时他甚至连太子拓跋晃也不放在眼里。

有一次，他一下子就征用了数十名汉族士人担任各地郡守，拓跋晃认为这些人没有经验，不合适，但崔浩执意不听，最后软弱的拓跋晃只好对他让步。

以他这样的做派，得罪的鲜卑贵族当然不会少。

但崔浩对此却毫不在意。

在他看来，他就是风，其余所有臣僚都只是草——风往哪个方向吹，草就该往哪个方向倒。

然而，他错了。

其实，他自己也是草。

而且很快就要被连根拔起！

毁灭他的这股狂风是那些早就对他不满的鲜卑贵族发起的。

国史刻碑之事发生后，鲜卑贵族们找到了报复崔浩的机会，争先恐后地在拓跋焘面前说崔浩的坏话，争先恐后地曝出各种有关崔浩的黑材料——捕风捉影的有之，添油加醋的有之，纯属捏造的有之，比抗日神剧还要离奇的有之……

三人成虎，何况是这么多人一起挑拨！

一向性情冲动的拓跋焘终于再也受不了了——崔浩，我对你如此重用，没想到你竟然这么不中用！

他当即拍板，决定严查国史案，将崔浩等所有参与修撰国史的人员全部逮捕下狱！

太子拓跋晃首先得到了这一消息，他脑海中闪过的第一个念头，是要救人。
当然不是崔浩——崔浩之前曾多次忤逆他，他对崔浩早已恨之入骨。
他要救的，是自己的恩师高允——高允之前曾教他研习经史多年，两人感情很深。

当天夜里，他把高允召到了自己府上，第二天一早便让其跟自己一起入宫，面见皇帝。
进宫门的时候，他特意叮嘱高允说：等会如果皇上问你话，你一定要顺着我的意思回答。
高允一头雾水：到底出了什么事情？
事关机密，拓跋晃不便细讲，只给他回了这样一句话：进去了你就知道了。

一见到拓跋焘，拓跋晃便为高允求情：中书侍郎高允曾在儿臣宫中与我相处多年，我对他非常了解，此人忠厚老实，人品很好，虽然他也参与了国史的部分编撰工作，但就像一滴清水无法改变黄河整体的浑浊一样，他一个好人也无法改变整个国史写作班子的乌烟瘴气。实际上，著史的所有重大事项都是崔浩一手把持的，我请求父皇能高抬贵手，赦免高允的死罪！
拓跋焘没有马上表态，而是转过头来问高允：国史都是崔浩一人写的吗？
高允平静地回答：《太祖（拓跋珪）记》为前著作郎邓渊所写，《先帝（拓跋嗣）记》和《今（拓跋焘）记》则是臣与崔浩共同完成的，不过崔浩比较忙，只抓大的方向，具体的文字，臣比他写得要多得多。
拓跋焘的脸色一下子就阴了下来，对拓跋晃说：高允的罪责比崔浩还要严重，怎么可能免死？

拓跋晃在心中暗自叫苦：高允啊，我让你顺着我讲，你偏要哪壶不开提哪壶、哪件事不中听提哪件事，你的情商怎么比那个云淡心远还要低，真是……
不过尽管如此，他依然不愿放弃努力，又继续帮着解释说：高允是个没见过世面的小臣，刚才一定是被陛下的天威给吓坏了，导致脑子抽筋，才会这样语无伦次，儿臣以前问过他，他说全是崔浩干的。

于是拓跋焘厉声质问高允：太子所言，可是实情？
高允的语气还是那样波澜不惊，似乎他面对的根本不是不可一世的皇帝，而是菜场卖鸡蛋的大妈：臣就算要被灭族，也不敢说半句假话。太子殿下是因为臣在他身边侍讲多年而同情我，想要救我一命，实际上他并未问过我，我也没有说过那样的话。

第十四章 腥风血雨

拓跋晃大惊：这样说岂不是找死！

但世界就是这么奇妙，有时候越是想睡却越是睡不着，有时候越是找死却越是不会死！

拓跋焘被高允表现出的大无畏气概征服了：真是直臣啊！一个人说一句真话不难，难的是死到临头还能坚持说真话！好吧，我赦免他！

接着，拓跋焘又把崔浩召来，像发射导弹一样，一边眼中喷着足以吞噬一切的怒火，一边咆哮着把那些鲜卑贵族所列的一条条针对崔浩的罪状一股脑儿全都发射了出来。

崔浩从来没有见皇帝发这么大的怒，一时竟然蒙了，从前的天之骄子一下子成了"天之焦子"——焦头烂额，外焦里枯，心焦如焚，却一句话也说不出来！

见他这样，拓跋焘更火了，盛怒之下，他当场就命高允起草诏书，将崔浩及参与编修国史的僚属共一百二十八人全都诛杀，并夷五族！

高允退下去拟旨，却迟迟没有下文。

性急的拓跋焘频频派人催促，但高允手中的笔却依然纹丝不动，只有脑子在转个不停。

思想斗争了一段时间后，他终于下定了决心，义无反顾地再次进殿，求见皇帝。

他的声音虽然不高，却有着不容置疑的坚定：崔浩之罪，如果还有别的原因，臣不敢多说，但如果仅仅是因为写史的事触犯了皇族，臣认为他罪不至死。

竟然敢违抗圣意！

这下终于激怒了本来就在火头上的拓跋焘。

他暴跳如雷，当即喝令武士把高允绑起来！

幸亏旁边的拓跋晃苦苦求情，连说了一万多句好话，拓跋焘总算逐渐平息了怒气。

他用手指着高允，对拓跋晃说：没有这家伙，今天可能会多死数千人！

高允这才得以逃脱死罪。

事后，拓跋晃责备他：人应该知道见机行事，随机应变。否则，读那么多书又有什么用处？我费尽心思帮你开脱，你却始终不肯照我说的去做，反而把皇帝气成那样，搞得我到现在还心有余悸！

高允回答说：史籍就是要如实记载，才能为后来者所借鉴。崔浩的确有些私心，但他主持修史时所写的朝廷大事，国家得失，并没有太大的错误。我和他一起编修国史，理当同生共死，不能置身事外。太子殿下对我的再造之恩，我非常感激。但若要为了苟活而说违心的话，我是不愿意做的。

拓跋晃听后对他的老师更加佩服：权力不能淫，威武不能屈，真大丈夫也！

高允的心迹，在他私下里对人说的一句话中表现得更加明显：我之所以不愿按太子说的去做，是怕辜负了翟黑子。

翟黑子是高允的朋友，曾奉命出使地方，收了当地一千匹绢的贿赂，事发后，翟黑子请教高允：皇帝问我的时候，我是该实话实说还是死不认账呢？

高允正色道：你一定要讲实话，这样或许有可能被赦免，切勿欺瞒皇上。

但翟黑子左右的亲信们都认为这个主意太过荒唐：这哪里是出谋划策，简直是居心叵测！皇上最恨腐败了，如果你承认了岂不是自寻死路。千万不能听高允的话！

翟黑子觉得有理，不由埋怨高允说：我与你交情不薄，你为何要诱我入死地？

从此他与高允绝交，并在拓跋焘面前坚决否认收受贿赂的事。

最终，翟黑子用自己的生命证实了高允的正确——他因不肯坦白而被拓跋焘斩首。

有人从这件事中看出，高允是一以贯之的正直诚实的真君子。

然而，也有人认为并非如此——高允其实是个大智若愚的聪明人。洞悉人心的他知道，拓跋焘这样的人是不可能被欺骗的，更是不可能容忍被欺骗的，若要骗他肯定必死无疑，实话实说方有一线生机，所以他才会这么干。

究竟哪一个才是真正的高允？

也许七匹狼的广告才是正解——男人不止一面！

集正直与智慧于一身才是高允的真面目！

正是凭借这些品质以及太子拓跋晃的鼎力帮助,他最终有惊无险地逃过了这一劫。

但崔浩就没有这样的好运了。
生性清高的他在朝中的人缘并不好,不仅几乎所有鲜卑贵族对他恨之入骨,很多汉人对他也没有好感——比如尚书李孝伯、中书侍郎李灵等多位出身于河北名门赵郡李氏的大臣,就因为几年前的族人李顺被杀事件而对他极为不满,故而朝堂上几乎没人站出来为他求情,有的,只是墙倒众人推、破鼓万人捶。

这也注定了他的悲惨命运。

尽管高允拒绝拟旨,但拓跋焘还是很快就另外找人拟定了处死崔浩等国史编撰人员的诏书。
众多鲜卑贵族的怂恿,让暴怒中的拓跋焘在那一刻对崔浩痛恨到了无以复加的程度。
之前他对崔浩看得有多重,现在他对崔浩的惩罚就有多重——不仅崔浩本人及其所属的清河崔氏中与他同宗的那一支悉数被诛,与其联姻的范阳卢氏、太原郭氏、河东柳氏三大家族也遭到连坐,几乎被屠戮殆尽。而其余的一百多名涉案人员只杀本人一个。

行刑当天,崔浩被关在囚车里押往平城南郊的刑场,一路上数十名押送士兵先后爬到车顶,往他的脑袋上尽情撒尿。
飞流直下三尺余,疑是夜壶落九天。
臭水熏得崔浩晕,直把人间当地狱!
他嗷嗷地不停惨叫,路上的行人听了全都感到毛骨悚然!

可怜崔浩为北魏帝国做出了这么大的贡献,到头来却落得这样的下场!
不过,他虽然被冤杀了,但他的功绩是不应该被抹杀的。
他历仕三朝(拓跋珪、拓跋嗣、拓跋焘),算无遗策,像导航一般引导着初入中原的鲜卑君主们,一次又一次在关键的岔路口做出一个又一个正确的选择,帮助拓跋焘实现了统一北方的大业。
他心存华夏,多次反对南征,力图推动北魏往其他方向扩张;他矢志汉化,不遗余力地在北魏内部推广汉文化,扶植汉人豪门,企图恢复魏晋时的门阀制度,但也因此而得罪了无数鲜卑贵族,最终付出了生命的代价。

细想一下,崔浩的悲剧也许是有原因的:
他善于谋国,却不善谋身;他智商超群,却情商不佳;他地位很高,却孤立无援;

他帮助的人不少,得罪的人却更多;他效力的是鲜卑王朝,却经常维护汉人利益……

小子我不才,斗胆作打油词半首(不好意思,上半首实在想不出来)来描述崔浩的一生:

脑如的卢飞快,计如自来水来。了却君王天下事,赢得身前身后名,可怜下场惨!

有人认为,崔浩的被杀,归根结底是源于文化的冲突。

这也标志着北魏前期的汉化遇到了暂时的阻碍。

对他的死,很多鲜卑贵族无疑会拍手称快。

但帝国的最高统治者拓跋焘显然不在此列。

仅仅几天后,他就后悔了。

当时拓跋焘北巡阴山(今内蒙古中部),途中听到了尚书李孝伯病死的消息(后来证实这只是传言),拓跋焘忍不住脱口而出:李宣城(李孝伯被封为宣城公)可惜!

稍停一会儿,他又改了口:我说错了,应该是崔司徒可惜,李宣城可哀!

然而,他再怎么后悔,崔浩也不可能再回来了。

在不久之后爆发的南北大战中,拓跋焘就深深地体会到了缺乏崔浩这个得力谋臣的苦处。

第十五章　元嘉北伐

元嘉草草，封狼居胥

这场大战是刘宋皇帝刘义隆主动挑起的。
战事的导火索，是悬瓠保卫战后拓跋焘派人送给刘义隆的一封信。

拓跋焘在信中是这么说的：
如果你还想保全自己的国家，就把长江以北全部割让给我，我可以把江南赏给你住。不然的话，就让你各地的地方官为我准备好帐、床及生活用品，明年秋天我会前来攻取建康，到时候可就由不得你了。既然向你讨要珠宝你不肯给，那我就只能过来截取几颗髑髅，用来充当珠宝好像也是不错的。
你当年北通蠕蠕（柔然），西结赫连（大夏）、沮渠（北凉）、吐谷浑，东连冯弘（北凉）、高句丽，这些国家全都被我灭了（这句略有夸张，当时北魏并没有灭掉柔然、吐谷浑和高句丽），看看他们的下场，你怎么可能独存！……
信的最后，拓跋焘的狂妄更是表露无遗：
你父亲时候的旧臣如果还在，虽说老了点，但好歹还有些本事。如今这些人都被你给杀光了，岂不是天助我也？其实要打你，我根本都不需要大动干戈，我这里有会念咒语的婆罗门，只要派几个小鬼就能把你绑来，呵呵。

对这封挑衅意味极浓的信，刘义隆的回应只有两个字：北伐！
你北虏是豺狼，我们南朝也不是任人宰割的羔羊！

其实，即使没有这样的信，刘义隆也迟早是要北伐的。
自继位以来，志存高远的刘义隆一直都有收复中原之志。
对汉人来说，中原的意义不亚于耶路撒冷对巴勒斯坦、柏林对德国，几乎是不可替代的。

尽管二十年前到彦之挂帅的第一次元嘉北伐遭到了惨败，但刘义隆并没有灰心。

君子报仇，二十年不晚！

随着这些年刘宋经济的快速发展和国力的迅速增强，刘义隆的北伐雄心又再次不可遏制地爆发出来。

丹阳尹徐湛之和吏部尚书江湛是他此时最信任的两个大臣，两人也都极力鼓动他出兵北伐。

对这件事最积极的，当数彭城太守王玄谟。

说起来，王玄谟也是一员老将了——他是北方人，在刘裕北伐时加入其麾下，但似乎一直没有什么亮眼的表现。

不过，他虽然打仗不突出，口才却极为突出。

王玄谟经常在刘义隆面前倡导北伐，语气慷慨激昂，言辞悲壮，听得刘义隆热血沸腾——如果此时给他接个血压计，肯定会爆表把水银柱射到屋顶上去！

甚至王玄谟都已经走了三个时辰，刘义隆依然心潮澎湃，依然沉浸在建功立业的豪情中不可自拔。

他情不自禁地对左右说：听了玄谟的话，让人有封狼居胥之意！

狼居胥即今蒙古国北部的肯特山，史载当初西汉名将霍去病大破匈奴，曾在那里筑坛祭天。

由此可见刘义隆的志向！

没想到，他还没来得及行动，对手拓跋焘却抢先动了手。

那次尽管初战不利，但悬瓠保卫战的成功还是让刘义隆的信心又增添了不少：看来索虏的水平也不过如此嘛！

公元450年六月，刘义隆正式把发动北伐提上了议事日程，召集全体朝臣讨论此事。

徐湛之、江湛、王玄谟等多数大臣都自觉与以刘义隆为核心的帝国中央保持一致，对此坚决拥护。

但也有少数人有不同意见。

左军将军刘康祖认为，此时已临近秋季，不太适合水军行动，最好等来年再说。

然而，此时的刘义隆就像饿了很久的蚊子看见白花花的大腿一样迫不及待，连一分钟都等不了：北方百姓苦于魏虏暴政，各地起义此起彼伏，如果再等一年，会让那些义士心寒，不行！

反对北伐最激烈的是太子步兵校尉沈庆之。

沈庆之是刘宋军界的后起之秀，如果在军中评选最佳新锐将领的话，他应该是有力的竞争者，但如果评选最佳年轻将领的话，他却连入围都不可能。

因为，当时他已经年过花甲了！

他早年一直在家种地，直到30岁时去襄阳探亲巧遇雍州刺史赵伦之（刘裕的舅舅），才因得到其赏识而被授为参军。十几年后他改隶檀道济麾下，檀道济慧眼识英雄，又将他推荐给了皇帝刘义隆，从此他步入了升迁的快车道，之后他在平定荆、雍（今湖北、湖南一带）山区蛮人叛乱的战事中屡建战功，成为将星寥落的元嘉后期最耀眼的将领之一。

沈庆之进谏说：我们以步兵为主，魏军则以骑兵为主，在攻击力上处于劣势……

没等他说完，刘义隆就毫不客气地打断了他的话：虽然北虏有马，可是我们没有马啊——不，我们有船啊，今年夏天雨水多，便于水军行动。我军泛舟北上，先攻克碻磝（今山东茌平）、滑台（今河南滑县），随后开仓放粮安抚百姓，拿下洛阳、虎牢也就不成问题了。等到冬天，我们的城池都已经修好了，防线都布置好了，北虏的骑兵如果胆敢南渡黄河，就叫他有来无回！

沈庆之还不肯放弃：当初檀道济两次出兵都没取得战果，到彦之北伐更是失利而回，我看如今的王玄谟等在能力上未必超得过他们两人，军队的精锐程度也未必比得上那个时候，恐怕会出师不利……

刘义隆不屑一顾地反驳道：我军之前的那两次失败是另有原因的，檀道济是养寇自重、居心不良，到彦之是中途得病、运气不佳……

但倔强的沈庆之还是坚持认为现在不能北伐，又一口气说出了好几个理由。

对这个难缠的家伙，刘义隆懒得再跟他说话，便让徐湛之、江湛等人与沈庆之辩论。

打仗是沈庆之的强项，但打嘴仗却是徐、江两个文人的强项，沈庆之当然辩不过他们。

最后他理屈词穷，只好大叫道：治国就和治家一样，耕田的事要请教农民，织布的事要询问婢女，陛下打算发动战争，却跟这些白面书生商量，这怎么能行呢？

刘义隆听了大笑不已：老沈啊，说不过别人，就这样耍无赖，你叫我怎么能相信你的话？

除了沈庆之和刘康祖，太子刘劭和护军将军萧思话（刘裕继母萧文寿之侄）也反对北伐，但刘义隆决心已下，一概不听：朕意已决，切勿再言！

这边拓跋焘得知刘义隆将要出兵，又派人送来了一封信——近一段时间他好像一个刚学会认字的小学生，对写字上瘾了。

信的内容还是延续了之前的恶作剧风格：

最近听说你要到我们北方来，那就随你的便好了。如果你厌倦了你居住的地方，想到平城来住也是可以的，我就住到你的江南去，咱俩换一换。不过，你都快五十岁的人了，却一直足不出户，自理能力不是一般的差，哪里比得上我们这些从小在马背上生活的鲜卑人？我也没什么东西送给你，就送十二匹猎马加上一些药材吧。路途遥远，如果你走不动，可以骑我送的马，如果你不服水土得了病，可以吃我送的药……

刘义隆没有理他，而是把手一挥，下令大举北伐。

按照刘义隆的安排，刘宋大军共分五路：

主力以青、冀二州刺史萧斌（刘裕继母萧文寿的堂侄）为主帅，王玄谟担任先锋，督率沈庆之等将领统水军进入黄河，进军碻磝、滑台；

太子左卫率臧质（刘裕正妻臧氏之侄）率王方回、刘康祖等将领直取许昌、洛阳；

徐、兖二州刺史刘骏（刘义隆第三子）和豫州刺史刘铄（刘义隆第四子）分别统领自己本部兵马从彭城（今江苏徐州）和寿阳（今安徽寿县）出兵北上，东西并进；

雍州刺史刘诞（刘义隆第六子）率大将柳元景、薛安都等人从襄阳出兵，攻打弘农（今河南灵宝）、潼关。

江夏王刘义恭则作为总指挥坐镇彭城，节度诸军。

从以上任命可以看出，北伐各路的主帅无一例外都由皇族子弟或者外戚出任，可见此时刘宋的兵权已经牢牢掌握在了皇室手中。

不过，发布命令是简单的，但真要实施起来就没那么容易了。

要想发动战争，需要周密的计划、合适的将领、足够的军队、高昂的士气、完备的装备、充足的粮草、便利的运输、御寒的衣服、顺畅的通信、准确的情报、合适的天气……

也许有人要嫌烦了——你怎么那么多废话？

当然不是。

不仅不是废话，而且费时费力费钱费人费功夫……

刘义隆就深刻地体会到了这一点——等命令下达后，他才发现无论是兵力还是财力都还没准备好，都还有很大的缺口！

无奈他只好病急乱投医、内急乱找厕。他仓促下令从青州、冀州、徐州、豫州、兖州、南兖州等长江以北的六州中按照三丁抽一、五丁抽二的比例紧急征发大量壮丁开赴前线，以补充兵源；同时又要求扬州、江州等后方各州郡，凡是富贵人家以及僧侣尼姑都必须拿出四分之一的财产充当军用,战争结束后再归还。

经过一番手忙脚乱昏天黑地地准备,北伐大军终于出发了。
由于魏军主力大多集结于北线,河南防务比较空虚,因此北伐初期刘宋军的进展颇为顺利。
北魏碻磝守将不战而逃,萧斌所率的北伐主力不费一枪一弹就占领了河南重镇碻磝,随后萧斌与沈庆之留守碻磝,王玄谟率军继续西进,攻打滑台。

与此同时,其他各路宋军也捷报频传。
中路的宋军大将刘康祖等人轻松拿下了北魏荆州治所所在地长社(今河南长葛),进逼虎牢;西路的柳元景、薛安都等人则穿越了熊耳山(今河南西部山脉),进军弘农……

一时间,北魏南线各地纷纷告急。
拓跋焘却不急,一副"任凭风吹浪打,我自闲庭信步"的派头。
他不慌不忙对群臣说,如今马尚未肥,天气尚热,我们鲜卑人不适应河南的高温,现在南下救援很难成功。倘若宋军继续长驱直入,那干脆就放弃平城,退到阴山去躲避一下。只要拖到十月,我们就胜券在握了!
这就是拓跋焘的作战风格——不计较一时得失,不在乎一城一地,能进能退能审察形势,大开大阖大家气魄!

不过,他似乎还是太高看宋军了。
不要说打到平城了,就是一个小小的滑台,他们也拿不下来!

吹牛大王王玄谟

滑台一战,尽显王玄谟的水货本色。
王玄谟所部是宋军王牌主力,人多势众,装备精良,他们从碻磝出发,一路溯流而上,随后弃舟登岸,一举包围了滑台城。
见滑台城中有很多茅屋,有人向王玄谟建议用火箭攻击。
但王玄谟的境界显然不是常人所能比的,作为一个将领,他首先考虑的竟然不是获胜,而是保护财物:这些东西将来都是我们的战利品,怎么可以这样白白烧掉?
很快北魏守军就注意到了这一点,把所有茅屋全都拆毁,这招就算想用也用不成了。

然而，这似乎并未影响到王玄谟的心情。

因为这段时间虽然战场上没有进展，但他个人却大有进账。

现在我们常说，商场如战场，而在王玄谟的眼里，却是战场如商场——一般的将领在战场上盯的是战机，而王玄谟盯的却是商机。

见当地盛产鸭梨，他一下子看到了赚钱的好机会，便用军中库存的布去换百姓家中的大梨，兑换比例是一匹布换八百个大梨，谁要是不答应，就出动军队胁迫强制执行。

此举让他赚到了大钱，也失尽了民心。

本来河南百姓对宋军的北伐十分支持，踊跃送粮送物，现在却对他们彻底失望了，全都敬而远之！

从以上史书记载的事情来看，王玄谟似乎是一个合格的奸商，但根本不是一个合格的将领！

这样的人做主将，战绩自然是可以预见的。

时间一天天地过去，宋军一直顿兵于滑台城下，一直无法前进一步。

部将垣护之看到了危机，劝王玄谟要不惜一切代价，务必要在最短时间内攻下滑台。

王玄谟有没有听进去，我不知道。

我只知道，滑台城始终牢牢掌握在魏军手中！

到了十月，垣护之最担心的事终于发生了——北魏开始大举反击了！

拓跋焘命太子拓跋晃屯兵漠南，以防柔然入侵，另一个儿子吴王拓跋余留守国都平城，自己则亲率大军南下，很快就抵达了黄河北岸的重镇枋头（今河南浚县）。

随后拓跋焘下令全军渡河，对宋军发起突袭。

魏军号称百万，马蹄铮铮，来势汹汹，旌旗遮天蔽日，呐喊声震耳欲聋。

见到这副架势，本来看起来很牛的王玄谟仿佛一个本来看起来很美的充气娃娃被戳了一针——顿时就蔫儿了。

他哪里还敢迎战，慌忙弃军而逃。

兵熊熊一个,将熊熊一窝,见主将率先跑了,其余宋军也都丢盔弃甲,争相逃命。

魏军当然不会放过他们，一直在后面穷追猛打。

宋军死的死，逃的逃，最后几乎损失殆尽。

王玄谟的逃跑，害苦了在他上游的垣护之。

当时垣护之奉命率水军据守在滑台以西一百多里的石济（古黄河渡口，位于今河南卫辉东），王玄谟跑得那么匆忙，连做生意赚来的大笔金钱和最近新纳的漂亮小妾都没顾得带，怎么可能顾得上通知垣护之？

等垣护之得到消息的时候，魏军已经用缴获的战船和铁链将黄河封锁起来，切断了他的归路！

但这难不倒垣护之。

正好那天西风大起，水流湍急，垣护之趁机率部顺流而下。

他命士兵们站在船头，借助高速行驶战船的势能用长柄大斧猛砍铁链，铁链应声而断，最终他仅损失了一艘战船，其余都安全撤回。

此时，魏军南下的消息也传到了设在碻磝的宋军大本营。

萧斌闻讯大惊，急命沈庆之率五千士兵前往救援王玄谟。

沈庆之不肯：如今王玄谟的部队已经疲惫不堪，而索虏气势正盛，要跟他们对阵，没有几万人是不行的。给我这么一点兵马，那不是送死吗？

萧斌大怒，你居然敢不听主帅命令？不行，你必须去！

沈庆之还是坚决不去。

两人正相持不下，王玄谟回来了。

见王玄谟全军覆没，只身逃回，正在火头上的萧斌更火了，当即下令把他就地正法，以正军威。

幸亏沈庆之极力劝阻：佛狸（拓跋焘的字）威震天下，统兵百万，王玄谟不能抵挡也是情有可原的……

王玄谟这才保住了性命。

接下来该怎么办？

萧斌和沈庆之又陷入了争执。

萧斌认为应固守碻磝，保住这唯一的北伐成果。

但沈庆之却再次表示反对：不行。如今青州（治所今山东青州）、冀州（治所今山东济南）二州空虚，如果我们在这里困守孤城，一旦索虏越过我们向东进军，清水（古济水在巨野泽以下的那一段）以东就不可能保住了，而我们也难免会重蹈二十年前朱修之守滑台的覆辙！

这话一下子把萧斌说动了——因为他本来的职务就是青、冀二州刺史，这个地盘他绝对不能丢！

没想到这时皇帝的诏书到了，指示他们不准退兵。

和赵括一样，刘义隆熟读兵书，喜欢纸上谈兵，常常在皇宫中直接对前方的军队发号施令。

但那个时候没有电话、电报，更没有微信、QQ，通信只能靠人来回传递。建康与前线相距千里，快马也得好几天，而战场的形势瞬息万变，用几天前的命令来应对几天后的情况，结果只能是贻误战机，甚至贻笑大方。

试想一下，如果星期一下雨了，到星期四的时候才命令你打伞，而这时天早就放晴了，岂不是非常可笑？如果星期一火灾了，到星期四的时候才允许你救火，而这时一切早就烧光了，岂不是极为误事？

然而，皇帝的命令，就算再误事也不可能无视。

无奈，萧斌只得再次召集众将商议去留。

多数将领很有政治觉悟，自觉维护皇帝权威，认为应该按照皇帝的指令留守碻磝。

但沈庆之却不同意：将在外，君命有所不受。京城那么远，皇上下诏时并不了解现在这里的情况，眼下你们有一个范增（秦末项羽手下的著名谋士）却不能用，只会空谈有何益处！

沈庆之是农夫出身，目不识丁，平素一直被大家视为老粗，他这样一个人一本正经地自比范增，相当于凤姐一本正经地说"爱因斯坦绝对没我聪明，他发明电灯的嘛"，看上去实在太可笑了。

萧斌等人都忍不住大笑不已：沈公您的学问真是大有长进啊！

但沈庆之却没有笑，而是厉声说道：诸位虽然博古通今，却还不如下官耳濡目染所了解的那点知识！

最后，萧斌考虑再三，决定采取折中方案——既采纳沈庆之的建议，又不完全违背皇帝的命令。

他留王玄谟守碻磝，申坦、垣护之守清口（古汶水与古济水交汇处，位于今山东梁山），自己则率大军返回了冀州的治所历城（今山东济南）。

猛男薛安都

就在东路宋军主力全面退守的同时，作为偏师的西路宋军却在高歌猛进。

西路军的主将是柳元景。

柳元景出身于北方大族河东柳氏，自其曾祖父起迁居襄阳，他自幼以勇武出名，历任殿中将军、广威将军、随郡（今湖北随州）太守等职，曾与沈庆之等人一起讨伐荆州一带的蛮人，战功卓著。

这次北伐，他奉雍州刺史刘诞之命督率薛安都、庞法起等将领从襄阳一路北上，先后攻克卢氏（今河南卢氏）、弘农等多处要地，并生擒北魏弘农太守李初古拔。

之后柳元景本人留守弘农，负责督运粮草，而其余诸将则继续西征，进逼陕城（今河南三门峡西）。

得知陕城危急，北魏大将张是连提率两万步骑来救，与宋军在陕城郊外相遇。一场大战就此爆发。

北魏骑兵的冲击力极强，以步兵为主的宋军抵挡起来非常吃力，渐渐落了下风。

关键时刻，猛将薛安都站了出来。

薛安都这个名字我们之前曾提到过，他是北方人，几年前曾经和族人薛永宗一起起兵反抗北魏暴政，失败后逃到刘宋，在刘诞手下出任建武将军，这次宋军北伐，与北魏朝廷有着深仇大恨的他当然不可能缺席。

此时见形势不利，薛安都忍不住爆发了。

他一把脱掉身上的盔甲，只剩一件红色背心，随后，一边大声呐喊，一边冲入敌阵，所到之处，人挡爆头，车挡爆胎，马挡爆肚，势不可当！

魏军被薛安都的神勇惊呆了，不敢与他正面交手，一见他到来就纷纷往两边退去，只能离得远远地朝他射箭。

薛安都一杆长矛舞得虎虎生风，竟然没一支箭能射到他！

就这样，他连续四次出入敌阵，仿佛快艇劈开波浪在海上恣意驰骋一般劈开人浪在魏军阵中肆意冲杀，杀死杀伤了大量敌军！

在猛男薛安都的带动下，宋军重又振作起来，终于扭转了场上的颓势。

由于此时天色已晚，双方各自退兵。

第二天，两军再次大战。

正杀得难分难解之际，一支生力军突然出现在现场！

是宋军的援兵！

原来，在弘农的柳元景得知敌军势大，特意派副将柳元怙带着两千人马前来增援。

在保持平衡的天平上，只要其中一边加一个小小的砝码，天平马上就会倾斜；在胜负难分的战场上，只要其中一方有一支小小的援军，战局瞬间就会改变。

魏军开始支持不住，露出了疲态。

薛安都趁机指挥宋军发动猛攻，依然是一马当先，冲在最前。长矛折断了，就再换一根；战马疲劳了，就再换一匹；手臂受伤了，就再换一条——不好意思，笔误了，应该是"手臂受伤了，就包扎一下"，始终战斗在第一线。

最终，魏军大败，主将张是连提战死，部众大多被杀，另有两千余人投降。

得知前线获胜，宋军主帅柳元景也从弘农匆匆赶来。

见投降的士兵中有很多汉人，他忍不住质问道：你们都是中原汉人，为什么要为胡虏效力，打不过了才投降？

降兵们都说：我们能怎么办，我们也很无奈啊，胡虏强迫我们为他们打仗，动作稍微慢一点就要被灭族，而且在战场上他们还用骑兵驱赶我们这些步兵，这些将军您也看见了啊……

然而，这些话却依然平息不了宋军将士的愤怒，他们纷纷要求将这些为胡人政权效力的汉奸悉数处死。

柳元景却力排众议：王师北上，仁义为先，应该用义举来创造我们的好名声！

他下令把被俘的魏军全部释放。

这一举动为宋军争取到了广大民心，早就对北魏统治不满的胡汉军民在关中各地纷纷揭竿而起，响应宋军。

柳元景乘机挥师西进，很快就连克陕城、潼关两大要地。

长安已经近在眼前，关中收复在望！

没想到就在这时朝廷的诏书来了——原来刘义隆认为东线的北伐主力已经失败，作为偏师，柳元景等人不应继续孤军深入，因而召他们立即退兵。

无奈，柳元景只得长叹一声，随后命薛安都断后，率部返回了襄阳。

显然，此时的刘义隆早就没有了封狼居胥的豪气，想的只是保住自己的一亩三分地。

但这已经由不得他了。

拓跋焘一声令下，北魏大军兵分五路，开始大举反攻。

永昌王拓跋仁（拓跋焘之侄）进军寿阳，大将长孙真攻打马头（今安徽怀远南），楚王拓跋建（拓跋焘第五子）南下钟离（今安徽凤阳东北），高凉王拓跋那（拓跋焘族弟）直趋下邳（今江苏睢宁西北），拓跋焘本人则亲率主力进攻刘宋兖州治所所在的邹山（今山东邹县东南）。

刘义隆闻讯大惊，急召之前攻打虎牢的大将刘康祖火速班师，回防淮南重镇寿阳。

刘康祖是将门之子，其父刘虔之是早年跟随刘裕在京口起兵反桓、后来在讨伐司马休之时战死沙场的革命先烈。他本人也胆识过人，武艺出众，在军中颇有威名，此次北伐，他更是充当了急先锋的角色。

现在淮南危急，他兼程南归，却在距寿阳仅数十里的尉武戍（今安徽凤台寿唐关）意外遭遇了拓跋仁所率的八万骑兵。

此时，刘康祖的部下只有八千人，且大多为步兵，副将胡盛之劝他不要与敌军交手，赶紧走山间小路（尉武戍紧靠八公山）撤回寿阳。

没想到刘康祖的脑回路和常人不一样，看见有敌情，竟然比老光棍看见新娘进门还要兴奋，坚决否定了胡盛之的意见：我们沿着黄河找了这么长时间都没找到敌人，现在既然他们自己送上门来了，哪有不打的道理？

明知山有虎，偏向虎山行；明知敌军多，偏要向前迎！

刘康祖命所部用战车布好防线，做好迎战准备，并号令全军：凡是回头看的一律砍头，只要拔脚逃的一律砍脚！

战斗很快就打响了。

魏军在拓跋仁的指挥下四面围攻，宋军则在刘康祖的带领下拼死抵抗，激战从早上一直持续到下午，战场上血流成河，没过了脚踝，刘康祖本人也多处受伤，却愈伤愈奋，斗志更加高昂。

不过，魏军毕竟十倍于宋军，拓跋仁利用人数优势，将部队一分为三，轮番上阵，而宋军却根本得不到休息，虽然他们依然在咬牙坚持，可就算是机器，连续工作时间太长也会因过热而导致性能急剧下降，何况他们是血肉之躯。

随着时间的推移，宋军的体力渐渐开始不支，战斗力渐渐开始不敌。

此时又起了大风，拓跋仁下令顺风纵火，宋军用来阻击敌军骑兵冲击的木质战车纷纷被引燃。

刘康祖依然毫无惧色，一面骑马到处指挥救火，一面挺枪继续奋勇作战。

然而在这个世界上，要想创造以少胜多的奇迹，光有胆子是不够的，还要有脑子；光有勇气是不够的，还要有运气。

刘康祖就缺了点运气——就在他奋力拼杀的时候，一支流箭飞来，不偏不倚射中了他的脖子！

他当即栽下马去，气绝身亡。

主梁断裂，建筑必然会垮塌；主将战死，军心难免会瓦解。

本来就已经是强弩之末的宋军一下子阵脚大乱。

魏军趁势发动总攻。

最终这支宋军死伤殆尽，全军覆没。

魏军虽然取胜，但也付出了极大的代价。

第十六章　饮马长江

唇枪舌剑

之后拓跋仁继续进军，一路烧杀抢掠，秋毫必犯，童叟必欺，很快就抵达了寿阳。

刘宋豫州刺史、南平王刘铄依托坚城固守，魏军多为骑兵，尽管野战够猛，可攻城并不擅长，一时也无计可施。

与此同时，东面的拓跋焘也已进至萧城（今安徽萧县），距刘宋大本营彭城仅有几十里之遥。

此时的彭城城内虽然兵马不少，但粮食却并不多。

作为北伐指挥部所在地，城中还有两位刘宋宗室亲王——北伐名义上的总指挥、江夏王刘义恭和徐、兖二州刺史、武陵王刘骏。

刘义恭做事向来以小心谨慎著称（这也是他之所以能得到刘义隆重用的主要原因），打麻将一般不超过五块，骑单车一般不忘系安全带，去河边一般离栏杆十八米开外。

如今见本来处于后方的彭城变成了前线，刘义恭自然不敢再待下去了，本能地想要放弃彭城。

安北长史张畅劝谏说：如今大敌当前，很多人都有逃命的想法，只是由于城门紧闭才不得不留下。如果城门一开，大家肯定各自逃散，乱作一团，恐怕哪儿都去不了！依我看，如今虽然军粮少点，但短期内还不会吃完，怎么能舍安步危呢？

与张畅意见一致的，还有武陵王刘骏。

刘骏是刘义隆的第三子，自幼聪明过人，文武俱佳，不仅读书能一目七行，而且擅长骑射，颇有英雄气概。按照刘宋皇族"处理政事要从娃娃抓起"的惯例，他从10岁开始就外放担任刺史，先后在湘州（治所今湖南长沙）、南豫州（治所今安徽和县）等地任职，15岁时调任雍州（治所今湖北襄阳）刺史，当时雍州一带很不太平，各地蛮人的造反如除夕晚上的爆竹声此起彼伏，刘骏少年老成，凭借沈庆之、柳元景、宗悫等将领的鼎力相助，最终大获全胜，平定了蛮人的叛乱。

此时的刘骏刚刚21岁，年轻气盛，血气方刚。

他也对刘义恭说：叔父您是总指挥，您的去留当然不是侄儿我所能干预的，不过我作为刺史，是一城之主，如果弃城逃生，实在是无颜再回到朝廷，我已经下定决心，必与此城共存亡！

见侄子如此慷慨激昂，刘义恭也不好意思做逃兵，无奈只好硬着头皮留在了徐州。

北魏大军很快就杀到了。

拓跋焘在城外南山上项羽所建的戏马台设立行宫，眺望城内情形。

见城中秩序井然，防守严密，他并未急于攻城，而是别出心裁地玩起了外交战。

他命人在城下喊话：主上派我问候安北将军（刘骏的封号），我军远来疲惫，城中若有甘蔗及美酒，可以分一点来。

刘骏挺爽快，马上就答应了拓跋焘的要求，给他两缸美酒，一百支甘蔗，但也本着不做亏本生意的原则提了个交换条件：听说你们北方有骆驼，也请遣人送来。

第二天，拓跋焘果然派人来了。

来的是尚书李孝伯。

李孝伯出身于北方大族赵郡李氏，是北魏著名才子，他不仅学富五车，口才极佳，而且外表俊美，如果生活在现在完全可以做个明星——当然，不是王宝强那种类型的。

李孝伯带着骆驼以及貂裘、骡子来到城下，见城上刀枪林立，戒备森严，他忍不住哈哈大笑：我军根本就没有攻城的打算，你们又何必这样劳苦将士！主上有意与安北将军面谈，请安北将军暂且出城！

刘骏打开城门，派长史张畅出城与李孝伯会面。

张畅对李孝伯拱了拱手，解释说：安北将军很愿意与魏主相见，但作为大臣，按规矩他不能随便与境外交往，很遗憾他不能来。至于城中防守严密，那是理所应当的，只要能保一方平安，我们就算再苦再累也是毫无怨言。这世界哪有什么岁月静好，只不过是有人负重前行啊！

李孝伯忍不住笑了：张长史煮得一碗好鸡汤！

之后他向张畅移交了骆驼等物品，接着又索要柑橘、赌具，张畅也都答应了。

作为回报，李孝伯又送给宋军毛毯、盐、胡豆豉等北方特产。

双方互通有无，在剑拔弩张却又一片祥和的气氛中完成了好几轮国际贸易，交易金额达到了创纪录的……0元！

这当然可以理解，毕竟都是以物易物嘛。

交易结束后，张畅转身打算离去。

李孝伯赶紧把张畅叫住：何必这么急着关上城门！

张畅振振有词地回答：我们两位王爷看到你们营垒尚未建好，又赶了这么长的路，早已疲惫不堪，我们城中有精兵十万，恐怕他们忍不住要出来揍你们，所以要先关城门。等你们休息得差不多了，我们两军再到战场上一决胜负！

李孝伯不屑地说：指挥军队，靠的是法令，哪里用得着关门！你一座孤城有多少人，还要用十万来夸大！我军有的是良马精骑，还怕敌不过你们！

张畅对此逐条进行了驳斥，我们国家和你们不一样，不是只靠法令，而是以德服人，以仁义治军。我如果夸大的话，肯定会跟你们一样号称百万，怎么可能只说十万！我们只想斗智，不想斗马，你们北方本来就是产马的地方，何必以良马自夸！

见这个话题占不了上风，李孝伯话锋一转，语气也从刚才的秋风扫落叶般冷酷无情变成了春天般的温暖：听说如今你们南北道路阻断，音讯不通，太尉（刘义恭）、安北（刘骏）如果要派信使去建康，我们可以护送，如果没马，我们也可以提供。你看，我们一群外国人，不远万里来到这里，毫无利己的动机，这是一种什么样的精神？

张畅对此嗤之以鼻：什么精神？我看是精神病吧。我们这里水路甚多，使者朝发夕至，无须劳烦你们。

李孝伯冷笑道：你说水路啊，我听说已经被白贼断掉了吧。

所谓白贼，是指出身于北方侨民的盗贼，由于侨民的户籍为白色，故当时被称为白贼。

见李孝伯穿了一身白衣，张畅灵机一动，讥讽说：李君你穿白衣，你说的白贼难道是你本人？

……

就这样，两人唇枪舌剑，你来我往，一个主动出击，一个见招拆招；一个善于挖坑，一个精于反讽；一个暴风骤雨般猛烈，一个春风化雨般从容……金句层出不穷，妙语连续不断，一连辩了三百个回合，依然不分胜负。

围观者里三层外三层，笑声掌声喝彩声，声声热烈，步兵骑兵工程兵，人人兴奋。

听到场上如此热闹，远在后方的拓跋焘心中那个痒啊，仿佛别人都在看世界杯，他那里的电视却没有任何信号一样。

第十六章　饮马长江

他忍不住命人对张畅传话说：你们为什么不派人到我这里来？虽然不一定能尽情交流彼此的感情，但你们至少也能看看我这个大名人长什么样、为人如何，我不收任何出场费，免费展示给你看，保证素颜，无PS。

不过，拓跋焘似乎有点高估了自己的魅力——他又不是美女，谁想看啊，不要说是素颜，脱光了也不一定有用。

张畅毫不客气地拒绝了：魏主的长相和才干，我们早就从来往的使者中知道了。现在又有李尚书在这里，根本不用担心彼此之间不能尽情倾诉，所以我们就不派人到你那里了。

拓跋焘碰了一鼻子灰，心里的不爽当然是可以想象的。

大概是急于替皇帝挽回面子，李孝伯便又找了个话题，想打击一下张畅：王玄谟才干平常，你们为什么要如此重用他，以至于大败？我们进入你们国境七百多里，你们连个像样的抵抗都没有，也太衰了吧。还有邹山的地形那么险要，可是刚一交火，你们的守将崔邪利就吓得躲到山洞里，我们像拖死狗一样把他给拖出来。我们皇上赐他活命，他这次也跟来了……

张畅依然对答如流：王玄谟只是我国的一个偏将，让他当个小小的先锋，大军未到，他自己退兵，略微引起点骚乱，那点损失对我们来说，不过是长江里被舀掉了一碗水而已。至于崔邪利就更不值一提了，你们魏主亲自带着数十万大军才制服了一个小小的崔邪利，就这你还好意思吹嘘？还有，你们深入七百里没有遇到抵抗，这是我们太尉和安北将军的妙计，故意放你们进来的，至于到底是什么计策，我不能跟你讲，因为我还没有想好——不，因为我不能泄露国家机密，哈哈！

李孝伯接着又说：我们皇上的英明是你们无法想象的，我这里跟你透露一个秘密，其实他对你们彭城并没有兴趣，而是打算率大军直捣瓜步（今江苏六合东南，南邻长江），如果南方的事（意指攻取江南）办好了，彭城自然不战而下；如果没成，得了彭城也没多大价值。算了，我不跟你多费口舌了。说得好不如干得好，喊破嗓子不如甩开膀子，我们要饮马长江去了。再见！

张畅忍不住笑了：有一种冷，叫你妈觉得你冷，其实并不冷；有一种英明叫奴才觉得主子英明，其实只是鼠目寸光。要去要留，是你们的自由，你们随便好了。不过，我这里也给你透露一个秘密，如果你们胡虏的马真能喝到长江水，那就是违背了天意，恐怕对你们尤其是你们那个皇帝没什么好处！

他之所以会这么说，是因为当时有句童谣：虏马饮江水，佛狸死卯年——如果胡虏的战马喝到长江水，那么拓跋焘将活不过卯年（也就是公元451年）。

张畅的机智和辩才让李孝伯佩服得五体投地，而李孝伯的仪表和风度也给张畅留下了无比深刻的印象。

两人虽然互为对手，却如同番茄遇到鸡蛋、青椒遇到土豆一般相见恨晚。

临别时，李孝伯依依不舍地对张畅说：虽然我们两人相距仅有数步之遥，却不能握手言欢，对此我深感遗憾。张长史请多多保重！

张畅也极为动情地表态道：李君也请多保重，希望天下早日实现和平，那时你若能回到我们宋国，今日便是我们相识的开始！

这场史上著名的南北辩论挑战赛至此落下了帷幕，双方基本上算是打了个平手。

见外交战未占到便宜，拓跋焘也就不再废话，下令攻城。

不过，彭城历来是兵家要地，城池固若金汤，对于不擅攻城的魏军来说，要想打下这样的坚城，就像要让小学生看懂《世界简史》一样——几乎是不可能完成的任务。

一番攻击未果后，魏军果然如李孝伯之前所预言的那样，绕过了彭城，直接南下。

拓跋焘命大将鲁秀进军广陵（今江苏扬州），高凉王拓跋那攻打山阳（今江苏淮安），永昌王拓跋仁出兵横江（今安徽和县东南），自己则领主力直扑瓜步。

数十万大军如洪水一般浩浩荡荡向南席卷而来。

不到长江心不死

由于魏军来势极为凶猛，宋军各地守将大多望风而逃，因此一路上几乎没遇到什么像样的抵抗，直到渡过淮河，才在盱眙（今江苏盱眙）附近遇到了一支宋军。

这支宋军的主将是辅国将军臧质（刘裕结发妻子臧爱亲之侄）。

他是奉命率军一万北上前往增援彭城的，万万没想到在途中竟然遭遇到了拓跋焘统率的魏军主力！

步骑不敌，众寡悬殊，加上又是仓促应战，很快臧质军就被魏军击溃，他带着七百人突围而出，逃往盱眙城。

盱眙太守沈璞是刘宋开国名将沈林子之子，此人颇有远见，早在宋军北伐之初，王玄谟还在围攻滑台的时候，他就下令修缮城池、深挖护城河，并在城中储备了大量粮食和武器弹药，做好了守城的准备。

当时大多数人认为他这样做纯属多此一举，对此颇有怨言。现在魏军来了，大家才认识到他的高明之处。

有人劝他跟其他很多地方的官员一样弃城逃回建康，沈璞坚决不肯：胡虏如果看不上我们这座小城，我们没什么可怕的；如果他们来攻，我们早就做好了准备，这正是诸位封侯的好机会!

此次臧质来投,部下大多劝沈璞不要接纳——毕竟,接受臧质就等于接受危险,因为他的到来也意味着北魏大军的到来,而且臧质的官位比沈璞要高得多,即使将来守住了城池,功劳估计也会归于臧质,对沈璞本人没有多大好处。

然而,沈璞却力排众议,毫不犹豫地打开城门迎接臧质入城。

没过多久,大批魏军也尾随而来。

好在经沈璞整修过的盱眙城足够坚固,魏军在围攻了一阵后发现很难攻下,便也没有再继续纠缠,而是按照原定计划继续南下,并于十二月十五日抵达了与刘宋国都建康仅一江之隔的瓜步,同时放出豪言,声称要打过长江去,统一全中国!

此时的建康,早已是一片恐慌。

百姓大多打好了铺盖,随时准备逃走。

刘义隆下令全城戒严,征发建康附近所有王公以下的子弟全部从军,命太子刘劭出镇江防要地石头城,总领水军。

皇帝最倚重的两位重臣丹杨尹徐湛之和吏部尚书江湛也分别被委以重任——徐湛之镇守石头城南面的仓城,江湛则兼任领军将军,负责协调全局。

一时间,在从采石(今安徽马鞍山)到暨阳(今江苏江阴)长达六七百里的长江岸线上,战舰一字排开,江边营垒相连,气氛异常紧张。

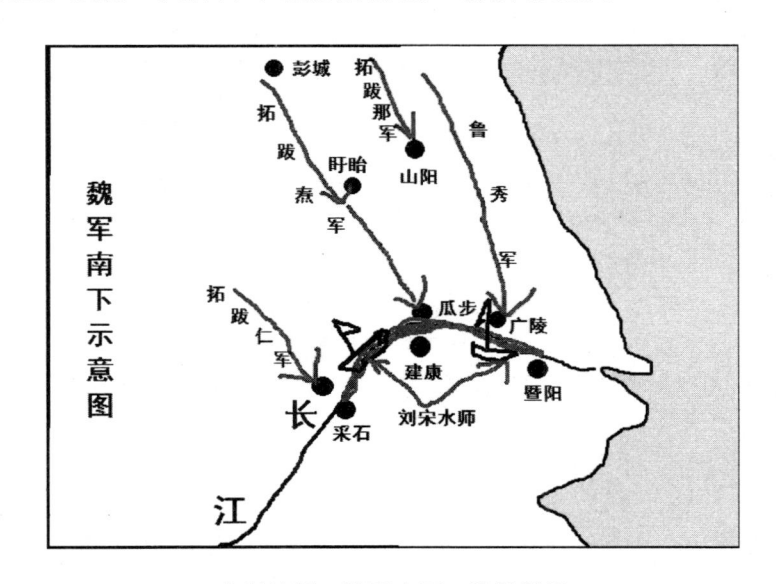

自制地图:魏军南下,饮马长江

刘义隆亲自登上石头城，眺望形势。

看着对岸一眼望不到边的魏军大营，他的心情无比沉重，半年前的万丈豪情早已荡然无存，取而代之的是现在的万般悔恨。

他忧心忡忡地对身边的江湛说：当初商议北伐时，赞成的人就很少，如今弄成了这样的局面，这一切都是我的过失啊！

沉吟了一会儿，他又发出了这样的感叹：如果檀道济还在，怎么会让胡虏的气焰嚣张到如此的地步！

和刘义隆一样愁眉苦脸的，还有他的对手拓跋焘。

此刻，他正坐在瓜步山顶的行宫内，面对着滔滔奔流的大江，苦苦思考着对策。

如果说之前他是不到长江心不死，那么现在，在他亲眼见识了长江的宽广和浩瀚后，他几乎死心了。

是啊，他空有那么多能在茫茫陆地上纵横驰骋的铁骑，却没有一艘能在滚滚波涛中乘风破浪的大船，只能拆毁民房、砍伐芦苇制作小船，但要靠这样的小玩意儿运送大军渡江，显然是天方夜谭，何况对岸还有那么多装备精良的战舰。

更严重的是粮食问题。

他此次南下，本打算因粮于敌，因此并没有携带粮草，军需给养全靠到处掳掠，每到一地都要四处搜罗吃的喝的用的，但淮南的宋军守臣在撤退前往往将粮食悉数带走或烧毁，百姓也大多早早地躲了起来，他们很难找到足够的食物。

尽管他对外一直宣传：自征战几个月来，各支魏军情绪稳定，粮食充足。但实际上，缺粮已对魏军的战斗力造成了极大的损害，几乎每天都有人饿死。

在这种情况下，他只能选择退兵。

于是，拓跋焘派人带着骆驼和名马等礼物，前往建康要求讲和。

刘义隆对此求之不得，当然马上答应，也派使者带着酃酒（产自湖南酃县的美酒）和水果回赠拓跋焘。

拓跋焘毫不犹豫地拿起酃酒就喝，拿起柑橘就啃。

左右有人在他耳边轻声提醒：陛下，小心有毒……另外，柑橘要剥了皮才能吃……

但他却只当没有听见，还把孙子叫过来，指着他对刘宋使者说，我不远万里来到这里，并非为了功名，而是为了两国友好。只要你们宋国皇帝把女儿嫁给我这个孙子，我再把自己的女儿许配给武陵王刘骏（这关系够乱的），那么我可以保证以后再也不会南下。

仅仅交换两个软妹子，你我就都能过上好日子，这岂非两全其美的好法子？

202

使者回去后，刘义隆召集文武商议此事。

太子刘劭和多数大臣都赞成和亲。

只有江湛不同意：戎狄不重亲情，答应了也没什么好处。

刘劭急了，声色俱厉地指着江湛的鼻子骂道：没有和亲，就没有和平。如今三位亲王（指寿阳的刘铄和彭城的刘义恭、刘骏）都处于危难之中，你小子怎么敢置他们于不顾！

下朝后，刘劭还余怒未消，气呼呼地对父亲说：北伐失利，数州沦陷，不杀江湛、徐湛之无以谢天下！

刘义隆毫不犹豫地拒绝了：北伐是我的意思，江、徐二人只是没有反对而已，不关他们的事。

不仅如此，在和亲的问题上，自尊心极强的他最终也采纳了江湛的意见，没有答应拓跋焘的要求。

是的，如果和索虏联姻，那岂不等于是承认了索虏和自己的平等地位，我们宋国的华夏正朔地位何在？

虽然和亲就不会死，但我死也不会和亲！

这个决定公布后，刘劭大失所望，却无可奈何，只能在心中默念了五千遍骂人的"三字经"。

从此他对江、徐二人恨之入骨，对父亲也极为不满。

由一泡尿引发的盱眙保卫战

再看拓跋焘。

尽管和亲未成，但迫于时势，他也不可能在瓜步再待下去了。

公元451年正月初一，他先是在瓜步山大会群臣，度过了自己在淮河以南的第一个也是唯一的一个新年，接着又在江边点起了绵延数十里的火把，最后吓唬了一把江南的刘宋君臣，随后下令退兵。

然而，回去的路并不好走。

他本打算取道山阳（今江苏淮安），没想到刘宋山阳太守萧僧珍掘开了水库堤坝，阻断了他的去路。

无奈，他只得改道盱眙。

这是个把可能吃亏变成吃大亏的决定！

这是个把可能丢面子变成丢尽面子的决定！

因为就在盱眙，他遭到了一生中最屈辱的一次挫败！

事情的经过是这样的：
到了盱眙城外，大概是酒瘾又犯了，拓跋焘故伎重演，跟当初在徐州一样又派人向城中索要美酒和礼品。
盱眙的主将正是前面提到的臧质——他入城后，沈璞便主动让贤，让战争经验更丰富的他主持防务。
得知北魏使者的来意后，臧质很爽快地答应了。

使者不辱使命，满载而归。
拓跋焘急不可待地打开使者带回的酒坛，闻到的，却既不是酱香味也不是浓香味，而是一股余味绕梁、三十日不绝的浓浓的臊味——原来里面装的竟然不是酒，而是尿！
可想而知，拓跋焘会有多么愤怒！
他当即发誓，不管付出多大的代价，都务必要攻下盱眙这座弹丸小城，将愚弄他的臧质千刀万剐！

他当即下令在盱眙城外修筑了一圈长长的围墙，又用山石填平了护城河，还在城外的淮河上建造了一座浮桥并用重兵把守，彻底切断了盱眙所有对外的水陆通道。
为了威慑对手，拓跋焘用恐吓的口气给臧质写了一封信：
我现在派出的攻城军队，都不是我们本国的鲜卑人，城东北的是丁零人和匈奴人，城南的是氐人和羌人。你们杀了丁零人，正好替我消灭了河北的反贼；杀了匈奴人，正好替我消灭了并州的反贼；杀了氐人、羌人，正好替我消灭了关中的反贼。所以说，不管你们如何奋勇，不管你们杀了多少攻城部队，对我国来说都是有利无弊的！
与这封信一起送出的，还有一把剑。

但拓跋焘显然是找错了恐吓的对象。
因为臧质的人生中从来就没有过"怕"这个字。
胆大妄为是他的标签，惹是生非是他的日常，安分守己从来都跟他绝缘。
在他的眼里，搞什么都不如搞事，玩什么都不如玩命，要让他消停，除非他的呼吸消停！
这一点，只要看他的过往履历就知道了。
凭借外戚的身份和自身的才能，臧质刚满30岁就担任了徐、兖二州刺史，但没过多长时间就因奢侈浪费、赏罚无常而被有关部门弹劾，后来又差点卷入了范晔的谋反案，几遭灭顶之灾。就在前不久，他还因为擅杀下属而被罢官，直到这次北伐才被再次起用。

臧质毫不客气地回信说：

来信已阅，完全明白了你的奸诈。你仗着自己有几匹马，屡次侵犯我国边界，我们的军队为什么主动退让，你知道吗？你听过"虏马饮江水，佛狸死卯年"的童谣吗？我们是因当时卯年未到才让路的，现在卯年已经到了，你们胡马也喝到江水了，你的死期还会远吗？我本来奉命到漠北去消灭你，没想到你这么体贴，主动送上门来，我怎么能让你活着回去？你如果运气好，当被乱军杀死，如果运气不好被我们活捉了，我就用铁链把你绑在驴背上，拉到建康的闹市斩首示众。你还是赶快攻城吧，千万不要逃走！如果粮食不够吃就说一声，我们这里多得很，可以给你馈赠点。另外，你送的剑已收到，你的意思是不是想让我用这把剑来砍掉你的脑袋啊？……

一直长在温室的花朵经不起风霜，从小经历单纯的孩子经不起诱惑，向来高高在上的拓跋焘当然也经不起这样的挑衅！

他恼羞成怒，当即命人打造了一张镶有无数尖刀的铁床，歇斯底里地说：抓到臧质后，我就让他躺在上面，把这小子扎成洞洞鞋！

平心而论，拓跋焘这种用打铁床来泄愤的行为有些意气用事，类似于泼妇骂街、键盘侠喷人——纯属过过嘴瘾而已。与之相比，臧质的举动则实在多了——拓跋焘信中的轻率之语被他好好地利用了一把。

他把拓跋焘的信全文转发，并@了所有魏军中的丁零人、匈奴人、氐人、羌人、汉人等非鲜卑士兵，还附上了这样的评论：佛狸根本不把你们当自己人看，你们为什么还要为他卖命呢？何不揭竿而起、转祸为福！有斩佛狸人头者，封万户侯，赏棉布、丝绸各一万匹！

很快，这篇文章的阅读量就达到了100000+，魏军本来就不高的士气因此更加低落。

连碰了两鼻子灰后，拓跋焘终于认识到，自己和臧质斗嘴就相当于云淡心远和杰克马斗富——完全不可能有胜算。好在他现在所在的地方不是辩论场而是战场，决定胜负的不是嘴炮而是枪炮。

于是他不再废话，下令大举攻城。

魏军先是用大型的钩车钩住城墙上部，再向后猛拉，企图将其拽倒，没想到臧质早有对策，他派人用铁链拴住了钩车死命往自己这边拉，与魏军展开了一场生死攸关的拔河比赛，最终两边打成了平局——钩车动弹不得，城墙完好无损。

等到晚上停战后，臧质又派敢死队借着夜色的掩护缒城而下，把钩车的钩子砍断，将其彻底破坏。

一计不成，再生一计。

魏军改用冲车，但由于沈璞将城墙修建得无比牢固，冲车再怎么猛力冲撞，对城墙的影响最多也不过是挠痒痒级别的——只是掉下几毫克土屑而已。照此推算，至少要撞上十亿次才有可能对城墙造成实质性的危害！

就算一秒钟一次，也至少要四十年！

四十年太久，只争朝夕。

性急的拓跋焘当然不可能等得了，但他此时已经想不出什么好办法了，便干脆下令部队架起云梯，肉搏登城。

宋军在臧质、沈璞的指挥下，用滚木礌石等常规武器以及尿水粪水等生化武器不停往下招呼，魏军死伤惨重，但在拓跋焘的亲自督战下，他们依然前仆后继，依然不停地往上爬。

然而事实证明，在这个世界上光靠蛮干是没有用的——否则的话，蛮牛早就统治了地球。

魏军在盱眙城外猛攻了整整三十天，伤亡过万，尸体几乎堆到了和城墙一般高，盱眙城却依然固若金汤。

拓跋焘心急如焚，却束手无策。

此时，有传言说刘宋水军已经从东海进入淮河，准备切断魏军的归路，加上军中又流行起了瘟疫，倒下的人越来越多，在残酷的现实面前，拓跋焘就算再不甘心也只能死心了，他只好长叹一声，带着残部撤军北归。

盱眙宋军因为人少，没有再追击。

与盱眙相比，彭城宋军的兵力倒是多得多，但主将刘义恭的胆子却比盱眙的臧质、沈璞小得多，他根本不敢出兵截击魏军，眼睁睁地目送着魏军通过了他的辖区。

这场持续了近一年的南北大战至此落下了帷幕。

此战可谓是两败俱伤。

对刘宋来说，这次北伐不但损兵折将，经济上也受到了重创。

几个月来，魏军铁骑几乎踏遍了南兖、徐、兖、豫、青、冀等刘宋的江北六州，所过之处见到房子就烧，见到鸡鸭就抢，见到男人就砍，见到女人就奸，见到婴儿就用长矛刺穿挥舞戏耍，原本美丽富饶的江淮大地成了一片白骨遍地的废墟焦土，以至于春天的燕子都找不到筑巢的房屋，只能在树林中安家。

刘义隆和刘宋朝廷在国内的威望更是一落千丈——毕竟，之前自从东晋建立、南北分治以来的一百三十多年里，北方军队从来没有像现在这样打到过长江北岸！

南方从来没有像现在这样窝囊过！

经此一役，刘宋国力大减，人心涣散，再也没有了元嘉盛世的繁荣景象。

真是辛辛苦苦几十年，一夜回到解放前！

而北魏的情况也没好到哪儿去。

虽然魏军曾经势头很猛，连续攻破了长江以北的大量郡县，但最终却还是灰头土脸地退回了北方，不仅没有实质性地占到什么便宜，反而还因为疲惫、缺粮和瘟疫，损失了大量兵马。

来的时候雄兵数十万，回去的时候只剩一小半；来的时候满腔英雄气，回去的时候憋了一肚子气！

可想而知，拓跋焘该有多么郁闷！

第十七章　平城疑云

雄主之死

南征班师后，本来就冲动急躁的拓跋焘变得更加任性暴躁，本来就喜怒不定的他变得更加喜怒无常，他变得更加杀戮无度。

在回到平城后短短两三个月的时间里，包括略阳王拓跋羯儿（拓跋焘堂弟）、高凉王拓跋那（拓跋焘族弟）等多位王公重臣先后被杀，搞得朝中大臣人人自危，上朝的气氛比上坟还沉重，进宫的心情比进手术室还紧张！

公元451年六月，一起更大的悲剧发生了。

悲剧的主角是太子拓跋晃。

拓跋晃是拓跋焘的长子，5岁就被立为太子，拓跋焘对他非常信任，出征在外的时候常让他担任监国，留守平城，拓跋晃也不辱使命，不仅将日常政务处理得井井有条，还经常在军国大事方面对父亲提出自己的见解和建议，拓跋焘多有采纳。

不过，拓跋晃也不是没有缺点，他比较爱财，手下的一帮亲信便投其所好，利用太子的权势经营庄园田产，赚了不少钱，社会上对此议论纷纷。

高允看不过去，劝谏他说：殿下是国家的储君、万民的榜样，却经营私田，甚至还到集市上摆摊贩卖，现在外面的流言蜚语很多，对您的影响很不好。殿下您富有四海，何必要与贩夫走卒之辈争利？另外，近来常在您身边的那几个人并非合适的人选，恐怕将来会给您带来麻烦，希望殿下能亲贤良、远小人，把田地、庄园及贩卖的物品都分给贫苦百姓，那些诽谤之语自然也就不攻自破了。

拓跋晃不听。

没想到不久之后，高允的担心竟真的变成了现实。

拓跋晃有两个亲信，一个叫仇尼道盛，一个叫任平城，两人仗着太子的权势，做事比较高调，走路都是横着走的，看人都是朝着天的，连上厕所都恨不能要霸占五个坑位，因而得罪了不少大臣，其中就包括中常侍（皇帝侍从，东汉后一般由宦官担任）宗爱。

这个宗爱可不是一般人。

拓跋焘晚年猜疑心极重，对朝中大臣几乎都信不过，唯一信任的就是时时侍奉在他左右的宦官，其中最喜爱的，就是宗爱！

宗爱有多得宠，只要看一件事就知道了——他居然被拓跋焘封为了秦郡公，比很多封疆大吏的爵位还要高！

对仇尼道盛、任平城等人的冒犯，宗爱很生气。

你们的背景是太子，我的后台是皇帝，想跟我斗，你们还差了点！

加上宗爱本身的屁股也不干净，之前干过不少不法勾当，他也怕仇尼道盛他们通过太子告发自己，便果断决定先下手为强。

由于仇尼道盛等人做过一些以权谋私的事，罪证自然不难搜集，在此基础上，宗爱又添油加醋般地进行了一番加工——比如在受贿金额的小数点前加几个零啦，在讲的话里加一些妄议国家大政方针的措辞啦……随后立即向拓跋焘告状。

拓跋焘这段时间心里本来就窝着一把火，听了宗爱的汇报，当时就爆发了，马上下令将仇尼道盛和任平城两人斩首，并亲笔批示，要求彻查此事：不管涉及谁，不管地位多高、权力多大，只要触犯国家法律，就一查到底，绝不手软！

很快，东宫大批官员都因腐败而被杀。

作为顶头上司，太子拓跋晃自然也脱不了干系。

拓跋焘对他大发雷霆，严厉斥责，连骂了几天几夜，还说了很多诸如"宰了你这个小兔崽子"之类的气话。

拓跋晃大为恐惧，整日提心吊胆，整夜睡不着觉，不久竟然得病死了，年仅24岁。

培养多年、寄予厚望的继承人就这样挂了，拓跋焘痛心疾首，悔不当初——千不该，万不该，自己不该发那么大的火。

然而时间不能倒退，人死不能复生，他只能把对儿子的爱转移到了拓跋晃年仅12岁的长子拓跋濬身上，时时把他带在身边。

但这依然无法抚平他的愁绪。

何以解忧？唯有杜康。

之后整整几个月的时间里，他一直在不停地喝酒，不停地怀念爱子拓跋晃，不停地唱着：我想念你的笑，想念你的外套，想念你白色袜子和你身上的味道……

宗爱本以为，随着时间的推移，拓跋焘对儿子的怀念会像茶一样越泡越淡，没想到老皇帝对儿子的怀念竟然像酒一样——时间越长，反而越来越浓。

这下他慌了。

拓跋焘会不会把拓跋晃早死的账算在自己身上？

答案显然是肯定的。

如果是这样的话，他还能活得了吗？

答案显然是否定的。

思来想去，他把心一横，决定孤注一掷——与其坐以待毙，不如拼死一搏！

是啊，别人畏首畏尾还情有可原，我一个阉人怕什么？

公元 452 年二月，拓跋焘在宫中遇刺身亡，时年 45 岁。

拓跋焘到底是怎么死的？

是被勒死的、被打死的、被闷死的、被毒死的还是被斩首的？

我们不知道，因为史书的记载无比简单，只有短短十三个字：中常侍宗爱构逆，帝崩于永安宫……

作为结束十六国乱世、奠定北魏帝国百年基业的关键人物，史书上对拓跋焘的评价颇高。

不仅《魏书》上说他是"聪明雄断，威豪杰立"，就连他的对手南朝人所著的《宋书》上也称颂他是"英图武略，事驾前古"。

不过我个人感觉更中肯的是初唐名臣虞世南对他的点评：善战好杀，暴桀雄武。

拓跋焘的一生，是雄武的一生。

自 16 岁继位以来，他几乎无一年不战，灭大夏，扫北燕，平北凉，一统北方，其武功不可谓不高；北上则柔然远遁，南征则刘宋震惶，喑呜则山岳崩颓，叱咤则风云变色，其声威不可谓不雄。

但拓跋焘的身上也不乏暴桀的一面。

他性烈如火，杀人如麻，曾经信赖有加的崔浩，他不仅要杀，还要夷其五族；群众基础极广的佛教，他不仅要灭，还想把举国僧人悉数坑杀；曾经人口稠密的江淮大地，他不仅要攻，还要把这片土地变成无人区……

然而，正如刀鱼虽然有着很多刺但依旧是无可置疑的极品美味一样，拓跋焘虽然有着好杀的缺点，但他依旧是无可置疑的一代雄主！

拨乱反正

拓跋焘死后，被谥为太武帝，庙号世祖。

由于他死前没有确立继承人,接下来最重要的事当然是迎立新君。(竟然没人追究拓跋焘的死因,难道是宗爱做得实在太隐秘了?)

尚书左仆射兰延召集侍中薛提、和疋(pǐ)等几个重臣商议此事。

和疋等人认为应立长君,主张由拓跋焘的三子东平王拓跋翰继位。

但薛提却坚持要立皇孙拓跋濬。

两派相持不下,一时无法决断。

这一拖延,就让宗爱知道了。

他对这两个人选都不满意——之前他和拓跋翰有过不可调和的矛盾,而拓跋濬父亲拓跋晃的死和他更是脱不了干系,这两人中任何一个人上位,他都不可能有好果子吃!

他绝对不能容忍这样的事发生!

胆大妄为的他当即决定再妄为一次。

他在宫门内埋伏了三十多名全副武装的宦官,随后假传赫连皇后诏令,召兰延等人入宫。

兰延等一进宫,便被宦官们悉数捕杀。

同时被杀的,还有事先已被和疋等人召进宫中的东平王拓跋翰。

随后宗爱拥立之前和自己关系不错的南安王拓跋余(拓跋焘第六子)登基,他本人则出任大司马、大将军、太师、都督中外诸军事,把持朝政——所谓"将相本无种",指的大概就是宗爱这样出将入相的宦官吧。

他大权独揽,说一不二,完全不把坐在皇位上的拓跋余放在眼里。

拓跋余能做的,只是签字盖章而已。

到了公元452年十月,不甘做傀儡的拓跋余终于忍无可忍,便暗中与人密谋想要推翻宗爱。

警惕性极高的宗爱很快就察觉到了拓跋余的行动。

他不由轻蔑地笑了:真是捧着大粪当馒头,认不清形势!

随后他先下手为强,趁拓跋余夜间祭祀的时候,派事先埋伏的小太监贾周将其刺杀。

在短短大半年的时间里,连杀两个在位的皇帝,可见宗爱的胆子有多大!

然而并不是每个人都跟他有一样大的胆子。

他身边就有一个人害怕了。

此人名叫刘尼,时任羽林郎中。

暗杀拓跋余这件事,宗爱做得非常隐秘,除了他本人和具体执行者贾周,只有刘尼一个人知道。

刘尼试探着劝宗爱立皇孙拓跋濬继位，宗爱想都没想就拒绝了：你真是疯了！如果立皇孙，那他怎么可能忘得了他父亲的事！

刘尼觉得宗爱这样无法无天，迟早会出事的，便决心与他决裂。

但要推翻位高权重的宗爱，光凭他一个人的力量当然是不够的。

很快他就找到了几位盟友：南部尚书陆丽、殿中尚书源贺、殿中尚书长孙渴侯及中书侍郎高允。

几个人一拍即合，马上就拟出了行动方案。

这一天，源贺、长孙渴侯利用自己身为禁军高级将领的便利控制住了城门，刘尼、陆丽两人则在平城城外找到了皇孙拓跋濬。

随后陆丽抱着拓跋濬一起骑马入城，刘尼则策马奔驰到东面祖庙前，对驻扎在那里的羽林军大声喊话：宗爱弑杀皇帝，大逆不道，如今皇孙已经登上了大位，下诏让各位宿卫将士回宫捉拿叛党！

宗爱向来就不得人心，羽林军将士听了人人振奋，全都表态愿跟随刘尼一起入宫。

接下来刘尼与源贺等人合兵一处，很快攻下了宫城，将宗爱、贾周等人抓获杀死，夷其三族。

13岁的拓跋濬随即继位，是为北魏文成帝。

陆丽等人因拥立之功而得到了丰厚的回报：陆丽被加封为平原王，源贺为西平王，刘尼为东安公，长孙渴侯为尚书令，只有高允没有得到任何封赏，依然还是当他的中书侍郎。

之所以会这样，我个人猜测也许是以陆丽为首的鲜卑贵族（陆丽本姓步六孤，是鲜卑八大姓之一，源贺、刘尼、长孙渴侯分别出自鲜卑秃发氏、独孤氏和长孙氏）排斥汉人，没有为高允邀功的缘故吧。

而高允却安之若素，毫不在意，从来没有流露出任何不满，也从来没有对任何人透露他参与策划政变的事，似乎他有严重的健忘症，根本就不记得这回事。

在这里，我必须声明一下，以上从太子拓跋晃去世到如今拓跋濬上位期间发生的事件，大都来源于《魏书》《北史》等北朝史书。

不过平心而论，这里边记载的北魏这一年多来发生的事情其实有很多奇怪之处：

拓跋晃真的这么胆小，被父亲责骂了几天就吓死啦？

拓跋焘被杀为什么没人追究他的死因？

宗爱这个之前似乎并没有什么权力基础的宦官何以能连杀两个皇帝和这么多

大臣还能牢牢掌握朝政？

……

这一切的背后，到底是道德的沦丧还是人性的扭曲？

让我们一起走近科学……

不好意思，串词了。

应该是：

这一切的背后，到底是《魏书》在作假还是史实就是这么荒诞？

我不知道。

我只知道，《宋书》等南朝史书的记载与《魏书》截然不同。

按照《宋书》的说法，拓跋晃是企图谋反而被拓跋焘处死的，拓跋焘是因病去世的，拓跋余和宗爱都是被拥立拓跋濬的人杀的，宗爱其实只是个背锅侠……

那么，究竟哪一个才是事实的真相？

对不起，我还是无法确定——虽然我个人觉得《宋书》的说法似乎更合理。

我唯一能确定的是，在经历了一番动乱后，北魏的朝政终于稳定下来了。

而与此同时，南方的刘宋却进入了多事之秋。

第十八章　建康惨案

巫蛊案

刘义隆最近比较烦。
前不久,他发动的第三次北伐又一次铩羽而归了。

让我们把时钟拨回到公元452年三月。
在得知魏主拓跋焘暴毙之后,刘义隆又动起了北伐收复河南的念头。
在他的眼里,刘宋帝国是不能没有河南的,否则便是不完整的。
这次北伐,他主要的支持者是刚从北魏投诚的司州刺史鲁爽。

鲁爽是之前跟司马休之一起反抗刘裕、失利后投奔北魏的原东晋雍州刺史鲁宗之的孙子,其父鲁轨曾任北魏荆州刺史。
鲁爽从小在北魏长大,有万夫不当之勇,魏主拓跋焘对他非常器重,曾特意将他召到自己左右担任保镖,鲁轨死后又让他子承父业,继任了荆州刺史一职。
不过,鲁爽的缺点也和他的武艺一样突出。
他是个酒鬼,曾数次因饮酒误事而被拓跋焘责骂,脾气火暴的拓跋焘甚至还扬言要诛杀他,他也因此产生了南归之心。魏军南征失利后,他和其弟鲁秀等人率部下来到寿阳,向刘宋豫州刺史刘铄投诚。
刘义隆封鲁爽为司州刺史,镇守义阳(今河南信阳)。

有了鲁爽这员猛将,刘义隆的胆气更壮了,便不顾太子中庶子何偃、大将沈庆之等众多大臣的反对,断然下诏,宣布再次北伐。
青州刺史刘兴祖提出了一个大胆的构想,上书建议不要与魏军在河南一带纠缠,而是长驱直入,直捣河北,进入北魏的心腹地带,直接动摇北魏的统治,甚至一举攻灭北魏,完成一统天下的伟业。

不过刘义隆心目中的最高目标只是收复河南而已，他想都没想就否决了刘兴祖的提议。

此次北伐，宋军兵分三路。

东路依然是主力，抚军将军萧思话（刘裕继母萧文寿之侄）出任主帅，冀州刺史张永为先锋，攻打碻磝（今山东茌平）、滑台（今河南滑县）；中路由司州刺史鲁爽领兵四万进军许昌、洛阳；西路则由雍州刺史臧质督率柳元景、薛安都等将领西进潼关。

满心想要雪耻的刘义隆万万没有想到，这次北伐的结果竟然还不如上一次——上次至少还打到了滑台，这次却是连碻磝都拿不下来！

萧思话、张永等人率领宋军主力在碻磝城外围攻了几十天，不但没取得任何进展，反而损兵折将，最后因粮尽而不得不撤回了历城（今山东济南）。

此时中路的鲁爽连战连捷，已逼近了虎牢（今河南荥阳）；西路的柳元景也拿下了洪关（今河南灵宝），进逼潼关。但由于东路的主力已经失败，这两路偏师也只得退兵。

第三次元嘉北伐就这样草草地收场了。

仿佛才刚刚开始，就已经结束；仿佛考驾照时才刚刚发动车子就因为起步没打转向灯而被判了死刑！

理想那么绚烂，现实却是如此稀烂！

刘义隆无比沮丧。

而在这次北伐期间发生的另一件事，更是让他本就低落的心一下子沉到了谷底。

此事的主角是太子刘劭。

刘劭是刘义隆的长子，为皇后袁氏所生，史载他出生的时候恰逢刘义隆登基。皇帝位子和宝贝儿子"两子登科"，事业之喜和家庭之喜双喜临门，刘义隆的兴奋自然是可以想象的。

后来有人考证过，说历史上帝王登基时正妃恰好生子的，只有商王帝乙——那个儿子就是后来的商朝亡国之君纣王。

刘义隆估计不知道这个典故，对这个为他带来好运的儿子极为喜欢——刘劭年仅6岁就被立为了太子。

刘劭也没有辜负父亲的期望，长大后的他，不仅仪表堂堂，而且文武全才，好看的皮囊和有趣的灵魂样样兼备，颇有人君之相。

刘义隆对他非常满意，也更加宠爱，无论他有什么要求，几乎都满足他。

不过，刘劭虽然表面上对父亲非常尊敬，内心却颇有些不满。

这还要从他母亲袁皇后的死说起。

袁皇后是刘义隆的结发妻子，出自南朝大族陈郡袁氏，两人的感情一直很好，即使后来潘淑妃冠宠后宫，刘义隆对她也依然恩礼有加。

然而之后发生的一件事却让袁皇后寒了心。

袁皇后娘家虽然是高门士族，但经济并不太宽裕，因此她有时难免向皇帝开口要钱接济娘家，刘义隆生性节俭，每次最多只给她三五万钱。

有一次有人对她说，皇帝对潘淑妃更大方，要多少给多少。

袁皇后便试探着让潘淑妃向皇帝要三十万钱。

潘淑妃满口答应，没过两天就从皇帝那里一下子拿来了三十万钱。

袁皇后大受打击——原来我在你刘义隆心目中的分量，只有潘淑妃的十分之一！

她把丈夫写给她的诸如"云想衣裳花想容，我在想你脸在红""我对你一见倾心，一片痴心，就算嫦娥下凡也不会动心"之类的肉麻情诗全部烧毁，并从此称病不愿与刘义隆见面，不久竟愤懑成疾，撒手人寰。

母亲的不幸命运，让刘劭对父亲有了看法，对潘淑妃更是极为痛恨。

公元450年，刘义隆发动北伐，刘劭是最主要的反对者之一。他不仅被父亲严词训斥了一番，还和刘义隆最亲信的两个宠臣徐湛之、江湛结下了很深的梁子。

冷静下来后，他突然心头一紧，感到了一丝寒意。

他开始担心自己的继承人地位能否保住的问题了。

刘义隆有十九个儿子，当时已经成年的，除了太子刘劭以外，还有次子始兴王刘濬、三子武陵王刘骏、四子南平王刘铄、六子随王刘诞，以及七子建平王刘宏（五子刘绍早死）。

这五个人中，刘劭最不担心的是二弟刘濬和三弟刘骏。

刘濬是潘淑妃所生，他为人比较轻浮，犯错不断，甚至还曾因与同父异母的妹妹海盐公主私通而惹得父亲龙颜大怒，因而刘濬对太子之位没什么想法。他对太子与自己的关系倒是非常上心——他深知太子刘劭和他的母亲有很深的矛盾，担心刘劭将来一旦继位，他肯定没有好果子吃，于是他刻意讨好刘劭，经常给刘劭送各种礼品：好吃的东西，好看的美女，好用的痒痒挠……

时间久了，刘劭也逐渐消除了对他的敌意，两个人关系好得几乎能穿一条裤子。

第十八章　建康惨案

　　与老二刘濬相比，老三刘骏更不受父亲待见，他从少年起就一直在外就藩，连回到京城见父亲一面的机会都没有，当然不可能有当继承人的机会。

　　其余三个兄弟中，老四刘铄和老七刘宏最受刘义隆喜欢。而刘铄还有一大优势——他的王妃是江湛的妹妹，不过这方面老六刘诞也不甘落后——他娶了徐湛之的女儿。

　　在刘劭看来，刘铄、刘诞、刘宏三人都有夺嫡的可能。

　　如今父亲已经对自己渐生不满，更严重的是，他还得罪了父亲的宠臣徐湛之和江湛，如果这两人趁机进谗言说他的坏话，他的太子位置还保得住吗？

　　随着时间的推移，他的危机感也越来越强。
　　他深知拖得越久，变数就会越大。
　　只要自己一日没登上帝位，他就一日不得安心！
　　他多么希望能听到父亲驾崩的好消息呀！
　　然而刘义隆虽然年轻时就成天病恹恹的，病危过好多次，没想到现在岁数越来越大，身子骨却反而越来越硬朗了。

　　刘劭心急如焚。
　　刘义隆你个老不死的怎么还不去死呢？
　　走路怎么不摔死？吃饭怎么不噎死？方便时怎么不跌进粪坑淹死？……
　　你若去世，便是晴天！
　　你若安好，便是晴天霹雳！

　　就在此时，一个神秘的女巫出现了。
　　此人名叫严道育，自称会法术，凭借婢女王鹦鹉的引见，她认识了东阳公主刘英娥。
　　通过几次诸如大变活人、空盆来蛇之类的神奇表演，严道育取得了刘英娥的信任。
　　刘英娥是刘劭一奶同胞的姐妹，两人来往密切。很快刘劭、刘濬也结识了严道育。
　　几次接触下来，刘劭也对严道育的巫术深信不疑，便请她巫蛊父亲刘义隆，让他早点升天。

　　在严道育的策划下，刘劭等人用玉石刻了尊刘义隆的雕像，再让东阳公主的家奴陈天兴与宫中宦官陈庆国联络，将雕像埋在皇宫内的含章殿前。
　　整件事做得非常隐秘，只有刘劭、刘濬、严道育、王鹦鹉、陈天兴，以及陈庆国六人知晓。

不料没过多久，东阳公主去世了，按照当时的惯例，王鹦鹉应该要外嫁。刘劭生怕消息走漏，便亲自做主将她嫁给了刘濬的心腹僚属沈怀远。

同时为了笼络陈天兴，刘劭还特意提拔他为东宫卫队的队主（大致相当于队长）。

没想到这反而引起了皇帝刘义隆的注意——刘宋王朝沿用魏晋以来的九品中正制，奴才是不能当官的，便派人斥责刘劭说：你怎么用家奴当队主！

该怎么解释呢？

刘劭很头疼。

王鹦鹉出了个主意：干脆除掉他！

原来，她之前在公主宫内的时候曾与陈天兴私通，现在的她一直担心此事败露会影响到自己现在的家庭。

在王鹦鹉的唆使下，刘劭一狠心，派人将陈天兴暗杀了。

陈天兴的被杀，让与其私交不错的陈庆国顿生兔死狐悲之感：巫蛊之事，具体执行的是我和陈天兴，如今他死了，下一个会不会轮到我？

思来想去，最后为了自保，他决定向刘义隆自首。

刘义隆闻讯大惊，马上派人抓捕王鹦鹉，并在其住处查获了一大堆写有咒语的纸张，都是刘劭和刘濬的笔迹，接着又在含章殿前挖出了雕像。

他当即把两个逆子召来，严厉地斥责了一番。

在确凿的证据面前，兄弟俩无法抵赖，只能涕泪横流，低头认罪，并诚恳地表示自己以后一定痛改前非，重新做人，保证不会再犯类似的错误，否则就不是人养的……不，是人养的，但不是东西……

刘义隆虽然被两人的行为伤透了心，但最终舐犊之情还是战胜了巫蛊之恨——他没有对他们做出任何实质性的处罚，只是叹息着对潘淑妃说，太子想早日登上帝位，我多少还能理解，可虎头（刘濬的小名）这么干我实在是搞不懂，你们母子岂能没有我！

怜惜之情可谓溢于言表。

看起来，他似乎准备原谅两人了。

看起来，这一切就要到此为止了。

只要抓到女巫严道育，他就打算结案了。

然而严道育却仿佛人间蒸发了一样，踪影皆无。

案发后，刘义隆派人挨家挨户进行地毯式搜捕，却始终都没有查到严道育的下落。

首个死于儿子手下的汉人皇帝

严道育到底去哪儿了呢？

难道她真的会法术？

当然不是。

她既没有张天师那样的隐身术，也没有土行孙那样的钻地术，甚至连化装易容术也没有。

事实上，案发后她就伪装成了尼姑，先是躲藏在太子宫内，后来又跟随时任南徐州刺史的刘濬到了京口（今江苏镇江），有时她也藏在平民张旿家里。

公元453年年初，刘濬改任荆州刺史，又借着回京谢恩的机会把她带回了建康。

也许正是这一番折腾，让女巫暴露了行踪。

有人向朝廷告发，说严道育藏在京口张家。

刘义隆马上派人抓捕，结果却只抓到了两个婢女。

婢女供述说严道育已经跟着刘濬回京了。

这下刘义隆彻底按捺不住了——这两个臭小子，居然到现在还在庇护女巫，这说明他们还想利用女巫的法术来诅咒自己，哪有什么悔改之意！

我对你们客气你们当我空气，我对你们有情你们当我有病，我对你们心软你们当我疲软，我对你们宽大你们当我戆大，你们实在是太过分了！

他马上命侍中王僧绰在典籍中找出汉魏以来废太子、诸王的典故，同时又招来徐湛之、江湛两位亲信大臣，一同商量新太子的人选。

徐湛之、江湛两人本着举贤不避亲的原则，一个推荐立自己的女婿刘诞，列举了他的七大优点九大特色；一个要求立自己的妹夫南平王刘铄，提出了选他的八大理由十大原因。

两人相持不下，搞得刘义隆头都大了，讨论了好多天都没有结果。

王僧绰很焦急，对刘义隆说，当断不断，反受其乱，做这样的决断一定要快刀斩乱麻，不能再这样拖下去了。时间长了容易走漏风声，后果不堪设想。

刘义隆为难地说：此事关系重大，不能不三思啊。况且彭城王（刘义康）刚死不久（两年前北魏南征建康危急的时候，刘义隆生怕有人借机拥戴刘义康称帝，派人到江州杀死了刘义康），马上又干这样的事（指赐死皇子），我怕别人会说我这个人没有亲情……

王僧绰口不择言地脱口而出：我恐怕将来后人会说陛下只会制裁兄弟，不会制裁儿子！

刘义隆沉默不语。

他当然也知道王僧绰说的话有道理，他当然也知道要尽快决定继承人的人选，可是为帝国选合适的接班人，不反复思考仔细掂量怎么行？

为了考查他心目中的第一候选人南平王刘铄，他特意把刘铄从寿阳召回京城，却发现刘铄的所作所为似乎也不能令人满意，于是他又有了立建平王刘宏的想法，但考虑到长幼顺序，又觉得不妥……

到底该用哪一种方法来决策呢——排除法、代入法、列表法、文氏图法还是石头剪刀布法？

他拿不定主意。

到底该立谁呢？

他更拿不定主意。

这段时间，他几乎每晚都要和徐湛之商议新太子的人选，有时甚至通宵达旦，却始终定不下来。

为了保密，他每次都让徐湛之举着蜡烛绕着外墙仔细检查，以防止有人偷听。

没想到最后还是他自己泄了密——他竟然在和潘淑妃的一次交谈中无意间提及了此事！

到底是母子连心，潘淑妃闻讯后第一时间就告诉了刘濬，刘濬又马上骑马前往东宫通知了刘劭。

刘劭可不像父亲那样磨叽，他当机立断，马上就决定发动政变。

他的手中有一支强大的武装——当初刘义隆为了防止宗室作乱，特意加强了东宫的武装力量，东宫卫队多达万人，无论数量还是质量都不亚于皇宫的羽林军！

公元453年正月二十晚，刘劭伪造刘义隆的诏书，宣称辅国将军鲁秀谋反，皇帝召他在次日清晨率军入宫护卫。随后他以此为由集结了平素精心豢养的两千名精锐，又召长史萧斌、太子左卫率袁淑、太子中舍人殷仲素、左积弩将军王正见等东宫属官前来议事。

刘劭流着泪对萧斌等人说，主上听信谗言，要把我治罪废黜，我自思并无过失，绝不能受此冤枉，明天一早我打算干件大事，希望诸君能与我戮力同心！

说完，他走下座位，向在场的僚属倒头下拜：拜托大家！

众人都不傻，当然知道刘劭所谓的大事是什么，一时间全都惊呆了。
场上一片肃静，连心跳声都能听见。
过了很久，萧斌、袁淑两人才站了出来，劝谏道：华夏自古无此事，请太子殿下三思！
是啊，中华大地向来以礼仪之邦自居，从秦始皇统一六国以来至今，史上从未有过皇子弑父篡位的先例——虽然之前也有匈奴冒顿射杀父亲头曼单于、北魏拓跋绍砍杀父皇拓跋珪的事，但那都是野蛮的胡人干的！

然而刘劭早已下定决心，哪里听得进去。
他勃然变色，对萧、袁二人怒目而视，眼中似乎能射出箭来。
萧斌害怕了，慌忙表态：我愿意无条件服从太子殿下的命令！
萧斌出身外戚，是刘裕继母萧文寿的堂侄，第二次元嘉北伐时还曾出任主帅，在朝中地位很高。
他这么一说，其他人也都纷纷附和：唯殿下之命是从！上刀山下油锅吃牢饭，在所不辞！

只有袁淑依然一副众人皆疯我独醒的样子。
他是袁皇后的堂弟，刘劭的堂舅，真心不希望看到这个外甥走上弑父的不归路。
于是他灵机一动，呵斥众人道：你们以为殿下真的是要这么做吗？殿下小时候曾得过精神病，这次可能是发病了！

听了这番话，刘劭更加恼火：你才有病！你们全家都有病！
随后他斜着眼睛问袁淑：你说，我的大事能不能成？
袁淑回答道：你现在处处绝对不被怀疑的位置，怎么可能不成？只怕做完之后，不为天地所容，大祸肯定会随之而来。假如殿下真有这样的打算，现在收手还来得及。亡羊补牢，犹未迟也；有病就治，未为晚也……
没等他说完，刘劭就让左右把他拉了出去。

第二天天还没亮，刘劭就按计划行动了。
他穿上铁甲戎装，外罩朱衣朝服，与萧斌两人一起登上了画轮车（轮毂上有彩绘装饰的车），整装待发之际，突然发现袁淑没来，急忙派卫士去叫他——当晚，袁淑等人都被留宿在太子宫内。
常言道，你永远叫不醒一个装睡的人——袁淑装睡，无论卫士敲门敲得多响，他都只当听不见。

刘劭当然不可能留下他，不停地派人催促，最后袁淑见实在避不过去，无奈只得磨磨蹭蹭地起了床，左手右手一个慢动作，右手左手慢动作重播……

见到刘劭后，刘劭催他赶紧上车，他却还是迟迟不肯上去……

这下刘劭终于彻底失去了耐心，他把手一挥，卫士手起刀落，将袁淑当场砍死。

为了掩人耳目，刘劭把人马分成两拨——他本人和萧斌带着张超之等心腹将领以及部分精锐卫士先行，其余的主力则稍后开拔。

很快，刘劭一行就抵达了宫城门口。

按照当时的制度，东宫卫队是不能入宫的。刘劭拿出伪造的诏书，正色道：我奉皇帝密诏，要进宫讨伐逆贼。

见当朝太子亲自前来，又有皇帝手诏，门卫不疑有诈，连忙开门。

之后刘劭一面派人传令后面的大部队迅速前来，一面命张超之等数十人直奔皇帝寝宫。

凌晨的寝宫内，烛火悠悠，人影憧憧，细语微微。

刘义隆还在与徐湛之商议废立之事。

他又度过了一个不眠之夜。

但这也是他人生的最后一夜！

因为恍惚中他突然发现，有人手持利刃，杀气腾腾地闯到了自己的面前！

这个人他认识，是东宫将领张超之！

还没等他分清这是梦境还是现实，张超之的刀已经砍了过来。

他本能地拿起身边的案几阻挡。

案几连同他的五个手指都被齐刷刷地砍为两段。

他疼痛难忍，忍不住发出一声惨叫！

不过惨叫声只持续了 0.001 秒的时间！

因为张超之马上又补了一刀，彻底结束了他的疼痛，也彻底结束了他 46 年的人生旅程。

刘义隆死后被追谥为文帝，庙号太祖。

他仁慈宽厚，也冷酷无情。

他博学多才，也猜忌多疑。

他志向远大，也好大喜功。

他创造过元嘉之治的辉煌，也经历了三次北伐的惨败。

他改变了士族专权的弊政，也开启了皇族残杀的魔盒。

他给百姓带来过安定繁荣，也给人们带来过动荡痛苦。

他有着很高超的治国才能，也有着很平庸的军事水平。

他取得过难以磨灭的成就，也铸成过难以弥补的大错。

但无论如何，我们都可以毫不夸张地说，他依然是南朝最杰出的皇帝之一！

接下来，让我们把视线转回到刘宋皇宫。

见皇帝惨死，徐湛之吓坏了，企图以狗急跳墙之势跳窗逃走，却因过于慌张而以狗吃屎的姿势跌了下来，随即被叛军乱刀砍死。

江湛正在尚书省值班，见外面一片大乱，知道大事不好，慌忙躲进旁边的小屋，但还是很快就被叛军搜出来杀死。

皇宫内的禁军听到动静后也纷纷赶来，得知太子发动兵变，他们有的望风而降，有的则拼死反击，但由于事先毫无准备，只能毫无组织地各自为战，难以对叛军造成什么威胁，不久就败下阵来。

随后刘劭坐镇太极殿旁边的东堂，指挥手下继续大开杀戒，潘淑妃以及刘义隆的亲信下属数十人都被杀害。

控制住宫内的局势后，他又派张超之召自己的死党刘濬前来会合。

此时刘濬正在宫城西面的西州城，有人向他报告：皇宫内喧闹不已，外间传言太子谋反……

虽然早有思想准备，但他还是吓了一大跳。

由于不知刘劭成功没有，他一时不知如何是好。

张超之到来后，刘濬从他口中知道了事变的经过，顿时如苍蝇闻到了厕所的臭味，一下子就有了方向。

他立即穿上戎装，与张超之一起前去投奔刘劭。

刘濬的下属王庆急忙劝阻：太子反逆，不得人心。殿下你只要闭城自守，不出三日，凶党肯定就土崩瓦解了。你怎么还要去弃明投暗呢？

但刘濬根本不听，一把将他推开：滚开！这是皇太子的命令，你再多说，定斩不饶！

很快他就来到了皇宫，见到了刘劭。

刘劭略显歉意地对他解释道：你母亲潘淑妃已被乱兵所害……

不知是史家抹黑，还是刘濬确实心黑，史载他听到母亲的死讯后，不但毫无悲伤之情，还禽兽不如地说了这么一句话：这正是我一直盼望的事！

在征召刘濬的同时，刘劭还假传宋文帝刘义隆的命令，将当时朝中地位最高的两位大臣——大将军刘义恭和尚书令何尚之骗到了宫中。

随后他召集百官，却只稀稀拉拉来了数十人。不过那时似乎并没有如今人大会议那种"实到人数须为应到人数三分之二以上"的规定，因此刘劭还是本着"不怕人不够，只要脸皮厚"的臭不要脸精神，大大咧咧地继位称帝了。

一朝天子一朝臣，接下来自然是大封功臣——萧斌被封为尚书仆射、领军将军，执掌禁军，刘濬为司徒，殷仲素为黄门侍郎……

此次人事调整中，王僧绰也被提拔为吏部尚书，但仅仅几天后刘劭就从档案中查到了他曾参与废立的文书，便马上以谋反罪将其处死，接着又以与王僧绰勾结的罪名，将长沙王刘瑾（刘裕侄子刘义欣之子）、临川王刘烨（刘裕侄子刘义庆之子）等平素与自己关系不睦的多名宗室悉数诛杀。

他的杀鸡儆猴之策很快就收到了效果——江夏王刘义恭、南平王刘铄、建平王刘宏等在京城的几位亲王屈从于他的淫威，纷纷表示对他效忠，刘义恭出任太保，刘铄为中军将军，刘宏则担任左将军。

刘骏起兵

稳定了京城的局势，接下来刘劭要做的，就是要搞定此时在外就藩的几个亲王：荆州（治所今湖北江陵）刺史南谯王刘义宣、江州（治所今江西九江）刺史武陵王刘骏、都督浙东五郡诸军事（驻地今浙江绍兴）随王刘诞等。

在刘劭看来，刘义宣智商不行，刘诞兵力不强，唯一让他放心不下的，是武陵王刘骏。

刘骏是刘义隆诸子中最不得宠的一个，但却是政治军事经验最丰富的一个。

他从十岁起就出镇地方，足迹遍及湘州（治所今湖南长沙）、南豫州（治所今安徽和县）、雍州（治所今湖北襄阳）、徐州（治所今江苏徐州）、南兖州（治所今江苏扬州）、江州等全国各地，参与过两次北伐，还多次领兵进山剿匪，立下了不少战功。

此时刘骏正驻扎在五洲（今湖北浠水）——他是奉刘义隆之命，统率大军前去讨伐西阳（今湖北黄冈）一带的蛮人的。

这支讨伐军会集了刘宋各州的多支精锐部队，麾下更有沈庆之、柳元景、宗悫、薛安都等多位宿将，实力不容小觑。

该怎样对付刘骏呢？

刘劭想到了一个人——沈庆之。

沈庆之曾担任太子步兵校尉，在东宫任职多年，算是他的老部下。

他派人给沈庆之送了封密信，信中对其许以高官厚禄，让他干掉刘骏。

然而他显然是看错了人。

他把沈庆之当成死党，沈庆之却把他当成了死敌！

他想让沈庆之要刘骏的命，沈庆之想的却是要他的命！

早在刚刚得知太子谋逆的时候，沈庆之就曾经对他的某个心腹说过这样的一番话：萧斌胆小如鼠，像个妇道人家，太子的死党最多不过三十人，其他大多是遭胁迫才不得不参与的。我如果辅佐顺应民心的明主起兵讨逆，必能马到成功。

沈庆之心目中的明主，就是武陵王刘骏。

刘骏排行第三，在所有的皇子中除了刘劭、刘濬两个弑君逆贼外年龄最长，之前的表现也相当不错，甚至还曾得到敌国君主拓跋焘的欣赏——两年前拓跋焘在求和时曾点名要把公主嫁给他。

显然，要讨伐刘劭，无论是在名分上还是在名望上，刘骏都是一块最适合的招牌。

于是，在接到刘劭的信后，他马上去找刘骏。

刘骏最近比较烦。

自从得知了建康发生的事，他就一直坐卧不宁，忐忑不安，噩梦不断，担心不已——刘劭心狠手辣，连老子都敢杀，会放过他这个领兵在外的弟弟吗？

现在听到沈庆之求见，他马上就有了种不祥的预感——该不会是对我动手了吧？

不行，我不能见他！

他慌忙吩咐门卫阻拦，称自己有病不能与他会面。

然而沈庆之还是硬闯了进来，直接将刘劭的亲笔信递给了他。

刘骏看信后吓坏了，果然不出所料！

他泣不成声地向沈庆之请求让自己到内室去与母诀别。刘骏的生母路惠男向来不受刘义隆宠爱，刘义隆也许是为了眼不见心不烦，特允许她出宫，跟儿子刘骏一起生活。

我想沈庆之看到刘骏这副样子，内心肯定是不爽，然而此刻他并没有更好的选择，只好直截了当地挑明了自己的来意：下官受先帝厚恩，一定会尽自己的全力辅佐殿下您讨伐逆贼，殿下为什么要对我有如此重的疑心呢？

本以为要送他上天堂，没想到竟然是要送他当天子，刘骏这才破涕为笑，激动地说，家国安危，都仰仗将军了！

在沈庆之的策划下，刘骏在酉阳传檄天下，宣布起兵，讨伐国贼刘劭。

由于刘劭冒天下之大不韪、弑父篡位的行为已经挑战了当时人心目中的道德底线，无论是做大官的豪门还是做馒头的平民，无论是贵族的小姐还是青楼的小姐，大多对此无法接受，深恶痛绝，可以说，在反对刘劭这一点上，全社会形成了比"饭前便后要洗手"还要广泛的共识。

百姓心中的怒火让此时的刘宋帝国成了一个巨大的火药桶。

缺少的，只是一个火星。

现在刘骏烧起了第一把火，其他各地的火自然也马上就引燃了。

很快，荆州（治所今湖北江陵）刺史刘义宣、雍州（治所今湖北襄阳）刺史臧质、司州（治所今河南信阳）刺史鲁爽、兖冀二州（治所今山东济南）刺史萧思话、青州（治所今山东青州）刺史张永、建武将军垣护之等也纷纷响应。

驻在会稽（今浙江绍兴）的随王刘诞本打算接受刘劭的任命，但在部属的建议下也改变了主意，转而向刘劭发难。

四月初一，刘骏大军抵达浔阳（今江西九江），刘义宣手下的大将徐遗宝率荆州军前来会合。

两军合兵一处，声势更盛。

刘骏命沈庆之为府司马，总领中军，柳元景率宗悫、薛安都等十二名将领为先锋，顺流而下，直捣建康。

四面皆反，形势严峻，刚登上帝位不久的刘劭面临着空前的危机。

他把起兵诸王在建康的家眷全部抓了起来，打算尽数诛杀，幸亏刘义恭、何尚之等人苦苦相劝，说这样只会坚定讨伐军奋战到底的决心，这才作罢。

随后刘劭紧急召集群臣商议。

萧斌建议主动出击，利用政府军在水师上的优势与讨伐军在长江上决战。

江夏王刘义恭则极力反对，认为应以逸待劳，固守建康。

最后刘劭还是采纳了义恭的意见，他把秦淮河南岸的居民全部迁到了北岸，每日慰劳将士，督造战舰，做好了守城的准备。

事实证明，萧斌的判断是正确的。

他的对手柳元景的心情是非常忐忑的——一路上生怕遇到政府军的水师。

柳元景深知，自己手下的部队本来是去围剿山中蛮人的，大多精于陆战，水军实力很弱，船只也是又小又破，无论是动力、操控、轴距还是载重量都远不如政府军。

水战，对装备精良的政府军水师来说几乎是道送分题，而对他们来说却简直是道送命题！

直到过了芜湖（今安徽芜湖）仍没有遇到阻击，柳元景一颗悬着的心才放了下来，随后他下令弃舟登岸，进抵新亭（今南京西南，濒临长江）。

前见子杀父，后见弟杀兄

一场大战在建康城南爆发。

刘劭深知此战对他的重要性，不仅把所有的主力都投了进去，还亲自登上朱雀门督战，并许以重赏。

在金钱的激励下，政府军个个都像打了兴奋剂一样不要命地往前冲。

讨伐军则在柳元景的指挥下拼死抵抗，但他们毕竟远来疲惫，且人数也居于劣势，时间长了，逐渐开始不支，只能且战且退。

关键时刻，一个关键人物的出手改变了战局。

此人就是政府军阵中的大将鲁秀。

鲁秀是雍州刺史鲁爽的弟弟，胆识过人，谋勇兼备，兵变的时候他正在建康，刘劭对他非常欣赏，大加笼络，任命他为右军将军。可惜刘劭的这种做法只是剃头挑子一头热——鲁秀对他根本就不感冒，虽然表面上对他恭恭敬敬，但嘴里说的是"好的"，心里想的却是"下辈子见"。

鲁秀内心早就打定主意，要找个合适的机会投奔讨伐军，与自己的哥哥并肩作战。

现在见形势对讨伐军不利，他灵机一动，下令击响了退兵鼓。

政府军听到后全都愣了。

眼看大功就要告成了，为什么要半途而废？难道后方出了什么变故？难道是皇帝刘劭心脏病发作上西天啦？他要是死了，我的赏金找谁领啊？

考试开小差，成绩肯定大受影响，打仗开小差，战斗力也必然大打折扣。

柳元景抓住机会，趁势指挥部队发动反攻。

政府军心思根本不在战场上，哪里还有什么战意？

很快他们就溃不成军，掉到秦淮河里淹死的不计其数。

刘劭不甘心失败，又亲自出马，强令退回来的余众再次发动进攻。

然而这些士兵早已斗志尽失，刚一接战就溃败下来，刘劭急了，连续手刃了多名逃兵，却发现这纯属螳臂当车、蚍蜉撼树——根本就是无济于事！

最终政府军大败，主帅萧斌身受重伤，刘劭只身逃回了台城（南朝尚书台和皇宫所在地，故称台城或宫城）。

鲁秀和另两名政府军将领褚湛之、檀和之（檀道济堂弟）则趁乱投奔了讨伐军。

见刘劭的大势已去，一向善于看风使舵的江夏王刘义恭也决定弃暗投明，单枪匹马从建康城中溜了出来，在新亭遇到了刚刚抵达的刘骏和他麾下的大军。

一见到刘骏，他就上表劝进。

在他和众将的拥戴下，24岁的刘骏正式即位，是为宋孝武帝。

此时其余各路军队也纷纷杀到。

雍州刺史臧质率军两万到达新亭，豫州刺史刘遵考则派部将夏侯献之领步骑五千驻在瓜步（今江苏六合东南），随王刘诞的部队也从东面逼近了建康……

刘劭坐困愁城，束手无策，除了把刘义恭留在建康城中的十二个儿子全部杀死泄愤和求神拜佛外，根本不知道做什么。

五月初二，讨伐军发起总攻，一路势如破竹，很快就渡过了秦淮河，攻入了朱雀门。

建康城内早已人心涣散，一片混乱，包括萧斌在内的众多文武官员全都望风而降。

两天后，讨伐军攻下台城，刘濬仓皇逃亡，一时没来得及出逃的刘劭则躲到了武库的井里。

在逃亡的路上，刘濬遇到了五叔刘义恭。

他连忙下马问道：南中郎（刘骏之前曾任南中郎将）现在在干吗呢？

刘义恭把脸一沉，看起来比英勇就义的烈士还要正义凛然：皇上已经顺天应人，君临万国。

刘濬这才反应过来：虎头（刘濬的小名）来得不晚吧？

刘义恭摇了摇头：恐怕已经太晚了。

刘濬还不死心，又问：我不会被判死刑吧？

刘义恭还是面无表情：你自己去皇上面前请罪吧。

有句话是这么说的，谁都觉得自己缺钱，包括不缺钱的，谁都不觉得自己缺德，包括缺德的。

刘濬就是这样，完全没有认识到自己犯了多大的错误，完全没有任何自知之明。

他竟然天真地说出了这么句话：不知能不能赐我一官半职让我继续效力，我虽然愚笨，但也是人才嘛。

刘义恭不耐烦地搪塞道，这可说不准。

第十八章 建康惨案

也许是觉得刘濬这样的垃圾最适合的地方还是地狱，走到半路上，他就把刘濬及其三个儿子全都杀了。

与此同时，刘劭在宫中被讨伐军抓获。

刘骏下令将他及其四个儿子斩首。

临刑前，刘义恭质问他：我有何大罪，你竟杀了我十二个儿子？

刘劭没有辩解，淡淡地回答：这事的确对不住叔父。

包括江湛妻子在内的其他人也在旁边对他破口大骂，刘劭一下子又摆出了皇帝的架子，厉声呵斥道：你们这些人就别烦了！

随后他仰天长叹：想不到我们大宋宗室竟然自相残杀到了这样的地步！

占领建康后的刘骏大开杀戒。

萧斌、殷冲等刘劭的亲信党羽全被诛杀；谋害刘义隆的凶手张超之被掏肠挖心；严道育、王鹦鹉在大街上被鞭打致死；刘劭、刘濬所有的姬妾、女儿悉数被赐死；就连之前曾在盱眙和臧质一起挫败拓跋焘立下奇功的沈璞也因为曾长期担任刘濬的主簿而受到牵连被杀……

当时建康民间流传这样一首民谣：

遥望建康城，小江逆流萦。前见子杀父，后见弟杀兄。

我觉得其实这个民谣还不够全面。

因为除了子杀父，弟杀兄，还有兄杀弟！

刚继位几个月，刘骏就对自己的四弟南平王刘铄下了毒手。

当初刘义隆在位的时候，刘铄仗着父亲的宠爱对刘骏呼来喝去的，很是轻慢，现在刘骏当了皇帝，当然要报这个仇。

以前你对我呼来喝去，现在我要让你见阎罗王去！

不过，刘铄虽然曾在刘劭手下任过伪职，出降得也比较晚，但毕竟没有像刘濬一样主动投靠，而是和建平王刘宏等当时在京城的其他几个亲王一起被挟持的。刘骏想杀他是很难令人心服的。

刘骏想了很久也没找到合适的罪名。

最后他干脆让人在刘铄的食物中下毒，总算除掉了这个让他讨厌的弟弟。

对六弟竟陵王刘诞（本封随王，刘骏上台后改封为竟陵王），刘骏也很忌惮。

由于刘诞是和他一起起兵反刘劭的有功之臣，迫于当时的舆论，刘骏暂时没有动他。

第十九章　内乱不休

不伦之恋

除了刘诞，刘骏眼里还有一个危险人物——南郡王（本封南谯王，刘骏上台后改封为南郡王）刘义宣。

自公元444年起，刘义宣担任荆州刺史已近十年之久，且荆州向来是长江上游第一重镇，兵精粮足，地广人多，刘骏对他很不放心，便在称帝后加封他为丞相、扬州刺史，想将他召回朝中。

然而刘义宣不愿离开自己经营多年的根据地，找出各种理由极力推辞，拒不奉诏，无奈刘骏只好改封他为丞相、荆湘二州刺史，让他继续镇守荆州。

这样一来，刘骏对刘义宣就更担心了。

仅仅几个月后，他的担心就变成了现实——刘义宣反了！

这事的起因，据说和刘骏的私生活有关。

刘骏的好色是出了名的。

相传他竟然和自己的生母路惠男有不伦之恋！

《魏书》中明确记载：骏淫乱无度，蒸其母路氏，秽污之声，布于瓯越——刘骏淫乱无度，与其母路氏通奸，污秽的声名，连瓯越（今浙江温州一带）这样偏远的地方都人人皆知。

而《宋书》写的则要含糊得多：上于闺房之内，礼敬甚寡，有所御幸，或留止太后房内，故民间喧然，咸有丑声。宫掖事秘，莫能辨也——孝武帝在闺房之内，很少有合乎礼仪的行为。他临幸嫔妃有时就留宿在路太后房内，所以民间舆论哗然，名声很坏。皇宫里面的事情隐秘，究竟发生了什么，没人能搞得清楚。

平心而论，在太后房间里临幸嫔妃的说法很难站得住脚——那个时候，路太后在干什么呢？难不成是在旁边看？

从以上记载来看，刘骏和路太后的传闻，似乎很可能是真的。

但也有人觉得这并不可信。

在他们看来，《魏书》以北魏为正统，对南朝一直极力抹黑；而《宋书》的作者沈约因父亲沈璞被刘骏所杀（见上一节），也对他怀恨在心，在自己写的书中常常刻意夸大刘骏的劣迹，因而这事很可能并不存在。

我个人对此也有个疑问：刘骏的性能力堪比种马，在他短短三十多年的人生中，光儿子就生了28个，而路太后在儿子当上皇帝的时候也才四十岁出头，正是如狼似虎的年纪，古代缺乏避孕措施，如果他真的和路太后长期保持不正常的男女关系，难道不会意外怀孕吗？

那么，这事到底是真是假？

对不起，我不知道。

我只能说：宫掖事秘，莫能辨也。

但另一件事却是无可争议的。

那就是刘骏与刘义宣的女儿也就是自己的堂妹乱伦。

刘义宣虽然长期在荆州任职，但却把家眷留在了建康——这也是可以理解的，京城的教育质量相比地方上总归是要高一些的。

他的几个女儿长得都很不错，刘骏居然把她们全部召入后宫，把她们一个个全都临幸了一遍！

中国古代有同姓不婚的规矩，堂兄妹是绝对不能相恋和通婚的，否则就是乱伦——比如《红楼梦》中贾宝玉和林黛玉、薛宝钗这样的表姐妹恋爱完全没有问题，但绝对不可能和贾迎春、贾惜春这样的堂姐妹有任何私情。

因此刘骏的做法在当时社会上引起了极大的非议，街头巷尾到处都在议论纷纷。

酒驾都那么危险，何况酒后造反

刘义宣得知后更是大为气愤，将此事视为奇耻大辱。

我为你登上皇位出了那么大的力气，我的女儿你竟然都不放过！

是可忍，叔不可忍！

就在此时，他接到了江州刺史臧质的一封密信。

臧质在信中说，如今少主（指刘骏）失德，臭名远扬，谁还肯为他尽力？明公您声威远播，四海归心，如果您和我两人联手，就已经有了天下大半，即使韩信、白起再世，恐怕也救不了朝廷了！

臧质之所以会这么做，当然有他的用意。

前面说过，他是个极不安分的人，信奉的是"生命不息，折腾不止"。

这几年他屡建战功，盱眙一战挫败拓跋焘数十万大军，更是让他的人气日益增长，他的野心也日益膨胀，甚至开始做起了皇帝梦。

但他也知道，刘宋已经立国三十多年，基础深厚，如果直接篡位很难被国人接受，便决定先扶持一个傀儡上位，自己做幕后主宰掌握朝政，待时机成熟后再走上前台，取而代之。

而刘义宣身为皇叔，和他又是儿女亲家（臧质的女儿嫁给了刘义宣之子刘采之），关系极为亲密，更重要的是，此人头脑简单，智商不高，一激就冲动，一骗就上当，一捧就不知自己几斤几两，一吓就六神无主任人摆布。用刘义宣做傀儡，就相当于用硬质合金来做刀具、用云淡心远这样的天下第一帅哥来演古代美男兰陵王——实在是太合适不过了。

事实上，早在起兵反刘劭的时候，他就有了拥立刘义宣为帝的打算，只不过因为被刘骏抢了先，计划才没有实现。

现在得知刘义宣因为他的女儿们被辱而和刘骏产生了不可调和的矛盾，他立即意识到这是个千载难逢的好机会。

于是便有了这样的一封信。

当时正在气头上的刘义宣就跟爆竹一样一点就着，看了臧质的信，他顿时心荡神驰，热血沸腾，马上就动心了。

他的两个心腹——参军蔡超、司马竺超民也极力赞成。

起兵的决策就这样定了下来。

豫州（治所今安徽寿县）刺史鲁爽和刘义宣、臧质的关系都不错，兖州（治所今山东邹县）刺史徐遗宝则是刘义宣的旧部，要造反，这两个人当然要争取。

公元454年年初，刘义宣派密使带着自己的亲笔信与他们联络，商定当年秋季一起起事。

不出刘义宣所料，鲁爽果然爽快地答应了。

问题是，他实在是太爽快了——快到让刘义宣措手不及！

原来，鲁爽这个人酗酒成性，使者到来的时候他正喝得酩酊大醉，看信的时候根本就没注意到刘义宣所写的时间。

刘义宣让他到秋天再发动，他居然当天就发动了！

他下令改元建平，登坛誓师，宣布起兵，还把一件缝好的龙袍和一封拟好的诏书送给了刘义宣：丞相刘义宣递补为天子，车骑将军臧质递补为丞相，平西将军朱修之递补为车骑将军……

不得不说，这个鲁爽实在是太鲁莽了，年号是他能改的吗？诏书是他能下的吗？皇帝是可以递补的吗？……

酒后驾车都是那么危险，何况他是酒后造反！

见到鲁爽送来的文告后，刘义宣惊得差点心脏病发作。

事已至此，尽管还没来得及做好准备，他也不得不仓促动手了。

他和臧质联名上表，宣称要清君侧。

兖州刺史徐遗宝也率军南下，进攻彭城（今江苏徐州）。

鲁爽的弟弟司州刺史鲁秀领兵来到江陵，与刘义宣合兵一处。

鲁秀之前从未和刘义宣打过交道，这次见到他后大失所望，叹息道：我竟然要和这样的傻瓜一起造反，我哥哥这次害惨我了！

但现在后悔显然已经来不及了，他只能硬着头皮上了刘义宣的贼船。

对前景感到悲观的，除了鲁秀，还有一个人——建康城内的孝武帝刘骏。

刘骏此时即位还不到一年，在朝中的根基还不稳固，得知荆州、江州、豫州、兖州四州同时造反，一时也有些措手不及。

他找来几个亲信大臣商量，试探性地说：算了，干脆还是把皇位让给南郡王吧，免得生灵涂炭……

竟陵王刘诞坚决反对：这个位子怎么可以让给别人！

刘骏这才下定了抵抗到底的决心。

他任命领军将军柳元景为主帅、统领左卫将军王玄谟等人，前去抵抗叛军。

柳元景派王玄谟进驻梁山洲（今安徽和县一带长江中的一个沙洲），他自己则领兵驻在长江南岸的姑孰（今安徽当涂），修建营垒，做好了迎战的准备。

与此同时，刘义宣也正式发兵了。

他命儿子刘恺与司马竺超民留守江陵，自己亲率十万大军从江陵顺江东下。

船队绵延百里，舳舻相继，声势极为浩大。

但刚一出发，坏消息就一个接一个地传来。

先是原本被他认为是自己人的雍州刺史朱修之突然变卦，宣布效忠朝廷。

雍州治所襄阳离江陵仅四百里，为避免老巢有失，他只好分给鲁秀一万兵马，让他前去攻打朱修之。

接着他又听说，益州刺史刘秀之不仅没有响应他起事，还斩杀了他派去的使者。

随后传来的消息更是让他大失所望——他的同党兖州刺史徐遗宝被徐州长史明胤等人击败，狼狈投奔了鲁爽……

一开始就诸事不顺，刘义宣不由胆战心惊起来。
但造反这条路就和高速公路一样，一旦上路就不可能停车，更不可能掉头，他就是再后悔也只能沿着这条不归路一条道走到黑了。
三月底，他的船队抵达浔阳（今江西九江），和臧质的江州军团会合。
之后他以臧质为前锋，继续沿长江向下游挺进。

江北的鲁爽闻讯也引兵南下，打算与他们一起合击建康。
没想到在历阳（今安徽和县）他遇到了政府军大将薛安都、宗越等人的阻击，一时无法前进。
无奈，鲁爽只好退守大岘山，并让其弟鲁瑜驻于小岘山（两山均在安徽含山境内），互为犄角。
此时的他远离自己的根据地寿阳，进退失据，处境异常尴尬。
刘骏果断决定：抓住机会，吃掉这支孤军。
他立即命镇军将军沈庆之率中央军主力渡江北上，督率薛安都等众将，对鲁爽发动突袭。

得知政府军大举来攻，加之部队缺粮，鲁爽意识到了危险，连忙下令撤军。
他亲自领兵断后。
沈庆之派薛安都率轻骑兵追击。
很快薛安都就追上了鲁爽。随后他大呼一声，挺矛就刺。

鲁爽虽然以勇猛著称，号称万人敌，但他的酒瘾实在太大了——只要几分钟不喝酒就浑身难受，上个茅房都要一手拿手纸一手拿酒杯。
这次战前，他又喝了不少酒。
酒也许可以助胆，却绝对不可能助战。
醉酒后的他也未必打得过一个普通的将领。
何况是武艺本就不在他之下的薛安都？
仅仅一个回合，他就被薛安都刺于马下。
主帅阵亡，叛军顿时全都失去了斗志，很快就溃不成军，鲁爽的弟弟鲁瑜也死在了乱军之中，徐遗宝则在逃亡的路上为百姓所杀。

战后，沈庆之派人把鲁爽的人头送给了刘义宣，还附上了这样一段文字：
最近在下的辖区内有贼人造反，我带着一支小部队前去征讨，兵锋一到贼帅鲁爽便伏诛了，听说南郡王和此人交情很好，我这个人向来就善解人意，所以特意将他的首级送给您。

愿君多观看，此物最相思！

南湖水怪

刘义宣不由得大为恐慌。

而此时他收到的另一封信更加让他心乱如麻。

信是他的五哥刘义恭写的：

当年殷仲堪轻信桓玄，与他联兵，反被桓玄所杀；王恭对刘牢之推心置腹，视其为心腹，却遭刘牢之背叛。臧质从小就轻薄无赖，这家伙说过的谎比你说过的话还多，骗过的人比你见过的人还广，你可一定要提防他啊，记住，千万要防火防盗防臧质，千万别像殷仲堪、王恭那样被身边人卖了。

刘义宣是个没有主见的人，顿时觉得五哥说得不无道理。

原本在他的心目中，臧质是他值得倚仗的靠山，而现在却感觉成了随时可能吞噬他的火山！

他再也不敢轻易相信臧质的话了。

而臧质却不明就里，在舰队抵达芜湖（今安徽芜湖）后，他向刘义宣献计说，现在朝廷的精锐大多在梁山、姑孰一带，如果您以万人的兵力佯攻姑孰的柳元景，再拨一部分兵力牵制住梁山的王玄谟，我乘机率精锐直捣建康，大事必成。

刘义宣本打算答应，但想到刘义恭信中的那些话，又有些迟疑：这个……这个……还是容我再考虑考虑吧。

臧质走后，他的心腹刘谌之偷偷对他说，我们在这里做苦力拖住朝廷大军，臧质却去京城摘桃子；我们在这里难受，臧质却到京城享受。脏活累活我们干，荣誉功劳全归他，他可真会占便宜！绝不能让他得逞，我看还是稳扎稳打全力进攻梁山比较好。

刘义宣忍不住连连点头：与我心有戚戚焉！

他当即拍板，否决了臧质的提议。

无奈，臧质只好先打梁山洲。

政府军在梁山建有东西两个城池，叛军先打西城。

当时西南风急，叛军在臧质的指挥下顺风急攻，西城守将刘季之抵挡不住，连忙向驻在东城的主将王玄谟求救。

没想到王玄谟不但畏敌如虎，还小气如葛朗台，根本舍不得派兵去救，后来经部下再三劝说，才不得不忍痛割爱，拿出了少量兵马前去救援。

然而已经来不及了，西城最终被叛军攻陷。

见西城失守，王玄谟吓坏了。
好在这时有援军来了——薛安都、宗越等将领奉主帅沈庆之的命令率军从江北赶到了梁山前线。
大概是援军来的人数不太多。兵到用时方恨少，王玄谟还是很害怕——他的安全意识极强，就连晚上睡觉都会自觉系好安全带。
他派人向驻守在姑孰的主帅柳元景请示：如今敌强我弱，梁山看来是守不住了，我打算撤到姑孰，与您合兵一处，共同御敌。

柳元景知道这个厌货又想开溜了，当即斩钉截铁地表示：贼军气势正盛，你绝对不能退，否则后果不堪设想，我马上率全军来增援你。
旁边的辅国将军垣护之提醒说：贼军以为将军您手握重兵，才不敢贸然攻击。但实际上您的麾下不过数万人，如果全军出动，兵力虚实必然暴露无遗，不如分兵去救。
柳元景采纳了他的建议，随后留下部分兵力防守大营，自率精锐主力前去救援梁山。
一路上，他命令部下虚张声势，广布旗帜。
见援军规模庞大，梁山守军的军心这才安定下来。

五月十八日，决战开始了。
臧质、刘谌之等人率叛军主力进攻梁山东城，刘义宣则统领水军顿兵梁山洲西岸。
王玄谟和薛安都、宗越等人一起出城迎战。
薛安都一马当先，率精骑向叛军猛冲，所到之处如超强台风般摧枯拉朽，瞬间就将叛军的右翼冲得七零八落，斩杀叛军主将之一刘谌之。
在薛安都的带动下，政府军士气大振，宗越等将领乘势率部出击，大败叛军。

与此同时，垣护之率水军向留在西岸的叛军水师发起了攻击。
臧质和叛军多数将领都不在，留守的是刘义宣。
他之前一直生活在深宫之中，不要说战场了，连菜场都没上过，怎么可能是宿将垣护之的对手？
垣护之借助风势，纵火焚烧叛军战舰，一时间烈焰冲天，叛军船只以及西岸的营垒大多化为灰烬。
刘义宣吓得屁滚尿流，慌忙带着少数亲随登上小船仓皇西逃。

第十九章　内乱不休

不多时，臧质败退到了西岸，见水军已灰飞烟灭，刘义宣又不见踪影，也知道自己大势已去：算了，还是跑吧！

他先是逃回了老巢浔阳，接了自己的姬妾——真不愧是中国好丈夫，随后继续向西逃窜，前去投奔他的旧部西阳（今湖北黄冈）太守鲁方平。

然而鲁方平是个识时务的俊杰，信奉追涨杀跌的散户哲学，因而根本就不认他这个老上级——不仅闭门不纳，还痛骂他是个丧家的野心家的乏走狗！

臧质只好仓皇离开，打算到武昌（今湖北鄂州）去找自己担任太守的妹夫羊冲，没想到又扑了空——到了武昌城下他才知道羊冲已被手下杀死。

这下他再也没处可逃了。

更严重的是，他再也没时间可逃了——因为追兵已经迫近了！

他只能仓皇逃到了武昌附近的南湖。

追兵一来，他就用荷叶盖住自己的头，全身沉入水中，只露出鼻孔呼吸；追兵一走，他就浮出水面，采摘湖中的莲子充饥。

尽管行踪如此诡秘，没过多久他还是被发现了。

当地人纷纷传说，新疆有喀纳斯湖水怪，武昌有南湖水怪。

这大大调动了吃瓜群众的好奇心，每天都有大批人到南湖搜寻水怪……

臧质的藏身之所就这样暴露了！

政府军闻讯迅速赶来，将他乱刀砍死。

而这时刘义宣还在逃亡的路上。

在途经江夏（今湖北武昌）时，他听说朝廷已经占领了长江中游的要地巴陵（今湖南岳阳），截断了通向江陵的水道，无奈只好弃舟登岸，与仅剩的十几个亲随一起徒步前行。

从小养尊处优、一向豪车代步的他哪里吃得了这样的苦，很快他脚上的肉就被磨破了，根本无法走路，好在左右还算给力，找到了一辆破车，他这才得以狼狈回到了江陵。

当时江陵城中还有万余名包括鲁秀在内的忠于他的将士。

鲁秀前不久奉刘义宣之命攻打雍州，后听说忠于朝廷的益州刺史刘秀之派部将韦山松偷袭江陵，又紧急回军，斩杀了韦山松，力保江陵不失。

鲁秀、竺超民等人劝刘义宣不要放弃，重整旗鼓，与政府军再次决战。

刘义宣的亲信翟灵宝还特意为他写了篇稿子，让他给将士们训话，以鼓舞士气。

不怕神一样的对手，就怕猪一样的领导——刘义宣竟然连稿子都念不了，把"汉高祖百败，却终成大业，项羽千胜，却亡命乌江"念成了"项羽千败，却终成

237

大业……"！

台下的将士忍不住哄堂大笑。

本来想激励别人，没想到如此丢人，刘义宣更加沮丧了。

从此，他再也不敢出来见人，每天都宅在家里，醉生梦死。

他知道自己的日子已经不多了，他知道自己下辈子不一定能投到这么好的胎了，他知道自己必须要抓紧最后的时间及时行乐了。

他家里还有上千种美酒，很多还没有尝过；他家里还有上千个美女（史载刘义宣极其好色，姬妾不下千人），很多还没有见过。

他不断地加班加点享乐，一会儿美酒一会儿佳肴，一会儿婷婷一会儿菲菲……

在这样的困境下，跟着这样的领导能有前途吗？

部众们纷纷离去。

鲁秀也失去了信心，决定离开江陵，投奔北魏。

刘义宣听说这个消息后，心里又燃起了一丝生的希望，他想跟着鲁秀一起走。

他在自己的众多姬妾中选出了五个爱妾，让她们换上男装，随后带上她们以及他最喜欢的儿子刘愔一起出逃。

此时江陵城早已陷入了无政府状态，乱象横生，盗贼遍地，刘义宣胆战心惊，从马上摔了下来，一眨眼的工夫马就被抢走了，无奈只好步行。

幸亏他遇到了前来为他送行的竺超民，竺超民把自己的马让给了他，护送他出了城。

不过刘义宣一行在城外一直转悠到半夜也没找到鲁秀，只好又回到了空空如也的府第中——家里的人跑光了，财物也被搬光了。

刘义宣又饿又慌，好不容易挨到了天亮，竺超民又来了。

不过，这次不是来救他的，而是来抓他的。

真是翻脸比翻身还快，昨天还是那么忠心耿耿，今天却是那么磨刀霍霍：弟兄们，给我把反贼刘义宣拿下！

刘义宣就这样被关进了监狱。

他瘫坐在地，不停地长叹：臧质这个老奴才误了我！

此刻他的心中显然充满了后悔，是啊，他实在太不自量力了，明明只是56公斤级的选手，偏要挑战105公斤以上级的杠铃，除了被当场压趴下，还能有什么结果！

刘义宣落网的同时，鲁秀也回到了江陵。

他离开后没走多远部下就逃亡殆尽，无奈只好又拨马返回。

但竺超民却不让他入城，城上乱箭齐下。

鲁秀走投无路，心灰意冷，只好投水自尽。

不久，刘骏任命的新任荆州刺史朱修之率部进驻江陵，下令将刘义宣与他的十六个儿子及其同党竺超民、蔡超等人悉数诛杀。

数日后，刘骏的诏书也到了，要求赐刘义宣自尽——然而此时刘义宣早已身首异处多时了！

第二十章　誉之则为明主，毁之则为昏君

寒人掌机要

刘义宣之乱平定后，刘骏的皇帝位子终于坐稳了。

应该说，在继位之初，他还是颇想有一些作为的。

他想要的，不仅是漂亮的女人，还有漂亮的业绩！

这一点从他进入建康后的一次举动就可以看出来——他把自己称帝时的所在地新亭，改成了中兴亭，以表达他的中兴之志。

由于宋文帝刘义隆晚年发动北伐，造成国库空虚，他一上台就下诏要求"薄己厚民、去烦从简"。

在经济上，他出台了一系列举措，要求减免赋税、劝课农桑、抑制兼并、赈济灾民、限制士族封山占水、禁止皇亲显贵经商逐利……

同时他还继刘裕之后再次推行土断，解决了原先"义熙土断"时的遗留问题——南徐州（治所今江苏镇江）二十二万户侨民所享受的免租特权都被取消。

政治上，他大力加强中央集权。

为了削弱地方势力，他将地广兵强、号称"江左第一大州"的荆州一分为三，先是分出荆州南部的长沙等八个郡设立湘州（治所长沙，今湖南长沙），接着又分出荆州东部的江夏等五个郡，与湘州、豫州、江州的各一部分设立郢州（治所夏口，今湖北武汉），从此，曾经出过王敦、桓温、桓玄等众多权臣的荆州实力大减，再也无法对建康的中央政府造成威胁。

接下来，他又对和荆州并称荆扬二州的扬州动手——把会稽等浙东五郡从扬州分了出来，设置东扬州（治所会稽，今浙江绍兴）。

对政府结构和人事制度，他也进行了大刀阔斧的改革。

改革的宗旨只有一个：抑制门阀士族，彻底扭转数百年来士族把持朝政的政

治局面。

为此，刘骏不惜大力擢拔寒门高才出任要职。

在军界，他最倚重的是沈庆之和柳元景。

沈庆之早年在家种地，目不识丁，父祖的名字史书都没记载，是货真价实的无名之辈，基本属于社会底层；而柳元景的家世虽然比沈庆之强一些，但作为南渡较晚的北人，在南方的政治地位也不高。

在刘骏当政期间，两人先后因军功被提拔为三公，门第也由此跻身高门。

除了沈、柳二人外，刘骏早期最信赖的心腹还有颜竣、颜师伯、戴法兴等人。

颜竣是著名文学家颜延之之子。刘骏和他的渊源极深，刘骏在外就藩的时候，他一直担任自己的主簿。刘骏多年来走到哪里就把他带到哪里，算是自己的贴身秘书。

讨伐刘劭的时候，刘骏正好得了重病，无法理事，一切都由他代为决断，大到政务军务，小到给刘骏提供洗脚服务，甚至连为宋文帝刘义隆哭灵都是他代劳的——不知刘义隆如果泉下有知会有什么感想。

刘骏登基后，颜竣自然备受重用，先后出任侍中、吏部尚书、丹阳尹等多个要职。

颜师伯是颜竣的族兄，刘骏在徐州时他曾担任过参军。

此人别的本事不怎么样，拍马屁的水平却是一流，刘骏不舒服他能哄舒服，刘骏不开心他能哄开心，刘骏不痛苦他能哄痛苦……不好意思，是刘骏不痛快他能哄痛快。

因此刘骏对他极为宠爱，还曾专门向父亲刘义隆举荐颜师伯，想让他担任中郎府主簿，但刘义隆不知是认为他出身太低还是认为他人品不好，没有批准。

现在刘骏当了皇帝，当然是想要什么就是什么，喜欢谁就是谁。颜师伯从此扶摇直上，从黄门侍郎开始做起，短短几年就升为青、冀二州刺史，成了举足轻重的封疆大吏。

如果说颜竣、颜师伯的出身还可以算是庶族，那么戴法兴就只能算是纯底层人物了。

他早年当过小贩，后来成了尚书省仓库的一名记账员。他虽然地位低，文采却很高，写的文章很有名气，当时执政的彭城王刘义康便让他担任自己的记室令史。刘义康垮台后，他又被刘骏看中，任用为记室掾（掌管文书的佐吏）。

刘骏继位后，戴法兴被提拔为中书通事舍人，负责传达诏命，传递奏章。

和他一起担任这一职务的，还有一个同样出身低微却才华横溢的巢尚之。

中书舍人虽然品级不高，但和皇帝的接触却是最多的，因而凭借刘骏的信任，戴、巢两人对朝政有极大的发言权，无论大事小事，刘骏都要与他们商议后再决定。以至于当时流传着这样一句话：办事只找戴法兴……

而士族出身的尚书令、尚书仆射等高官则只剩下了签字权，几乎沦为了摆设，从之前的男一号变成了现在的跑龙套。

贯穿后来整个南朝的"寒人掌机要"的局面至此全面形成。

除了在中央重用寒门，在地方上刘骏也同样如此。

他创造性地发明了"典签控州镇"的制度。

典签本来是州府处理文书的小吏，故多由寒人担任，刘骏为了加强对地方军政的控制，各州镇派驻的典签大都为他的心腹，并授以监督刺史之权，且可以直接向皇帝汇报。

这样一来，多由士族担任的州镇刺史的职权也大为削弱。

通过"寒人掌机要""典签控州镇"等一系列措施，刘骏基本上架空了世家大族，把权力牢牢地掌握在了自己的手里，实现了他"不欲威柄在人，亲览庶务"的目标。

他创立的这些制度，大多被此后的南朝齐、梁、陈三朝所延续，对以后的历史产生了深远的影响，因此很多史家都将他视为南朝政治格局的真正开创者。

从刘骏开始，南朝的皇权大大增强，士族专权的时代从此一去不复返了。

毫无疑问，刘骏是个魄力非凡的改革家。

在他的眼里，无论是行政区划还是规章制度，无论是祖宗之道还是与母亲、堂妹的相处之道，几乎没有什么是不能推翻的，没有什么是不能改变的。

除了一样东西。

观念。

那个自汉末以来延续了近三百年的士庶有别的观念。

那个王阳明在他的名言"撼山中贼易，撼心中贼难"中称为"心中贼"的东西。

在刘骏当政时期，曾经发生过一个著名的事件。

此事的两个主角分别是王僧达和路琼之。

王僧达出自南朝顶级高门琅琊王氏，是东晋名臣王导的玄孙、刘宋开国重臣王弘的儿子。他不仅出身望族，心气也极高。刘骏登基后，为了装点门面，特意封他为尚书右仆射，相当于副宰相，但王僧达却并不满意，公然宣称：亡父亡祖，司徒司空——我的父亲王弘祖父王珣，都做到了司徒司空这样的三公，我凭什么只能当个尚书右仆射！

而路琼之则是刘骏母亲路太后的侄孙，官拜黄门侍郎，与王僧达是邻居。

有一次，路琼之专程上门拜访王僧达。

落座之后，路琼之侃侃而谈，颇为兴奋。

也许在他看来，作为当朝外戚，自己和王僧达完全可以平起平坐，甚至更胜一筹——王僧达的靠山，不过是他的长辈，而自己的靠山，是皇帝的长辈！

然而，在王僧达看来，他本人是天生贵胄的名公子，路琼之只是下人出身的土包子。

这样的人，无论多有钱，也只是个让人看不起的暴发户。

血统是区分贵贱的唯一标准。

一只杂种的土狗，就算吃再贵的狗粮、穿再名牌的狗鞋、住再大的狗窝、烫再美的狗头，也不可能变成纯种的名犬！

因而路琼之说了半天，王僧达根本都不理他，只是甩出了这样一句话：我家当年有个马夫叫路庆之，是你的什么人哪？

此话一出，本来滔滔不绝的路琼之一下子无语了，感到无比的尴尬——比上厕所正畅快时突然发现没带纸还要尴尬！

因为，路庆之正是他的爷爷，也是路太后的哥哥！

他当即愤然离去。

更让他难以接受的是，他刚起身，王僧达就当着他的面吩咐下人，命令把他刚刚坐过的床榻扔出去烧掉！

遭遇这样的奇耻大辱，路琼之当然不可能善罢甘休，马上就去找路太后告状。

路太后哭着对刘骏说，我尚在人世，就有人这么欺负我们家，等我死了，路家的人岂不是要去讨饭！

没想到刘骏反而怪罪路琼之：琼之年少不懂事，没事跑到王僧达家里去，这不是自取其辱嘛。王僧达是贵家公子，这点小事我怎么可以治他的罪！

话虽如此，刘骏对王僧达到底还是怀恨在心，后来终于找了个机会，诬陷他牵涉一起谋反案，将他杀了。

不过，从刘骏回复母亲的说辞中，我们也可以看出，他还是没有足够的底气去打破那个横亘在自己面前的士庶界限。

他做的，只是不断地向士族靠拢——就像铁钉向磁铁靠拢一样。

在参观其祖父刘裕旧居时,他说的一句话就充分反映了他的心理。

见里面的器物极为鄙陋,侍中袁𫖮(yǐ)盛赞刘裕简朴的美德,而刘骏却一脸的不以为然:田舍公得此,以为过矣——一个庄稼汉能够这样,我觉得已经够可以的了!

我想,几年后刘裕在九泉之下见到这个忘本的孙子,一定会给他一个大嘴巴子!

当然,尽管有着这样那样的缺点,但我们也必须承认,刘骏在执政的中前期确实做出了不少的成绩。

政治上如此,军事上同样如此。

公元458年十月,北魏军突然南下,骚扰刘宋的青州(今山东东北部)一带。

宋军在青冀二州刺史颜师伯、积射将军殷孝祖、振威将军傅乾爱、司空参军卜天生等人的带领下奋起反击,不仅粉碎了魏军染指山东的图谋,还收复了济水以北的部分领土。

此战虽然规模不大,意义却颇为重大——这是数十年来刘宋军队对北魏取得的首次胜利。

手足相残

在取得这些成就的同时,刘骏的脑子里也从来没有放松另一根弦——对宗室的防范。

刘骏共有18个兄弟(刘义隆有19个儿子),刘劭、刘濬、刘铄相继遇害后,在世的还有12人(另有三人早死),分别是竟陵王刘诞(刘义隆第六子)、建平王刘宏(刘义隆第七子)、东海王刘祎(刘义隆第八子)、义阳王刘昶(刘义隆第九子)、武昌王刘浑(刘义隆第十子)、湘东王刘彧(刘义隆第十一子)、建安王刘休仁(刘义隆第十二子)、山阳王刘休祐(刘义隆第十三子)、海陵王刘休茂(刘义隆第十四子)、鄱阳王刘休业(刘义隆第十五子)、桂阳王刘休范(刘义隆第十八子)、巴陵王刘休若(刘义隆第十九子)。

兄弟多了,什么怪人都有。

比如他的十弟刘浑。

刘浑人如其名,做事比较浑,有一次他和下属开玩笑,自称楚王,还改元永光。

按说此时刘浑才17岁,年轻不懂事,批评教育一下就得了,但刘骏却非要上纲上线,得知此事后立即就下令将其赐死。

由此可见刘骏对自己的兄弟是多么无情!

不过，在刘骏上台的时候，他那些弟弟大多还未满18岁，最小的甚至只有6岁，成年的只有竟陵王刘诞（刘义隆第六子）、建平王刘宏（刘义隆第七子）两个。

刘宏为人谦虚，处事谨慎，且生性淡泊，从来没什么非分之想，因此虽然他名望不低，但刘骏从来不将他视为威胁，对他非常客气。

刘宏在朝中先后担任中书监、尚书左仆射、尚书令等要职，地位颇高。

公元458年，刘宏因病去世，年仅25岁，死后备极哀荣，刘骏还亲自为他撰写墓志铭。

真正令刘骏忌惮的，只有刘诞一人。

如果说刘宏的特点是书生气，那么刘诞的特点就是霸气。

刘诞性情豪爽，做事高调，不仅喜欢结交文人武士，还酷爱收藏各种兵器。

他曾经参与过元嘉末年的北伐，在讨伐刘劭和刘义宣的两次战争中更是功勋卓著，为刘骏出了不少力，尤其是在刘义宣造反时，刘骏都有点顶不住了，靠着刘诞的激励才重新树立了信心，最终讨平了叛乱，坐稳了皇位。

刘诞也因功被封为侍中、骠骑大将军、扬州刺史。

但刘义宣之乱平定后，刘骏就逐渐疏远了刘诞。

是啊，在关键时刻，皇帝的弟弟表现得比皇帝更坚定更有主见，这就相当于在婚礼上伴娘打扮得比新娘更漂亮更光彩夺目，这是绝对不能被接受的！

刘诞不傻，当然也知道皇帝的心思。

为了消除刘骏对他的猜忌，他联合自己的五叔刘义恭一起上书，主动提出了抑制宗室亲王的九条建议。

然而刘诞这一举动，似乎并未收到什么效果。

他在朝中的地位是一年不如一年。

他先是被改任为南徐州（治所京口，今江苏镇江）刺史，离开了权力中心建康；仅仅过了两年，他又被调到了更偏远的位于江北的广陵（今江苏扬州），出任南兖州刺史。

我脑海中仿佛浮现出了这样的画面：

刘诞：三哥，你喜欢我哪一点？

刘骏：我喜欢你离我远一点！

三哥，你喜欢我哪一点？

我喜欢你离我远一点！

刘诞　　　刘骏

短短几年时间，从一线城市建康，到二线城市京口，再到三线城市广陵，再这样下去，岂不是只能去深山老林！

刘诞终于明白了，他的退让，只会换来刘骏的步步进逼！

毫无疑问，刘骏迟早会对自己动手！

年轻气盛的他当然不会甘心坐以待毙，他开始为即将到来的摊牌做准备。

正好那年年底北魏入侵，刘诞便以加强战备为由，下令修筑城池，疏浚护城河，积蓄粮食，打造武器。

他这么一弄，立即引起了别人的警觉。

毕竟，虽然前方有战事，但那是在青州，离广陵有千里之遥！

也许在刘诞看来，他的做法之前也不是没有先例——八年前沈璞也是在远离前线的盱眙提前整军备战，才创下盱眙保卫战奇迹的。

但他忘了至关重要的一点——他和沈璞有着天壤之别！

沈璞只是无人关注的小吏，而他却是备受猜疑的皇弟！

刘诞手下的记室参军江智渊嗅觉颇为敏锐。

他嗅到了刘诞的用意，也嗅到了自己发达的机会，便偷偷溜回建康，向皇帝刘骏告发，说刘诞有异心。

刘骏马上决定先下手为强。

一般来说，在封建社会，皇帝总是很容易心想事成的。

第二十章 誉之则为明主，毁之则为昏君

皇帝想要祥瑞，保准有人会送祥瑞；皇帝想要政绩，肯定有人会在统计报表上做手脚；哪怕皇帝想要看人吃屎，只怕也会有人当场吃给他看……

现在皇帝需要刘诞的罪证，当然也不可能落空。

很快，一封封针对刘诞的举报信被送到了有关部门。

有的说刘诞搞僭越。有的说刘诞搞巫蛊。有的说刘诞搞破鞋……

有关部门奏请将刘诞治罪。

刘骏当即下令贬刘诞为侯爵，同时迁到封地严加看管。

不过他也知道这个弟弟性情刚烈，绝不可能乖乖就犯，便玩了个花招——他任命义兴太守垣阆为新任兖州（治所今山东兖州）刺史，派自己的心腹戴明宝带着数百名羽林军精锐护送他前去赴任，打算在路过广陵时突然发难，将刘诞一举拿下。

很快，垣阆一行就来到了广陵附近。

为了万无一失，戴明宝派人偷偷进城联络典签蒋成，让他次日打开城门，与自己里应外合。

前面说过，典签是刘骏安插在各州用来监视刺史的心腹。蒋成马上答应了，并告知了他的手下许宗之。

没想到许宗之竟然是刘诞的卧底，刘骏精心策划的偷袭计划就这样被泄了密！

刘诞立即召集将士，做好了迎战准备。

当垣阆等人来到广陵城下的时候，看到的是紧闭的城门、戒备森严的军队以及全副武装的刘诞！

垣阆知道大事不好，连忙掉转马头想跑，但哪里还来得及！

刘诞一声令下，大军蜂拥而出，很快就以优势兵力全歼了垣阆所部，只有戴明宝侥幸逃脱。

既然双方已经撕破了脸，接下来只能真刀真枪地干了。

刘骏任命老将沈庆之为新任南兖州刺史，督率大军讨伐刘诞。

刘诞也传檄天下，号召各州郡与他共同起兵，反对刘骏。

然而此时刘骏已经当了近六年皇帝，统治早已十分稳固，明眼人都知道刘诞造反成功的可能性太小，因此刘诞发出去的檄文大多石沉大海，几乎无人响应。

唯一支持他的，是他之前的旧部司州刺史刘季之，但旋即就被斩杀。

尽管实力相差悬殊，但倔强的刘诞还是不愿认输。

他将城外的民房全部烧毁，居民全部迁到城内，坚壁清野，决定死守广陵城。

就算注定要覆灭，也要死得轰轰烈烈！

很快，沈庆之率大军来到了广陵城下。

刘诞在城头对他说：沈公你都满头白发了（沈庆之当时已经74岁了），何必还要来这里受苦呢？

沈庆之知道他在嘲讽朝廷无人可用，便笑着答道：皇帝认为像你这样狂妄愚蠢的人，根本不值得烦劳青壮年，只要我这种老朽出马就绰绰有余了。

为争取人心，削弱官军的斗志，刘诞把一封亲笔信投到城外。

在信中，他一方面阐明了自己起兵的正义性——他之所以要反，纯粹是为了自保，纯粹是迫不得已，绝不是存心叛乱。另一方面又大肆宣扬他本人的种种功劳和刘骏的斑斑劣迹——他是大英雄，刘骏是大淫虫；他是纯洁的小白兔，刘骏是凶恶的大灰狼；他为了国家不惜流血汗，刘骏为了害人不惜下三烂……

在全文的最后他写道：臣有何过，复致于此。陛下宫闱之丑，岂可三缄——我有什么过失，要这样对我。陛下后宫的那些丑事，我岂能沉默不语！

他的意图非常明显：既然难以把你的肉身搞死，那我就把你的名声搞臭！

这彻底惹毛了刘骏。

他恼羞成怒，下令把刘诞所有党羽和留在建康的所有亲属全部诛杀，随后又大举增兵，命豫州刺史宗悫（què）、徐州刺史刘道隆、兖州刺史沈僧明等人率部与沈庆之会合，一起攻打广陵。

宗悫是当时朝中仅次于沈庆之、柳元景的第三号大将。

也许你对他的名字并不熟悉，但与他有关的一句成语你一定耳熟能详：乘风破浪。

这源于他小时候的一个故事。

当时他的叔父问他将来的志向，他豪气冲天地回答：愿乘长风破万里浪！

长大后的宗悫，用他的实际行动证明了自己不是吹牛皮而是真牛。

他在讨伐蛮人、平定刘劭等一系列战事中屡建奇功，成为闻名遐迩的一代名将。

可能宗悫之前和刘诞的关系还算不错，为了给部队打气，刘诞曾多次在下属面前拍胸脯保证，说宗悫肯定会帮他的。

不料宗悫抵达前线后，竟然骑马绕城一圈，对着城头高喊，我乃宗悫，前来讨伐逆贼刘诞！

这下刘诞的谎言不攻自破，城中士兵的士气也更加低落。

刘诞本人也非常失望，原本死守广陵的决心开始动摇。

他带着数百亲信出城北逃，打算投奔北魏。

没想到沈庆之早就料到了这一点，早就在前方安排了人马堵截，刘诞无路可走，无奈只好又回到了城内，像等待宣判的犯人一样惴惴不安地等待着最后时刻的到来。

好在天气帮忙，把他的死刑变成了缓期执行。

当时正值雨季，暴雨不断，平地积水三尺，沈庆之的大军连架锅做饭都成问题，怎么可能架云梯攻城？

但刘骏却不停地派人催促，要他马上发起攻击。

无论沈庆之怎么强调客观困难：雨太大啦，路太滑啦，出门五分钟感冒一礼拜啦……刘骏的回答都是蛮不讲理的"我不管我不管我不管！"——就仿佛我每次和我老婆吵架，无论我怎么苦口婆心地跟她讲道理，她都会蛮不讲理地以"我不管我不管我不管"来回应我一样。

转眼到了七月，刘骏终于再也忍受不了了，扬言要御驾亲征，亲自出马讨伐刘诞。

幸亏太宰刘义恭苦苦劝谏，他才勉强同意取消了行程。

这样一来，沈庆之的压力更大了。

天一放晴，他就立即下令对广陵城发动总攻。

他本人也身先士卒，亲冒矢石，坚持冲杀在第一线。

见年过古稀的主将依然如此奋勇，政府军斗志倍增，几天后终于攻克了广陵外城，接着又乘胜攻入内城。

刘诞仓皇出逃，被沈庆之麾下的队主沈胤之追上，旋即被杀，并传首建康。

死了弟弟的刘骏比死了老公的潘金莲还要开心，他欣喜若狂，特意乘着敞篷车出宣阳门，尽情享受着群臣的山呼海啸，高呼万岁。

可是侍中蔡兴宗却一直紧闭着嘴，连对口型的事都懒得做，一副不屑一顾的样子，似乎别人都是刚从安定医院出来的，只有他一个人是正常的。

刘骏忍不住厉声斥责他：你怎么不欢呼？

蔡兴宗冷冷地回答：做这样的杀戮之事，陛下本应该流泪忏悔，有什么值得祝贺的！

这种煞风景的话，刘骏当然听不进去，不过他今天心情好，也就没多和蔡兴宗计较。

为了进一步庆祝铲平兄弟阋墙的这场伟大胜利，他下令屠城，广陵城无论男女老少，全部杀光。

沈庆之苦苦劝谏，让他收回成命。

最后刘骏看在他老人家的面子上，总算打了个八折——同意留下身高五尺以下的小儿，其余所有男子全部杀死，首级运到建康堆成京观（古代为炫耀武功将尸体筑成的高冢）展示，女人则悉数被赏给参战军人。

殷淑仪之谜

刘诞败亡后，刘骏终于彻底安心了。

他本来就爱好享受，此后更加奢侈无度。

他嫌东晋遗留下来的皇宫规模太小，便大兴土木，修建宫室，墙和柱子都用锦绣装饰，造得豪华无比，加上他在其他方面出手也极为大方，很快国库就空虚了。

穷则思变，为了搞钱，刘骏想出了一个好办法。

各地刺史或者两千石俸禄以上的官员回京时，他不仅要求进献贡奉，还要与他们一起赌博。

官员们都不傻，当然没人敢不输给皇帝钱——输不输是态度问题，输多少是水平问题。现在钱财输得越多，未来人生赢得越多。

爱输才会赢！

这是绿叶对根的情意，这是马仔对大佬的心意！

有一次，刘骏的老朋友颜师伯从青冀二州刺史调回中央担任侍中，刘骏邀请他入宫玩樗（chū）蒲。

樗蒲也叫掷五木，是当时盛行的一种赌博游戏，跟现在的掷骰子差不多，掷出来五枚全黑的叫"卢"，是最大的，其次是四黑一白，称为"雉"。

刘骏先来，掷了一个"雉"，自以为十拿九稳，没想到颜师伯手气更好，竟然掷了个"卢"！

刘骏见状惊得眼珠子都要掉出来了，好在颜师伯是个出老千的好手，反应极快，演技极佳，马上就把骰子一拢，脸上还摆出一副比便秘还要难受的表情：哎呀，差一点就是"卢"了！

颜师伯这一把就输了上百万。

就这样，刘骏凭借敲诈官员，轻松实现了收支平衡。

但官员们的钱也不是天上掉下来的，而是取之于民，为了给刘骏上贡，他们只有更加卖力地搜刮百姓，只要刮不死，就往死里刮！

从赌博这件事我们也可以看出，刘骏不是那种高高在上、严肃刻板的领导，他这个人没什么架子，喜欢开玩笑，总是和下属打成一片。

比如，王玄谟特别抠门小气，刘骏就给他起了个外号叫"老伧"，意为粗鄙的北方人，还专门写了首打油诗来讽刺他：堇荼供春膳，粟浆充夏飧。肫酱调秋菜，白醛解冬寒——一个坐拥钱财却舍不得吃的吝啬鬼跃然纸上。

再比如，黄门侍郎宗灵秀是个大胖子，行动不方便，刘骏为了看他叩拜谢恩后艰难爬起来的好笑样子，就经常给他赏赐，每次却只赏给他一点点东西，有时是一两银子，有时是一条裤子，有时是一只虱子（别以为不可能，这事刘骏真干得出来）……

总之，刘骏时期的朝堂上总是热热闹闹嘻嘻哈哈的，一点正经没有，了解的知道那是皇帝在开会，不了解的还以为是疯子在聚会！

不过，此时的刘骏虽然做事看起来荒唐，却并不昏庸。

他喜欢喝酒，经常喝得酩酊大醉，伏在案几上昏睡，看似醉得不省人事，但每次只要有要事呈奏，他就会一跃而起，全身像马达接通了电源一样立即活泛起来，且思路清楚，动作敏捷，一口气能说出七个要点八个因素九个行动方案十个注意事项八十八个人事任命，一点酒意都看不出来。

因此，大小官员对他都十分畏惧，没人敢懈怠。

但在公元462年四月以后，之前一向精明强干的刘骏却一下子变得精神恍惚，无心处理政事，像换了个人一样。

因为就在这个月，他最宠爱的妃子殷淑仪死了！

关于殷淑仪的出身，《宋书》中明确记载她姓殷，而《南史》则记载了两种说法：

一说她是南郡王刘义宣之女，刘骏的堂妹，刘义宣被杀后，刘骏为了掩人耳目，对外假称她姓殷，由于了解内情的人大都被灭口，因而没人能知道她的来历——不过，我对此有个疑问，既然没人知道她的来历，那么生活在两百年后的初唐时期的《南史》作者李延寿又是怎么知道这些的呢？难道他会穿越？

一说她是黄门侍郎殷琰的家人，可能是其家妓或婢女之类的，后来被送给了刘义宣，刘义宣死后又被刘骏接进了宫。

究竟哪种说法是真的？

我不知道。

我只知道一向好色、换女人比换内裤还勤的刘骏对殷淑仪却一往情深。

殷淑仪死后，他伤心欲绝，仿佛对一切都失去了兴趣。

或许，对于全世界来说，殷淑仪只是一个女人，但对于刘骏来说，殷淑仪却是全世界。

没有了她，他觉得人生顿时失去了意义。

他的脑海中全是殷淑仪——艳丽的容貌，迷人的微笑，柔软的怀抱，撒娇的"我要""我还要"……

他不忍心和自己的心上人分离,迟迟没有将她下葬。他命人把棺材做成抽屉的样子,每次想念她的时候,就把抽屉拉开,看看这个他最心爱的女人,泪水情不自禁地奔涌而出。

直到半年后,他才恋恋不舍地让爱妃入土为安。

事后,他还仿效汉武帝的《李夫人赋》作了一首《伤宣贵妃拟汉武帝李夫人赋》(殷淑仪死后被追谥为宣贵妃),写得极为情真意切:……思玉步于凤墀,想金声于鸾阙。竭方池而飞伤,损园渊而流咽……

殷淑仪下葬后,刘骏多次带着大臣们到墓前凭吊。

他不仅自己恸哭不已,还要求群臣陪他一起哭,哭得越悲伤越有赏。

大臣刘德愿堪称当世第一哭界高手,他使出江湖上失传已久的绝招"降龙十八哭",技压群雄,夺得头筹。

只见他一面捶胸顿足,一面迅速把全身的真气汇聚到泪腺和鼻涕泡上,鼻涕眼泪很快汇聚成两条浅黄色的小河。

刘骏对他的表现非常满意,当即加封他为豫州刺史。

另一个大臣羊志屈居亚军,他哭得也很厉害,泪如雨下,呜咽不止。

事后有人问他,你从哪里弄来这么多的眼泪?

羊志回答,我那天不过是在哭我死去的小妾罢了。

由此可见,此时的刘骏已经有些神志不清了——之前他虽然不拘小节,但大事从来不糊涂,绝对不会拿一州刺史这样的重要岗位随便给人。

殷淑仪死的这一年,还发生了一件科学界的大事。

时任徐州从事的祖冲之上书刘骏,提出原先的历法误差很大,要求推行他制定的新历法《大明历》。

他经过精密推算,创造性地将"岁差"引入历法计算,得出一个回归年的长度为 365.24281481 日——这个数据和现代历法只相差 46 秒。

刘骏对祖冲之的建议很感兴趣,专门召集了一帮大臣与祖冲之辩论,最后祖冲之以 108∶0 的绝对优势胜出,刘骏当即拍板,决定在几年后开始使用新历法。

然而,新历法最终还是没得到推行——因为两年后,正当壮年的刘骏就去世了!

自从殷淑仪死后,刘骏一直郁郁寡欢,成天借酒浇愁,他以前就酷爱饮酒,现在更是杯不离手,酒不离口,一天二十四小时不是在喝酒中,就是在醉酒中。

酒精麻痹了他的神经,也掏空了他本来就因酒色过度而并不健康的身体。

公元 464 年五月，35 岁的刘骏在宫中病逝，死后被追谥为孝武皇帝，庙号世祖。

现在是该给他盖棺定论的时候了。
不过，我觉得要评价刘骏，就像要一边吃饭一边吹笛子一样——实在是太难了。
因为，他似乎全身都充满了矛盾。
他文武全才，却又酒色全占；
他好色成性，却又用情至深；
他残酷无情，却又深得人心；
他有着明君的才能，却又不乏昏君的表现；
他对后来的历史影响深远，但后人记住最多的却是他的乱伦……

第二十一章　临朝称制

云冈石窟

接下来让我们把视线转向北方。

就在刘骏死后的第二年，比他小了整整10岁的北魏文成帝拓跋濬也因病去世了。

比起花边新闻层出不穷、频频登上热搜的刘骏，拓跋濬的皇帝生涯似乎要平淡得多。

他上台的时候，北魏帝国虽然貌似强大，其实却早已金玉其外，败絮其中。

由于拓跋焘在执政后期连年用兵，人力、物力消耗都很大，搞得百姓怨声载道，国库亏空严重，无论是朝廷内各派系还是地方上各民族之间的矛盾都非常尖锐。

少年老成的拓跋濬在坐稳皇位后，立即改变了他祖父之前好大喜功、四处征伐的做法，取而代之的，是休养生息。

拓跋濬在位的14年中，他除了和刘宋在青州有过一次规模不大的战事以及征讨过一次柔然外，基本没有发动过战争。

为了缓和社会矛盾，安抚信教民众，他恢复了被拓跋焘取缔的佛教，史称"文成复法"。

在高僧昙曜的鼓动下，他仿效敦煌的鸣沙山石窟（即莫高窟），在平城以西三十余里的武周山南麓石壁上开凿了五座石窟，每个石窟中雕刻五尊气势恢宏的佛像，分别象征着道武帝拓跋珪、明元帝拓跋嗣、太武帝拓跋焘、景穆帝拓跋晃、文成帝拓跋濬五位北魏皇帝。

由于是昙曜主持修建的，这些石窟当时被称为昙曜五窟，此后六十多年间，北魏历代皇帝和王公贵族又不断加以扩建，最终形成了现在驰名中外的世界文化遗产——云冈石窟。

除了复佛，拓跋濬在治国上的表现也可圈可点。

他很少采用高压统治，大多使用怀柔手段，还曾数次下诏减免不必要的赋税和徭役，在他的治理下，北魏的经济逐步得到了恢复，局势也日趋稳定。

能取得这样的成就，当然不是他一个人在战斗。

他在内政上最主要的帮手，是年逾花甲的老臣高允。

高允曾当过拓跋濬之父拓跋晃的老师，因而拓跋濬对他非常敬重，经常向他请教国事。

之前一直深感怀才不遇的高允也深受感动，不仅对拓跋濬提出的问题知无不言，言无不尽，还屡屡直言相谏，只要看到有什么事做得不对，就立刻请求晋见。

拓跋濬每次都屏退左右，与他单独会面。

这对年龄差了整整50岁的忘年交经常从早谈到晚，有时甚至一谈就是几天。

高允虽备受信任，但他的职位却并不高，之前和他一起被征召的不少人都已经飞黄腾达了，可他多年来却始终在中书侍郎的位置上原地踏步。

尽管高允依然是春到了就看花开，秋来了就观落叶——无比淡定，可拓跋濬却看不过去了。

他忍不住对左右感叹说，你们这些人也都侍奉我多年了，只会顺着朕的意思吹捧，趁着朕高兴的时候请求赏赐一官半职，从来没有劝谏过我什么，现在你们大都身居显职，而高允辅佐国家几十年，对国家做出了那么大的贡献，至今只是个郎官，你们难道不觉得惭愧吗？

随后他马上下旨，加封高允为中书令。

司徒陆丽进言说，高允虽然深受陛下的恩宠，但他的家庭却非常穷困，妻儿都无以为生。

必须说明的是，当时的北魏官员都没有俸禄，多数官吏或者是出身于家产丰厚的鲜卑贵族、汉人豪门，或者是凭借权力谋取私利，日子过得还是不错的。而高允虽然出自河北大族渤海高氏，但他自幼丧父，家境不佳，加之为官又极为清廉，从不贪赃枉法，因此生活捉襟见肘，甚至只能靠两个儿子上山砍柴来维持生计。

高允的经济条件竟然如此窘迫，这显然大大出乎拓跋濬的意料。

他忍不住对陆丽大发雷霆：你为什么不早说？偏要等我要提拔他了你才说！

随后他立即启程，前往高允家。

高允对皇帝的突然造访毫无准备，非常震惊。

而拓跋濬更是被眼前的一切惊得目瞪口呆！

这哪里像一个朝廷名臣的家，特困户还差不多！

茅草屋两三间，旧被子四五条，破衣服六七件，腌咸菜八九棵……

这几乎就是高允家的全部资产了！

天底下居然有如此廉洁的大臣！

拓跋濬大为动容，当即下旨赐给高允丝帛五百匹、粮食一千斛。

从此他对高允更加佩服，更加尊重。

由于高允时任中书令，他每次总是尊称其为令公，从不直呼其名。

令公之名，自此行于天下。

在拓跋濬和高允等臣僚的共同努力下，北魏的国势开始蒸蒸日上。

但拓跋濬也清醒地知道，要完成振兴北魏的大业，实现北魏梦，这还只是个开始。

接下来，他还有无数的事要做。

然而残酷的命运，却没有给他足够的时间——尽管他还那么年轻。

公元465年，拓跋濬在宫中病逝，年仅26岁，死后他被追谥为文成皇帝，庙号高宗。

也许拓跋濬的知名度远不如他的祖父太武帝拓跋焘，也远不如他的孙子孝文帝元宏，甚至还远不如他的皇后冯氏，但他依然是北魏历史上一个极为关键的皇帝。

如果把一个王朝的兴起比作一场接力赛的话，那么拓跋濬跑的就是中间的第二或第三棒，虽然没有第一棒那么万众瞩目，没有最后一棒那么决定胜负，却是承前启后、至关重要的一环！

拓跋濬出色地完成了历史赋予他的任务。

他是一个优秀的守成之主。

忍、等、狠

拓跋濬死后，12岁的太子拓跋弘继位，是为北魏献文帝。

由于拓跋濬死得太过突然，没有为小皇帝安排辅政大臣，年幼的拓跋弘根本控制不了局势，朝政落到了车骑大将军乙浑的手里。

乙浑先是矫诏杀了尚书杨保年、平阳公贾爱仁、南阳公张天度等多位大臣，接着又以奔丧为名将正在外地休养的前朝重臣——平原王陆丽召回京城，随即捏造罪名将其杀害。

之后，乙浑自任太尉、录尚书事，不久又出任丞相，独揽大权，不可一世。

可惜他忽视了一个人。

一个女人——皇太后冯氏。

其实乙浑的疏忽大意也是可以理解的。

北魏帝国禁止后宫干政，自开国皇帝拓跋珪定下这个规矩以来，建国八十年来，从来没有一个女性能插手军政事务。

但他忘了，规矩都是人定的。既然有人可以制定规矩，也必然有人可以打破规矩。

而冯氏就是这样的人。

她出身于十六国时期的北燕皇族，其父冯朗是北燕末代皇帝冯弘之子，北魏灭燕时，冯朗与自己的同母兄长冯崇一起投诚，故而被拓跋焘封为辽西郡公，秦、雍二州刺史。但后来冯朗因罪被诛，年幼的女儿冯氏就此没入宫中，成为一名婢女。

幸运的是，冯氏在宫里遇到了自己的姑母。

原来，当初北燕灭亡前曾与北魏和亲，冯弘的一个女儿被送给了拓跋焘，成了拓跋焘的左昭仪，在宫中有一定的地位。

冯昭仪对侄女的遭遇非常同情，将她视如己出，悉心抚养。

长大后，冯氏不仅姿色出众，而且由于自幼生长在宫中，举止端庄，气质高雅，少年天子拓跋濬登基后一眼就相中了她，将其纳入后宫，封为贵人，4年后又立为皇后。

同一年，拓跋濬的长子——年仅3岁的拓跋弘被立为了太子。

拓跋弘的生母李氏本是出身于南朝的汉人，居住在寿阳（今安徽寿县），有倾国倾城之貌。

可惜她命比纸薄。

公元450年拓跋焘率魏军南下伐宋，永昌王拓跋仁（拓跋焘之侄）在经过她家时看到了她，一时间惊为天人，当即动了金屋藏娇的念头，将她掳到了北方。拓跋濬上台后，拓跋仁因谋反被赐死，她和拓跋仁的其他家人一起，被送到了宫中为奴。

有一次她在劳作时，正好被楼上的拓跋濬看见。

真是叔侄所见略同——和拓跋仁一样，拓跋濬对她也动心了，情不自禁地对左右说道，这女人漂亮吧？

左右全都说，是啊，是啊。

拓跋濬当即热血下涌，再也把持不住。

他像离弦的箭一样火速冲下了楼，将李氏拉到了旁边一个仓库以干柴遇到烈火之势一把撕去了李氏的衣衫……

没想到这春风一度之后，李氏就怀了孕。

经拓跋濬的乳母常太后和仓库管理员核对，确认她怀的是皇帝的孩子。

李氏因此被封为贵人，生下了拓跋弘。拓跋弘当上太子后，可怜的李氏就香消玉殒了。

按照北魏"子贵母死"的老规矩，她别无选择，只能任由命运的摆布——就像她一直以来所做的那样。

年幼的太子则交由皇后冯氏抚养。

冯氏没有生育，对拓跋弘非常好，几乎把他当成了自己的儿子。

拓跋濬死后，27岁的冯氏升级成了太后。

按照北魏习俗，国丧后三天，大行皇帝生前用过的御服器物要被烧毁，百官以及后宫嫔妃都要前去哭丧。

火焰冲天之际，悲痛难抑的冯太后做出了一个令所有人都意想不到的举动。

她一面大声哭喊着：先帝不在了，我活着还有什么意思！便纵有千种风情，更与何人说……一面毅然决然地冲入了滚滚烈焰之中。

左右侍从连忙将她救出。

然而这时冯太后已被烟雾熏得昏了过去，很久才醒。

在场的所有人都不禁为之动容。

冯太后此举究竟是真情流露还是纯属作秀，我不敢肯定。

我唯一可以肯定的是，她是个敢作敢为的女人——一个软蛋看到如此的熊熊烈火，只怕腿早就软了，根本迈不了步！

这样的人，当然不可能眼睁睁地看着夫家的大权被旁人篡夺。

更难能可贵的是，冯太后不仅够狠，而且能忍。

她没有盲目行动，而是一边暗中准备，一边静待时机。

直到大半年后，见乙浑越来越狂妄，越来越不得人心，她才果断行动，授意侍中拓跋丕告发乙浑，接着马上以太后的名义下诏，将乙浑及其党羽抓捕处死。

随后冯太后临朝称制，迅速掌控了局面。

北魏的朝政终于稳定下来了。

而这时的刘宋，却乱成了一锅粥！

这一切，跟孝武帝刘骏的接班人——刘子业的所作所为是分不开的。

第二十二章 禽兽王朝

鬼目粽

刘子业是刘骏的嫡长子，皇后王宪嫄所生。

刘骏称帝后，根正苗红的他理所当然地被立为了太子。

不过后来殷淑仪宠冠后宫，子以母贵，她所生的儿子刘子鸾自然也就宠冠诸子。加上刘子业本人也不争气——他头脑简单，性情冲动，做事样样不行，惹事样样在行，因而刘骏对这个太子很不满意，甚至一度曾想废掉他改立刘子鸾，幸亏侍中袁顗（yǐ）苦苦劝谏，刘骏才暂时打消了这个念头。

刘骏病重的时候，刘子业才16岁。

这样一个熊孩子能担当得起治国的重任吗？

弥留之际的刘骏对此忧心忡忡，可是那时他已经虚弱得连换袜子的力气都没了，怎么可能去换太子？

无奈他只能死马当活马医，遗诏以太宰刘义恭、尚书令柳元景、始兴公沈庆之、尚书仆射颜师伯、领军将军王玄谟五人为顾命大臣，辅佐刘子业。

但死马就是死马，不是当活马医就能医活的，否则它就不是死马了；刘子业就是刘子业，不是几个辅政大臣就能约束的，否则他就不是刘子业了。

登基后不久，刘子业就表现出了他非凡的人渣本色。

当时他的母亲王宪嫄得了重病，卧床不起，因想念儿子，派人去叫刘子业。

但刘子业连想都没想就断然拒绝了：病人房间里鬼多，我怎么能去！

王太后气得浑身发抖，忍不住对左右说：快拿刀来剖开我的肚子看看，我怎么会生出这样的货色！

连气带病，王太后很快就一命呜呼了。

母亲一死，刘子业更开心了——再也没人能管我了！

啦啦啦，啦啦啦，我是败家的小行家！

他胆大妄为，胡作非为，做事也更加无法无天。

中书舍人戴法兴当初仗着刘骏的宠幸，做事一向骄横跋扈，除了对刘骏，对其他任何人说话都是颐指气使，派头十足。

现在刘骏虽然死了，但正如高速奔驰的汽车出于自身的惯性很难迅速刹住车一样，蛮横惯了的戴法兴出于他本人的尿性也很难马上改过来。

有一次他居然对刘子业说：陛下这么乱搞，难道是想和营阳王（刘义符）一样（被废）吗？

也许他的心是好意，但这样的口气，作为皇帝的刘子业能受得了吗？

刘子业很生气，后果很严重。

在太监华愿儿的怂恿下，他立即下诏免去了戴法兴的一切职务，没过多久又将其赐死。

与此同时，刘骏的另一个宠臣中书舍人巢尚之也被撤职。

散骑常侍奚显度则更倒霉，莫名其妙就被处死了。

刚一上台就大开杀戒，更可怕的是，刘子业杀人从来都不需要理由，不需要罪名——也许是他心情不太好，也许是你说话没说好，也许是你鞋带没系好……

如此一来，朝中官员人人自危。

之前刘骏在位的时候就十分爱猜忌众大臣，大臣们无不小心行事，身为宗室长辈的刘义恭更是如履薄冰，好不容易熬到刘骏去世，他才长舒了一口气：总算可以睡个安稳觉了！

现在他发现自己高兴得实在太早了。

跟现在这个刘子业相比，刘骏简直就是天使！

柳元景、颜师伯也很不安心——照小皇帝这样的搞法，恐怕他们迟早也会步戴法兴的后尘！

两人经过多次商议，终于下了决心。

既然刘子业这坨烂泥糊不上墙，那就拉他下马，改立刘义恭为帝！

为了确保万无一失，柳元景又把这个计划告诉了他多年的老战友——同为辅政大臣的沈庆之。

沈庆之是怎么想的，没人知道。

史书只记载了三件事：

一、沈庆之和刘义恭之间的关系并不好。

二、沈庆之对颜师伯恨之入骨——颜师伯办事从不和沈庆之商议，甚至还曾对人说过这样的话：沈庆之不过是个武夫，怎么能参与朝廷政事！

三、沈庆之向刘子业告发了柳元景等人的密谋。

刘子业亲自带领羽林军捉拿刘义恭，将刘义恭及其四个儿子全部杀死，还极为残忍地将刘义恭的尸体肢解，眼珠则挑出来浸在蜜糖里，称之为"鬼目粽"。

柳元景久掌兵权，府内有兵，其弟柳叔仁本打算带着家兵反抗拒捕，但柳元景却极力劝阻，让他们放下武器，随后从容就戮，兄弟子侄也悉数被杀。

颜师伯也在同一时间被满门抄斩。

杀掉三位辅政大臣后，刘子业又赐死了他忌恨已久的殷淑仪之子新安王刘子鸾。

年仅10岁的刘子鸾临死前发出了这样的哀叹：但愿下辈子不要再生在帝王家！

他的同母弟妹也全都被杀死。

就连他们的母亲——早已死去多时的殷淑仪也难逃厄运。

她的坟墓被掘开，尸体则被抛在荒野，任野狗吞噬。

这还不算，刘子业甚至还想掘开刘骏的景宁陵，只是因太史说这样会对他本人不利才不得不打消了这个念头，但他还是不愿就这样便宜了刘骏，便又想了个好办法——往刘骏的墓上浇了几十吨新鲜坑的大粪。

就算我不能让你遗臭万年，也要让你遗臭墓前！

对自己的父亲，刘子业完全没有好感。

据说他有一次去太庙，在曾祖父刘裕的画像前，他称赞说：此人是大英雄，生擒好几个天子！

在祖父刘义隆的画像前，他评论说：此人也不赖，可惜晚节不保，被儿子砍了脑袋！

在父亲刘骏的画像前，他却指着鼻子骂道：此人是个大色鬼，不择尊卑！

骂完了他还不解气，又说：此人是个酒渣鼻，这画上怎么不是？

随后他马上招来画工，硬是将画像上的刘骏改成了酒渣鼻。

对于其他的宗室，刘子业当然更不会客气。

刘骏的九弟刘昶时任徐州刺史，刘骏在世时就不太喜欢他。刘子业继位后，民间风传刘昶要造反，刘子业听了顿时兴奋不已：太好了！我继位以来，还从来没有体会过戒严的滋味，这下终于有机会了！

他立即下令内外戒严，并亲自领兵渡江，讨伐刘昶。

刘昶被逼无奈，便传檄属下各州郡，打算起兵造反。

没想到檄文发下去以后，竟然没有一个部下响应。

他只好带着爱妾和数十名亲信北逃，投奔了北魏。

北魏方面对刘昶颇为优待，不仅封他为丹阳王，还把公主嫁给了他。

山阴公主

不过，对自己的同胞姐弟，刘子业的态度就不一样了。

他封同母弟豫章王刘子尚为尚书令，对他的同母姐山阴公主刘楚玉更是有求必应，比居委会大妈还要贴心。

山阴公主的丈夫何戢是出身于六朝名门庐江何氏的贵家公子，其父是刘骏时期的吏部尚书何偃。何戢长得也非常帅，但山阴公主却并不满足。

一朵花就算再美丽，一花独放也不是春！

一个菜就算再好吃，天天都吃也要腻歪！

一个男人就算再好看，总在一起也觉得没劲！

于是，她向弟弟刘子业提出，臣妾与陛下，虽然男女有别，但都是先帝所生，为什么陛下的后宫可以有上万美女，而臣妾却只能有一个男人。这太不公平了！

刘子业觉得姐姐说得有理，便马上赐给山阴公主三十个风格各异的美男。

有文弱书生，有俊朗男模，也有粗犷水电工；

有浑身腱子肉的，有浑身书卷气的，也有浑身冒傻气的；

有长得像汤姆·克鲁斯的，有长得像木村拓哉的，也有长得像曹查理的……

刘子业还给这些男人起了个好听的名字：面首。

所谓面首，按照《辞源》的解释是：面，貌之美，首，发之美，面首意为美男子。

自此以后，面首就成了男宠的代名词。

一下子有了三十个美男，山阴公主心花怒放，夜夜换新郎，天天度蜜月，度过了一段纵情恣欲的快乐时光。

但没过多久，她又不满足了。

因为她觉得光有数量还不够，还要有质量。

一百幅普通画作不如一幅顶级名画，一百个普通美男也不如一个顶级男神。

她心目中的顶级男神，是时任吏部郎的褚渊。

褚渊是当时享誉全国的名士，不仅仪表堂堂，而且文质彬彬，风度翩翩，举手投足都洋溢着一种无人可比的贵族气息。

有一次他家中失火，火势极大，眼看火焰离得越来越近，其他人都惊慌失色，只有他依然面不改色，镇定自若地叫来轿子缓缓离去。

此事传开后，他的名气就更大了。

每逢他参加朝会，都有很多外国使节慕名前来争睹他的风采。

山阴公主对褚渊崇拜得五体投地，便向刘子业请求派他来侍奉自己。

说起来，褚渊还是山阴公主的姑父——他的妻子是宋文帝刘义隆的女儿南郡公主。

但在刘子业姐弟的心目中，乱伦这个概念是根本就不存在的——就像在亡命之徒的心目中，法律这个概念是不存在的一样。

因此，听了姐姐的话，刘子业马上就答应了。

他当即召褚渊进宫，随即派人将其带入了一处装修豪华的卧室。

褚渊一头雾水，却无可奈何，只能待在室内。

夜色降临，华灯初上，一身性感打扮的山阴公主推门而入，随后轻解罗裳……

一般来说，接下来会发生什么，大家都是成年人，你懂的。

可惜事实不是你想的那样。

因为这个男人是定力非凡的褚渊。

无论山阴公主对他怎样百般挑逗，怎样卖弄风情，怎样施展十八般武艺……褚渊始终不为所动，脸上一直面无表情，身体一直毫无反应。

山阴公主欲火焚心，忍不住恼羞成怒：君须髯如戟，何无丈夫意！——你的胡须硬得像戟一样，为什么没有个男人的样子！

褚渊义正词严地回应道：回（褚渊字彦回）虽不敏，何敢首为乱价！——我虽然不聪明，但这样不合情理的事却是不敢做的！

就这样，转眼十天过去了。

山阴公主脑细胞用尽，累得筋疲力尽，却依然无法得手，终于彻底灰心了，也彻底死心了。

褚渊这才得以全身而退。

正所谓有其姐必有其弟，和姐姐一样，刘子业最中意的也是他的长辈。

山阴公主看上的是姑父褚渊，刘子业看上的则是他的姑妈——宋文帝的第十女新蔡公主刘英媚。

他宣召刘英媚入宫，随后就将其纳入后宫，再也没放她回去。

为了掩人耳目，刘子业将姑妈改称谢贵嫔，同时又杀了个宫女，冒充公主送还给了刘英媚的丈夫宁朔将军何迈。

但这种小儿科的把戏怎么可能骗得了人？

何迈怒不可遏——你不但侮辱了我的妻子，还侮辱了我的智商！

他向来性情豪爽，敢作敢为，便联络了一帮死士，打算趁刘子业出游的时候将其杀掉，改立孝武帝刘骏的第三子晋安王刘子勋为帝。

然而由于虑事不密，消息泄露，何迈还没来得及行动就被杀害了。

老臣沈庆之

对刘子业不满的，当然不止一个何迈。

吏部尚书袁顗就是个例子。

他本来深受刘子业的宠幸——当初要不是他的劝谏，刘子业的太子之位可能早就保不住了，因此刘子业继位之后，对他极为信任，任命他为吏部尚书，参掌朝政，权力很大。

可在喜怒无常的刘子业身边做事，谈何容易？

时间一长，刘子业对袁顗就厌烦了，袁顗也深感伴君如伴虎，便请求外放。

刘子业答应了，任命他为雍州（治所今湖北襄阳）刺史。

临行前，袁顗向自己的舅舅蔡兴宗辞行。

蔡兴宗在孝武帝刘骏时期曾担任过侍中、吏部尚书等要职，以性格正直、见识深远而著称，在当时名望很高。这次在袁顗外放的同时，他被任命为荆州长史、南郡太守，以辅佐荆州刺史临海王刘子顼，但蔡兴宗却坚辞不就。

袁顗对此很是不解，对舅舅说，所谓出路，出去了才有路。如今国家的形势已经非常明朗了，留在京城肯定是危如累卵。如果舅舅去了江陵，我在襄阳，两地近在咫尺，万一朝廷有变，我们就可以联手共举大事！这无论如何都比待在朝廷任人宰割好啊。如此难得的机会一旦放弃，以后再想脱身可就没那么容易了。钱丢了可以再挣，机会丢了可就再也回不来了！

但蔡兴宗却有着不同的看法：我和当今皇上关系疏远，待在建康未必会有什么麻烦。如今京中人心惶惶，过不了多长时间必然会有变故。我认为朝廷内的问题容易解决，地方上却难说。你想外出免灾，我却想在朝中自保，我们还是各行其是吧！

见无法说服舅舅，袁顗只好失望地走了。第二天一早他就匆匆离开了建康。

行经江州（治所今江西九江）时，他特意拜会了江州刺史晋安王刘子勋的长史邓琬。

两人相谈甚欢，亲密异常，整日整夜都泡在一起——行则同车，吃则同桌……

但这在别人看来，显然是非常反常的！

因为袁顗出身于士族高门陈郡袁氏，而邓琬出于庶族，门第相差悬殊，按照规矩通常是要保持一定距离的！

袁顗为什么要这么做？
他和邓琬究竟都说了些什么？
在当时，没人知道。
但在不久的将来，所有人都会知道。

而就在袁顗密会邓琬的同一时间，京城的蔡兴宗也开始了自己的行动。
事实上，他之所以要坚持留在建康，是有他自己的目的的——他想要联络朝中的其他重臣，一起策划政变，推翻刘子业这个暴君！
首先进入他视线的，是四朝老臣沈庆之。

沈庆之为了避祸，此时已经闲居在家，从不出门，也从不和任何人来往。
蔡兴宗通过沈庆之的侍从给沈庆之传话：沈公闭门谢客，是为了拒绝别人请托，我又没什么请求，为什么就不能见我一面呢？
沈庆之这才答应与蔡兴宗会面。

蔡兴宗知道，和沈庆之这样的聪明人交流，是不需要废话的。
因此，他没有绕弯子，直截了当地说：主上的所作所为，早已丧尽了人伦天道，要让他改过自新，比让驴子改说人话还要困难。如今朝野上下，人人都惊恐不安。沈公您战功卓著，威震天下，如果您能首竖义旗，各地必然群起响应。要是您犹豫不决，想坐观成败，恐怕不仅会面临不测之祸，还将承担千载骂名。我承蒙您多年的厚爱，所讲的这些都是为您着想，望您三思！
沈庆之无奈地叹了口气：我当然也知道目前的情况，要想自保确实很难，我只求能尽忠报国、始终如一，其他的就听天由命了。更何况我年事已高，又退职在家，无兵无卒，就算想干恐怕也干不成。
蔡兴宗还不肯放弃，他凝神聚精，抵舌提肛，把全身的真气都集中到了嗓子眼，激情澎湃地说：现在没有人不想摆脱朝夕难保的境地，只是缺个带头的而已。沈公您带兵这么多年，旧部在皇宫和朝廷内外到处都有。您只要振臂一呼，谁敢不从！……
沈庆之没等他说完就打断了他：这样大的事，不是我能做得了的。事到临头，我只愿尽忠而死。你切勿再多言！

和蔡兴宗有同样看法的，还有沈庆之的侄子沈文秀。
沈文秀被朝廷任命为青州（治所今山东青州）刺史，在上任前他特意赶到了沈庆之家中，劝伯父起事。

沈庆之依然不为所动。

他已经80岁了，已经是即将入土的人了。

他只想着平安度过余生，不愿再冒险了。

然而在听说刘子业诛杀何迈的事后，沈庆之还是坐不住了，匆匆赶往皇宫劝谏。

没想到刘子业早就料到他会来，竟然提前派人封闭了宫城东面青溪上的几座桥梁。

沈庆之无法入宫，只得悻悻而返。

也许正是这一举动导致了他的杀身之祸。

几天后，沈庆之府上来了一个久未登门的亲戚。

此人名叫沈攸之，是沈庆之的堂侄。

沈攸之早年投军，跟随沈庆之南征北战，立下过不少战功，但他人长得非同一般的丑，人品也不比相貌好多少，沈庆之很不喜欢他。

据说由于在剿灭刘诞一战中作战奋勇，孝武帝刘骏本打算要重赏他，但却硬是被沈庆之给阻止了。

这让沈攸之对堂叔充满了怨恨。

身为长辈，身居高位，你非但不肯拉我一把，反而还要拉我的后腿！

既然你对我丝毫不念亲情，就别怪我以后对你翻脸无情！

刘子业登基后，沈攸之卖力投靠，被任命为直阁将军，成为刘子业最信任的四大心腹爪牙之一（另外三人是宗越、谭金、童太一）。

这次，沈攸之是奉刘子业之命，前来赐死堂叔的。

他从怀中掏出一瓶毒药，让沈庆之喝下。

沈庆之不肯喝。

他只想喝后悔药。

沈攸之不耐烦了：看来要阿叔你自己了断是有点困难的，我就做做好事，出手助你一臂之力吧！

随后他拿过一条棉被，手起棉被落，把年迈的堂叔狠狠按在床上，将其活活闷死。

沈庆之的长子沈文叔等人也同时遇难，只有次子沈文季驰马挥刀冲了出去，侥幸逃脱。

沈夫之死后，刘骏留下的五个顾命大臣只剩下了一个王玄谟。

王玄谟成天忧心忡忡，吃不下饭，睡不着觉，干不了事，打不起精神，听不得门外的脚步声——只要外面稍有一点响动，就以为抓他的人来了，立马失魂落魄，心跳加快，血压骤升。

没想到蔡兴宗居然在这时找到了他，鼓动他起兵造反。

王玄谟哪有这样的胆量，慌忙拒绝了。

一心想要推翻昏君的蔡兴宗几乎陷入绝望之际。这时，从遥远的江州传来了他期盼已久的好消息——江州（治所今江西九江）刺史刘子勋在长史邓琬等人的主持下，率先举起了反旗！

刘子勋在皇子中排行第三，由于之前宋文帝刘义隆、孝武帝刘骏都是以第三子的身份入继大统的，因此刘子业对他一直非常厌恶。

加上何迈谋反时宣称要拥立刘子勋，这让刘子业一下子找到了除掉他的理由，便派使者带着毒药前往江州赐死三弟。

也许是对刘子业心怀不满，使者到了江州附近就一直逗留不进，还故意把消息捅了出去。

仿佛平静的水杯里突然扔进了一些泡腾片，江州沸腾了。

由于刘子勋当时年仅10岁，实际主政江州的是长史邓琬。

邓琬之前就和袁𫖮一起密谋过，早就有了反意，现在见民心可用，便马上传檄天下，宣布正式起兵，声称要进军建康，废昏立明。

然而还没等邓琬正式发兵，京城内却又出了一件令他意想不到的大事——刘子业死于非命，湘东王刘彧登上了帝位！

猪王刘彧

刘彧是宋文帝刘义隆第十一子，因生母早死，他由路太后抚养长大，因此刘骏对别人虽然极为猜忌，对他还算比较友好。

但刘子业上台后，刘彧的苦日子就开始了。

刘子业对包括刘彧在内的叔叔们很不放心，继位不久就把他们全都召到了京城，拘禁在了宫中。

当时刘义隆还活着的儿子共有六个。

其中年龄最大的是东海王刘祎（刘义隆第八子）。

刘祎虽然早已成人，智商却极低，见当就上，见骗就受，被皇族其他人集体鄙视，这样的废柴刘子业自然没必要提防，因此除了给他起了个外号"驴王"来嘲笑他以外，没怎么太为难他。

而桂阳王刘休范（刘义隆第十八子）、巴陵王刘休若（刘义隆第十九子）两人岁数还小，刘子业对他们也不是太在意。

但对刘彧以及建安王刘休仁（刘义隆第十二子）、山阳王刘休祐（刘义隆第十三子）三人，刘子业的态度就大不一样了——不仅对他们严加看管，还极尽折磨。

由于这三兄弟长得都比较胖，刘子业给他们每人都做了一个竹笼，将他们装在里面称重。

结果称下来刘彧的体重最大，刘子业遂将他称为"猪王"，称刘休仁为"杀王"，刘休祐为"贼王"。

为了让刘彧的"猪王"名号更名副其实，刘子业还发明了史上最早的Cosplay——比西方人提前了一千五百年。

他仿照猪圈在地上挖了个坑，坑里灌满了泥水，然后把刘彧剥光衣服，赤身裸体扔到泥坑里，随后又在坑边放了个木槽，里面装了些粗饭杂食并搅拌均匀，让刘彧像猪一样趴在木槽边舔食。

看着叔叔那副可怜可耻可笑可叹可悲可恨的形象，刘子业乐得前仰后合。

哈哈，我就喜欢你看不惯我又干不过我的样子！

不过，再好玩的游戏，玩多了也是要腻的。

时间一长，刘子业厌烦了，多次想杀掉三王。

幸亏有刘休仁。

刘休仁机智过人，忽悠水平高得足以把道士忽悠得信佛、把骗子忽悠得交钱，对付小皇帝自然更不在话下——每次他都能将刘子业逗笑，巧妙地化解掉危机，刘彧等人这才得以苟延残喘，保住性命。

有一次，刘彧不知怎么惹火了刘子业。

刘子业下令左右将刘彧捆住手脚，用一根木棒抬着，气呼呼地说：今日杀猪！

一旁的刘休仁嬉皮笑脸地说：猪今天还不能死！

刘子业很好奇：为什么呢？

刘休仁答道，等皇太子生下来，再杀猪取其肝肺，以示庆贺，岂不是更好？

刘子业到底是个小孩儿，一听有理，便放过了刘彧。

其实刘休仁所说的皇太子，并不是刘子业的皇妃怀的，而是少府（掌管宫廷衣食起居等事务的官员）刘矇的小妾怀的。

这个小妾临产前，刘子业把她接到宫中，准备一生产，就立为太子——刘子业生活作风糜烂，特别喜欢搞性爱派对，或许有可能是那时候怀上的。

当然也不一定。

因为刘子业的男女关系实在是太乱了。

在这方面,他信奉两个基本原则:

万乐淫为首;

独乐乐不如众乐乐。

为了贯彻这两个原则,他将王妃、公主等皇族女眷全部集中在宫里,命她们褪去所有衣衫,任由他左右的那些侍从肆意凌辱。

女眷们就是再不情愿,在刘子业的淫威面前,也只能乖乖从命。

只有一个人例外——南平王刘铄的王妃江氏。

江氏始终坚贞不屈,坚决不从。

最后刘子业恼羞成怒,当场下令杀掉江氏所生的三个儿子,同时又将江氏狠狠打了一百鞭。

刘休仁的生母杨氏也遭到了右卫将军刘道隆等多人的污辱。

刘子业还强迫刘休仁在旁边观看。

这样的奇耻大辱,刘休仁怎么受得了?

回到住处后,他就找到了与他被软禁在一起的刘彧,泪如雨下,痛哭不已。

事实上,刘彧的处境比刘休仁更凶险。

当时有传言说湘中出天子,因刘彧的封爵是湘东王,刘子业怕应验在刘彧身上,打算第二天就杀了刘彧,随后南巡湘州,以化解掉这个谶语。

已经死到临头,又失去了人身自由,刘彧还能做什么呢?

什么也做不了。

只能等待。

除了等死,他还在等一个人的消息。

此人名叫阮佃夫,是刘彧的主衣(管理衣服的小吏)。

阮佃夫虽然地位不高,却精明强干,刘彧把策划政变的任务交给了他。

他果然也不负所托,很快就联络了十余个同党,除了刘彧府中的王道隆、李道儿、钱兰生外,还有禁军将领柳光世、王敬则、姜产之、樊僧整等人,以及刘子业的侍从淳于文祖、主衣寿寂之。

这里面有两个关键人物,一个是钱兰生,一个是寿寂之。

钱兰生原本是刘彧手下的宦官,半个月前刘子业册立皇后,由于人手不够,便调诸王府里的阉人前去帮忙,钱兰生也在其中,由于他办事伶俐,刘子业对他颇为信任，常将他带在身边，因此他对刘子业的行踪了如指掌。

而寿寂之身为刘子业的主衣，照理应该是其心腹，但刘子业却对寿寂之动辄打骂，态度极为粗暴，因此心怀不满的寿寂之也参加了阮佃夫的密谋。

本来阮佃夫还想发展更多人，寿寂之阻止了他：吃多了容易放屁，人多了容易泄密，这种事知道的人必须越少越好！

这天下午，由于要为刘子业南巡做准备，平时与刘子业形影不离的四大心腹护卫宗越、谭金、沈攸之、童太一都回去整理行装去了。按照计划，当晚刘子业要去皇宫北部华林园中的竹林堂。

这显然是下手的绝佳机会！

很快，这个消息就通过钱兰生传递给了刘休仁、阮佃夫等人。

晚上，刘子业果然出现在了竹林堂。

此时距离他身首分离只有半个时辰了。

不过他当时并不知道这一点，因而他并没有带任何卫士，身边只有几个巫师以及数百名宫女。

他是来驱鬼的。

原来，前几天他在竹林堂命宫女们赤身裸体追逐打闹取乐，有个宫女抗命，惹得刘子业大怒：你一个小小的宫女，装什么清纯！

他当场就下令将她杀了。

不料那天夜里刘子业做了个噩梦，梦见有个女人骂他：你荒淫无道，活不到明年！

醒来后刘子业便找到了一个长得像梦中人的宫女：你为什么要在我的梦里骂我？

宫女一头雾水：我怎么知道？

但无论这个宫女如何解释，刘子业都不听，又将其处死了。

没想到当晚他竟然又梦到了那个被他杀死的宫女在骂他：我已经向上天控诉你了！

这下刘子业慌了，急忙找巫师咨询。

巫师们都说竹林堂里有鬼，必须灭掉才行。

于是他们在竹林堂又是作法又是画符，随后让刘子业亲自用弓箭射杀。

就像上完厕所后按照惯例必须要擦屁股一样，射鬼仪式后按照惯例必须要演奏乐曲。

一曲未了，一个人忽然出现了。

是寿寂之！

他从外面闯了进来，手中还拿着一把明晃晃的长刀！

紧随其后的，还有姜产之、淳于文祖等人！

刘子业见状大惊，立即本能地拈弓搭箭，向寿寂之射了一箭。

但由于慌张，这支箭射偏了。

此时寿寂之已经冲到了他的面前，他再想射第二支箭已经来不及了。

无奈他只好把弓扔了，仓皇向外逃窜。

刘子业一边跑一边大叫：寂寂……寂寂……

估计他本来想说的是"寂之造反"，一紧张就变结巴了，成了"寂寂"。

但向来养尊处优的他怎么可能跑得过寿寂之？

刚喊到第三遍"寂寂"，他就被寿寂之追上了。

一股冷风吹过。

一腔鲜血喷过。

他就什么也不知道了。

此时大批禁军也纷纷赶到了现场。

寿寂之手提刘子业的人头，大义凛然地宣布，湘东王奉太皇太后（孝武帝刘骏之母路惠男）之令，剪除昏君。现在已经平定！

没有人为皇帝复仇。

因为刘子业早就失去了人心！

湘东王刘彧随即在刘休仁等人的拥戴下登上帝位，是为宋明帝。

刘彧下令赐死刘子业的同母姐弟山阴公主刘楚玉和豫章王刘子尚，同时为了稳定人心，又大赏群臣。

右卫将军刘道隆也被提升为中护军。

刘休仁当即提出辞职，刘道隆侮辱过我母亲，我绝不能与这样的人共事！

刘彧这才不得不赐死了刘道隆。

对宗越、沈攸之、谭金、童太一等刘子业的心腹干将，刘彧的态度也非常宽厚，不仅没有追究任何责任，还对他们大加安抚：诸位久在朝中，吃了不少苦，也应该到外面去休息休息了。全国各大州郡，任由诸位挑选。

没想到这反而让宗越等人更加不安：事出反常必有妖，言不由衷定有鬼。刘彧说的会不会是反话？让我们去休息休息，会不会是要让我们永远安息？让我们去地方上，会不会是要先削我们兵权再干掉我们？

一番密谋后，宗越、谭金、童太一三人一致决定起兵造反，并把计划告诉了老朋友沈攸之。

沈攸之也表示赞成：咱们四个是一条绳上的蚂蚱，要干就一起干！

但三人一走，他却立即向刘彧告了密。

宗越、谭金、童太一随即以谋反罪被处死，而沈攸之则凭借昔日同僚的三颗人头得以官复原职，获得了新皇帝的信任。

在沈攸之的眼里，叔叔就是用来杀的，朋友就是用来卖的，这和"猪肉就是用来吃的"一样，完全是天经地义的！

谁让他长得不好看呢？

别人可以靠脸吃饭，他只能靠不要脸吃饭！

宗越等人死后，朝中的政局总算安定了下来，但刘彧依然忧心忡忡。

他并不是名正言顺的皇位继承人，能得到天下诸侯的拥戴吗？

很快他就得到了答案。

是否定的！

第二十三章　内战内行，外战外行

普天同叛

率先起事的，是当初最早反对刘子业的江州（治所今江西九江）。

其实刘彧也想到了这一点，因此他一称帝，就马上派使节加封江州刺史刘子勋为车骑将军、开府仪同三司，极力笼络。

得知这个消息后，江州的大小官员们都松了口气——看来可以不用打仗了。

他们纷纷向主持江州政务的长史邓琬表示祝贺：暴君已经铲除，殿下又开了黄门（当时三公或仪同三司的官署厅门用黄色），真是可喜可贺！

应该说，他们的想法是美好的。

可是生活不是拍戏，他们也不是编剧，不会按照他们设定的剧本来。

邓琬的一句话彻底改变了江州所有人的命运。

他把刘彧的任命书狠狠扔在地上，斩钉截铁地对众人说：殿下当开端门（皇城的正南门），开黄门岂是我辈的事！

公元466年正月初七，邓琬诈称接到路太后的密诏，正式拥立11岁的刘子勋在浔阳（今江西九江）继位。

随后他向四方发出檄文，号召大家一起举兵，反对篡位者刘彧。

很快，雍州刺史袁𫖮、益州刺史萧惠开、梁州刺史柳元怙、徐州刺史薛安都、冀州刺史崔道固、青州刺史沈文秀、豫州刺史殷琰、郢州行事荀卞之奉刺史安陆王刘子绥（刘骏第四子）、荆州行事孔道存奉刺史临海王刘子顼（刘骏第七子）、会稽行事孔觊奉太守浔阳王刘子房（刘骏第六子）、吴郡太守顾琛、义兴太守刘延熙、晋陵太守袁标等诸侯纷纷响应，支持刘子勋的浔阳政权。

其中徐州刺史薛安都的意见颇具代表性：我不欲负孝武！

一时间，普天同叛，四海鼎沸。

三千里江山狼烟四起，上万名嫔妃嗷嗷待哺。

刚坐上皇帝宝座的刘彧日子很不好过。

对他来说，此时的形势可谓是万分危急。

他所能真正控制的，只有都城建康一地。其地方全都听命于浔阳政权！

如果实行民主选举每个州郡一票的话，刘彧只怕会以1∶20的悬殊比分惨败给刘子勋！

甚至在宫中也有刘子勋的潜在支持者。

不是别人，正是刘彧上台时所打出的金字招牌——路太后！

在路太后看来，刘彧虽然是自己抚养的，但毕竟没有血缘关系，她当然更倾向于她的亲孙子刘子勋！

这天恰好是她的生日。她便以此为由邀请刘彧赴宴，企图在宴席上毒死刘彧。

没想到就在刘彧举杯欲饮之时，有个侍从轻轻拉了下他的衣袖。

刘彧反应很快，当即把酒杯推给了路太后：百善孝为先，太后您先请！

路太后到底有没有喝，我不知道。

因为史书的记载极其简单：是日，太后崩。

从路太后一事也可以看出，刘彧此时面临的危机不仅来自外部，内部矛盾也非常尖锐。

尤其令他不安的，是建康的政府军中有很多人和叛军沾亲带故。

这是随时可能引爆的定时炸弹！

该如何处置这些人？

蔡兴宗提出了四个字：罪不相及。

刘彧从善如流，马上采纳了他的建议，对那些有亲戚归附刘子勋的将士全都不予追究，职务照旧，对他们的信任也照旧。

军心这才平静下来。

内部安定了，接下来自然要着手对外了。

在刘彧的安排下，政府军兵分三路，开赴各地战场：

建安王刘休仁为西路军主帅，老将王玄谟担任副帅，抚军将军殷孝祖、宁朔将军沈攸之为正副前锋，一路西进，讨伐西面江州的叛军主力；

山阳王刘休祐为北路军统帅，率辅国将军刘勔等人渡江北上，兵锋直指豫州（治所今安徽寿县）的叛军殷琰所部；

巴陵王刘休若（刘彧第十九弟）则出任东路军主帅，与统领老将张永等人东征三吴（今江苏东南部、浙江北部），目标是会稽的叛军首领孔觊。

刘彧对东路的进展尤为关注。

因为他深知，三吴地区近在咫尺，如果不能早日将其平定，他就会陷入腹背受敌的困境。

然而事与愿违，东路军出师不利，先是遇到了罕见的大风雪，接着又在晋陵（今江苏常州）遇到了叛军的阻击，战事陷入了僵局。

图书管理员吴喜

关键时刻，有一个人站了出来。

此人名叫吴喜，曾先后担任过主图令史（宫廷图书管理员）、尚方令（宫廷器物管理员）一类的小官，时任殿中御史。

他主动请缨，请求率三百精兵，前往东线战场效命。

群臣大多认为吴喜只是个刀笔小吏，没有独立指挥作战的经验，让这样一个耍笔杆子的去耍大刀，相当于让搞马桶的去搞马术——实在是太离谱了！

刘彧却力排众议，果断决定起用吴喜。

他加封吴喜为建武将军，并配给他羽林军中的精锐，即刻出征。

事实证明，做过图书管理的人往往是不可小觑的。

吴喜这个前图书管理员打起仗来居然比打印图书条码还要内行，一路攻无不克，势如破竹，很快就进抵了叛军重兵把守的三吴重镇义兴（今江苏宜兴）！

坚城挡路，又众寡不敌，该怎么办？

这难不倒足智多谋的吴喜。

他分派多人登上高处挥动令旗，做出指挥大军四面进击的样子，叛军见状大为恐慌，竟然不战而溃。

吴喜就此轻松攻占义兴。

接着，他又连下吴兴（今浙江湖州）、钱唐（今浙江杭州）等地，进逼会稽。

大敌压境，会稽城中一片慌乱。

叛军将领王宴趁机起兵反正，擒斩孔觊，抓获刘子房，向吴喜请降。

就这样，仅用了短短一个多月时间，吴喜就讨平了东路叛军，创造了战争史上的奇迹！

之后吴喜又马不停蹄率五千精兵前去增援西线。

此时西线的形势极为严峻。

因为，政府军前锋主将殷孝祖战死了！

殷孝祖是刘宋有名的猛将，向来以"三高"著称——武艺高强，性情高傲，做事高调。

如果生活在今天，估计他会常常在朋友圈秀战功秀肌肉秀自己的威猛，但那时没有朋友圈，他只能用真人演示。

每次作战，他都把万马千军的战场当作万众瞩目的秀场，让随从撑着显眼的伞盖，敲着震耳的鼓点，他自己则穿着醒目的战袍，摆出关公的造型，长髯飘飘，威风凛凛，以此向敌军示威：我殷孝祖就在这里，你们来打我啊！

军中将士对殷孝祖的安危十分担心，多次劝他低调一点，但殷孝祖却置若罔闻：学过音乐的人都知道，该高调的时候就应该高调，如果该高调时硬要低调，那不叫低调，叫跑调！

好在他的运气还不错，虽然屡涉险境，但大都毫发无损，还建了不少战功。

但再好的天气，总有下雨的时候；再好的运气，总有终结的时候。

公元466年三月初三，殷孝祖和沈攸之率军进攻叛军重兵把守的滨江重镇赭圻（今安徽繁昌），主帅刘休仁又派宁朔将军江方兴率军前来支援。

在赭圻城外的激战中，殷孝祖被流箭射中，当场坠马身亡。

张兴世的神来之笔

政府军群龙无首，一片混乱。

按照惯例，应该是殷孝祖的副手沈攸之接任前锋。

但沈攸之从大局考虑，认为江方兴的资历、地位都不亚于他，必不甘心居于他之下，在这样的危急时刻，一旦两人不和，后果将不堪设想。

他力排众议，主动带着部属们拜访江方兴，推举江方兴为主将：我心中，你最重——不是说江将军你胖啊。

军心很快就稳定了下来。

随后在江方兴、沈攸之两人的共同努力下，政府军反败为胜，在赭圻城外大败叛军。

此战过后，叛军主力不得不退守鹊洲（古时长江中的一个沙洲，位于今安徽铜陵至繁昌一带）最东端的鹊尾，赭圻则被政府军包围，成了一座孤城。

得知前线失利,坐镇浔阳的叛军首脑邓琬又派大将刘胡领兵前去增援。

为了给赭圻守军运送粮草,刘胡想了个妙招——他把米袋绑在船舱里,随后将船倾覆,伪装成翻船的样子,船底朝天顺流而下。

但这瞒不过精明过人的沈攸之。

沈攸之一见到这些船就觉得反常——翻船又不会传染,怎么会一下子翻了这么多?而且吃水还这么深?

他立刻派出水军拦截,缴获了大量粮草。

得不到后方支援的赭圻城很快就陷入了绝境,被政府军攻克。

邓琬不甘心失败,接下来又继续增兵。

他命自己的好友——雍州刺史袁顗为都督征讨诸军事,率领雍州军前往鹊尾前线。

一时间,叛军大军云集,水寨绵延十几里,从鹊尾一直延伸到浓湖(今安徽繁昌西),声势颇为浩大。

然而袁顗是个文人,根本不懂打仗,在军中他依然是一副名士派头,从来不穿军装,闭口不提战事,一天到晚风花雪月,吟诗作赋。

别人都在枕戈待旦忙备战,为获胜利想对策;他却只知道惆怅阁楼听雨声,为赋新诗强说愁。

刘胡因后方补给未到,向袁顗请求接济。

袁顗拒绝了,理由很充分也很扯淡:我在京城还有两处宅子没有完工,正需要用钱呢。

刘胡气得鼻子都歪了,自此与袁顗离心离德。

不过袁顗对此却并不在意,他自诩儒将,本来就看不起刘胡这样行伍出身的大老粗:打仗要动脑子,而不是只知道动刀子!

事实上,他内心早就有了主意。

一个字:拖。

袁顗从可靠情报获悉,建康米价飞涨,政府军存粮不多,由此得出结论:只要拖足够长的时间,政府军必然会不战自溃!

羽扇纶巾,谈笑间,樯橹灰飞烟灭。

这是何等的潇洒!

沉浸在想象中的袁顗,心情无比舒爽。

然而,现实和理想之间的差距,有时比淘宝买家秀和卖家秀之间的差距还要大。

后来发生的事，竟然与袁颢所想的完全相反：因缺粮而不战自溃的，不是政府军，而是他自己！

这一切，都是因为一个人的神来之笔。

此人名叫张兴世，时任龙骧将军，在政府军中统领水军。

当时政府军的处境非常困难。

打吧，没有足够的把握；继续对峙下去呢，又没有足够的粮食。

主帅刘休仁忧心忡忡，却没有任何办法。

危急时刻，张兴世挺身而出：当今之策，唯有派奇兵潜入敌军背后，依险筑城，如此一来，敌人粮道被断，必败无疑！

刘休仁连连点头：真妙计也……不过，筑城的具体位置你觉得哪里合适？

对此，张兴世早已成竹在胸：钱溪（今安徽池州梅龙镇）位于敌军上游，此处江面最为狭窄，江中又有激流漩涡，船只经过必须紧贴岸边，附近又有港湾可以停船，只要千人把守此处，敌军舰船就无法顺利通过。我们最理想的落脚点，莫过于此。

他自告奋勇，请求领兵前往夺占钱溪。

很快，他带着七千将士分乘两百艘快船出发了。

风萧萧兮江水寒，壮士一去兮……马上还！

刚靠近叛军水寨，没等接战，张兴世又领兵退了回去。

之后连续几天都是如此。

叛军将领对此感到莫名其妙：为什么张兴世率政府军每天都要进行这样的大幅度往复活塞运动？

刘胡到底是主将，一眼就看穿了张兴世的意图：依我看，这小子是想要偷袭浔阳。我刘胡尚且不敢越过他们去直取建康，张兴世算什么东西，居然会有如此的痴心妄想。不过，看他那副畏畏缩缩的怂样，完全是有贼心而没贼胆啊！

说完，他忍不住哈哈大笑。

这天凌晨，张兴世又率军西进，逼近叛军。

叛军以为他又要重演那套进而复退的把戏，便没有多加防备。

不料这次张兴世却没有返回，而是命全军扯起长帆，向上游驶去。

此时东风正急，船队行驶速度极快。

两岸叛军还未反应过来，轻舟已过万重营。

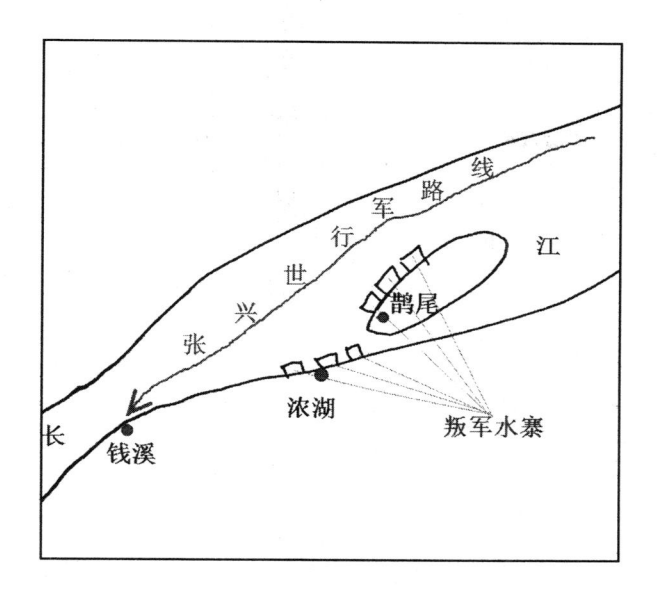

自制地图：张兴世行军路线

刘胡这才如梦初醒，急命部将胡灵秀带着水军在后面紧紧追赶。

傍晚时分，张兴世的船队在离钱溪不远的景洪浦一带停了下来。

胡灵秀不知他葫芦里卖的什么药，只好也下令停泊，一面远远地与张兴世对峙，一面密切注视他的动态。

然而，有些东西光靠肉眼是看不到的。

我们可以看到鸭子浮在水上，却看不到它的脚在不停划水；胡灵秀可以看到张兴世的船队一直停泊在那里一动不动，却看不到张兴世已经秘密派出一支小分队直抵钱溪，并在那里安营扎寨。

等他发现张兴世再次起航，从容驶入建好的营垒中的时候，已经彻底傻眼了！

他慌忙回军向刘胡报告。

刘胡也急了，立即集结了大批水军，前去攻打钱溪。

但正如张兴世战前所料，钱溪一带江窄水急，江中又有无数漩涡，叛军就算船只再多，也只能排成一线，沿着岸边缓缓前进，阵型十分松散，人数上的优势根本无法体现出来。

等叛军前锋靠近后，张兴世立即予以迎头痛击。

前面的叛军抵挡不住，纷纷后退，后面的战船也被冲得七零八落，乱作一团。

刘胡把嗓子都喊成和太监一样嘶哑了，却依然遏止不住败势，无奈只得退回了浓湖大营。

他当然不可能就此罢休。

条条大路通钱溪。

水路不成，那就改走陆路。

仅仅数日后，刘胡又亲率步骑两万余人，沿长江南岸西进，打算从岸上攻打张兴世。

然而，还没等他赶到钱溪，就接到了后方告急的消息。

原来，沈攸之、吴喜等人察觉到了刘胡的动向，为支援张兴世，便采用围魏救赵之策，对叛军在浓湖的大营发动猛攻。

袁颛到底是个文人，军事理论讲起来一套一套的，真要打起来却只会一愣一愣的，慌忙派人召刘胡回军。

刘胡也知道浓湖不能有失，只好一面大骂袁颛饭桶，一面紧急撤退。

而张兴世则利用这段宝贵的时间，挖战壕，修工事，设路障，建麻将室，在钱溪牢牢地扎下了根。

他和他的这支部队，如同一道难以逾越的水坝，横在袁颛、刘胡等叛军主力与浔阳后方之间，切断了叛军的前后联系，也切断了叛军的运粮通道。

袁颛当然知道这对自己意味着什么，此后他又多次派兵攻击张兴世，但都被击退。

很快，浓湖叛军的粮草就告急了。

无奈，刘胡只好派步兵绕过钱溪，徒步前去迎接军粮，没想到张兴世早有预料，居然在半路截击，叛军士兵挑了长时间的重担，此时已经累得连挥刀都只能用慢动作了，怎么可能是张兴世的对手？

就这样，叛军三十万斛粮食悉数被劫。

袁颛闻讯不由哀叹道：敌人已经侵入肝脾，我们怎么还活得了！

刘胡也彻底失去了信心，开始寻找退路。

毕竟，他是刘胡，又不是刘胡兰，没有那种牺牲精神。

他故意慷慨激昂地对袁颛说：给我精兵两万，我亲自出马，这次我下定了决心，不拿下钱溪，不把粮食运回来，我就绝不回来！

袁颛信以为真，忙不迭地点头答应。

刘胡信守承诺，果然没有回来——他先是从小路逃回了浔阳，接着又直奔沔口（今湖北汉口）。

当天夜里，袁顗得到了刘胡逃走的消息，这才如梦初醒，决定步刘胡的后尘。

他对部下说，我去把刘胡追回来！

随后也一去不复返。

主帅逃了，粮草没了，浓湖大营内的十余万叛军主力走投无路，全都向刘休仁投降。

主力部队覆灭后，浔阳政权迅速土崩瓦解。

浔阳城内的叛徒（或者说识时务的俊杰）如雨后春笋般层出不穷，邓琬、刘子勋先后被出卖，人头落地，而刘胡、袁顗也没能跑得了——两人都在逃跑途中被部下杀死。

随后，政府军在刘休仁的指挥下，以摧枯拉朽之势横扫江州、郢州、荆州等长江上游各州郡，其余各地诸侯也纷纷上表请降。

至此，平叛之战顺利结束。

刘彧意气风发，踌躇满志。

应该说，到目前为止，他的表现是相当出色的。

在极为不利的形势下，他临危不惧，镇定自若，从善如流，用人如神，最终力挽狂澜，扭转了战局，创造了奇迹！

巨大的胜利，让刘彧的自信心几乎爆棚。

问苍茫大地，谁主沉浮？

数风流人物，还看刘彧。

征战淮北

不过，自信固然是好事，但自信心爆棚、过于自信却往往有害无益——它会让人高估自己，低估对手。

此时的刘彧就是这样的。

这段时间，他走路都是飘飘然的，说话都是牛哄哄的。他周围都是拍马屁的，就连吹个鼻涕泡都被人吹捧为"清澈如山泉、美味如琼浆、营养如燕窝"。

这一切让他觉得自己无所不能，无往不胜，原本肥胖的身体都觉得轻快了——腰也不酸了，腿也不疼了，一口气能上五楼；原本理性的决策也变得轻率了——问也不问了，想也不想了，一拍脑袋就定战略。

战后，他先是在刘休仁的建议下，将孝武帝刘骏所有尚活着的儿子全部赐死。

接下来，他又犯了一个难以挽回的错误。

当时，原本支持浔阳政权的徐州（治所彭城，今江苏徐州）刺史薛安都已经表示愿意归顺朝廷，但刘彧还是决定派大将张永、沈攸之等人率甲兵五万北上。

他之所以执意不肯放过薛安都，是因为薛安都在起兵造反响应浔阳政权时说的一句话。

那次，刘彧派人去招降薛安都，薛安都不但没有接受，还极其轻蔑地对使者说：今京都无百里地，不论攻围取胜，自可拍手笑杀——如今建康朝廷所能控制的不过百里地，不论是攻城还是野战，都可以在拍手大笑中取胜。

对此，刘彧一直耿耿于怀——任何人他都能原谅，但就是不能原谅薛安都。

既然你对我如此无礼，就别怪我对你不讲道理！

对刘彧这个纯属意气用事的决定，尚书左仆射蔡兴宗第一时间就提出了异议：用重兵去受降，薛安都必然会感到恐慌，甚至可能会叛逃魏国，招引北虏，其后果不堪设想。

但世上有两种人是听不得反对意见的：一种人是聋子；另一种人是一帆风顺、春风得意的人。

此时的刘彧就是后者。

蔡兴宗的话，他完全听不进去。

和蔡兴宗有着类似看法的，还有右军将军萧道成。

萧道成是宋武帝刘裕继母萧文寿的同族，其父萧承之曾长期追随族人萧思话（萧文寿之侄）南征北战，历任济南太守、汉中太守、龙骧将军等职。

作为将二代，萧道成很早就崭露了头角，先后参加过讨伐蛮人、第二次元嘉北伐以及这次刘彧平叛之战，立了不少战功。

他文武全才，性情沉稳，在军中威望颇高，刘彧对他也很看重。

萧道成含蓄地提醒刘彧说，薛安都狡猾有余，如果用军队逼他，恐非朝廷之福。

但刘彧依然固执己见，还撂下了一句狠话：诸军猛锐，何往不克！卿勿多言！——我手下的各路军队都很精锐，哪次出击不能战胜！你不要再多说了！

从这句话可以看出，刘彧已经自大到了怎样的地步！

在他的心目中，他的军队是无往不胜的，他本人是无所不能的。

但无所不能的，是神。

而刘彧并不是神。

他只是个体重超群但智商并不超群的普通人。

后来发生的事，狠狠地打了他的脸——把他直径50厘米的胖脸一下子打肿了五倍！

因为蔡兴宗、萧道成最担心的事发生了！

薛安都真的献出了徐州，投降了北魏！

原来，听说朝廷派大军北上的消息后，薛安都大惊，他知道仅凭自己一州之力很难与之抗衡，为了自保，他只好向北魏求援。

此时北魏执政的是以精明强干著称的冯太后。

她当然不可能放弃这个千载难逢的好机会，马上答应了薛安都的请求，派大将尉元率一万精锐骑兵前去救援徐州。

当张永、沈攸之率宋军逼近彭城的时候，北魏军已经赶到了。

魏军利用骑兵的机动优势，出其不意地绕到了宋军背后，夺取了宋军的全部粮草辎重。

手中没粮，心中发慌，张永不得不选择退兵。

时值严冬，大雪纷飞，天寒地冻，泗水上结了厚厚的一层冰，宋军来时所坐的船只根本无法移动，只能弃船步行而逃。

江南人不适应北方的严寒，很多士兵都被冻掉了手指、脚趾，冻死的也不在少数。

更惨的是，他们还遭到了尉元和薛安都的前后夹击。

在鲜卑骑兵的反复冲杀下，宋军几乎全军覆没。宋军尸横六十余里，张永和沈攸之只身逃回了淮阴（今江苏淮安）。

就这样，由于刘彧的低级失误，本来的一帆风顺成了一泻千里，本来的一片大好成了一塌糊涂——徐州这个沟通南北的战略要地轻松落入了北魏的囊中！

徐州丢失后，位于徐州以北的刘宋另外三州——兖州（治所今山东兖州）、冀州（治所今山东济南）、青州（治所今山东青州）与建康朝廷之间的主要联络通道也被掐断了，内部一片混乱。

兖州刺史毕众敬、青州刺史沈文秀、冀州刺史崔道固迫于形势，先后向北魏请降。

但没过多久，沈文秀又在弟弟沈文炳等人的劝说下，与崔道固一起反正，重新宣布效忠建康朝廷。

冯太后不甘心青、冀二州得而复失，马上决定发兵南下。

此役北魏方面的主帅是征南大将军慕容白曜。

慕容白曜是十六国时期前燕太祖慕容皝的玄孙，文成帝拓跋濬在位时他曾担任北部尚书，以刚正不阿著称，很受赏识。后来乙浑、冯太后相继掌权，朝局变动不安，而他却凭借自己的卓越才能，始终"任凭风吹浪打，我自岿然不动"——一直都身居要职，地位显赫，人称北魏政坛钉子户。

这次，他又被委以重任，统领五万骑兵进军青州。

首当其冲的是齐地重镇无盐（今山东东平）。

当时多数魏军将领都认为刚渡过黄河不久，且攻城器具也没准备好，如果马上攻城，实在是太仓促了，应该先休整。

但左司马郦范却有不同看法：一切事物都是相对的。没错，我们是有些仓促，但对手比我们更仓促！我们的行军速度如此之快，宋军必然来不及组织防备，现在进攻，出其不意，定能一战而克！

慕容白曜采纳了左司马郦范的意见，当即发动猛攻，果然一举攻克了无盐，斩杀刘宋守将申纂。

城破之后，慕容白曜打算按照北魏原先的惯例，将全城男女都作为奴隶赏赐给部下。

郦范极力劝谏，让他以争取民心为上，善待百姓，慕容白曜这才改变了主意，城中居民因此得到了保全。

就这样，凭借郦范的谋略和北魏骑兵的冲击力，慕容白曜在十天之内就连下四城，威震三齐。

直到这个时候，刘彧才意识到问题的严重性，慌忙命沈攸之等人率军北上，再次进攻彭城，以打开援救青、冀二州的通道。

然而这年大旱，河道的水位很低——连稍微大一点的鸭子都容易搁浅，何况是运输辎重的大船？

因此，沈攸之多次派使节向刘彧陈述客观困难，以粮草运输不便为由恳求不要出兵，但刘彧却坚决不许，严令他必须即刻出发：只为成功想办法，别为无能找理由。你若是再不听命，我就会要你的命！

同时他又派大将萧道成进驻淮阴（今江苏淮安），以接应军需。

无奈，沈攸之只好硬着头皮领兵北上。

没想到刘彧的命令居然如此随意——沈攸之还没到彭城呢，他又莫名其妙地改变了主意，紧急派人召其立即回军。

沈攸之本就没有战意，对此自然是求之不得，便马上率军撤退。

但战场不是菜场，怎么可能想来就来，想走就走？

北魏彭城守将尉元派大将孔伯恭率军尾随追击，于睢清口（今江苏宿迁东南）一战大败宋军，沈攸之狼狈逃回了淮阴。

沈攸之兵败后，孤悬敌后的青、冀二州彻底断绝了外援。

慕容白曜长驱直入，势如破竹，很快就将刘宋冀州治所历城（今山东济南）团团围住，同时又派大将长孙陵前去攻打青州治所东阳城（今山东青州）。

公元468年二月，在坚守了一年后，刘宋冀州刺史崔道固力竭投降。

之后慕容白曜又和长孙陵合兵一处，继续围攻东阳城。

沈文秀固守不降，率领将士日夜奋战，头盔铠甲一刻都不离身，以至于里面都长满了虱子。

直到公元469年春，坚守了近三年的孤城东阳才最终陷落。

城破之日，沈文秀手持皇帝所赐的符节，端坐在大堂之中，面不改色，静待最后时刻的来临。

魏军蜂拥而入，将他带到慕容白曜面前，逼他跪下。

沈文秀厉声驳斥道：我们两个分别是两国的大臣，我为什么要向他下跪？

慕容白曜对他的气节非常佩服，便没有为难他，而是好言好语安抚，好酒好菜招待，将其礼送到了平城。

由薛安都叛逃引起的持续近三年的南北大战就此结束。

经此一役，刘宋元气大伤——徐、兖、青、冀等淮北四州悉数丢失，宋魏两国的分界线也从之前的黄河退到了淮河。

而北魏帝国则抓住刘彧的失误，连续得分，实力大增，在与南朝的对峙中占据了明显的优势！

第二十四章　史上最年轻的太上皇

少年天子

年仅 16 岁的少年天子拓跋弘更是意气风发，踌躇满志。
他现在已经亲政了。

如果用一个字来概括拓跋家族的特点，我觉得应该是"早"——早熟早婚早育早死。

别人还在尿床的时候，他们已经和女人上床了；别人还在懵懂无知的时候，他们已经威震天下无人不知了；别人的孩子一尺高的时候，他们坟头的草已经三尺高了……

拓跋弘也不例外，两年前他才 14 岁（注意是虚岁）的时候，嫔妃李氏就为他生下了长子拓跋宏。

冯太后对这个皇孙特别喜欢，将他接到了自己身边，悉心抚养，而执政大权则交还给了皇帝拓跋弘。

少年心事当拏云，初生牛犊不怕虎，年轻气盛的拓跋弘一心想干一番大业。
但此时的他还是太年轻了，做事难免有些毛躁。
比如为了反腐，他曾经下过这么一个著名的诏令：任何官员只要收受辖区内一只羊或一斛酒，一律处死，行贿者以从犯论处；举报尚书以下官员犯罪的，免除被举报官员的职位，由举报者接任。
很显然，虽然这个诏令说起来头头是道，听起来振振有词，但实际上完全是夸夸其谈，绝无实施的可能。

前面说过，北魏官员是没有俸禄的，故而大多数官员多多少少都有些贪腐的问题，如果真要这样严格执行的话，必然是人人自危！

至于后一条就更为离谱了。

假如一个文盲举报了一个负责编修国史的著作郎，岂不是要让这个文盲去修史？他能胜任得了吗？

也不是没有可能——只不过要回到结绳记事的原始社会才行！

因此，此令一出，顿时舆论大哗。

雍州刺史张白泽的上书说出了官员们的心声：当初周朝最低级的官员，都有足够雇人耕田的俸禄；而如今的朝廷大臣，辛勤工作却没有任何报酬。假若大臣稍微收一点薄礼就要受刑，让举报者代替他的职位，奸人就有机可乘，忠贞之士则会灰心丧气，这恐怕不是个好办法。

见反对的声音实在太大，拓跋弘不得不废除了这道诏令。

不过，他的内心却不舒服——为什么身为一国之君，他的指示却得不到贯彻呢？

为了树立自己的权威，他接连办了两起大案——征南大将军慕容白曜和南部尚书李敷两位重臣先后人头落地，震惊朝野！

之所以要杀慕容白曜，拓跋弘给出的理由是他当初在乙浑专权时曾党附乙浑。

不过平心而论，这实在是太牵强太难以服众了，完全是"为赋新词强说愁，为找罪名胡扯淡"——乙浑权倾天下的时候，党羽很多，为什么只针对慕容白曜？这事已经过了几年了，为什么现在要旧事重提？更何况，他还刚立下了那么大的功劳？……

在我看来，也许真正的原因是拓跋弘想要借慕容白曜的人头警告群臣，我连战功赫赫的慕容白曜都敢杀，何况是你们这些人！

相比之下，李敷的案件则更为复杂。

表面上看，被杀的是李敷和他的弟弟李弈，然而实际上，拓跋弘真正的目标，是他的嫡母冯太后！

当时冯太后虽然已经退居二线，可她向来性格强势，对朝中的一些重大事务依然免不了还要指指点点。

性格同样强势的拓跋弘对此当然接受不了。

很快，母子两人就产生了不可调和的矛盾。

拓跋弘对冯太后极为不满，便决定给她点颜色看看。

敲背，要对准腰眼；找碴，要找准弱点。

在拓跋弘看来，冯太后在政治上也许是无可挑剔的，但作为母仪天下的太后，她在作风上却有严重的问题——私生活不检点。

年轻寡居的她难耐寂寞，包养了好几个情人，其中最得宠的，就是李弈！

李弈出身于河北名门赵郡李氏，他高大帅气，多才多艺，且曾担任过宿卫监，频繁出入宫中。两人日久生情，逐渐发展成了情人关系。

不过，这毕竟是宫闱隐私，张扬出去有损于皇家形象，因此拓跋弘并没有直接对李弈下手，而是将矛头对准了李弈的哥哥李敷。

可是，李敷这个人为官清廉，处事谨慎，名声一直都不错。

怎样才能找到他的罪证呢？

有志者，事竟成。

机会很快就来了。

李敷有个多年的好友叫李䜣，时任相州（治所今河北临漳）刺史，因收受贿赂被人告发。

拓跋弘听说后一下子就有了主意：就从此人身上打开突破口！

他马上下令将李䜣押回平城，严加审讯。

在判决前，拓跋弘偷偷派人对李䜣说，按照法律，你的罪行是必死无疑的，只有一个办法可以将功补过，免于处罚。

李䜣顿时如溺水者见到了救命稻草，连忙追问：什么办法？

来人附在他耳边轻声说道：揭发李敷兄弟！

李䜣沉默了。

他觉得很为难。

不揭发吧，自己就死定了，今年都过不去；揭发吧，李敷又是多年的好友，良心上过不去……

他在牢房里不停地来回踱步，脚步加起来都可以绕地球五圈了，却依然拿不定主意。

就在此时，他的女婿裴攸来了。

裴攸劝他说：很明显，皇帝是一心要杀李敷兄弟，就算你不告发他们，他们迟早也活不了。你这样白白替他们死，值得吗？

李䜣开始动摇了：可是我怎么知道李敷犯了什么罪呢？

裴攸道：这好办。有个叫冯阐的人先前被李敷所害，其家人对李敷恨之入骨，我去找他们，一定能打听到李敷的罪行！

李䜣点了点头。

他的求生欲终于战胜了朋友情。

之后他将裴攸从冯家收集来的李敷的罪状全部呈报给了皇帝。

拓跋弘如获至宝，马上下令将李敷、李弈兄弟两人处斩。而李䜣则因举报有功被免去了死罪，不久又被重新起用，成了拓跋弘的心腹！

就这样，通过诛杀冯太后的情人，拓跋弘狠狠地出了口胸中的恶气。

而冯太后则恨透了拓跋弘。

从此，母子两人的关系彻底破裂，势同水火。

冯太后要往东，拓跋弘必定要往西；冯太后认为张三不错，拓跋弘必定会坚持张三不行……

也许正是因为冯太后的掣肘，拓跋弘的皇帝当得很不痛快。

公元471年八月，18岁的拓跋弘又一次做出了一个令人瞠目结舌的决定：禅让帝位！

他召集所有公卿大臣，说自己喜欢佛、道，时常有出家修行的想法，而京兆王拓跋子推（拓跋晃第三子，拓跋弘的三叔）性情仁厚，名望颇高，所以想把皇位禅让给他。

这实在太荒唐了。

此言一出，满朝文武齐声反对。

八皇叔任城王拓跋云首先发言：天下是祖宗之天下，父子相传，由来已久，陛下如果把帝位授予旁支，这恐怕违背了祖宗的圣意。就算陛下一定要放弃，那也应该由皇太子来继承大统。

接着太尉源贺、东阳公拓跋丕、尚书赵黑等也纷纷表态，支持拓跋云的意见。

尚书陆馛（bó）的态度更为坚决：陛下若舍弃太子，传位给亲王，我宁死也不能奉诏！

中书令高允则跪在地上流泪哀求：臣不敢多言，只希望陛下能不忘社稷之重，追念周公辅成王的故事！

这一切显然都在拓跋弘的意料之中，于是他没有再舌战群官，而是摆出一副不得已的表情说道，既然大家的看法如此一致，那就让皇太子登基，诸位爱卿一起辅佐吧！

就这样，年仅5岁的太子拓跋宏登上了帝位，是为北魏孝文帝。

而拓跋弘则成了中国历史上第一位太上皇帝，也是中国历史上最年轻的太上皇帝——注意，是太上皇帝，而不是像刘邦的父亲刘太公那样叫太上皇。

之所以要强调这一点，是因为群臣认为（也可能是拓跋弘授意的）作为一个皇帝，拓跋宏实在是太过年幼了——5岁这样的年龄，只可能以尿床为己任，绝不可能以天下为己任；只可能过家家，绝不可能治国家，故而处理政事这样的重任必须也只能由拓跋弘继续来承担。为区别于刘太公这种纯属摆设的太上皇，群臣给拓跋弘上的尊号是太上皇帝。

因此，拓跋弘虽然退位并迁居别宫，实际上仍然牢牢地掌握着朝政大权，和皇帝没什么两样——军国大事要向他请示，征伐柔然他亲自出马，全国各地他频繁视察，官员任命由他一手掌握……

梅开二度

看到这里，大家难免会有个疑问：既然拓跋弘不想放权，他为什么还要禅让帝位呢？

也许只有一种可能：

拓跋弘想以此来削减冯太后的权力！

在他看来，他做了太上皇帝，那么冯太后自然也就从太后变成了太皇太后，如果说太后和以皇帝为代表的权力中枢之间只隔着15厘米触手可及的距离，那么太皇太后就隔了15的平方225厘米，她就算是长臂猿恐怕也够不着！

应该说，他这种想法是很美好的。

而后来的事实也证明了这一点——这纯属"想得美"！

不过，从政绩上来看，拓跋弘的太上皇帝生涯还是可圈可点的。

这段时间，随着年龄的增长，他的施政理念逐渐成熟，处理起政务来也越来越得心应手。

之前各部门有事大多当面奏报，听候皇帝裁决，然后再口头转达皇帝的决定，但有些官员却会利用这一点歪曲或假传圣意。拓跋弘规定，无论案件大小，都要依法办事，处理意见都用手诏直接发出。

拓跋弘尤其重视刑事判决，凡是判死刑的都要复审，导致有些囚犯关押了好几年都没有定罪，大臣们对此颇有微词，拓跋弘却始终坚持自己的意见：楼没了可以再盖，钱没了可以再赚，人没了可就再也不能复生了。长期羁押虽然不是好办法，但总比草率乱杀要好啊。

如此一来，北魏犯人虽然囚禁时间较长，但判决大多比较恰当。

拓跋弘还认为，大赦令其实不公平，反而是鼓励犯罪，因此在他当政后期，从未有过大赦。

应该说，这一时期的拓跋弘勤于政事，赏罚分明，关心百姓疾苦，算得上是一个不错的君主，他的声望和支持率也越来越高。

但政坛如赛场，一个选手的得分就意味着对手的失分。

毫无疑问，拓跋弘越是成功，他的政治对手冯太后对他也越是忌恨。

尤其让冯太后受不了的是，拓跋弘还经常和她对着干。

比如有个叫薛虎子的将领，曾任枋头（今河南浚县）镇将，不知因何事得罪了冯太后，冯太后将他一撸到底，贬为门卫。没想到不久拓跋弘在视察时经过那里，听说薛虎子政绩不错，又马上将他官复原职。

类似的事情发生了多次。

冯太后终于忍无可忍了。

她和拓跋弘不一样。

如果说拓跋弘的策略是"小刀割肉，步步为营，积小胜为大胜"，那么她信奉的则是"大刀阔斧，一步到位，毕其功于一役"。

她轻易不出手，但只要出手就会让你无法还手！

公元 476 年六月，冯太后暗中派人在拓跋弘的饭菜中下毒，将其毒死。

拓跋弘死时年仅 23 岁。

之后 36 岁的冯太后再次临朝听政。

她政治经验丰富，善于识人用人，有过必罚，有功必赏。在她的领导下，北魏的朝政很快就稳定了下来。

第二十五章　刘宋王朝的掘墓人

错杀一千，放过一个

而此时南朝的刘宋却进入了多事之秋。

这一切和宋明帝刘彧的所作所为是分不开的。

在与北魏的交锋中遭遇惨败丢失了淮北四州后，刘彧自感威望大减，为了巩固自己的统治，消除潜在的威胁，他一改称帝前的宽厚作风，变得刻薄猜忌起来，对皇族宗室，更是冷酷无情。

公元469年二月，有人被告发谋反，牵扯到了庐江王刘祎（刘义隆第八子）。

其实刘祎这个人天性愚笨，吃饭不知饥饱，睡觉不知颠倒，打麻将不知大小，身体发臭不知洗澡，智商比一头猪高不了多少，这事摆明了是被人利用当枪使，按说这样的饭桶就算留他一条命，除了浪费点粮食又能有什么威胁呢？

但刘彧却容不下他，还是毫不客气地逼令刘祎自杀。

公元471年，刘彧得了一场大病，不免开始担心起了自己的后事。

太子刘昱才9岁，要是自己有个三长两短，那些年富力强的皇叔会忠于少主吗？

他的答案是否定的。

因为，他本人就是夺了侄子之位才登上皇帝宝座的！

为了防患于未然，他决定大开杀戒。

当时刘彧的兄弟在世的还有五个，其中义阳王刘昶（刘义隆第九子）已经叛逃到了北魏，国内只有建安王刘休仁（刘义隆第十二子）、晋平王刘休祐（刘义隆第十三子）、桂阳王刘休范（刘义隆第十八子）、巴陵王刘休若（刘义隆第十九子）四个。

四人中，刘休祐性情刚狠，桀骜不驯，刘彧对他尤其顾忌，便决定首先将他干掉。

由于一时找不到合适的罪名，刘彧便使了个阴招。

这天，他特意邀请刘休祐一起到山中打猎。

兄弟二人兴致很高，不知不觉一天就过去了。

眼看天色渐暗，刘休祐想要回去，但刘彧却意犹未尽，他只好继续奉陪。

正好远处出现了一只野鸡，刘彧便命刘休祐前去逼近射杀。

见刘休祐远远地脱离了随从，刘彧使了个眼色，他的亲信寿寂之等人立即策马追了上去，一拥而上，将刘休祐从马上一把拽了下来，你一招掏心拳我一脚撩阴腿他一记当头棒，哪里致命打哪里，将他活活打死，随后大声呼喊：不好啦！骠骑大将军（刘休祐的官职）不慎落马了！

后方的刘彧闻讯心花怒放，但表面上却显得心痛不已：老弟啊，你怎么这么不小心啊！

他立即命令身边的御医火速前往急救。

御医们各显神通，有的扎心窝，有的掐脖子，有的灌砒霜，很快就把刚迈入鬼门关的刘休祐彻底推入了阎王爷的怀抱，接着一脸无奈地说，我们已经尽力了，只是晋平王伤得太重……

于是刘彧对外宣称刘休祐坠马身亡，将其厚葬了事。

除了刘休祐，另一个让刘彧极不放心的，是建安王刘休仁。

刘休仁在刘彧称帝及平叛的过程中居功至伟，在诸兄弟中与刘彧的关系也最好，因此在上台初期，刘彧对他还是非常信任的——他被任命为司徒、尚书令、扬州刺史，总管朝政。刘休仁也不负所托，干得非常不错，很受朝野上下爱戴。

没想到这样一来，却引起了刘彧的不满。

刘休仁也知道自己有功高震主的嫌疑，便主动上疏辞去了扬州刺史这一要职，做事也愈加谨慎，从不妄议国家大政方针，时刻与以刘彧为核心的帝国中央保持一致。

可惜这一切都是徒劳。

因为，当一个女人不喜欢你的时候，你就是再殷勤也是白费的；当一个皇帝想要你命的时候，你就是再谨慎也是没用的。

这天，刘彧召刘休仁入宫议事。

等刘休仁到了，他却宣称自己临时有事，让其先在尚书省过夜。

月黑风高之时，刘彧的使者来了——带着一张臭脸和一杯毒酒。

刘休仁万万没想到最亲近的兄长会对自己下手，临死前忍不住仰天长叹：你能得到天下，是谁的功劳！当初孝武帝诛杀兄弟，子孙灭绝，如今你又这样干，宋国的国祚岂能长久！

得知刘休仁的死讯，刘彧心中的石头才算落了地。

不过，刘休仁毕竟是朝中首屈一指的宰辅，地位高，影响大，杀他总得有合适的理由吧。

刘彧想了整整一夜，还是毫无头绪。

最后他不得不闭上了眼睛（因为人不能睁眼说瞎话），口述了这样一封诏书：休仁既经南讨，与宿卫将帅经习狎共事。吾前者积日失适，休仁出入殿省，无不和颜，厚相抚劳。如其意趣，人莫能测——刘休仁参加过平叛作战，与禁军将帅在一起共事过。这段时间我身体不好，刘休仁出入宫廷时见到这些将领每次都和颜悦色，大加安抚，他的意图，很难猜测。

这实在是太扯了！

在宫中遇到曾经的同事——那些禁军将领不和颜悦色，难道要怒形于色，给他们点颜色？比如，将他们打一顿？

这样的罪状，当然是难以让人信服的。

其实真正的原因，刘彧在和亲信的对话中曾经透露过。

他说，我和建安王年纪相当，从小就在一起玩耍，他对我的功劳也确实不小，只是如今事关重要，不得不相除。痛念之至，不能自已！

话没说完，他已经泪如雨下。

是啊，我和刘休仁兄弟间的感情还是不错的，我这样对他，还算是个人吗？

唉，不算就不算吧。

毕竟，兄弟诚可贵，感情价更高，若为权力故，二者皆可抛！

基于同样的原因，接下来他又把目标对准了自己最小的弟弟巴陵王刘休若。

刘休若时任荆州刺史，刘彧下诏宣召他回京，让他出任南徐州（治所今江苏镇江）刺史。

刘休若的心腹王敬先认为此行必然凶多吉少，劝他不要回去，割据荆州与朝廷对抗。

但刘休若素来胆小怕事，哪里敢这么干？

他假装答应，等王敬先一出门，马上派兵将其抓捕处死，随后把此事禀告朝廷，以表明自己的忠心。

然而他错了。

正如小白兔的可爱丝毫影响不了老虎想吃它一样，他表的这点忠心也丝毫影响不了刘彧要杀他的决心。

刚一回到建康，刘休若就被赐死了。

对亲兄弟都如此猜忌，对手下的将领，刘彧自然更不可能放心。

此时驻扎于淮阴（今江苏淮安）的南兖州刺史萧道成在军中颇得人心，又有传言说他天生有异相，这让刘彧很是不安，便对他进行了一番试探。

刘彧派大将吴喜带着自己亲自封装的一壶酒，前往淮阴赐给萧道成。

萧道成见状忍不住心头一紧——刘彧是使用毒酒的行家里手，江湖上有句传言：喝了刘彧赐的酒，只能活着数到九。难道自己今天真的要英年早逝了吗？

不行，我得想法子溜走！就算喝尿也不能喝这个！

想到这里，他连忙说道：抱歉。我得喝尿去……啊不，我得撒尿去……请您稍等片刻……

吴喜看出了萧道成的心思，笑着说道：萧将军切勿多心。

接着，他打开酒壶，先喝了一口。

萧道成反应很快，马上改口道：算了，再急的事我也不管了，皇上御赐的好酒，我怎能不第一时间品尝！

随后他接过酒壶，开怀畅饮起来。

就这样，凭借吴喜的帮助，萧道成逃过了一劫。

但吴喜本人却因此倒了大霉。

因为有人将此事偷偷告诉了刘彧。

刘彧不由得勃然大怒——你吴喜是我一手提拔起来的，居然敢这样对我阳奉阴违？

他当即下令，赐死了吴喜。

对于依靠作弊过关的萧道成，刘彧当然也不可能就此不管。

很快，萧道成又迎来了第二次考验——他接到了皇帝的诏书，征召他入朝。

他的几个亲信都劝他千万不要回京。

但萧道成却力排众议，斩钉截铁地说，你们还没看透当前的形势，皇上是因为太子年幼，所以剪除自己的兄弟，应该不会为难他人。只是我必须马上出发，如果稍微有点迟疑观望，定会受到猜疑。在我看来，天下即将大乱，危险与机遇并存，挑战与幸运同在，希望诸位与我共同努力！

随后他立即快马加鞭赶回了建康。

萧道成赌赢了。

果然如他所料，他的迅速到来打消了刘彧的疑虑。

他不仅通过了皇帝的测试，还被加封为太子左卫率、散骑常侍！

除了皇族和武将，让刘彧担心的还有外戚。

刘彧的皇后王贞风出身于南朝顶级高门琅琊王氏，王皇后的哥哥王彧时任太子太傅、尚书左仆射，在朝中名望很高。刘彧害怕自己死后皇后与王彧联手夺权，决定再次使出自己已经修炼得炉火纯青的绝招——用毒。

他派人带着自己的亲笔信和毒酒来到了王彧家中。

此时王彧正与客人下棋，打开信一看，发现里面只有一句话：与卿周旋，欲全卿门户，故有此处分——我与你相交很久，为保全你们王家满门，才有这个决定。

王彧一下子全都明白了，但他却依然不动声色，若无其事地把信纸压在棋盘下，继续与客人对弈。

等一局棋下完，他才平静地对左右说，接到圣旨，赐我自尽。

接着他拿起毒酒，一饮而尽。

就这样，在不到一年的时间里，刘彧心目中的危险分子相继被清除。

刘彧的原则很明确：宁可错杀一千，也不放过一个！

可惜后来的历史证明，他实际上做到的，却是这句话的反义词：宁可放过一个，也要错杀一千！

他错杀了很多人，但他唯一放过的，正是刘宋王朝的掘墓人！

然而，人不可能预知未来。

今天的我们不可能知道明天的股票走势，当时的刘彧也不可能知道几年后发生的事。

他只知道，在加班加点地完成了他心目中的杀戮大业后，他终于能松口气了。

他已经尽力了，也已经力尽了。

他可以安心了，也可以安息了。

公元 472 年四月，刘彧在宫中病逝，终年 34 岁。

临死前，他传下遗诏，任命护军将军褚渊、尚书右仆射刘勔、尚书令袁粲、荆州刺史蔡兴宗、郢州刺史沈攸之五人为顾命大臣，一起辅佐幼主。

年仅 10 岁的太子刘昱随即继位，是为刘宋后废帝。

对不起，借个种

说起来，刘昱很可能不是刘彧的亲生儿子。

《宋书》中明确记载：明帝素肥，晚年废疾，不能内御——刘彧素来肥胖，晚年得了性功能障碍（难道肥胖程度和性能力成反比？），无法和女人同房。

不过，晚年这个说法似乎值得商榷——事实上，刘彧在这方面可能很早就已经不行了。

因为刘昱出生的时候，他才二十五岁。

而刘昱的来历就很有些不明不白。

刘昱的生母叫陈妙登，是屠户之女，家中非常贫贱，地位非常卑贱，在常人看来，这样的出身想要入宫，就好比一个哑巴想要参加歌唱比赛一样——完全是痴心妄想。

但世界上有一种东西是无所不能的。

那就是运气。

有一次孝武帝刘骏坐车出巡，无意中发现宽阔气派的御道旁边有数间破败不堪的房屋，顿时感觉如同满汉全席中出现了一堆臭狗屎——不仅大煞风景，还让人大倒胃口。

于是他大手一挥，赐钱三万，命陪同的地方官给这户人家送去，让其修建新房。

官员进屋后，发现这户人家的大人都不在，屋里只有个十二三岁的小女孩儿。

他只觉得眼前一亮——这女孩儿长得实在是太漂亮了，就算是仙女下凡恐怕也只配给她提鞋！

这个官员深知皇帝好色，便向刘骏极力推荐：陛下，鸡窝里有个金凤凰！

刘骏一听也动了心，当即下令将女孩儿带入了宫中。

这个女孩儿不是别人，正是陈妙登。

陈妙登入宫后，因岁数尚小，刘骏将她安置在其母路太后身边当侍女。

没想到后来刘骏疯狂地喜欢上了殷淑仪，眼中只有她一人，六宫粉黛无颜色，陈妙登早就被他忘记了；而寄养在路太后宫中的刘彧却因经常接触陈妙登，为她的美色所折服，经常与她眉来眼去，打情骂俏。

路太后便干脆成人之美，将陈妙登赐给了养子刘彧。

刘彧对陈妙登宠爱有加，但仅仅一年后，他却做出了一个让所有人都大跌眼镜的举动。

一般男人没人喜欢戴绿帽子，即使有戴的也大都是在不知情的情况下被绿的——无论是古代还是当代，无论是武大郎还是我们隔壁村的牛二郎。

但刘彧到底不是一般人。

他是主动戴的。

他先是将爱妾赐给了自己的心腹李道儿，过了一段时间又将陈氏重新接了回来，仿佛什么事都没发生过，继续宠爱有加。

几个月后，陈妙登生下了刘昱。
那么，刘昱到底是谁的儿子？
刘彧的？
还是李道儿的？
我不知道。
我只知道，虽然刘彧对外宣称这孩子是自己的长子，但外面的传言却大多认为：是李道儿的。

事实上，不光是刘昱，刘彧所有儿子的出身几乎都有问题。
据说刘彧登基后，觉得一个儿子还是太少了，不保险，但他自己又没有生育能力，便又费尽心思想出了一个扩军方案。
他只要听说兄弟们的姬妾有怀孕的，便总是想方设法将她们迎入宫中，如果生下的是男孩，他就杀死其母，将孩子交给自己的嫔妃抚养，对外宣称是自己的孩子。
靠着这种骇人听闻的手段，刘彧竟然得到了12个名义上的儿子！

作为长子，刘昱理所当然地继承了帝位。
在登基初期，刘昱因年龄太小，由褚渊、袁粲等大臣辅政，朝局一时还算稳定。

危急时刻显身手

没想到这却引起了一个人的强烈不满。
此人是明帝刘彧当时唯一在世的弟弟——桂阳王刘休范。
前面说过，刘彧晚年屠戮诸弟，但对刘休范却网开一面，原因很简单——刘彧觉得他是个废柴，完全没有任何威胁。
但和所有的废柴一样，刘休范本人并不这么想。

刘休范自认为他在皇族中辈分最长，得知辅政大臣的名单中居然没有他，心里很不平衡。
在部属的怂恿下，他开始暗中招兵买马、制作兵器，准备造反夺权。
公元474年，五月，刘休范在江州正式起兵，随后率领大军顺江东下，日夜兼程，以迅雷不及掩耳之势杀向建康。

消息传来，建康大震。

辅政大臣褚渊、袁粲连忙召集群臣商议对策。

由于事发突然，大臣们都慌了手脚，只知道你看看我，我看看他，他看看自己的臭脚丫……却根本没人发言，场面很是尴尬。

关键时刻，萧道成站了出来。

他胸有成竹地说：之前刘义宣、刘子勋等人谋逆，都因行动迟缓而招致失败，这次刘休范肯定会吸取他们的教训，率军顺流急下，搞突然袭击。我认为我军不应远出，而是应坚守新亭（位于今南京雨花台区，濒临长江）、白下（即白石垒，今南京鼓楼区狮子山）、石头（即石头城）等战略要地，以逸待劳，刘休范孤军深入，千里之遥，粮草不足，一旦求战不得，必然自行瓦解。我愿领兵驻防新亭，抵挡贼军前锋，诸君只要安坐在殿中，静待我破敌的好消息就可以了！

听他说得这么有底气，大臣们就仿佛在黑夜中看到了明灯、迷雾中找到了方向，自然全都表示赞成。

计议已定，萧道成立即率军前往新亭。

一到新亭，他就和将士们一起投入紧张的战备工作。

然而防御工事还没修好，前方就有探子来报：不好！叛军前锋已经抵达了距新亭不远的新林渡口！

部下闻讯全都惊慌不已。

萧道成却毫不在意，神色一如往常，作息一如往常，习惯一如往常——该开玩笑就开玩笑，兴致照样很高，荤段子张口就来；该吃午饭就吃午饭，胃口照样很好，猪头肉一吃三碗；该睡午觉就睡午觉，睡得照样很香，呼噜打得震天响。

见主帅如此镇定自若，将士们也逐步安下心来。

此时叛军已在新林登陆。

刘休范下令兵分两路，命部将丁文豪带着部分兵力绕过新亭，直扑台城，他自己则率主力猛攻新亭。

萧道成带领全军拼死抵抗。

激烈的战斗从早上持续到午后，随着时间的推移，叛军凭借人数上的优势逐渐占据了上风。

但萧道成依然毫无惧色，不断鼓舞大家，终于顶住了对方的攻势。

此时政府军大将张敬儿、黄回看见刘休范只带了数十人在新亭城南面的临沧观一带观战，便向萧道成献计说：桂阳王身边人不多，如果我们向他诈降，必能取他的性命！

萧道成大喜：好！若能成功，我一定表奏朝廷，让你们当刺史！

于是张、黄二人趁着战斗的间隙，骑马溜出了新亭城，向刘休范所在的临沧观飞驰而去。

到了叛军阵前，两人放下武器，举起双手大喊：我们投降！

得知对方大将来投，刘休范很得意——看来我的魅力很高啊。

他亲自接见了两人。

黄回先给他戴高帽，说他貌比潘安，谋比庞统，武比吕布……

接着张敬儿又说，他们是奉主将萧道成的命令来降的，萧道成也愿意弃暗投明，只是害怕献城之后被杀，所以先让他们前来接洽。

这下刘休范更得意了：萧将军肯助我，天下可定也！

人一得意就容易忘形，一忘形就容易冲动，一冲动就容易犯傻，一犯傻就容易轻信——他完完全全地相信了张敬儿的话。

为表达自己的诚意，他不仅主动把儿子刘德宣、刘德嗣送给萧道成作为人质，还对张敬儿、黄回亲近有加，时时带在身边。

这天晚上，他和张、黄两人一起喝酒。

席间，黄回不停地劝酒，不停地说好话，不停地讲段子。

刘休范听得心花怒放，不停地爆笑，不停地碰杯子，不停地大口喝酒。

酒至三巡，刘休范已微醺。

见机会来了，黄回偷偷给张敬儿使了个眼色。

张敬儿心领神会，一个凌波微步，瞬间就蹿到了刘休范的身边，随即一把抽出了随身携带的佩刀！

刘休范还没明白怎么回事，已经身首异处了。

他身边的随从也都被这突如其来的变故惊呆了：这到底是怎么回事？是在做梦，还是在表演断头魔术？我们该鼓掌还是该……

就在他们愣神的那0.00000000001秒间，张、黄二人已经夺门而出，带着刘休范的人头驰马飞奔，跑回了新亭城！

斩首计划就这样顺利完成了！

张敬儿、黄回立下了奇功！

萧道成随即派队主陈灵宝拿着刘休范的人头前往台城报捷。

在途中，陈灵宝意外遇到了叛军，心一慌，手一抖，人头竟然掉进了路边的池塘里——大敌当前，他当然也不可能下水去捞，只好硬着头皮继续往里闯，好在后来他还是冲了过去，顺利抵达了台城。

一进城，他就高喊，刘休范已经死了！叛乱已经平息了！

但由于他拿不出任何证据，城内的人根本不敢相信。

也难怪他们不信，因为此时叛军气势正盛，建康城正岌岌可危！

当时叛军尚不知刘休范已死，在大将丁文豪、杜黑骡等人的指挥下一路势如破竹，已经抵达了朱雀桥。

朱雀桥是朱雀门（建康南城门）外的一座浮桥，横跨秦淮河，因其地形险要，位置关键，向来是建康城南的战略要地。

驻防朱雀桥的是右军将军王道隆和五位顾命大臣之一的老将刘勔。

刘勔本打算拆除朱雀桥以阻挡叛军，但王道隆却不同意，反而催促他立即出战。

王道隆是刘彧在世时的心腹宠臣，与阮佃夫齐名，多年来一直担任中书舍人掌管机要，地位虽不高但权力极大，现在刘彧虽然不在了，但他依然凭借自己的特殊地位手眼通天，因此刘勔不敢和他争辩，只好率部渡过秦淮河，仓促迎战叛军。

仓促迎战的结果是刘勔兵败身死。

随后叛军乘胜进攻，很快就攻占了朱雀桥，斩杀王道隆，接着又长驱直入，杀向台城。

建康城内早已一片混乱。

白下、石头城等地的守军全都不战自溃，宫中传言新亭也已被叛军攻陷。

皇太后王贞风拉着小皇帝刘昱的手泣不成声：完了！皇上的天下没了！

就在此时，刘休范的死讯也传到了叛军大营内。

但眼看胜利在望的丁文豪却不愿就此罢手，他对外谎称这是谣言，刘休范正在新亭。

听他这么一说，无数建康城内的官员士绅都本着"拍马屁就和尽孝一样，必须要趁早，晚了就可能来不及了"的原则争先恐后地跑到新亭，高呼"桂阳王万岁万岁万万岁"的口号，想要提前投靠新主。

但他们等来的，却不是刘休范——要见刘休范，只能去地下了。

是萧道成。

萧道成威风凛凛地站在城楼之上，拿着高音喇叭对着城下喊话道，刘休范已经被诛杀了，尸体就在城南的劳山脚下。我是平南将军萧道成，诸位可以走近点看看仔细！看清楚了没有？我左脸上有一个大麻子的！3.5厘米那么大！

丁文豪的谎言就此不攻自破。

消息传到建康，叛军顿时失去了斗志，而政府军则士气大振。

萧道成趁机派部将陈显达、张敬儿等人发动反攻，尚书令袁粲等人也率禁军从台城内杀出，两军里应外合，大破叛军，斩杀丁文豪、杜黑骡等人。

叛乱至此平定。

第二十六章　萧道成：史上最走运的开国皇帝

熊孩子刘昱

由于萧道成在此役立下了无人可比的大功，战后他理所当然地获得了最大的回报——被加封为中领军、南兖州刺史，统领禁军，留守京城建康，与尚书令袁粲、中书监褚渊、丹阳尹刘秉轮流入宫值班，一起裁决政事，号称"四贵"。

萧道成第一次进入国家最高决策层，更重要的是，由于其余三人都是文士出身，他当仁不让地掌握了军权，从一名普通将领一跃成为当时刘宋军界地位最高、权力最大的首席军事强人！

但官场如杂技场，站得越高，风险也越大。

尤其是在这样的乱世，况且他的顶头上司是一个熊孩子刘昱。

刘昱在做太子时就以淘气捣蛋著称。

他生性好动，喜怒无常，几乎没有一天不干坏事——如果把他闯的祸像如今闯红灯一样记分的话，恐怕他每天至少要被扣1200分。

恨铁不成钢的明帝只好命其母陈妙登对他施行棍棒教育，经常把他打得鬼哭狼嚎。

刚上台的时候，在母亲的严厉管教下，刘昱还不敢太放纵，但随着年龄的增长，力气的增大，陈妙登逐渐管不住他了。

他不喜欢待在宫里，经常带着身边几个人出宫游玩，到处乱窜，荒郊野外、街头闹市、烟花柳巷……遍地都留下了他的足迹、字迹和尿迹。

一开始，陈妙登还坐着牛车跟在他后边，但后来刘昱只要发现母亲尾随，就立即换乘快马，一口气跑出一二十里，陈妙登的牛车怎么可能追得上？

无奈，她只能远远地望儿兴叹：所谓母子一场，只不过意味着，你和他的缘分就是今生今世不断地在目送他的背影渐行渐远，而且，他用背影告诉你，不必追……

摆脱了母亲的控制，刘昱更加任性，他从最初时的早出晚归，发展到后来的数日不归，晚上累了就住旅店，白天累了就躺路边，完全没有任何顾忌。

也许是在街巷中，刘昱听说了一些传言，说他不是先皇刘彧的种，李道儿才是他的亲爹。对此，他不以为耻却反以为荣，此后便经常自称为"李统"或"李将军"。

这样一个毫无廉耻、毫无责任心的熊孩子，当然不可能统治早已危机四伏的刘宋帝国。

公元476年七月，又一次叛乱发生了。

此次发难的是时任南徐州（治所今江苏镇江）刺史的建平王刘景素。

刘景素是宋文帝刘义隆第七子刘宏的长子，当时宋文帝的儿子已经凋零殆尽，在所有的孙辈中，他年龄最大，加上他勤学多才，礼贤下士，在当时名望颇高。

由于刘昱实在是不得人心，朝野上下很多人都对刘景素寄予厚望，甚至还出现了一种声音，说刘景素这样的贤王应该入继大统。

这引起了刘昱身边人的警惕。

中书舍人阮佃夫、杨运长是刘彧当朝时的宠臣，他们对刘景素非常忌恨，打算找借口诛杀刘景素。

而刘景素也意识到了自己的危险处境，便干脆一不做，二不休，在京口（今江苏镇江）起兵造反。由于他缺乏军事才能，起事还不到一个星期就兵败被杀了。

刘景素的失败，让小皇帝刘昱更加骄横。

如果说以前的他还只不过是贪玩的话，那之后的他则变得越来越残暴。

史载刘昱常常随身带着斧、锥、凿、锯等各种凶器，随从也都拿着长矛大刀，路上遇到人，只要稍微觉得不顺眼，就立即将其杀死剖腹。

在他的眼里，杀人就是人生最大的享受，一天不杀人比一天不吃饭还要难受！

如此一来，百姓们都吓坏了——见到刘昱，就等于见到地狱！

为了躲避这个神出鬼没的杀人魔王，他们大白天都不敢出门，全都待在家中，紧闭门窗，街上的店铺也全部关门。

千山鸟飞绝，万径人踪灭。只有刘昱等，独在街上行！

刘昱的种种倒行逆施，就连当年他父亲最信任的心腹阮佃夫也看不过去了。

皇帝该具备的素质一样都没有，不该具备的劣迹一样都不缺，这样的人渣，怎么配当天子！

公元477年五月，阮佃夫秘密联络了几个禁军将领，打算趁刘昱外出时发动兵变，拥立刘昱的三弟刘準为帝，没想到密谋泄露，他和几位同党都被刘昱诛杀。

杀这些大臣的时候，为了过杀人瘾，刘昱常常亲自动手。

司徒左长史沈勃、散骑常侍杜幼文、游击将军孙超之被人告发参与过阮佃夫的密谋，刘昱下令将三人族诛，并极其残忍地要求一律肢解。

他带着一帮卫士，直接闯进了沈勃家中。

他本人则挥着刀冲在最前面。

沈勃自知不免，也彻底豁了出去。

他赤手空拳与刘昱搏斗，用手狠狠地揪着对方的耳朵唾骂道：你的罪恶超过桀纣，你活不了多久了！

但毕竟寡不敌众，很快沈勃就被刘昱的左右乱刀砍死了。

如果史书记载可信的话，这一时期的刘昱似乎已经杀红了眼，什么人他都敢杀。

包括皇太后。

出于对国家前途的担心，太后王贞风经常训斥刘昱，刘昱很烦她。

这年的端午佳节，王太后给刘昱送了一把扇子。

刘昱嫌扇子太蹩脚——这个破扇子，打发乞丐还差不多，送给我那不是侮辱是什么！子曾经曰，士可杀而不可辱。不，是你可杀而我不可辱！

一怒之下，他当即命太医配置毒药：这个死老太婆，我早就看她不爽了，毒死她算了！

左右见状连忙劝谏：不能这样啊，如果太后死了，按规定陛下要守孝三年，那可就没有时间出去玩了。

刘昱到底是个小孩儿，头脑特别简单，别人说什么就信什么——如果生活在现代，他肯定是所有骗子都梦寐以求的优质客户。

听了这句话，他恍然大悟：你说得太对了，我怎么没想到呢。

这家伙，好杀，也好傻！

除了王太后，另一个刘昱想杀却未遂的人是中领军萧道成。

那是一个盛夏的中午，刘昱心血来潮，突然来到了萧道成的府上。

此时，萧道成正光着膀子睡午觉，鼾声大作，肥大的肚子一起一伏。

见此情景，刘昱玩心顿起，便用毛笔在他肚子上画了个靶心，接着又将他叫醒，命他站好。

随后，刘昱退后几步，从随从手中拿过弓箭，开始拈弓搭箭。

萧道成大惊，急忙大喊：老臣无罪！

但刘昱却依然置若罔闻——他杀人的时候，从来不在意是否有罪，只在意是否好玩。

因而他还是没有停下拉弓弦的手。

眼看弓弦越拉越满，眼看萧道成死到临头，关键时刻，刘昱的一个随从的一席话把萧道成从鬼门关又拉了回来。

他说，领军的肚子又大又肥、肥而不腻、入口即化，真是世上罕见的好肚子……不，好靶子，如果陛下一箭把他射死了，以后恐怕就再也找不到这样绝妙的箭靶了，我觉得还是用骲箭（即箭头用骨或木制成的箭）来射比较好。

刘昱觉得有理，便把已经上弦的利箭撤下，重新换成了骲箭。

一箭射去，正中萧道成的肚脐！

萧道成就这样捡回了一条命。

但刘昱似乎还是不愿放过他——不知道为什么，每次只要见到萧道成，他总是觉得心里不舒服。

很快，他再次起了杀心。

这天，他在宫中一边磨短矛，一边自言自语：明天非杀萧道成不可。

没想到这句话被他的母亲陈太妃听到了。

陈太妃当即把儿子痛骂了一顿：萧道成对国家是有大功的，如果杀了他，谁还会效忠于你？

刘昱这才不得不暂时打消了杀萧道成的念头。

而此时的萧道成却有了除掉刘昱的想法。

自从那次死里逃生之后，他一直心有余悸：这个嗜杀成性的小皇帝只要在位一天，他的生命安全就不可能得到保障！

于是，他悄悄找到了袁粲、褚渊两人，提议废黜刘昱，另立新君。

袁粲当即表示反对：皇帝毕竟还小，还有改过自新的可能。更何况，废立之事谈何容易！而且即使侥幸干成了，我们这些人也不见得有好结果，徐羡之等人就是先例！

老滑头褚渊则始终一言不发，没发表任何意见。

目光如电，须髯尽张

萧道成只能失望而归。

但他却依然不愿就此罢休。

既然你们不肯参与，那我就自己干！

经过与长子萧赜（zé）、次子萧嶷、族弟萧顺之及亲信纪僧真、王敬则等人的一番密谋，很快萧道成就制订出了政变方案——效仿当初刘彧杀刘子业，从刘昱身边的人入手！

他通过时任越骑校尉（禁军将领之一）的王敬则秘密结交了刘昱的侍从杨玉夫、杨万年、陈奉伯等人，让他们寻机暗杀刘昱。王敬则还经常在晚上穿着黑衣，潜伏在路旁侦察刘昱的行踪。

成功和爱情一样，常常来得猝不及防。

萧道成做梦也没有想到，这一天会来得那样快，那样毫无思想准备！

那是公元477年的七月初七——传统的七夕佳节。

每逢佳节倍思玩。

爱玩的刘昱为自己安排了丰富多彩的游乐活动。

他先是坐敞篷车来到台城外的小山岗，和一帮狐朋狗友比跳高；接着去了附近的尼姑庵，和尼姑们交流了大半天，玩得很尽兴；晚上他又到新安寺偷狗，就地煮了，与随从们边吃狗肉边喝酒，直到喝得酩酊大醉，才由随从们带他回宫。

临睡前他突然想起了牛郎织女的传说，便恶狠狠地对身边的杨玉夫说：你帮我看着天上啊，等看到织女渡过鹊桥的时候就马上叫醒我，我要看牛郎织女鹊桥相会，如果看不到，我就杀了你！

杨玉夫吓坏了：牛郎织女只不过是个传说而已，怎么可能看得到？

怎么办？

他绞尽脑汁，却依然一无所获。

恍惚中，天空飘来八个字：杀死刘昱，必有重赏！

那是王敬则不久前对他说过的话。

他一下子就有了主意。

就这么干！

既然你刘昱要看天上的牛郎织女，那我就把你送上天，你自己去看吧！

下定决心后，他又找来了自己的好友杨万年和陈奉伯。

三人偷偷地潜入了刘昱的寝宫——由于刘昱出入无常，宫内各门经常不关，且守门的卫兵都害怕和皇帝见面，全都躲在屋内，根本无人值勤，因此杨玉夫等人进出全都畅通无阻。

此时，刘昱睡得正香，身体一会儿摆成 S 形，一会儿摆成 B 形。

臭小子，睡觉也不老实！

杨玉夫忍不住在心里骂道。

他拿起刘昱身边的贴身佩刀，干净利落地砍下了小皇帝的头颅。

刘昱死时，年仅 15 岁。

随后陈奉伯把刘昱的人头藏在了自己的袖子里，假称皇帝的命令叫开宫门，将其交给了正在宫外值勤的王敬则。

见大事已成，王敬则喜出望外，立即骑马飞驰到了萧道成的府邸。

他一边用力拍门，一边大声喊道：我是王敬则，快开门！

然而里面却毫无反应。

难道萧道成没有听到？

当然不是。

这么大的声音，他又不是聋子，怎么会听不到？

他只是不开门。

他向来做事稳健。

在没有弄清敌人的虚实前，他不会贸然进攻。

在没有摸清王敬则的来意前，他不会贸然开门。

见叫不开门，王敬则灵机一动，干脆把人头从围墙上扔了进去。

萧道成命人洗净血迹，仔细进行了多次人脸识别，确定是刘昱的首级无误，这才放下心来：看来这不是陷阱，而是天大的馅饼！

萧道成再也没有了任何睡意，取而代之的是冲天的豪气，他马上换上戎装，带着王敬则等一帮随从，意气风发地前往宫城。

到了宫门外，王敬则宣称御驾回宫，并模仿刘昱平时叫门的样子不停地大声催促，为了防止有人从门洞往外观看，细心的他还特意用刀柄堵住了门洞。

守门的卫兵不疑有诈，很快就打开了宫门。

进宫后，萧道成先是在仁寿殿召开了一个简短的新闻发布会，向在场的内廷官员们宣布了刘昱的死讯，接着他又以太后的名义召集"四贵"中的另外三人——尚书令袁粲、中书监褚渊、中书令刘秉一起入宫议事。

此时已是次日凌晨。

萧道成先问刘秉：这是你们刘家的事，你认为该怎么处理？

刘秉是刘裕的二弟刘道怜之孙，四人中唯一的刘宋宗室。

史载此时的萧道成"目光如电，须髯尽张"——目光像闪电一样凌厉，胡子全都向外张开。

如果你常看《动物世界》的话，你一定会发现，狮、虎等猛兽在对猎物发动攻击前，毛发大都是这样向外张开的。

与此同时，王敬则等人也都手按刀剑，杀气侧漏。

看到这样的阵势，刘秉吓坏了，大脑一片空白，脸上一片惨白，嘴里哆哆嗦嗦地表白：尚书省的事……可以交……给我，军事上的事……都听凭……领军将军……处置。

萧道成轻蔑地看了他一眼，接着又问袁粲：袁公，你说呢？

还没等袁粲回答，萧道成身后的王敬则突然跳了出来，一边挥舞着佩刀，一边厉声喝道：天下事都应归萧公！谁敢说半个不字，我王敬则的刀可是不认人的！

接着，他又趁热打铁，扬言要拥戴萧道成称帝。

萧道成把脸一沉，喝令他退下：你懂什么！这里轮不到你说话！

见此情景，向来就善于见风使舵的褚渊连忙知趣地表态：今日之事，非萧公无以处置！

这番话就如同足球比赛中的妙传，将球恰到好处地传到了萧道成的面前。

萧道成当然不可能放过这样的机会，便马上顺势说道：既然大家都如此看得起我，我萧道成岂能再推辞！

随后，他以太后的名义下诏，对外公布刘昱的罪名，并追贬其为苍梧王（后世一般称其为后废帝，以区别于前废帝刘子业），同时又迎立刘彧第三子安成王刘準继位。

年仅12岁的刘準就此登上了皇位，是为刘宋顺帝。

按照《宋书·后妃传》的说法，刘準其实也不是刘彧的亲生儿子，而是桂阳王刘休范之子。

但现在也有部分学者认为，由于《宋书》是南齐大臣沈约所著，而南齐政权又承继于刘宋，为了体现萧道成篡宋建齐的正当性，不可避免地存在着某些丑化刘宋后期几位帝王的现象，因此，《宋书》中那些诸如刘彧不能生育、后废帝刘昱和顺帝刘準都不是他生的、刘昱的某些残暴行为等记载，其实全是编造出来的。

真相到底是什么，我们已经不可知了。

但有一点是可以确信的。

此时的小皇帝刘準就相当于烟盒上印刷的"吸烟有害健康"——虽然按照规定是必不可少的,但实际上完全是个摆设,根本不起任何作用,根本没人把他当回事。

刘宋帝国现在真正的主宰,是萧道成。

刘準登基后,萧道成被封为录尚书事、骠骑大将军,集军政大权于一身。

而袁粲、褚渊、刘秉虽然依旧身居高位——袁粲改任中书监,褚渊为开府仪同三司,刘秉为尚书令,但由于萧道成作风霸道,独断专行,且在重要的岗位上都安插了自己的党羽,因而他们三位的实权十分有限,啥都做不了主,最多就只能在细节方面提一下建议。

废宋建齐

不过,尽管萧道成在建康城内大权独揽,说一不二,但他依然有自己的心病:各地的藩镇会听命于他吗?

他最担心的,是时任荆州(治所今湖北江陵)刺史的沈攸之。

其实沈攸之和他的私交还不错,两人曾在禁军中同事过多年,还结成了儿女亲家——萧道成的女儿嫁给了沈攸之的儿子沈文和。但萧道成深知,沈攸之这个人向来冷酷无情,六亲不认,私人感情这种东西对他来说,就像蔬菜水果对食肉动物——完全不在考虑范围之内。

在当时的刘宋帝国,无论是战绩还是资历,无论是名位还是影响力,比起自己,沈攸之都有过之而无不及,他会甘心屈居于自己之下吗?

萧道成心中并没有把握。

为了安抚沈攸之,萧道成刚一上台,就马上以小皇帝刘準的名义下旨加封沈攸之为东骑大将军、开府仪同三司,同时又派沈攸之的长子沈元琰带着自己的亲笔信前往江陵,以表示自己的诚意。

沈攸之对此嗤之以鼻——山中无老虎,猴子称霸王!你萧道成不过是平定了一次小小的叛乱,居然就爬到我的头上来了!

但他表面上却不动声色,只是把儿子留了下来。

经过一番紧锣密鼓的准备,沈攸之开始行动了。

公元477年十二月,他自称接到了太后的手令,宣布讨伐弑君逆贼萧道成。随后命沈元琰留守江陵,他本人则亲率五万大军,顺江而下,开往建康。

一时间,萧道成面临着严峻的考验。

而他的麻烦还不止于此。

除了外患，还有内忧——建康城内的袁粲等人。

袁粲出身南朝名门陈郡袁氏，向来以名士自居，有匡扶天下之志。

他深知萧道成有不臣之心，虽然之前迫于形势不得不暂时低头，但他一直在寻找翻盘的机会。

刘昱死后，朝廷派他出镇石头城，袁粲趁机积蓄实力，并秘密联络了尚书令刘秉、大将黄回以及禁军将领刘韫、卜伯兴等人，打算伺机起事。

现在，他觉得机会来了。

萧道成正被沈攸之搞得焦头烂额，根本无暇他顾，如果此时他突然在内部起事，成功的概率还是很大的！

很快，方案就定了下来。

按照计划，他将和刘韫等人在石头城和宫城内同时发难，占领建康，攻杀萧道成！

但袁粲毕竟只是个文士。

他有很高的志，却缺心计。

他识很多的字，却不识人。

也许是为了增加自己的盟友，他竟然把密谋告诉了褚渊。

褚渊当面答应，一转身，就告诉了萧道成。

其实，萧道成之前也听到了风声，现在更是证据在握，但为了麻痹对手，他并未马上做出反应，只是派自己的心腹苏烈、薛渊等人以协防的名义进入石头城。

这个要求合情合理，袁粲当然无法拒绝。

到了袁粲预谋发动的日期，萧道成先发制人，命王敬则率军斩杀了还没来得及动手的刘韫、卜伯兴；接着又派部将戴僧静率军攻打石头城，之前就在城内的苏烈等人也同时行动，两军里应外合，很快就斩杀了袁粲父子，刘秉则在逃亡途中被杀。

不过，袁粲虽然失败了，但他的行为还是得到了建康百姓的普遍尊敬，褚渊则因为临敌变节被大众鄙视，很快城中就流传起了这样一首歌谣：可怜石头城，宁为袁粲死，不为褚渊生！

而之前参与过密谋的大将黄回在得知袁粲败死的消息后，也没敢再动。

考虑到此时大敌当前，正是用人之际，萧道成也就假装不知道，依然对黄回委以重任，让他统率大军前去讨伐沈攸之。

沈攸之的进展并不顺利。

此时他还在离建康千里之外的郢州（治所今湖北武昌）。

郢州原本由萧道成的长子萧赜镇守，不久前萧赜奉命回京，现在驻防郢州的，是萧赜的亲信柳世隆。

沈攸之本打算只留少部分军队牵制柳世隆，自己率主力继续东进，但柳世隆却故意在城头大声辱骂，骂得极为难听。

有多难听呢？

我不知道。

我只知道难听得连史书都没好意思记下来哪怕是一个字——因为实在是太恶俗了。

我只知道难听得连沈攸之这样脸厚心黑的人都受不了了——因为实在是太恶毒了。

一怒之下，沈攸之改变了主意，决定先打郢州城，活捉柳世隆：不把柳世隆这小子的臭嘴撕成菊花，我誓不为人！

然而，郢州城虽然不大，但在萧赜之前数年的苦心经营下，城池极为坚固，战备极为充足，沈攸之率军围攻了整整一个多月，唯一的收获只是城下越来越多的叛军尸体。

郢州城依然牢牢地掌握在柳世隆的手中！

时间一天天地过去。

沈攸之心急如焚，却毫无办法。

他只能一遍遍地用名言激励自己：坚持就是胜利！

可惜他忘了世上还有另一句名言：时间就是生命！

时间拖得越久，他的部队士气就越低，他面临的局面就越危险，他们的生命安全就越没有保障！

公元478年正月，黄回等人率领的朝廷讨伐军抵达西阳（今湖北黄冈），距离郢州只有百余里了。

消息传来，叛军的军心动摇了，不断有士卒逃亡。

沈攸之向来治军严苛，便马上出台了一个严厉的命令：只要有一个士兵逃走，此人的长官和同僚都将被治罪！

不料这个命令一下，逃兵反而更多了。

能不多吗？

本来一个连队里只有一个人开溜，但现在，连队里的其他人为了不被治罪，也不得不开溜了。

沈攸之气得暴跳如雷，却无计可施。

无奈，他只好决定退兵回江陵。

一路上，眼看队伍中的人越来越少，沈攸之灵机一动，向部下宣称：江陵城内有的是钱粮，回去后我就把它们全部分给大家。

这样一来，军心总算是稍微稳定了点，有些本来已经离开的士兵听说后也重新归队。

然而好景不长，到了江陵附近，沈攸之又遭到了一记致命的打击。

他的老巢江陵已经丢了！

原来，老谋深算的萧道成对沈攸之早有提防，早在两年前就在其身边埋下了一颗钉子——担任雍州（治所今湖北襄阳）刺史的心腹张敬儿。

沈攸之对张敬儿本来有所提防，但张敬儿到任后，对沈攸之一直十分恭敬，不仅大小事宜都要向其请示，还百般巴结，今天送美酒，明天送美女，后天送金银……

时间长了，沈攸之对张敬儿也逐渐产生了好感。

有一次，他邀请张敬儿一起打猎。

张敬儿婉言谢绝了：咱俩只要心在一起就可以了，行迹不要过于接近。

这话实在是太贴心了。

沈攸之不由得对他刮目相看，从此把他当成了自己人。

但沈攸之万万没有想到，这次他前脚刚走，张敬儿就乘虚而入，率军偷袭江陵，将沈攸之留在城内的家属悉数诛杀。

得知这个消息后，沈攸之的部下全都一哄而散。

沈攸之一下子就成了孤家寡人。

前不见警卫，后不见秘书，念天地之悠悠，独怆然而涕下……

他知道自己大势已去，只好自缢而死。

在平定沈攸之后，萧道成又先后诛杀了黄回、杨运长等异己分子，彻底清除了朝中所有的反对者和所有的潜在反对者。

放眼刘宋国内，他就是拿着再高倍数的望远镜也看不到一个对手了。

再也没有任何人能挑战他的权威，也再也没有任何人敢挑战他的权威。

他的意向就是所有朝臣的方向，他的要求就是所有朝臣的追求，他的脸色就是所有朝臣眼中整个世界的颜色……

此时担任朝中一切重要职位的，不是他的亲信，就是他的亲属；不是他的故人，就是他的家人。

这一点，从各地刺史的名单中就能清楚地看出来。

出任江州刺史的，是他的长子萧赜；荆州刺史是他的次子萧嶷；南兖州刺史是他的三子萧映；豫州刺史是他的四子萧晃……
全是姓萧的，一个例外的都没有，比千足金还要纯！

到这个时候，就是村头捡垃圾的二傻子也能看出来：萧氏取代刘氏已经势所必然，改朝换代的步伐已经势不可当！
一切都已具备，需要的只是履行一个简单的程序而已——就像男女双方感情已经成熟，需要的只是去领一个结婚证一样。

公元479年三月，萧道成摁下了程序的启动键——他被晋封为相国、齐公，加九锡。
仅仅一个月后，他又再进一步，被加封为齐王，加殊礼（即大臣所能享受的最高礼遇：赞拜不名、入朝不趋、剑履上殿）。
又过了二十天，宋顺帝刘準下诏宣布禅位。
刘宋至此灭亡，立国60年。

四月二十三，53岁的萧道成正式登基称帝，改国号为齐，是为齐高帝。
他心狠手辣，信奉"斩草不除根，春风吹又生"，在他的手里，刘宋皇室当然不可能会有好的结果。
退位不到一个月，刘準就离奇身亡，年仅13岁。
与此同时，所有留在南朝的刘宋宗室也全都以谋反的罪名被处死，无一漏网。

在这个世界上，很多东西都是一一对应的。
有人买，就有人卖；有人输，就有人赢；有刘氏家族的悲惨凄切，就有萧道成的春风得意。
此时的萧道成可谓豪情万丈，面对天下臣民，他当众宣布了自己的一个小目标：使我治天下十年，当使黄金与土同价！
有人说，他这句话表明他的治国理念十分超前——跟如今很多地方一样，用房地产来拉动经济，把地价炒得和黄金一样贵！

可惜，他的宏伟蓝图并没有变成现实。
因为治国需要稳定的环境。
而上天并没有给他这样的机会。
他即位的当年，南北之间就爆发了一场大战。

原来，冯太后听说萧道成代宋自立，觉得有机可乘，便果断决定出兵伐齐。
出任南征军主帅的，是刘裕此时唯一在世的后代——宋文帝刘义隆的第九子刘昶。

刘昶在投奔北魏后，出于统战的目的，北魏朝廷对他颇为礼遇，不仅将他招为驸马，还封他为丹阳王。

养刘昶千日，用刘昶一时。

现在冯太后认为，是时候该打出这张牌了。

她以护送刘昶回去复国为名，下令大举南侵。

魏军主力号称二十万大军，由刘昶和梁郡王拓跋嘉（北魏宗室，拓跋焘第五子拓跋建之子）共同率领，进攻淮南重镇寿阳（今安徽寿县）。

在出发前的动员会上，刘昶声泪俱下地对全军将士发出了这样的号召：希望大家同心协力，为我报仇雪恨！

南齐寿阳守将是豫州刺史垣崇祖。

垣崇祖是刘宋名将垣护之的侄子，宋明帝刘彧在位时，他曾在淮南一带担任太守，是萧道成的老部下。萧道成对他一直非常器重，称帝后更是对他委以重任——让他镇守寿阳，还叮嘱他说：我刚得到天下，北虏必定会进犯我国，寿阳首当其冲，除了你没人能当此大任！

垣崇祖深感责任重大，到寿阳后一直积极备战，做好了充分的准备。

他在寿阳城西北的淝水上修筑了一道堤坝，并于下游的淝水北岸修筑了一座小城。

得知魏军来攻，他立即命人将堤坝合龙。

上游的水位迅速升高。

不久，魏军果然来了。

见北岸的城池不大，他们觉得容易攻取，便集中兵力，将小城团团围住，随后发动猛攻。

就在魏军蜂拥于城下的时候，垣崇祖一声令下，掘开了堤坝。

这下上游积累的势能瞬间转化成了澎湃无比的动能，大水以雷霆万钧之势奔涌而下。

魏军所在处顿时成了一片汪洋。

但见：

滚滚洪流东逝水，浪花淘尽魏军。千军万马转头空，城池依旧在，北虏去无踪……

遭此重创之后，刘昶不敢再战，只好退兵。

第二十七章 千古一后

太和改制：均田制、班禄制和三长制

然而，冯太后依然不愿就此罢休。

在接下来一年多的时间里，她又连续多次出兵进犯南齐，可每次都是雄赳赳地去，灰溜溜地回。

冯太后这才认识到这个刚诞生的南齐帝国并不像刚诞生的婴儿那样脆弱，不得不放弃了南侵的念头。

之后，她开始把精力集中到了内政上。

在她的策划和主持下，北魏推行了一系列对后世影响深远的改革措施，因当时正处于北魏太和（孝文帝拓跋宏的第三个年号）年间，故史称太和改制。

她推出的第一个新制度是班禄制。

所谓班禄制，顾名思义，就是给官员发放俸禄。

我们知道，之前北魏的官员是没有俸禄的。

北魏是鲜卑人建立的政权，所以很多制度都有着浓厚的游牧民族色彩。

在游牧民族眼里，根本就没有俸禄这个概念，反正抢到了东西大家就一起分，抢不到东西大家就一起饿……

北魏立国初期常四处征战，战后皇帝往往把战争中掠夺来的财富赏赐给群臣，官员们的主要收入就来自这些赏赐。

但在太武帝拓跋焘之后，随着战争的减少，赏赐当然也就变少了——从以前的几个月一遇到后来的几年一遇甚至几十年一遇。

由于没有合法的收入，官员们只得想办法自己创收，于是贪污受贿也就成了普遍现象，清廉的官员很少。

冯太后深知，任由贪腐发展下去，后果将不堪设想。

深思熟虑后，她决定改鲜卑旧制为汉人旧制，给官员发工资。

高薪不一定能养廉，但无薪一定不能养廉！

公元484年六月，在冯太后的授意下，18岁的皇帝拓跋宏正式下诏，宣布推行班禄制。

具体的政策是这样的：每户百姓在原有的基础上增加帛三匹、谷二斛九斗的税赋，用这部分收入来给官员发放俸禄。有了俸禄之后，若有官员再贪赃的，一律处死。

班禄制实施后，对于还不收手的贪官污吏，冯太后就按照诏书所写的那样，毫不留情地予以严厉打击。

仅仅一个月内，就有包括皇帝拓跋宏的舅爷李洪之在内的四十余个大臣因为贪赃而被诛杀！

不过，这样的铁腕肃贪也引起了贪腐官员们的强烈反对。

他们公推淮南王拓跋佗为首，上表要求废除班禄制。

拓跋佗是拓跋珪的孙子，与皇帝拓跋宏的高祖拓跋焘同辈，是当时北魏宗室中年龄最大、辈分最高的人物，因此，冯太后也不能不给他点面子，便召集群臣讨论此事。

中书监高闾发言说：如果不发放俸禄，贪官污吏可以肆无忌惮地贪赃枉法，廉洁的官员却连维持生计都做不到，淮南王的建议绝对不可取！

这样的话正是冯太后所需要的。

于是她当即采纳，坚决驳回了拓跋佗的请求。

如果说班禄制是古已有之，只不过在北魏是首创的话，那么冯太后施行的另一项重大改革——均田制则是前无古人、全球首创的。

最早提出这个设想的，是给事中李安世。

李安世出身于河北大族赵郡李氏，虽然身为豪门公子，但他却十分关心民间疾苦。

在多年的官宦生涯中，他注意到了这样一种现象：

由于刚经历过长期的战乱，当时北方的田地大量荒芜，而乱世中很多百姓为了生存，又往往不得不依附于豪强大族，沦为佃户。

这样一来，就导致了一个很不合理的局面：一方面有很多地没有人种，一方面又有很多人没有自己的土地。

于是他上书建议把无主土地平均分配给无地百姓耕作。

冯太后和皇帝拓跋宏对他的提议非常赞赏。

经过一番紧锣密鼓的讨论和准备，均田制的方案很快就定了下来：

15岁以上的男子，每人可以分到四十亩农田，女子则为二十亩，但这些田地他们只有使用权，没有所有权，年老或去世后，必须要归还给国家；此外，每个男子在初次受田的时候，还额外给桑田二十亩，要求种五十棵桑树，这个田可以永不归还。

不过，这样重大的决策要想顺利推行，必须要考虑到方方面面的问题。

问题一：有的土地肥沃，有的土地贫瘠，怎么办？

冯太后的解决办法：如果是隔一年才能耕种一次的贫地，受田时加倍。

问题二：怎样才能取得豪强大族的支持？

冯太后的解决办法：充分照顾到他们的利益，不仅这些豪强家里的奴仆婢女也能享受与普通人一样的分田标准，而且之前他们多占的田地，也不用退还。概括来说，就是多不退少补，保证他们不会受到任何损失。

问题三：怎样保证官员的积极性？

冯太后的解决办法：在官府附近给官员们按照级别配给公田。

问题四：人口密集的地方不够分怎么办？

冯太后的解决办法：去待开发的地区，海阔凭鱼跃，地大任你选。

问题五：……

……

问题N：……

……

就这样，心思缜密的冯太后列举了几百个问题、几千种可能、几万个办法，反复推敲，反复讨论，最后优中选优，终于将所有可能存在的问题全都一一解决。

直到准备充分到了过分的程度，计划完备到了完美的程度，冯太后才于公元485年十月下令在全国各地开始推行。

均田制一经推出就大获成效。

大量无地的贫民重新获得了土地，大量无主的荒地重新获得了耕种，这极大地释放了社会生产力，北魏帝国的经济开始迅速发展起来。

均田制的成功，让冯太后和拓跋宏对改革更加充满信心。

一年后，又一个新制度——三长制也出台了。

首倡三长制的，是内秘书令李冲。

李冲的身份非常特殊——他是冯太后的情人。

冯太后生性风流，她追求的，除了诗和远方，还有男人和欲望。

在丈夫死后的二十几年间，她的枕边从来没有缺少过情人。

除了早期的李弈，史书上明确记载的还有王叡、李冲、刘缵等多个美男。

王叡本来只是个负责占卜的小官，冯太后临朝称制后，尽管他在治国安邦上无尺寸之功，却凭借其姿貌之美、身材之伟、床笫之猛而平步青云，一直做到了尚书令、中山王。

刘缵的事迹最为传奇——他是南齐的使节，曾多次奉命出使北魏，不知怎么就和冯太后搭上了。一般的使节与冯太后是在朝堂上见面的，刘缵却是与冯太后在床上见面的；一般的使节与冯太后见面都是穿正装的，刘缵与冯太后见面却是穿情趣装的……

而在冯太后的情人中，李冲可能不是最帅的，也可能不是最猛的，但却肯定是最有才的。

李冲出自五胡十六国时期西凉的王族，其父李宝是西凉开国君主李暠的孙子，西凉为北凉所灭后，李宝逃亡到了西域，北魏太武帝拓跋焘讨伐北凉时，李宝又趁机东归占领了敦煌，后举城降魏，被拓跋焘封为镇西将军、敦煌公，之后又历任并州刺史、镇北将军等要职。

李冲是李宝最小的儿子，父亲去世时他还年幼，由其长兄李承抚养长大。

他从小就堪称学神，每次考试都是100分——而且，他之所以只能考100分，是因为试卷只有这么多分。

后来，他顺理成章地进入北魏最高学府太学深造。

太学一毕业，他先是担任秘书中散，掌管宫中的文书事务，不久又升任内秘书令。

出身好、学问好、口才好、相貌好、身材好、皮肤好、风度好、心地好、前途好、脾气好、酒量好……

这样的男人如果生活在现在，一定会被星探发掘，并一举成名，成为广大追星族妇女的大众情人。可惜他生活的年代没有娱乐圈，所以他只能被冯太后发掘，并一睡成瘾，成为冯太后的最佳情人。

据说冯太后第一次见到李冲就心动了，此后便经常召他单独入宫汇报工作，每次汇报都要很久，通宵达旦是常有的事，有时甚至要持续几天几夜。

时间一长，大家就都明白了：每一个成功男人的背后，都有一个伟大的女人——怪不得李冲升迁这么快，原来他和太后的关系非同一般！

不过，尽管是以恩幸起家，但李冲的声望却并未受损。

他为人谦逊，性情大度，无论是人品还是能力都无可挑剔，无论是对国家还是太后都十分忠心。事实上，冯太后这几年能做出这样亮眼的成就，与他的悉心辅助是分不开的。

对北魏的地方行政组织，李冲进行了长期的观察和思考。

原先北魏在基层依靠的主要是当地豪强。

自西晋末年以来，北方大乱，战事频仍，各地豪强纷纷建立坞堡，聚众自守，普通百姓为了自己的人身安全不得不依附于他们。北魏建立以后，为了方便统治，便任命这些豪强为宗主，督护百姓，但这也为宗主隐瞒其所控制的人口打开了方便之门，有的甚至三五十家才上报一个户口。

这显然严重影响了国家的赋税收入和徭役征发。

为了抑制豪强隐匿户口，直接控制基层组织，李冲创造性地提出了三长制。

所谓"三长"，即邻长、里长、党长——五家为一邻，设立一个邻长；五邻为一里，设立一个里长；五里为一党，设立一个党长。

三长负责在自己的管辖范围内检查户口，征收赋税。

由于三长直属于州郡，豪强大族再想要隐瞒户口，就不那么容易了。

这当然是他们所不愿看到的。

因此，三长制一提出，中书令郑羲（出自荥阳郑氏）、秘书令高祐（出自渤海高氏）等大族出身的官员就纷纷反对。

郑羲言之凿凿地说：这东西要想行得通，除非蛤蟆飞在半空中。如果硬要施行此法，肯定是会失败的，到那个时候，就知道我所言不假了！

著作郎傅思益更是危言耸听：之前的制度已经实施了很长时间，一旦改变，必会引起天下骚乱！

还有一些大臣认为，现在正是征收赋税的时候，如果在这个时候实施三长制，新旧制度难以衔接，不如到冬闲的时候再发布。

但李冲却始终坚持自己的看法，认为应马上行动：眼下改制，正好让百姓享受到实惠，从而认识到改制给他们带来的好处，这样推行起来就容易了。

最后冯太后力排众议，一锤定音：设立三长，对国家有很多好处，怎么可能会行不通！

不过，根据郑羲等人的反应，冯太后也意识到这样的政策必然会遭到豪强的抵触。

她从来不是个认死理的人。

除了原则性，她也有足够的灵活性。在她的眼里，大方向是绝对不可动摇的，但具体措施是完全可以商量的。

因此，她在执行的时候大大下调了税率，三长制这才得以顺利推行。

三长制实施不久就取得了良好的效果——不仅使得各地户口大增，继均田制后更进一步地改善了国家财政状况，而且还大大加强了北魏朝廷对地方的统治。

班禄制、均田制、三长制这三大制度的创立，是冯太后政治生涯中最为光辉的一页。

虽然这些设想并不是她首先提出的，但将其实施的却是她。

可以说，没有冯太后无与伦比的远见卓识、无比高超的领导能力、无人可比的巨大威望和无坚不摧的非凡魄力，这样大手笔的改革是肯定不会成功的！

比汉人还要汉人的鲜卑皇帝

冯太后对北魏帝国的贡献还不止于此。

身为汉人的她深知鲜卑人文化落后，要想实现国家的长治久安，唯有走汉化的道路。

火车跑得快，全靠车头带；汉化创伟业，皇帝是关键。

为此，冯太后尤其注重对皇帝拓跋宏的培养。

拓跋宏刚一出生，她就将其接到身边亲自抚育，亲自教他说汉语，写汉字，念汉诗，看汉剧，学习汉家经典……

在冯太后的影响下，拓跋宏自幼就以仁孝著称。

拓跋宏4岁的时候，有一次看见父亲献文帝拓跋弘身上长了疮，他居然不顾脏臭，一下子就扑上去用嘴把脓吸了出来，周围的人见此情景都非常感动——别的孩子只会吸母亲的奶，他却吸父亲的脓，这样懂事的娃，真是世间少有！

一年后拓跋弘把皇位禅让给他时，他没有欣喜若狂，也没有呆若木鸡，而是一直在默默流泪。

拓跋弘问他为什么哭，他的回答让在场的满朝文武都大吃一惊：代亲之感，内切于心——代替父亲的位置，内心非常痛切。

谁能相信，这样的话竟然出自一个5岁孩子的口中！

这些事迹很快就传遍了全国，年幼的拓跋宏声名鹊起，获得了朝野上下的一片称赞：此子真乃神童也，以后一定是个明主！

但这却让冯太后对拓跋宏的态度发生了改变——小皇帝太聪慧了，将来会不会对自己不利？

据说她一度曾有过废掉他的念头。

当时正逢寒冬，她把拓跋宏关在一间四面漏风的空房中，三天没给他吃东西，同时又招来太尉拓跋丕、尚书右仆射穆泰以及李冲等几个心腹重臣，提出了废黜拓跋宏、改立其二弟拓跋禧为帝的想法。

没想到这个提议不仅遭到了拓跋丕等人的反对，连自己的情人李冲也竭力劝谏，冯太后这才不得不改变了主意。

此时，又冷又饿的拓跋宏已经奄奄一息了！

然而，他对这个差点将他折磨致死的祖母，却没有丝毫怨言。

你虐我或者不虐我，我都在这里，不悲不喜；你爱我或者不爱我，我的手都在你手里，不舍不弃……

他始终对冯太后无比敬重，无比依恋。

冯太后出门他跟从，冯太后说话他听从，冯太后指示他服从，冯太后耍性子他顺从，冯太后不讲理他盲从……

我觉得，如果说"史上最牛岳父"的称号属于后世的独孤信，那么"史上最乖孙子"的头衔则非拓跋宏莫属！

随着时间的推移，冯太后逐渐被他感动了，最终彻底放下了戒心，开始发自内心地喜欢上了他，也开始更加尽心地培养他。

冯太后亲自为拓跋宏编了一本长达三百余章的教材，叫作《劝戒歌》；拓跋宏年满18岁时，她又命老臣高允等人写了十八篇《皇诰》，在宴请百官的大殿上以诏书的形式发布，作为皇帝的行动准则和施政纲领。

拓跋宏没有辜负祖母对他的期望，长大后他不仅继承了鲜卑人的武勇——膂力过人，能骑善射，而且颇有汉人大儒的风采——熟读经史，善写文章。他的才学超过了他之前北魏的任何一个皇帝。

北魏改革的总设计师

冯太后对拓跋宏的教育如此，对其他皇族子弟的教育也极为重视。

公元485年，皇弟拓跋禧、拓跋幹（拓跋弘第三子）、拓跋羽（拓跋弘第四子）、拓跋雍（拓跋弘第五子）、拓跋勰（拓跋弘第六子）、拓跋详（拓跋弘第七子）等人同时被封王，冯太后趁此机会专门设立了皇家学馆，并精心遴选了一批名师，给他们传授儒家经典。

在冯太后的精心安排下，这些亲王都深受汉文化的熏陶，诗词歌赋无一不通，琴棋书画无一不晓，其中老六拓跋勰尤为出类拔萃，他勤奋好学，文采斐然，与拓跋宏的关系也特别亲密。

这样一来，整个拓拔皇族的面貌焕然一新——由几十年前出口成"脏"的起赳武夫变成了现在出口成章的精致文人!

与此同时,整个北魏帝国的气象也焕然一新——由几十年前结构潦草的部落联盟变成了现在制度完备的封建政权!

作为北魏改革的总设计师,冯太后对此自然是非常满意的。

这十多年来,经济蒸蒸日上,文化高度发达,社会繁荣稳定,治国如此,夫复何求?

这十多年来,朝政不缺成就,子孙不缺孝顺,床头不缺情人,人生如此,夫复何求?

公元490年九月,冯太后在平城宫中去世,享年49岁。

她被后人称为"千古一后",是中国历史上最有权力的四大女性之一(另三位分别是吕后、武则天、慈禧太后),也是对后世影响最大的女性之一。

她执政期间实施的一系列制度,不仅让北魏的国力空前强盛,还为隋唐的繁荣奠定了坚实的基础。

可以这么说,她做到了一个女人在中国古代所能做到的极致——随便换什么人到她的位置上,都不可能比她做得更好!

尽管史书没有留下她的名字——无论是《魏书》还是《北史》都只称她为冯氏,但我们永远不能忘记她创造的那些丰功伟绩!

冯太后死后,没有与她的丈夫文成帝拓跋濬合葬,而是葬在了方山永固陵(今山西大同西北)。

那是她生前亲自选定的墓址。

当时她和皇帝拓跋宏一起游历方山,见这里山清水秀,十分喜爱,便对拓跋宏说,古代舜葬于苍梧,他的两个妃子娥皇、女英并未与他葬在一起,难道后妃一定要与夫君合葬才可贵吗?我百年之后,就让我的灵魂安息在这里吧。

这是连武则天都没有的气魄——武则天敢于称帝却不敢单独建自己的陵墓,只能选择与丈夫唐高宗合葬,但冯太后却敢于这样做!

没有什么可以阻挡她对幸福的向往。

如果面前没有路,她就开一条路!

如果之前没有先例,她就开创一个先例!

唐朝著名诗人温庭筠在游览方山永固陵后,写下了这样一首诗来凭吊冯太后:

云中北顾是方山,永固名陵闭玉颜。

艳骨已消黄壤下,荒坟犹在翠微间。

春深岩畔花争放,秋尽祠前草自斑。

欲吊香魂何处问？古碑零落水潺湲。

冯太后的死也让拓跋宏悲恸欲绝。
对这个从小养育他的祖母，他有着极深的感情。
他连续五天都滴水未进，后来经大臣们苦苦劝谏，才勉强喝了一碗粥。
尽管冯太后遗言中一再强调丧事要从简，但他却不顾群臣的反对，执意身穿孝服守丧，直至第二年的年初才开始处理政务。

25岁的拓跋宏自此正式亲政。
之前他虽然已经成年，但由于天性至孝，他从不自作主张，事无巨细全都由冯太后决定，他所做的，只是自觉与冯太后保持一致而已。
冯太后要他下什么命令，他就下什么命令，无论是班禄制、均田制还是三长制；冯太后要他娶什么女人，他就娶什么女人，无论是冯太后的二侄女、三侄女、四侄女还是五侄女（冯太后的哥哥冯熙有四个女儿都被纳入了拓跋宏的后宫，其中两个先后被立为皇后，后面会详细介绍）……

现在冯太后不在了，他要独立施展自己的才能，实现自己的抱负了。
他励精图治，锐意改革，在他的领导下，北魏帝国延续了冯太后时期的良好势头，国力日益强大，发展一日千里。

第二十八章 孝文帝迁都

永明之治

如果说此时的北魏是一年一个样，三年大变样，那么，同一时期的南齐则基本是五年一个样，十年不变样。

萧道成虽然志向很大，但他在登基后不久就遇到了北魏的大举入侵，不得不把主要的精力放在了战事上。

等到仗打得差不多了，他的身体也差不多了。

公元 482 年三月，登上皇位还不到三年的萧道成就因病去世了，时年 56 岁。

临终前他叮嘱太子萧赜说，宋室如果不骨肉相残，其他人怎么可能乘虚而入？你一定要以此为戒！

萧道成死后被谥为高帝，庙号太祖。

43 岁的太子萧赜随即继位，是为齐武帝。

萧赜是萧道成的长子，也是其多年来的得力助手，刘宋时期他曾先后担任过县令、太守、宁朔将军、黄门侍郎、行郢州事、江州刺史、侍中、尚书仆射等多个职务，在平定刘子勋、刘休范、沈攸之等叛乱中也建有大功。

南齐建立后，他顺理成章地被立为了太子。

萧赜崇尚节俭，处事果断，且又经历过从基层到高层、从地方到中央的多年历练，深知民间疾苦，有着丰富的行政经验，故他在位的十余年间，南齐的政治总体来说相对比较清明，加上这段时间南北之间也没有大规模的冲突，因而国内大部分地区的百姓生活还是相当安定的，是继宋文帝元嘉之治以来的又一段难得的太平时光。

《南齐书》中称颂萧赜在位的十多年中：百姓无鸡鸣犬吠之警，都邑之盛，士女富逸，歌声舞节，袨服华妆，桃花绿水之间，秋月春风之下，盖以百数……

毫无疑问，这里有不少溢美之词，但也并非全无根据。

因萧赜的年号是"永明",故这一时期史称"永明之治"。

除此以外,萧赜谨记父亲的教诲,吸取了刘宋皇室自相残杀的深刻教训,对自己的兄弟子侄还算不错,不过到了后来,还是发生了一起意外——巴东王萧子响被杀了!

萧子响是萧赜的第四子,时任荆州刺史。

他这个人四肢发达,头脑简单,因喜欢舞枪弄棒,便擅自选拔了六十名武士作为自己的侍卫,还向蛮族私下购买武器。

没想到他的行为被下属刘寅等人联名告发了。

萧赜派人前去调查此事。

萧子响知道有人告密,便把刘寅等八人召来诘问。

刘寅他们支支吾吾不肯说。

萧子响是个没耐心的人,要他忍住怒火就和要婴儿忍住尿一样——完全是不可能的。

一怒之下,他竟然把这些人全都打死了!

这下萧赜也火了,当即派卫尉胡谐之、游击将军尹略、中书舍人茹法亮等人率数百名禁军前往江陵,临行前他嘱咐说,萧子响如果能放下武器回京请罪,你们可以保全他的性命。

然而,胡谐之等人还是把事办砸了。

到江陵附近后,胡谐之率部驻扎在燕尾洲(江陵西南的一个沙洲),并修筑堡垒,严阵以待,却没敢入城。

萧子响派使者向胡谐之等人解释:天下哪有儿子反叛父亲的道理呢?我其实根本不想抗拒朝廷,只是做事稍微鲁莽了点儿。我愿意乘小船回京城接受处罚,你们何必派大军来抓我呢?……

没等他说完,尹略就毫不客气地打断了他,语气仿佛高高在上的官老爷训斥挡道的乞丐:谁愿意跟这种叛父的逆子对话!

萧子响还不愿意放弃幻想,又再次派人带着美酒佳肴来到燕尾洲,说要犒劳远道而来的朝廷军,没想到尹略丝毫不给面子,当场把这些酒菜全部倒进了江中。

无奈,萧子响只好亲自出马。

他来到江边,向茹法亮喊话,要求与其会面——他知道,茹法亮是父亲最信任的亲信之一,只要他愿意帮忙,自己就肯定不会有问题。

然而，令萧子响失望的是，无论他怎么说，茹法亮都始终没有任何反应。

他只能退而求其次，请求见传达诏令的官差。

茹法亮不仅依旧不答应，还把使者扣了下来。

一顿操作猛如虎，转头一看心里苦。

茹法亮惊恐地发现，萧子响领兵向自己冲过来了！

原来，再次被拒绝后，萧子响只觉得浑身热血上涌，他再也控制不住自己的情绪，再也不想控制自己的情绪，马上带着自己所养的武士及部下两千多人，向朝廷军发起猛攻。

一场激战下来，朝廷军大败。

尹略战死，胡谐之、茹法亮等人乘单船逃走。

仗打完了，萧子响的脑子也清醒了：完了！

自己闯大祸了！

他顿时冷汗直流，没来得及多想就立即乘小船往建康进发，打算当面向父亲萧赜说明情况，请求原谅。

走到半路，他遇到了一支船队。

领头的是丹阳尹萧顺之（萧道成的族弟，后来的南梁开国皇帝萧衍的父亲）——他是奉皇帝之命作为胡谐之等人的后继的。

见到自己的叔公，萧子响如见救星，连忙向他请罪：叔公，我错了，但我这么做也是有原因的，原谅我吧……

不料萧顺之却根本不容他辩解：原谅你是上帝的事，我只负责送你去见上帝！

他当场就命人将萧子响缢死了。

他之所以会这么做，是因为在出发之前，他接受了太子萧长懋的密令——萧长懋视萧子响为劲敌，一心要置其于死地。

萧子响的死，显然不是萧赜的本意，因此茹法亮受到了他的严厉责备，萧顺之更是又惭愧又恐惧，不久就发病而死。

之后，萧赜常常想念这个儿子，常常情不自禁地潸然泪下。

但对于其他人，萧赜可就没这么仁慈了。

五兵尚书垣崇祖、散骑常侍荀伯玉等人是萧道成当年的心腹，两人在萧赜当太子时都曾经得罪过他。

萧赜上台后，很快就捏造罪名将他们杀害。

另一个开国功臣车骑将军张敬儿死得也很冤枉。

古人大都迷信，张敬儿当然也不可能例外。

据说他每次升官之前，其妻尚氏都会梦到身体发热，无一例外。

公元483年年初，尚氏又做了这样的梦，张敬儿乐得嘴都合不拢，嘴合不拢自然也就憋不了话——他忍不住到处宣扬这个吉兆。

可是，他那时已经位极人臣了，还有上升空间吗？

事实证明是有的——上天！

原来，萧赜本就对张敬儿这个战功赫赫的大将非常猜忌，得知此事后就更不放心了，很快就将张敬儿及其四个儿子全部诛杀。

从以上记载可以看出，萧赜的气量、格局都十分有限，这样的人充其量也只能做个守成之君，处理一些常规事务，一旦碰到大事难事，他可能就难以应对了。

比如检籍。

检籍，顾名思义即检查户籍。

按照当时的惯例，世家大族或年老生病者通常享有免税的特权，很多人为了逃避赋税都想方设法伪造户籍，有寒门冒充士族的，有青年冒充老人的，有体壮如牛的大汉冒充病人的……

由于刘宋后期朝廷内部矛盾重重，三年一小乱，五年一大乱，根本无暇顾及地方行政事务，故而各地户籍不实的情况日益严重，国家财政也日益吃紧。

萧道成是前朝重臣，对这些情况了如指掌，因此，在建立南齐并地位巩固后所做的第一件事，就是接受黄门侍郎虞玩之的建议，下令在全国范围内实行检籍。

然而，检籍事宜面广量大，短时间内怎么可能完成？

八字还没完成一撇的八分之一，他就去世了。

萧赜继位后，又继续强势推进这项工作。

他下令在各地专门设立了校籍官，同时为了防止他们偷懒，还给他们分配了任务——规定每人每天必须要查出几个虚报的户籍，否则就严惩不贷。

这就有点瞎搞了，弄虚作假者怎能有固定不变的比例呢？怎么可能想要查出多少就查出多少呢？

如此一来，很多地方的校籍官为了完成萧赜布置的任务，往往无中生有，诬陷合法人员充数，搞得民怨沸腾。

公元485年，一场大起义终于爆发了。

起义的领导者叫唐寓之，他利用百姓对检籍工作的不满，在富阳（今浙江富阳）

揭竿而起，多地百姓纷纷响应，起义军很快就攻陷了富阳、钱唐（今浙江杭州）等多个郡县，声势极为浩大。

萧赜派出大批禁军精锐前去镇压。

起义军人数虽多，可毕竟是没有经过训练的乌合之众，其战斗力与久经沙场的禁军相比有如红缨枪比机关枪——差了不止一个档次。

两军交战没几个回合，起义军就全军溃败，唐㝢之本人也被擒斩。

然而，禁军军纪很差，获胜后在钱唐等地大肆烧杀抢掠，百姓苦不堪言。

为平息民愤，萧赜将禁军主帅陈天福处死，同时又宣布对受胁迫参加起义的百姓一律不予追究，这才勉强稳住了局势。

但检籍工作受到的阻力依然很大，各地依然怨声载道，群体性事件依然时有发生。

公元490年，迫于严酷的现实，萧赜不得不下诏承认检籍失败，同意恢复所有刘宋末年的户籍。

轰轰烈烈地开场，灰头土脸地结束，这样的结果对萧赜来说，无疑是个沉重的打击。

本着"堤内损失堤外补"的原则，他决定把国内丢的面子从国外找回来——出师北伐。

目标是淮北重镇彭城（今江苏徐州）。

公元493年年初，萧赜下令修造战车，征召军队，开始为北伐做准备。

年轻气盛的拓跋宏当然不可能示弱，也在淮北一带招兵买马，广积粮草。

一时间，双方剑拔弩张，似乎随时都有可能擦枪走火。

谁也没有想到，两国边境的紧张局势没有被引发，北魏历史上一个划时代的大事件被引发了——迁都！

力排众议

其实迁都的想法，拓跋宏早就有了。

一方面，他心比天高，一心想要征服南朝，统一天下，在他看来，平城僻处北方边陲，显然不适合作为大一统国家的都城；另一方面，他自幼就接受儒家教育，对汉文化极为推崇，一直以来都认为，要想进一步推进汉化大业，北魏政权的中心就必须转移到汉文化的核心地区——中原！

他眼里最理想的新都，是地处天下之中，又是汉、晋故都的洛阳。

就像牙疼发作的患者时时都忘不了"疼"字一样，拓跋宏的脑海中时时都忘不了"迁都"这两个字。

不过他并没有轻举妄动。

因为他深知，鲜卑贵族普遍顽固守旧，如果他贸然宣布迁都，必然会遭到强烈反对，甚至可能会造成国家的分裂。

他只能耐心地等待时机。

季节到了才能播种，火候到了才能炒菜，感情到了才能提亲，时机到了才能干这样的大事，急不得。

而现在，他感觉机会来了。

公元493年五月，在经过一番深思熟虑之后，拓跋宏在大殿召集群臣，宣布要御驾亲征，讨伐南齐。

此言一出，大臣们惊得下巴都要掉了。

南北之间已经十年多没有战事了，虽然目前形势稍微有点紧张，但并无大的危机，用得着这么兴师动众吗？更何况，这样仓促出兵，能有多大的胜算？

要知道，就是当年打遍北方无敌手的太武帝拓跋焘在水网密布的江淮也照样是损兵折将，一寸土地都没有得到！

皇帝这是在开玩笑吗？

当然不是开玩笑。

拓跋宏早已下定了决心。

为了增加自己的说服力，他还当场请人算了一卦，结果占的是"革"卦。

这下他信心更足了——此次南征是为了迁都，为了汉化改革，卦象如此，岂非天意？

于是他正色道，这是大吉之卦，我们应当像汤、武革命（商汤、周武王）那样顺应天意，讨灭不臣！

群臣一时都不敢发言。

是啊，皇帝的语气这么坚决，似乎根本就不容商量，是没有任何商量余地的！

只有皇叔任城王拓跋澄（拓跋晃之孙）站出来表示反对：陛下继承大魏基业，据有中土，出兵讨伐不肯臣服的国家，怎么能和商汤、周武王相提并论呢（这两位都是以下犯上）？臣以为，得到这样的卦辞，恐怕未必吉利。

拓跋宏把脸一沉：卦辞上说"大人虎变"，大人物虎啸生风，锐意变革，怎么会不吉？

拓跋澄冷笑着回应：陛下龙兴已久，怎么又变成老虎了呢？

拓跋宏忍不住厉声喝道：国家，是朕的国家，任城王你难道想动摇军心吗？

拓跋澄依然振振有词：国家虽为陛下所有，但臣是国家的臣子，怎么能明知国家有危难而不劝谏！

一席话呛得拓跋宏哑口无言。

不过他毕竟不是一根筋的人，虽然一时颇为恼火，但他并没有失态，也没有失言，更没有失去理智，很快就平静了下来。

算了，事不能拖，话不能多，还是不要再与他继续纠缠下去吧。

于是，他没有再接拓跋澄的话，而是主动把对话切换到了"打哈哈"模式：百花齐放，百家争鸣；各抒己见，各言其志，也没什么不好嘛。哈哈……

廷议结束回宫后，拓跋宏第一时间就单独召见了拓跋澄。

他先是诚恳地表达了自己的歉意：刚才我的态度之所以那么严厉，是为了吓唬群臣，以免他们阻挠我的千秋大计。任城王切勿计较。

接着他又屏退左右，轻声说道：平城是用武之地，但不是文治之所，要想彻底移风易俗（即汉化），就必须把都城迁到中原才行。实话跟你说，我并不真的打算南征，而是想利用大军南下的声势，行迁都之事。你觉得怎么样？

拓跋澄一听马上表示赞成：陛下圣明！迁都中原，经略四海，这正是周、汉兴盛的根本啊！

拓跋宏点了点头，表情却依然十分凝重：问题是北人大都恋旧，听说要南迁，必然会人心骚动。你说我该怎么办？

拓跋澄自信满满地回答：迁都是非常之事，自然不是常人所能理解的。只要陛下意志坚定，那些人又能有什么作为！

听了他这番话，拓跋宏不由大喜：任城王真是我的张子房啊！

就这样，拓跋澄的态度如汽车漂移一样瞬间来了个180度急转弯——由朝议时拓跋宏最激烈的反对者一下子变成了他最坚定的支持者。

见他都改变了主意，其他的大臣当然也不可能再说什么了。

南征的决策就这样定了下来。

公元493年八月初，拓跋宏命太尉拓跋丕、广陵王拓跋羽（拓跋宏四弟）等人留守平城，自己则亲率文武百官和三十多万大军离开平城，踏上了南下的征途。

一路上天公并不作美，几乎每天都在下雨。

秋雨连绵，道路泥泞，北魏大军迎着风顶着雨，深一脚浅一脚，衣服几乎没有干过，身体几乎没有暖过，感冒几乎没有好过，行进得异常艰难。

为了鼓舞士气，他们边走边唱，歌声凄凉：你挑着担，我牵着马，迎不来日出，送不走秋雨，踏平坎坷没大道，斗罢艰险又出发，又出发。啦啦，啦啦啦啦啦啦啦，一番番风雨雷电，一场场苦苦煎熬，敢问路在何方？鬼才知道……

经过一个多月的长途跋涉，他们终于抵达了洛阳。

南征变南迁

在休整短短数天后，拓跋宏又命令继续南下。

然而，此时无论是文武百官还是三军将士都已经疲惫不堪，都不愿再走下去了。

但拓跋宏却不管不顾，依然自顾自地披上戎装，翻身上马，随后跃马扬鞭，催促大军开拔。

大臣们见状纷纷跪倒在拓跋宏的马前，叩头不止，请求他收回成命。

拓跋宏冷冷地说：一切都在按计划进行，你们这是什么意思？

尚书李冲进谏道：此次南征，天下人都不愿意，唯独陛下一心想要这么做，不知陛下到底要去哪里？臣也不知道该说什么才能让陛下改变心意，只能以死相争！

拓跋宏勃然大怒：朕正要经营天下，一统宇内，你们这些书生却屡次质疑朕的决策，是何居心？你不要再说了，否则休怪朕的斧钺不客气！

说完，他把马鞭一挥，又要出发。

但哪里走得了？

刚迈出半步，拓跋宏又被安定王拓跋休、任城王拓跋澄等一帮宗室重臣拦住了：陛下，不要走……

他还是不答应，还是要走。

可刚迈出半步，又被群臣拦住了……

拓跋宏要的，就是这个效果。

见戏演得差不多了，他便故作无奈地叹了口气：唉！这次行动规模不小，如果就这样半途而废，一无所成，如何向后人交代？

在假装沉思了片刻后，他又提出了这么个建议：要不这样吧，朕早就有南迁中原之意，既然各位都不愿南伐，不如就迁都于此地，也不枉我们白跑这么多路。你们认为怎么样？

见大臣们还在犹豫，拓跋宏马上掷地有声地甩出了这么一番话：决定大事不能迟疑。这样吧，同意迁都的站到朕的左边，不同意的站到右边！

南安王拓跋祯（拓跋晃第九子）擅长见风使舵，深知"站队比做对更重要"和"第一个吃螃蟹的是勇士，第二个吃螃蟹的什么也不是"的人生哲理。拓跋宏话音刚落，他就第一时间站了出来，旗帜鲜明地表达对皇帝的支持：成大功者不谋于众，如今陛下决定停止南下，迁都洛阳，这正是臣等之愿，苍生之幸！

随后，他马上以尿急发现厕所之势飞奔到了皇帝左边。

接着拓跋澄也紧随其后，站到了他的旁边。

在两位宗室亲王的带动下，在从众心理的推动下，大臣们也都先后或情愿或不情愿地站到了左边。

尽管他们中有不少人并不愿意迁都，但显然更不愿意南征——毕竟，迁都最多只是让他们不太舒服，而南征却可能让他们不幸丧命！

计议已定，接下来自然该讨论迁都的具体事宜了。

李冲建议拓跋宏先回旧都平城，等洛阳的宫室营建好了，再正式迁过来。

拓跋宏没有同意——他清楚地知道，平城是鲜卑守旧派的大本营，如果他此时回去，迎接自己的，估计至少三百吨的唾沫，还是让别人先去挡一挡为好。

经过一番思考，他决定命拓跋澄去平城向留守官员宣布自己的决定，同时留李冲等人在洛阳负责改建新都。而他本人则前往邺城（今河北临漳）等中原各地巡历，直到第二年的三月才返回了平城。

此时，仍有少数鲜卑贵族对迁都之举持有异议。

燕州刺史穆罴（北魏开国功臣穆崇之后）首先提出了自己的质疑：如今四方未定，而中原缺乏战马，以后我们还能打胜仗吗？

拓跋宏不假思索地回答：我们只是迁到洛阳，并没有放弃代北，何愁没有马呢？

尚书于果（北魏早期名将于栗䃅之后）又说：臣并不认为洛阳不如平城好，只是自大魏创立以来，一直久居此地，已经住习惯了，对我们这些草原上长大的鲜卑人来说，没有草原的洛阳是难以接受的，恐怕会引起大家的不满……

拓跋宏没等他说完就打断了他：王者以四海为家，咱们大魏的远祖，本来世居漠北，当年昭成帝（拓跋什翼犍）迁都盛乐，道武帝（拓跋珪）又迁到平城，这样的事不止做过一次，朕为何就不能做呢？

……

总之，兵来将挡，水来土掩，无论别人怎么说，拓跋宏都对答如流，有理有据，有条有理，有声有色，有比喻句有排比句，有以德服人，有威胁骂人，有如花的笑眼，也有如二哈般的白眼……

这下，群臣终于没人能再说什么了。

迁都洛阳的壮举也因此得以顺利完成。

不过，对志存高远的拓跋宏来说，迁都只是他的第一步而已，接下来他想要做的，是继续推行各种汉化改革，待一切稳定、时机成熟后再以正统中原王朝的姿态扫平南齐，一统华夏！

可惜，外在形势的突变打乱了他的既定部署。

因为，就在拓跋宏迁都前后这短短一年多的时间里，南齐的政局发生了翻天覆地的变化！

第二十九章　南齐宫变

竟陵八友

公元 493 年七月，54 岁的南齐皇帝萧赜突然一病不起，并日渐加重。

病床上的萧赜忧心忡忡。

他最担心的，是继承人问题。

本来，他早就立了自己的嫡长子萧长懋为太子，并一直悉心培养，萧长懋的表现也基本令他满意，可惜人算不如天算，年纪轻轻的萧长懋竟然在几个月前就先他而去了！

新的储君该立谁呢？

摆在萧赜面前的，主要有两个选择：

一种是按照立嫡立长的原则，立萧长懋的嫡长子萧昭业为皇太孙；

一种是从萧长懋的众多弟弟中，挑选德才兼备者为新太子。

萧赜共生有二十三个儿子，此时在世的有十六个，其中年龄最大、名望最高的，是他的次子竟陵王萧子良。

萧子良是萧长懋的同母弟，时年 34 岁，历任丹阳尹、南徐州刺史、侍中、南兖州刺史、司徒等多个要职，且性情宽厚，礼贤下士，很得人心。

当时他的周围如众星拱月般聚集了一大批名士，最有名的有范云、沈约、萧衍、谢朓、萧琛、王融、任昉、陆倕等八人，号称"竟陵八友"。

这八人大多出自名门望族，如萧衍、萧琛出自兰陵萧氏，与皇室同宗；谢朓、王融分别出自南朝顶级豪门陈郡谢氏和琅琊王氏；陆倕来自江南望族吴郡陆氏；沈约则出自另一吴地大族吴兴沈氏，是刘宋开国名将沈林子之孙……

除了以上几个，萧子良的密友中，还有一个著名的非主流——范缜。

说他非主流，倒不是说他屁股上有文身或者嘴唇上穿鼻环，主要是精神层面的——他是那个时代极其罕见的无神论者。

范缜曾写过一篇著名的文章《神灭论》，以物质第一性为原则，系统阐述了无神论的思想，有力地斥责了魏晋时期盛行的宗教佛学思想，让人们认识到了神的本质，在我国古代思想发展史上有着划时代的意义。

相传他和萧子良曾有过一次著名的辩论。

萧子良是个笃信轮回报应的虔诚佛教徒，作为朋友，他对范缜的离经叛道非常惋惜，一直想说服他改变观点。

那天，几个人在竟陵王府的后花园喝茶聊天。

萧子良问范缜：如果没有轮回，为何世上会有富贵、贫贱之分？

范缜没有马上回答，而是抬头看了看四周。

这是一个院子，面朝大树，春暖花开。

一阵风吹过，花朵纷纷从树上掉落，四处飘飞。

他一下子就有了答案。

于是他用手指着随风飘散的花朵说：人生呢，就和这些花一样，有的飘过珠帘掉到了床上，有的掠过篱笆掉进了粪坑里，掉到床上的好比是殿下您，掉到粪坑的就是下官我。花自飘零水自流，一种花朵，两种命运。这和轮回哪有什么关系？

萧子良一时无言以对，半晌之后才无奈地摇了摇头：唉，你这个人啊，五官不错，可惜这三观，实在是不符合大齐的核心价值观，难怪当不了大官……

后来，爱才的萧子良又多次派人劝范缜：凭你的才华，当个中书郎绰绰有余，为什么偏要发表这种荒谬偏激的言论呢？

范缜大笑道：如果肯放弃我的理论去换取官职，我早已做到尚书令或者仆射了，何止区区一个中书郎！

他的淡泊名利、坚持真理由此可见一斑。

萧子良的重视人才、求贤若渴也由此可见一斑。

正因为如此，很多人都认为有着"贤王"之称的萧子良是新太子的不二人选。

但萧赜却偏偏选择了年仅20岁且没有任何经验的长孙萧昭业。

为什么？

没人知道——正如没人知道为什么很多美女偏偏会选择渣男一样。

立完萧昭业不久，萧赜就不行了。

萧子良应召入宫服侍医药。

当时在宫中负责起草诏书的，是萧子良的亲信——中书郎王融（竟陵八友之一）。
见皇帝人事不省，王融决定趁机矫诏拥立萧子良。
很快他就草拟好了诏书，随后亲自站在宫门口，想阻挡皇太孙萧昭业入内。

不料，就在此时已经昏迷很久的萧赜竟然醒了，开口第一句话就是：太孙呢，太孙在哪里？
皇帝这么一说，谁还敢违抗他的命令？
萧昭业及其下属就这样进了宫。

之后没过多长时间，萧赜就病逝了（死后他被追谥为武帝，庙号世祖）。
这下王融心中又重新燃起了希望，便再次命人守住宫门，企图禁止所有人进出。
但他再次失望了。
因为，他也许能挡得住别人，却挡不住掌握禁军的右卫将军萧鸾！
千钧一发之际，萧鸾带人直闯而入，将萧子良强行搀扶出宫，并当场拥戴萧昭业登基。

王融的图谋就此彻底破产，不久被下狱诛杀。
萧子良也因此而惶恐不安，不到一年就忧惧而死。

萧鸾夺位

与他们的黯然退场形成鲜明对比的，是萧鸾的闪亮登场。
萧鸾是南齐高帝萧道成的二哥萧道生之子，武帝萧赜的堂弟。
他幼年丧父，由叔父萧道成抚养长大，南齐建立后，他被封为西昌侯，先后担任过郢州刺史、豫州刺史、侍中、尚书左仆射、右卫将军等要职，颇受信任。
萧昭业继位，萧鸾因拥立之功而被加封为尚书令，并受遗诏辅政（也不知道这遗诏是真是假），一跃成了朝中第一人。
不过，野心勃勃的他对此并不满足，他真正想要的，是皇位！

而萧昭业的所作所为也为他的夺权创造了条件。
萧昭业自幼就十分乖巧，长得又眉清目秀，很受祖父萧赜的宠爱。
其父萧长懋去世时，萧昭业哭得死去活来，眼泪如失去刹车的汽车一样根本就止不住。
当时在场的亲友没有一个不被他感动的，萧赜更是激动得老泪纵横：这孩子真是孝顺非凡！常人不如！

然而他错了。

萧昭业哪是什么常人不如？

禽兽不如还差不多。

萧昭业哪是什么孝顺非凡？

演技非凡还差不多。

事实上，这一切都是他伪装出来的。

一回到自己的住处，他就完全变了一副模样，不仅悲伤全无，而且嬉皮笑脸；不是左拥右抱，就是大吃大喝。

萧赜显然是被他影帝级别的演技蒙骗了。

直到弥留之际，他还对这个孙子抱以厚望，拉着他的手说：乖孙子，如果你想念爷爷的话，就一定要好好干！

这注定是会失望的。

萧昭业一上台就露出了自己的本来面目。

终于可以不用夹着尾巴装孙子了！

终于可以尽情释放自己的天性做自己了！

天高任鸟飞，权大任我玩！

和当初的刘宋后废帝刘昱一样，他也喜欢带着左右亲信到处乱逛，花起钱来更是挥霍无度，每次赏赐动辄数百万——萧赜生前极为节俭，国库中积累了上亿万的钱财，他花爷钱不心疼，继位不到一年，就把这些钱几乎用光了！

和当初的刘宋前废帝刘子业一样，他也喜欢乱伦——他与父亲的宠妾霍氏私通。

为掩人耳目，他特意将其改名换姓，称为徐氏，重新纳入后宫。

正所谓夫唱妇随，他的皇后何婧英也同样荒淫无度。

据说她还在当王妃的时候，就与外人有过不正常的男女关系；当上皇后以后，更是到处乱搞。萧昭业的左右杨珉长得英俊，她便主动投怀送抱，经常与其同床共枕。

萧昭业不光花钱大方，在这方面也极其大度，对种类繁多、尺寸各异的各种绿帽子来者不拒。

夫妇俩秉承互相尊重主权、互不干涉内政的原则各玩各的，倒也十分和谐。

萧鸾对这一切看在眼里，喜在心上。

他趁着萧昭业沉迷玩乐、不理朝政的机会，独揽军政大权，在朝中说一不二。

除了把各重要岗位都换成了自己的亲信外，他还秘密策反了萧昭业身边的宿卫将领萧谌、萧坦之等人。

第二十九章　南齐宫变

一切准备就绪后，他开始摊牌了。

萧鸾先是奏请诛杀何皇后的相好杨珉。
何皇后慌忙向萧昭业求情：杨郎年轻英俊，又没什么罪，怎么能无缘无故杀掉呢？
萧昭业耳根子软，听了这话一下子动了心：嗯，好像是这个理啊。

就在他犹豫之际，旁边的萧坦之对他耳语说：杨珉和皇后的苟且之事已经闹得远近皆知了，这样的人不能不杀啊。
萧昭业耳根子软，听了这话一下子又改变了主意：嗯，好像是这个理啊。
杨珉就此人头落地。

几天后，萧鸾又要求处死萧昭业最宠幸的宦官徐龙驹。
萧昭业迫于他的压力，只得违心同意。
但事后他又追悔莫及：不对啊，我才是皇帝，凭什么要听你的？下次绝不能再退让了！

还有下次吗？
没有了。
在接下来的日子里，萧鸾变得更加霸道，更加得寸进尺——如果说原本他视皇帝为橡皮图章的话，现在则视皇帝为空气！
他竟然在没做任何请示的情况下，就捏造罪名，擅自杀掉了萧昭业的心腹周奉叔、綦毋珍之等多人！

这下萧昭业终于忍无可忍了。
他秘密与何皇后的堂叔中书令何胤商量，想要除掉萧鸾。
但何胤只是一介文人，哪有这样的胆量？
无奈，萧昭业只能作罢。
之后，他开始逐渐疏远萧鸾，并亲自处理朝政。
然而，已经晚了。
萧鸾已经决定废掉他了！

公元494年七月，萧鸾与左仆射王晏、丹阳尹徐孝嗣、侍中沈文季、征南大将军陈显达等大臣一起率军入宫。
萧昭业闻讯大惊，仓促之下，他一面命卫兵关闭内殿门窗，一面密令萧谌火速领兵来救。

很快,萧谌来了——带着全副武装的部下和令人生畏的杀气:昏君,往哪里跑!

萧昭业这才领悟过来:萧谌不是来救他的,而是来抓他的!
他知道自己大势已去,想要自刎。
但自杀也是需要勇气的,而懦弱的他基本上是勇气的绝缘体——他哆哆嗦嗦地比画了数十次,却依然毫发无伤。
因为他手中的剑始终离他的脖子有 18 厘米之遥!

他麾下的卫兵倒是手持弓矛,准备反抗。
萧谌把眼一瞪,狠狠地说道:我的目标不是你们,你们不要乱动!
在他的威慑下,加上萧昭业始终一言不发,卫兵们也就失去了斗志。

萧谌命人像抓一只鸡一样把呆若木鸡的萧昭业拎了出去,像杀一只鸡一样将其杀死在了殿外西面夹道的隐秘处。
萧昭业死时年仅 21 岁。

之后,萧鸾以太后的名义废萧昭业为郁林王,改立萧昭业的二弟萧昭文为帝。
在接下来的三个月里,心狠手辣的萧鸾又连续诛杀了齐高帝萧道成的七个儿子和齐武帝萧赜的六个儿子。
萧道成、萧赜的子孙除了几个年幼的以外,全被杀光了。
当年十月,萧鸾废萧昭文为海陵王,自己登上了帝位,是为齐明帝。

第三十章　汉化改革

理想和现实之间的差距

南朝政权更迭的时候，北魏孝文帝拓跋宏刚完成迁都。
得知南朝这个消息，拓跋宏非常兴奋。
一直以来，他都有扫平南朝、一统天下的夙愿。
这一点从他后来作的一句诗中就可以清楚地看出来：白日光天兮无不曜，江左一隅独未照！
他觉得，萧鸾篡位自立的行为，不合礼法，不得人心，这正是他出兵的最好理由。
他一下子就有了发兵南侵的想法。

恰好此时又有边境守将向他报告，说南齐雍州（治所今湖北襄阳）刺史曹虎有意向北魏请降。
这真是天助我也！

拓跋宏就此下定了决心。
他当即命安南将军卢渊等人率魏军前锋先期南下，自己则在洛阳厉兵秣马，打算率主力御驾亲征。
没想到这边准备得差不多了，曹虎那边却没了下文，连使者都没来。

拓跋宏召集群臣，商议是否该按计划行动。
尚书李冲首先发言，我们目前刚刚迁都洛阳，人心思安，且曹虎情况不明，臣以为不应轻举妄动。
拓跋宏振振有词地反驳道：不管曹虎投降之事是真是假，朕认为都应出兵。如果是假的，朕正好借此机会巡视淮河南北，让百姓知道朕的恩德；如果是真的，我们要是不及时接应，那岂非坐失良机？

这样的说辞显然没有说服任城王拓跋澄，他马上提出了异议：曹虎不派人质，使者也不来，其中必定有诈。如今北方南迁的百姓刚到洛阳，住处、粮食都还没有安顿好，况且冬天马上就要过去，需要大批劳力投入春耕生产，我们却在这个时候让他们走上战场，这恐怕不太合适吧。更何况，我们的先头部队已经在卢渊的率领下出发了，说不上是不接应曹虎，他若是真的有意投降，不如等我军前锋拿下襄阳后，陛下再派大军跟进，也不晚嘛。这样轻率兴兵，如果白跑一趟的话，不仅会搞得我们全军上下疲劳，而且有损天威，陛下可一定要三思啊！

然而，拓跋宏的个性极强，要想改变他的既定主张，比改变地球的运行轨迹还要难。

他依然坚持己见。

好在他并非孤家寡人。

毕竟，作为一个皇帝，他可能会缺爱，也可能会缺钙，但通常情况下是不会缺支持者的。

关键时刻，以圆滑著称的司空穆亮站了出来，力挺皇帝。

在他的带动下，不少公卿大臣也都随声附和。

拓跋澄忍不住用手指着穆亮等人，气愤地说：在外面的时候，你们这些人都不赞成南征，为什么到了皇上面前就变脸呢？表里不一，欺君罔上，成何体统！

拓跋宏对他的话很不感冒，毫不留情地讥讽道：任城王的意思，赞同朕的人都是罔上，不赞同朕的人就是忠臣？

他毅然否决了拓跋澄、李冲等人的意见，当场决定发兵南征。

按照拓跋宏的安排，此役魏军兵分五路：

徐州刺史拓跋衍（拓跋宏的堂叔）进军钟离（今安徽凤阳）；

大将军刘昶、豫州刺史王肃（原南齐雍州刺史王奂之子，后因其父兄被萧赜诛杀，逃亡北魏）两位南朝降将携手攻打义阳（今河南信阳）；

平南将军刘藻、安西将军拓跋英（南安王拓跋桢之子）领兵杀向南郑（今陕西汉中）；

城阳王拓跋鸾（拓跋宏的堂叔）会同先期出发的卢渊等人一起进攻襄阳；

拓跋宏本人则亲率主力从洛阳出发，兵锋直指淮南重镇寿阳（今安徽寿县）。

魏军这次南征可谓规模空前——史载仅拓跋宏这一路就号称有三十万大军，这是自太武帝拓跋焘以来从来没有过的！

照此来看，他的目标显然不仅仅是一城一池，而是整个南朝！

第三十章 汉化改革

可惜这毕竟只是理想而已。

在这个世界上，99%的理想都如鸿鹄般高远，但99%的现实都如蝼蚁般不堪！拓跋宏这次也不例外。

刚出发不久，他就听到了一个最不想听到的消息——曹虎果然是诈降！

无奈，他只得命拓跋鸾等人改打南齐在雍州的重镇赭阳（今河南方城）。

可赭阳城池虽不大，却十分坚固，魏军狂攻了百余日依然无法得手，损失惨重，之后又遭到了南齐援军的夹击，不得不退兵。

攻打义阳的刘昶、王肃这一路也是毫无建树，铩羽而归。

因为他们遇到的，是足智多谋的南齐军界新秀萧衍。

萧衍是南齐宗室，其父萧顺之是南齐高帝萧道成未出五服的族弟，为萧道成的上位出过不少力。南齐建立后，萧顺之曾先后担任过侍中、领军将军、丹阳尹等多个要职，深受萧道成、萧赜父子的信任。

萧衍自幼就聪颖过人，成年后更是诗词歌赋样样精通，写过不少传世的名篇。

比如《子夜四时歌》：江南莲花开，红光复碧水。色同心复同，藕异心无异。

比如《东飞伯劳歌》：东飞伯劳西飞燕，黄姑织女时相见……

再比如《莫愁歌》：河中之水向东流，洛阳女儿名莫愁……

酷爱文学的竟陵王萧子良对他的诗文非常欣赏，特意将他延揽至府中，他也因此而成为与沈约、范云等人齐名的"竟陵八友"之一，在南齐文坛上占据重要的地位。

不过，如果你以为萧衍仅仅是一介文人，那你就错了。

事实上，他文能提笔写诗赋，武能提刀战顽敌，静如磐石般沉稳，动如刘翔般迅捷，说话头头是道，为人落落大方，能做事，会干事，从来不出事，智商高，情商高，从来不清高，是不可多得的全才。

南齐名臣王俭对他非常看好：萧郎30岁内当作侍中，再往后贵不可言！

齐武帝萧赜去世的时候，同为"竟陵八友"之一的王融企图发动政变，拥立萧子良。

萧衍目光如炬，早在事前就对好友范云说出了自己的判断：王融非命世之才，必败无疑。

因而他虽然与萧子良、王融等人私交不错，却根本没去蹚这个浑水，最终安然无恙，毫发无伤。

萧子良失势后，萧衍又主动投靠萧鸾，并很快凭借其出众的能力获得了萧鸾的信任。

在萧鸾登上帝位的过程中，他多次为其出谋划策，最终因功升任黄门侍郎。

此次魏军南侵，南齐防线四处告急，之前从未上过战场的萧衍主动请缨，被萧鸾任命为冠军将军，随同江州刺史王广之等人一起前去救援义阳。

但到了义阳附近，见魏军势大，王广之便不敢再前进了。

萧衍自告奋勇，请求率精兵担任先锋。

他连夜出发，抄小路赶到了距义阳城不远的贤首山，随后命令士兵趁夜将旗帜插遍山上山下，接着又命人大声鼓噪，虚张声势。

见此情形，城外的魏军以为齐军大部队来了，不由大为恐慌，顿时斗志全无。

见此情形，城中的守军以为援军大部队来了，不由大为振奋，顿时斗志倍增。

守将萧诞当即派兵主动出击，萧衍也趁机领军夹攻。

已成惊弓之鸟的魏军抵挡不住，只得仓皇撤退。

初出茅庐就立下奇功，萧衍就此一战成名！

义阳溃败的同时，魏军在钟离也陷入了困境。

南齐钟离守将萧惠休一直依托坚城固守，还多次寻机出城反击，打得拓跋衍毫无脾气。

之后，萧鸾又先后派大将萧坦之、崔慧景等人领兵增援钟离。

见形势对魏军不利，本来在寿阳的拓跋宏便亲率大军前往钟离，与拓跋衍并肩作战。

魏军虽然在人数上占优，却因无法解决不善攻城的老毛病，故久攻不克。

拓跋宏急中生智，在淮河两岸筑城，企图截断南齐援军与城中的联系。

趁魏军立足未稳，萧坦之派大将裴叔业率军猛攻，很快就夺取了两城。

战事的不顺，让拓跋宏的心情无比低落。

而司徒冯诞的病逝，对他又是一次重击。

冯诞是冯太后的侄子，他与拓跋宏同龄，两人从小在一起长大——一起吃饭，一起睡觉，一起上厕所，一起娶对方的妹妹（冯诞的妻子是拓跋宏之妹乐安公主，拓跋宏的皇后则是冯诞之妹），感情非常深厚。

没想到就在钟离前线，冯诞突发重病，死在了军中。

此时已是公元 495 年三月，淮南一带阴雨不断。

对农民来说，春雨贵如油；

对拓跋宏来说，春雨却令人愁；

对于南朝水军来说：雨后暴涨的河水便于水军行动……
对于魏军铁骑来说：骑兵在雨后泥泞的土地上根本无法发挥优势……

是啊，这样的天气对以骑兵见长的魏军来说，实在是太不利了！
该怎么办？
在相州刺史高闾、尚书令陆㲀等人的建议下，拓跋宏最终不得不做出一个痛苦的决定：撤军。

随后他带领魏军主力渡河北归，断后的任务则交给了前将军杨播。
杨播出身于关中大族弘农杨氏，其母是冯太后的表姑，以勇冠三军而闻名。
此役他和他麾下的三千多步骑在淮河南岸排成圆阵，拼死搏杀，一次又一次击败了齐军的攻击。
直到魏军大部队悉数渡河以后，他才且战且退。他对齐军高喊：我现在要回去了，有不怕死的尽管上来！
齐军被他的气势镇住了，竟然没有一个敢于靠近，只能眼睁睁地看着杨播登上渡船，扬长而去。
勇士远影碧空尽，唯见淮河天际流！

至此，北魏五路大军中只有最西面的拓跋英还在汉中一带高歌猛进，但由于其余四路都已败退，他孤掌难鸣，也只好班师。
这场齐魏之间历时近半年的大战就这样以北魏的无功而返告终。

不过，这次失利似乎并未影响拓跋宏在军中的威信。
这与他无与伦比的仁义是分不开的。
有一次，在行军途中突遇暴雨，他身边的侍从连忙打开伞盖为他挡雨。
他却把伞盖一把推开：将士们都在淋雨，我怎能置身雨外！
雨越下越大，将他的身体淋得彻底湿透。
雨越下越大，也将他的身影映得极其高大。
正是凭着这种与士兵同甘共苦的作风，拓跋宏得到了魏军广大将士发自内心的尊敬和拥护。

全盘汉化

回到洛阳后，拓跋宏痛定思痛，决定回归内政，继续全面推进汉化改革。
事实上，早在大举进攻南齐之前，拓跋宏就发布了诏书，禁止官吏和百姓穿着胡服。

这引起了不少鲜卑人的不满。

拓跋宏对此心知肚明，但他并不打算退让。

这不是他的风格。

他信奉的，是迎难而上，是一往无前，是"道之所在，虽千万人，吾往矣"！

公元 495 年五月，拓跋宏在朝会上向群臣提出了这样一个问题：各位爱卿是希望我们大魏的国祚能像商、周一样长久呢，还是连汉、晋都比不上呢？

这显然是个送分题。

他的二弟咸阳王拓跋禧连忙站出来抢答：臣等愿陛下超越从前的君主！

拓跋宏又继续发问：那你们觉得应该移风易俗呢，还是因循守旧呢？

这还是个送分题。

因此，拓跋禧又不假思索地回答：愿陛下圣政日新！

不料拓跋宏的脸色一下子变得严肃起来，眼神更是锐利得似乎可以击穿铁板：既然这样，那朕就这么做了，你们不得有违！

见到他这个样子，拓跋禧心里一下慌了，本能地回应道：上令下从，谁敢违抗！

其他的大臣在这种气氛下，也只能纷纷表态：上令下从，谁敢违抗！

余音绕梁，不绝于耳。

拓跋宏的表情这才缓和下来：好。大家都这么说，我就放心了。

随后，他当场颁布命令：名不正则言不顺。现在朕就下令，废除鲜卑语，改说汉语正音。30 岁以上的人，由于习性已久，可以慢慢来；30 岁以下的，以及在朝为官者，今后一律不允许再说鲜卑语。如有违背，一律免官！

之后，北魏的汉化改制跨入了快车道，一道接一道的诏令简直比高考季的模拟试卷还要密集：

改革度量衡，使用和汉朝一样的尺、斗；

大兴儒学，在洛阳设立国子、太学、四门小学等学校；

制定祭天之礼；

铸造太和五铢钱，结束北魏过去没有货币的历史；

……

此外，拓跋宏还规定，凡是南迁的鲜卑人，去世后都必须按照落叶归根的原则葬在他们的老家——不是代北，而是洛阳。他要求迁洛的代北人士籍贯一律改为洛阳，从此南迁鲜卑人都改称是河南洛阳人。

公元 496 年年初，拓跋宏又下诏要求改革鲜卑姓氏。

他觉得原先那些鲜卑姓氏就和从不洗头的乡下老太的辫子一样——又长又臭又土。

比如，拔拔（粑粑）听着就不雅，独孤（又独又孤）听着就不吉利，步六孤听着既不雅又不吉利……

他决定将所有鲜卑姓都改为汉姓。

对这项工作，拓跋宏极为重视，他亲自担任姓氏改革委员会主任，每个姓氏怎么改，都经他本人审定。

最后确定的改姓方案是这样的：

拔拔氏改称长孙氏；达奚氏改称奚氏；丘穆陵氏改称穆氏；步六孤氏改称陆氏；贺兰氏改称贺氏；独孤氏改称刘氏；贺楼氏改称楼氏；勿忸于氏改称于氏；纥奚氏改称嵇氏；尉迟氏改称尉氏；纥豆陵氏改称窦氏；侯莫陈氏改称陈氏……

而皇族拓跋氏则被改为了元氏。

之所以这么改，拓跋宏是费了一番脑筋的，他对外宣称的理由是：

北魏的祖先出自黄帝，以土德而王，而鲜卑语中称土为拓，后为跋，故称拓跋。现在要改汉字单姓，首选"土"字，但如果改姓土的话，北魏开国皇帝拓跋珪就成了"土龟"、明元帝拓跋嗣就成了"吐司"……听上去实在是太土了，所以他不得不又重新列了个转换公式，说"土为万物之元"，改称元氏。

"元"这个字就高大上了，比如拓跋珪改姓后就成了"圆规"——听上去就是那么有文化！

作为汉文化的狂热粉丝，拓跋宏，不，现在应该叫他元宏了，认为改汉姓、穿汉服、说汉话，这些还只是表面文章，更重要的是要全盘移植汉人的各项制度。

他对汉人自魏晋以来盛行的九品中正制十分推崇，为此他亲自评定门第，将清河崔氏、范阳卢氏、荥阳郑氏、太原王氏四姓定为汉人的四大一流高门，同时又把穆、陆、贺、刘、楼、于、嵇、尉八个出自鲜卑勋贵的姓氏称为鲜卑八大姓（长孙、奚等姓氏与北魏皇族同源，故不在此列），与崔、卢、郑、王四家同属顶级士族，并下诏鼓励鲜卑贵族与汉人豪门之间联姻。

他本人也不惜为汉化事业而献身——将崔、卢、郑、王以及陇西李氏（即李冲一族）等五大汉人门阀家的女子纳入后宫，同时他还指定他的六个弟弟分别娶这些家族的女子为妻，之前的妻室则降为小妾。

除了规定崔、卢、李、郑、王等顶级士族，元宏对地方上的士族也做了规范，并亲自参与了郡姓（即各郡的高门大姓）的评定。

当时大臣们把薛、柳、裴等几家列为河东郡（今山西西南部）的郡姓，但皇帝元宏却不同意，说薛氏的祖上是蜀人，在河东属于新市民，不能列入郡姓。

出身于河东薛氏的直阁将军（统率宫廷宿卫的军官）薛宗起正执戟站在殿下，闻听此言立即站了出来，气冲冲地说：臣的先祖在汉末曾经随刘备入蜀，但两代后就回到了河东，怎么能算是蜀人？照这么说，现在臣跟随陛下，那岂不是成了胡人？不把我们薛家列入郡姓，我活着还有什么意思！

说完他把手中的长戟狠狠摔在地上，竟然将其摔成了两截！

大家都吓了一跳。

到底是一代圣君，元宏的胸怀比草原还要宽广，他非但没有生气，反而笑着说道：你说自己不是蜀人倒也罢了，为什么要挖苦朕呢？

沉吟片刻后，他同意了薛宗起的要求，将薛氏列入郡姓，最后还幽默地说：依我看，你不应该叫宗起，叫起宗才对！

有人认为，元宏这次品定姓族是他此次汉化改革最大的败笔。

它虽然在一定程度上缓和了鲜卑贵族与汉人士族的矛盾，促进了二者的融合，但这种"不唯才，不唯能，只唯出身""成绩再好不如投胎好，水平再高不如门第高""门第是1，智力、努力、能力、魄力都是1后面的0，没有前面的1，后面再多的0也等于0"的僵化做法，却大大降低了社会的活力，使上层贵族迅速腐化，同时又因人为划分士族和寒门，导致了阶层的固化，社会的分化，为以后帝国的动乱留下了严重的隐患。

事实上，对恢复门阀制度，北魏朝中也不是没有争议。

有一次，元宏和群臣讨论用人策略，李冲就提出了这样的质疑：国家设置官吏，是为了安排膏粱子弟呢，还是为了治理国家？

元宏回答：当然是为治理国家。

李冲再问：那为什么陛下选人只看门第出身，不注重才能呢？

元宏对此依然对答如流：君子门第出身的人，虽然不一定有治世之才，但德行方面总归要强一些，朕因此要选用他们。

李冲接着又说：傅说（商代贤臣，曾当过建筑小工）、吕望（即姜太公，曾做过屠夫）这样的贤才，怎么可能凭门第得到？

元宏还是不以为然：这种非常之人，多少代才出一两个，小概率而已，算不得数。这就好比世上有吃饭被噎死的，但我们不能因为这样号召大家不吃饭，你说对吧？

然而，他的话似乎并没有令群臣信服，接下来御史中丞李彪也站了出来，力挺李冲：陛下如果按门第选拔人才，那么对于春秋时鲁国的三卿（即鲁国三大贵族：

季孙氏、孟孙氏、叔孙氏）和孔子门下的四科（孔门有德行、言语、政事、文学四科），您会选哪一个呢？

没等元宏回答，著作佐郎韩显宗又进谏道：难道陛下要让显贵者永远显贵，贫贱者永无上进之路？

见他们众口一词，元宏有些招架不住，最后只好退一步说：如果真有出类拔萃的人才，朕也不拘此制。

不过，这似乎只是随口搪塞而已，他的内心显然并不是这么想的。

稍后他与刘昶的一番对话，就充分印证了这一点。

他说：有人劝我选拔官员要唯才是举，不必拘泥于门第，朕却以为不然。否则会导致清浊同流，名器不分，这是绝对不行的。朕虽然担心贤才难得，但也绝不会为了一个人才而破坏国家的制度！

螳臂当车

对元宏的全盘汉化政策，鲜卑守旧势力也非常不满。

这些人大多是极端鲜卑主义者，以自己的鲜卑身份为荣，对汉人无比蔑视。

在他们看来，鲜卑人是高贵的，汉人是低劣的，鲜卑人的一切都比汉人要强——语言比汉语好听，服装比汉人好看，就连肚脐眼都比汉人要圆！

在他们看来，鲜卑人是征服者，是主子，而汉人是被征服者，是奴才，哪有主子反过来向奴才学习的道理？

元宏的行为，在他们眼里完全是倒行逆施，欺师灭祖！

是可忍，孰不可忍！

在这个鲜卑文化面临危急存亡的时刻，他们决定挺身而出，为国锄奸，推翻元宏，制止这股逆流！

他们要挽汉化的狂澜于既倒，扶鲜卑的大厦于将倾！

最先开始行动的，是那个曾经劝谏冯太后不要废掉元宏的穆泰。

穆泰是北魏开国功臣穆崇之后，历任安西将军、镇南将军、尚书右仆射等多个要职，他本人和其父、其子三代都娶公主为妻，是顶级的鲜卑勋贵。

虽然随皇帝南迁到了洛阳，被迫改穿汉服，说汉话，但穆泰的内心却极其不爽，私下里经常在家默默吟唱：汉装虽然穿在身，我心依然是鲜卑心，我的祖先早已把我的一切，烙上鲜卑印……流在心里的血，澎湃着鲜卑的声音，就算身在他乡也改变不了，我的鲜卑心……

见元宏的行为越来越出格，他终于再也看不下去了。

为此他主动请求外放。

元宏任命他为定州（治所今河北定州）刺史，但他借口说不适应那边的气候，要求改任恒州（治所今山西大同，元宏迁都后把旧都平城所在的司州改成了恒州）刺史。

元宏又同意了。

就这样，穆泰回到了久违的平城。

此时，原恒州刺史陆叡还没有离任，两人都是鲜卑贵族之后，又都极力反对汉化，因此一拍即合。接着，他们又联络了抚冥镇将元业、安乐侯元隆等一帮在北方的大臣，决定在平城发动政变，另立朝廷。

他们相中的新君，是14岁的太子元恂。

元恂是元宏的长子，他不喜欢读书，只喜欢骑马打猎，而且人又长得很胖。和大多数胖子一样，他很怕热，对洛阳夏季的炎热很不适应，也因此对父亲的汉化政策极为抵触——在平城多好啊，偏要迁到洛阳来！

他讨厌穿汉服，除了在公开场合不得不穿以外，只要一回到东宫，他就立马换回鲜卑服。中庶子（太子侍从官员）高道悦多次劝谏，但他根本不听，反而怀恨在心。

身为皇亲的穆泰对元恂的心思了如指掌，便暗中派人与其联络，让他找机会溜回平城。

公元496年八月，元宏去嵩山视察，命元恂留守洛阳。

元恂趁机斩杀高道悦，带着左右亲信骑上快马匆匆出逃。

可能是他庞大的身形太过显眼，他刚一出宫就被认了出来。

领军将军元俨得到报告后，马上下令关闭城门，将元恂等人困于城中，同时又派人火速赶往嵩山，向皇帝汇报。

元宏闻讯大惊，表面上却不动声色，依然按原计划巡视一圈后才返回了洛阳。

回宫后，他立即召见元恂，劈头盖脸就是一顿痛骂，接着又与二弟咸阳王元禧一起动手，把这个逆子狠狠地揍了一顿，打得他皮开肉绽，一个月都起不了床。

随后，元宏召集群臣，宣布要废太子。

司空穆亮、尚书左仆射李冲等大臣苦苦劝谏，请求宽恕元恂。

元宏却坚决不同意：元恂违背我的命令，企图叛据北方，眼中既无君父，又无国家，这样包藏祸心的人不除，乃是国家之大祸，将来我若是不在了，恐怕会有永嘉之乱！

就这样，他拒绝了群臣的求情，下令废元恂为庶人并将其关押（不久被赐死），另立次子元恪为太子。

元恂被废的消息很快传到了平城。
但穆泰等人依然不愿收手。
他们早已下定决心，不达目的不罢休，不获全胜不收兵！
经过一番密谋，他们决定改立阳平王元颐（景穆帝拓跋晃之孙）。

没想到，元颐表面上一口答应，一转身却将此事向皇帝告了密。
元宏立即命任城王元澄前去平叛。
元澄领兵倍道兼行，直捣平城，以迅雷不及掩耳之势抓捕了还未来得及起事的穆泰、陆叡、元隆等人，将他们悉数处死。

第三十一章　孝文大帝

进军汉北

叛乱就此平定，北魏的政局也终于稳定下来了。

内政初见成效，元宏就决定再次对南齐用兵。

人生那么短，梦想却那么大；日子那么快，前方的路却那么长；时间那么少，想干的事却那么多……

他怎能不分秒必争！

公元497年八月，元宏命任城王元澄、尚书左仆射李冲、御史中丞李彪等人留守洛阳，自己亲率二十万大军南下，他的六弟彭城王元勰则出任中军大将军统领主力。

此次魏军的主要进攻方向是南齐中路的雍州（治所今湖北襄阳）。

首当其冲的是雍州北部重镇宛城（今河南南阳）。

南齐守将房伯玉依托坚城死守。魏军虽然很快就拿下了外城，但内城却久攻不下。

战事不利，心急如焚的元宏带着少量亲信在城池周围四处巡视，以寻找战机。

房伯玉在元宏必经的一座桥下埋伏了几名杀手，这些人头戴虎头帽，穿着带斑纹的衣服，在元宏过桥时虎躯一震，突然冲出。

元宏胯下的战马以为见到了老虎，一下子受了惊，它的血压一下子飙高到了极点，前蹄也一下子飙高到了极点，几乎把元宏摔下马来！

幸亏他身边的侍卫们反应敏捷，立即拈弓搭箭，箭无虚发，将杀手一一射死。

元宏这才幸免于难。

见宛城一时难以拿下，经过一番思考后的元宏改变了计划——他留下二弟咸阳王元禧继续围攻宛城,自己则率主力继续南下,进军新野(今河南新野)。

一时间,南齐雍州所属的各郡县纷纷告急。

萧鸾命徐州刺史裴叔业率军前去救援。

裴叔业采用围魏救赵之策,率军从钟离(今安徽凤阳)出发,乘虚而入,一举攻克了北魏边境的虹城(今安徽五河)。接着又继续西进,攻打楚王戍(今安徽临泉),不料却在那里遭到了北魏将领傅永的伏击,大败而回。

傅永曾做过中书博士,以文武全才而著称。元宏在得知他立下这个大功后,忍不住赞叹道:上马能击贼,下马能文章,唯有傅修期(傅永字修期)!

与元宏的欣喜形成鲜明对比的是南齐皇帝萧鸾。

在严峻的形势面前,他不得不再次调兵遣将,先后派出太子中庶子萧衍、度支尚书崔慧景等多路兵马继续增援雍州。但在魏军的铁骑面前,齐军依然占不了任何便宜,除了损兵折将,还是损兵折将。

公元498年年初,魏军持续近半年的大举进攻终于取得了丰硕的战果。

新野、赭阳(今河南方城)、舞阳(今河南舞阳)、南乡(今河南淅川)等汉水以北的多个郡县都先后被魏军占领。

不久,孤立无援的宛城也被魏军攻陷,房伯玉被迫出降。

至此,魏军扫清了襄阳以北的全部齐军,大军云集于襄阳城下。

襄阳危在旦夕!

可是此时萧鸾身边已经没多少强将可用了,无奈只得派出了年过七旬的太尉陈显达,命他火速领兵前往雍州赴援。

而元宏想要的,显然还不只是一个雍州。

在围困襄阳的同时,他又派大将王肃统兵攻打南齐司州治所所在地义阳(今河南信阳),自己也移驻悬瓠(今河南汝南)指挥魏军作战。

焦头烂额的萧鸾只得再命裴叔业去救义阳。

裴叔业似乎和老式游戏机一样——只会同一种程序。

他故伎重演,没有去义阳而是前去进攻北魏重镇涡阳(今安徽蒙城)。

这次他的策略终于奏效了——元宏命王肃撤义阳之围,转而回援涡阳。

只不过裴叔业预想中的围魏救赵却变成了现实中的舍己救人——他被王肃麾下的十余万大军打得大败,伤亡无数,只得退保涡口(今安徽怀远)。

形势对南齐越来越不利。

萧鸾忧心忡忡：再这样下去，他的国家能扛得住吗？

他不知道。

他只知道自己的身体扛不住了。

他心力交瘁，终于病倒了。

病中的他开始担心起了自己的身后事。

他虽然有九个儿子，但多未成年，太子萧宝卷此时只有16岁。而齐高帝萧道成、齐明帝萧赜以及前太子萧长懋的在世的儿子却还有十人。

他深知自己得位不正，将来他若是不在了，这些人将是萧宝卷最大的威胁，便决定将他们全部杀死，以绝后患。

具体执行的是他的侄子——时任扬州刺史的始安王萧遥光。

萧遥光是个瘸子。他身残心更残——残忍的残，与阴狠刻毒的萧鸾很合得来。萧鸾对他非常信任，朝中大事都与其商量。

萧遥光行动不便，白天很少上朝，总是要到月黑风高的深夜才坐车进宫，与萧鸾密谈，一谈就是几个时辰。

有时两人谈完后，萧鸾还要焚香祈祷，呜咽哭泣：嘤嘤……嘤嘤嘤嘤嘤嘤……

难道是他想起了什么伤心事？

不是。

事实上，这只是他在杀人之前履行的一套必备程序而已——就和我们饭前要洗手、上厕所前要先脱裤子一样。

每次只要他这么做，第二天必定有人被诛杀！

这段时间，这样的场景发生了多次。

萧道成、萧赜、萧长懋的儿子们也随之被杀了个一干二净。

杀死诸王后，萧鸾总算稍微定心了。

然而没过多久，他又听到了一个更让他不安的消息——老将王敬则造反了！

王敬则是南齐开国功臣，为萧道成登上帝位立下过汗马功劳，因此他在萧道成、萧赜两朝备受信任，曾先后担任过侍中、豫州刺史、司空等多个位高权重的要职。

但一朝天子一朝臣，萧鸾掌权后对萧道成的后代大加屠戮，王敬则这个前朝老臣自然也备受猜忌——他被赶出了京城，出任会稽（今浙江绍兴）太守。

萧鸾生病后，又任命他的心腹爱将张瓌（guī）为平东将军、吴郡（今江苏苏州）太守，以防备王敬则。

王敬则对萧鸾的用意心知肚明：平东将军？东面还有谁啊，不就是我吗？

不甘坐以待毙的他当即决定起兵造反。

是啊，如今政府军精锐大多在北方前线，建康空虚，此时不反，更待何时！

可他还没来得及动手，就被人告发了。

告密的，是他的女婿谢朓。

谢朓是"竟陵八友"之一，出身于南朝顶级名门陈郡谢氏，是当时最著名的诗人。李白名句"蓬莱文章建安骨，中间小谢又清发"中的小谢指的就是他，可见其诗词造诣之高，对后世影响之大。

与同族长辈谢灵运一样，谢朓也以山水诗见长，故后世将他们两人分别称为"大谢""小谢"。他的诗风清新自然，很多佳句如"余霞散成绮，澄江静如练""天际识归舟，云中辨江树""鱼戏新荷动，鸟散余花落"等，至今依然脍炙人口。

不过，谢朓虽然名声很大，胆子却不大，得知岳父要造反，他吓得腿都软了。

思前想后，他决定向皇帝报告。

王敬则的密谋就此泄露！

此时，他已经别无选择——无论结果怎样，他只能反了！

他不得不在没做好准备的情况下仓促起兵，带着手下一万甲兵杀向建康。

负责防他的吴郡太守张瑰见他来势汹汹，竟然弃城而逃。

这下王敬则气势更胜。

很多对现状不满的百姓也纷纷扛着竹竿、锄头前来投奔他，到晋陵（今江苏常州）的时候，他的大军已经有十万之多！

萧鸾急忙派大将崔恭祖、刘山阳等人带领禁军精锐前去迎击。

王敬则的部队人数虽多，可大部分都是没有任何作战经验的农民，在政府军铁骑的冲击下，很快就溃不成军。

王敬则急得大骂：别跑啊！就是十万头猪也够他们杀一阵的！

但他就是喊破了喉咙，也没人听他的。

不仅如此，他还被汹涌的人潮从马上挤了下来。

他还想再次上马，但哪里还来得及？

政府军将领崔恭祖拍马赶到，一枪将他刺翻在地！

叛乱平定了，而萧鸾的生命也走到了尽头。

公元498年七月，他病重不治，享年47岁，死后谥明帝，庙号高宗。

太子萧宝卷随即继位。

皇后出墙

此时，北方战场上的战事依然进行得如火如荼。

在得知萧鸾去世的消息后，北魏皇帝元宏却并没有趁机扩大战果，反而退兵了。

之所以会作出这样的决定，元宏对外给出的理由是"礼不伐丧"，但这显然和我老婆常说的那句"你说吧，我不会生气的"一样——可信度基本为零。

真正的原因有两个：

一个是因为后方不稳——漠北一带的高车人发动叛乱，并打败了北魏政府派去的讨伐军；另一个更重要的原因是元宏的身体出了问题。

亲政八年来，元宏日夜操劳，每天除了工作还是工作——起床比鸡还早，睡觉比狗还晚，干的活比牛还重，身体早已不堪重负，终于积劳成疾了。

但他依然不愿离开前线，依然坚持在悬瓠带病指挥作战。

然而，一件宫廷丑闻却彻底击倒了他。

他最心爱的女人——冯皇后背叛了他！

冯皇后是冯太后的侄女，太师冯熙（冯太后哥哥）的女儿，正史上称其为幽皇后，名字不详。但据野史说她叫冯润，字妙莲，不过我个人感觉这应该是网友杜撰的，因为我花了好几个小时查了几百个网页也没查到其出处。

在这里我姑且把此时的这个冯皇后称为大冯后。因为她还有个妹妹也当过元宏的皇后，名字依然不详，正史称废皇后。网上则多称其为冯清（依然没有任何出处），在这里我姑且称其为小冯后。

按照冯熙第八女乐安王妃冯季华的墓志记载：（冯季华）长姊南平王妃，第二第三姊并为孝文皇帝后，第四第五姊并为孝文皇帝昭仪……

可见冯熙先后有四个女儿被元宏纳入后宫，大冯后应该是他的第二个女儿，小冯后则是其第三女。

史载大冯后14岁的时候就入宫了，由于容貌出众，举止娇媚，性情温婉，元宏对她一见钟情，两人感情非常好。可惜好景不长，不久大冯后得了重病，冯太后怕她把病传染给皇帝，便强行将其遣送出宫，并命她出家为尼。

之后，在冯太后的安排下，她的妹妹入宫顶替了她的地位，后来又被立为了皇后。

不过，张爱玲曾经说过这样一段经典的话：也许每个男人都有这样的两个女人（红玫瑰和白玫瑰），至少两个。娶了红玫瑰，久而久之，红的变成了墙上的一抹蚊子血，白的，还是"床前明月光"；娶了白玫瑰，白的便是衣服上的一粒饭渣子，红的却是心口的那一颗朱砂痣。

元宏就是这样的。

小冯后虽然得到了皇后的位置，却并没有得到皇帝的心。

在元宏的心中，她只不过是一抹蚊子血或衣服上的一粒饭渣子，多年未见的大冯后才是他的"床前明月光"或心口的一颗朱砂痣。

他无时无刻不在思念着他的大冯后，思念着她的一点一滴，一举一动，一言一语，一颦一笑，一只手托着腮含情脉脉的样子……

冯太后死后，元宏终于打听到了大冯后的下落。

听说她的病已经痊愈，元宏欣喜若狂，立即将她重新接进宫中，封为左昭仪。

按照"人往往要失去了才懂得珍惜"的定律，对这个曾经失去多年又重新得到的女人，元宏怎么可能不倍加珍爱？

很快，大冯后就宠冠后宫。

但她却并不满足。

她觉得自己比小冯后年长，进宫也更早，不愿屈居于妹妹之下，便屡屡在元宏面前说小冯后的坏话。

心上人的话，元宏当然不会不听。

没过多久，他就废掉了小冯后，改立大冯后为新的皇后。

然而他有情，她却未必有意。

正如我对口袋里的钱无比留恋，但它们却总是毫不留情地离开我一样，元宏对大冯后无比爱恋，但大冯后却毫不留情地背叛了他。

元宏事业心极强，在位期间不是出外视察就是在外征战，一年到头很少待在洛阳，生性风流的大冯后难耐寂寞，竟然与一个叫高菩萨的太监（估计是假太监）私通。

此次元宏南征期间，两人更是肆意淫乱，无所忌惮，偷情丑闻闹得满城风雨，唯有元宏尚蒙在鼓里。

不过，纸终究包不住火，秘密最终被元宏的妹妹彭城公主捅破了。

彭城公主本是宋王刘昶的儿媳妇，年少寡居，被大冯后的胞弟冯凤看中，一心想要娶她，大冯后便主动为弟弟提亲。

可彭城公主却不愿意。

本来，感情是你情我愿的事，勉强不得，但大冯后却不这么认为，只知道用自己皇后的威权逼迫彭城公主。

彭城公主被逼急了，便冒着大雨赶赴悬瓠前线，找哥哥告状：你爱上了一匹野马，你的家里都是草原……

元宏一头雾水：什么？

彭城公主：为什么大地春常在？你头顶的帽子映绿了它……

元宏还是一头雾水：别唱了，还是直说吧。

彭城公主：皇后与菩萨有特殊关系！

元宏依然一头雾水：哪个菩萨？观音还是文殊？让他们帮我达成心愿？

彭城公主：高菩萨！搞绿化的那个太监……

元宏万万没想到自己深爱的女人竟然会干这样的事，一时震惊不已。

他承受不住这样的打击，病情一下子就加重了。

他已经无力再指挥作战了，也无心再指挥作战了，只能下令班师。

途经邺城（今河北临漳）的时候，元宏得到了一个久违的好消息：高车人的叛乱被江阳王元继平定了，精神为之一振，身体也略微好转了一点。

公元499年正月，北魏大军终于来到了洛阳的郊外。

在那里，元宏见到了一个新修的坟墓——李冲墓。

李冲是几个月前去世的。

元宏出征时，让李冲和御史中丞李彪等人一起留守洛阳，没想到他刚离开不久，二李就闹出了大乱子。

李彪出身贫寒，因李冲的推荐而逐步得到了孝文帝的赏识和重用。据说元宏甚至曾当着群臣的面表扬他：吾之有李生，犹汉之有汲黯（西汉名臣，以直谏闻名）！

不过，李彪在得宠后就日益骄横，对李冲的态度也不那么尊敬了。

李冲对他极其不满。

元宏离京后，李彪与李冲的矛盾迅速激化，最后李冲一怒之下，下令将李彪抓了起来，并亲自审问。

审讯时，他一改之前的儒雅温和，变得狂暴异常，怒不可遏，又是吹胡子又是瞪眼睛，又是砸桌子又是扔板凳。

随后，他给皇帝上表，要求将李彪处以死刑。

然而，一向对他言听计从的元宏这次并没有听他的，只是将李彪免职了事。

李冲难以接受这样的结果。

他被气得肝胆俱裂，说话前言不搭后语，成天只知道大骂：李彪小人！

没过多久，他竟然被气死了！

望着李冲的坟墓，元宏百感交集，泪如雨下。

离开京城不过才一年多的时间，一切都物是人非了。

眼前的洛水依然还如往日一样流淌，河边的梅花依然还如往日一样鲜艳，而他却从当初的意气风发变成了现在的病入膏肓，他最得力的助手李冲更是从当初的生龙活虎变成了现在的冢中枯骨……

故人不知何处去，梅花依旧笑春风。这是何等的悲哀！

壮志未酬身先病，大业未成栋梁死。这是何等的无奈！

他知道，要想实现自己心中的梦想，很可能已经没有足够的时间了。

他已经竭尽了全力，却依旧无能为力。

但这又怎样？

就算再无能为力，他也依旧要竭尽全力！

生命不息，奋斗不止。

一息尚存，雄心犹在！

刚一回宫，他就强撑着病体，召见任城王元澄等留守官员。

他问元澄：朕离京以来，旧的风俗改变过来了吗？

元澄答道：在陛下的教化下，风俗日新月异。

对这样的回答，元宏并不满意：那为什么朕昨天入城的时候还看到一个车上的女子穿着窄袖的胡服？

元澄急忙辩解：穿胡服的人比不穿的要少多了。

元宏当即把脸一沉：任城王，你这说的是什么话！难道你要让满城的百姓都穿胡服吗？

元澄等留守官员只得跪倒在地，叩头谢罪。

接着，他又开始处理他最不想面对的那件事。

在这之前他已经对此事进行了一番秘密调查——有个叫苏兴寿的小太监一五一十把所有的事情都说了。

原来，大冯后在得知彭城公主告状的事后，非但不思悔改，还大肆收买中常侍双蒙等宫中工作人员，让他们帮她隐瞒，更令人震惊的是，她竟然还和其母常氏合谋，请女巫作法诅咒丈夫早死，以便让她可以像她的姑母冯太后一样临朝听政，情人权力双丰收！

元宏的心情是可以想象的。

他万万没有想到，他对大冯后如此多情，而大冯后对他却是如此绝情！

这也彻底摧毁了他对大冯后本来还残存的一丝感情。

之前失去她的时候，他死的心都有。

而现在，他死心了。

他命人拘捕了高菩萨以及双蒙等人，严加审问。

在铁的证据面前，高菩萨等人无法抵赖，只能低头认罪。

随后，元宏又命人将皇后召来。

一见皇帝，大冯后就连忙跪下，一边哭泣，一边请求原谅。

元宏倒是很平静：坐下吧。

只不过，他给大冯后安排的椅子离他本人足有两丈远。

大冯后刚坐下，元宏又开口了：我听说你母亲有妖术，你讲讲吧。

大冯后闻言大惊：巫蛊之罪可不是闹着玩的！

她明白自己已经不可能再掩饰了，只好哽咽道：请陛下屏退左右，臣妾有话要说……

究竟她说了些什么，我们不知道。

我们只知道，对话结束后，元宏又把两个弟弟彭城王元勰、北海王元详叫了过来。

见皇后也在，二王一时不敢进来。

元宏却大大方方地说：以前她是你们的嫂子，现在只是路人而已，你们不必回避。

接下来他对两人讲出了自己的处理意见：这个女人的所作所为，简直是把刀插到了我的身上！看在太后的面子上，我决定暂时不废掉她，让她继续待在宫中。你们千万不要以为我对她还有任何感情。我和这个女人唯一的关系就是没有关系！

壮志未酬

干完这件事后，元宏心力交瘁，病情也越发严重。

此时，南方前线又传来了一个坏消息。

原来，魏军主力退兵后，为了收复汉水以北的失地，南齐太尉陈显达督率崔慧景等将领在雍州一带大举反攻，北魏大将元英奉命抵御，却节节败退，马圈（今河南邓州）等多个要地相继失守，顺阳（今河南淅川）等多座城池纷纷告急。

为了保住之前好不容易取得的胜利果实，元宏不得不抱病再次踏上了征途。

他命领军将军于烈、尚书宋弁等人留守京城，自己亲率大军前往马圈前线，同时又分派广阳王元嘉领一支骑兵赶往均口（今湖北丹江口），占领了齐军后方的要地。

这一招果然奏效。

陈显达不敢与北魏大部队硬磕，只好且战且退。

在退到均口时，齐军发现退路已被切断，顿时军心大乱。

元宏趁机指挥骑兵发动猛攻，武卫将军元嵩（元澄的弟弟）一马当先，率先冲入敌阵。

早已无心恋战的齐军哪里抵挡得住？

很快他们就溃不成军。

幸亏齐军阵中有个叫冯道根的本地人，对那里的地形极为熟悉，陈显达和少数部下才得以从山间小路侥幸逃脱，避免了全军覆没的厄运。

不过，此战虽然大获全胜，但魏军却并未乘胜追击——因为元宏的身体已经再也无法支撑下去了。

自感大限已至，他不得不开始考虑后事。

他清楚地知道，太子元恪此时才17岁，又没有经过多少历练，如果没有得力的大臣辅佐，是很难令人放心的。

他心目中最合适的辅臣人选，是六弟彭城王元勰。

元勰是元宏诸兄弟中最有名望的一个，他德才兼备，文武俱佳，虑事周密，为人谨慎。在元宏执政期间，他曾多次献计献策，为北魏的汉化事业出力不小。最近两次南征，他都担任副帅，元宏在军中卧病期间，军国事务都由其主持，一切都处理得井井有条。

元宏给元勰留下了两条遗命：

一是冯皇后失德，在自己死后要赐其自尽，以免日后她凭借太后的地位祸乱朝纲。

二是希望元勰能仿效霍光、诸葛亮辅佐幼主。

对第一条，元勰毫不犹豫就答应了。

对第二条他却痛哭流涕，坚决拒绝——他自幼饱读诗书，深知担任顾命大臣极有可能会有功高震主之危，绝非保身之道。

沉吟良久之后，元宏叹息道：好吧，既然你无心权位，清心寡欲，朕也就不再勉强你了。

无奈，他只好退而求其次，改而任命北海王元详（元宏的七弟）为司空、镇南将军王肃为尚书令、广阳王元嘉为左仆射、尚书宋弁为吏部尚书，让他们与太尉咸阳王元禧（元宏的二弟）以及尚书右仆射任城王元澄共同辅政。

安排好这些后，元宏的生命也即将走到尽头。

躺在病榻上的他，心中充满了遗憾。

本以为汉化只是他事业的起点，没想到却是终点！

泪水浸湿了他的双眼。

他无力地闭上了眼睛。

公元499年四月初一，元宏在谷塘原（今河南邓州东南）去世，年仅33岁，死后他被追谥为孝文帝，庙号高祖。

非开国皇帝而被称为高祖，这在史上是极其罕见的，由此可见元宏在北魏历史上具有多高的地位！

毫无疑问，他当得起这样的评价。

他勤政——亲政十年来，他几乎没休息过一天。

他好学——只要一有空他就捧书苦读，手不释卷。

他谦虚——对下属的建议，他总是从善如流。

他仁义——无论到哪里他都和部下同甘共苦，从不搞特殊化。

他爱民——行军途中他从不让自己的军队践踏百姓的田地。

他大度——对下属的小过失，比如送饭时烫了他的手啦，饭菜中发现虫子啦……他从来都不计较。

总而言之，他是一个"既有雄心又有爱心，既有能力又有魄力，仁义礼智信样样不缺，德智体美劳全面发展"的难得的好皇帝。

当然，人无完人，元宏的所作所为也不是没有非议。

有人认为，他推行的不加扬弃的全盘汉化，尤其是移植之前已经体现出很大弊端的门阀士族制度，在一定程度上影响了社会的活力，激化了社会的矛盾，最终导致北魏帝国迅速由盛转衰，在元宏死后仅仅三十多年就分崩离析，走向灭亡。

可以说，北魏帝国在他的手上迈上了巅峰，也在他的手上走向下坡！

但我觉得，这依然无法否认元宏是一个伟大的皇帝！

因为，没有他在位期间大力推行的全面汉化改革，没有他在位期间大力推动的汉人和鲜卑的民族融合，就不会有后来强盛的隋唐帝国，就不会有中华文明的浴火重生，就不会有中华民族的伟大复兴！

第三十二章 步步生莲花

社恐患者萧宝卷

应该说，元宏死得很不是时候。
如果晚死几年，他就极有可能实现统一华夏的梦想。
因为，就在他死后不久，南朝就再次陷入了严重的内乱。

这一切，与小皇帝萧宝卷的所作所为是分不开的。
萧宝卷是南朝历史上又一个著名的昏君。
他自幼就不爱读书，登基后更是成天沉迷于吃喝玩乐，对朝政没有兴趣。
大臣们上的奏折，运气好的要几十天后才有答复——盛夏时申请的冰块等批下来的时候已经是寒冬季冰冻三尺了；运气差的甚至直接被宦官拿去包鱼肉，有被宫女拿去垫桌椅，还有被小孩拿去折纸飞机的……
大臣们早上上朝，有时一直站到太阳下山都等不来皇帝，只好各回各家……

更奇葩的是，萧宝卷还有社交恐惧症——一见陌生人就心跳加快、血压上升、尿道括约肌痉挛，因而他很少与外人交往，即使万不得已接见大臣时也是低着头，一副随时准备捡钱的样子——眼睛始终盯着地上。
他平时来往的，只有一些内臣或太监，其中最受宠幸的是制局监（掌管内府器杖兵役的官员）茹法珍和梅虫儿。
这些人大多不学无术，除了溜须拍马，几乎一无所长。

在萧宝卷的统治下，南齐的朝政一片混乱。
没过多久，大臣们就对皇帝彻底失去了信心——这样的人要是能管好国家，除非江河会倒流、鲤鱼会爬树！

公元499年八月，尚书左仆射江祏（萧鸾的表弟）联络了始安王萧遥光（萧鸾的侄子）、右卫将军刘暄（萧鸾的小舅子）以及侍中江祀（江祏的弟弟）等几个位高权重的皇亲国戚，密谋发动政变，废掉萧宝卷。

江祏本打算立萧鸾的第三子江夏王萧宝玄，可刘暄之前和萧宝玄有过过节，坚决不同意。

刘暄认为应改立萧鸾的第六子建安王萧宝寅——刘暄的妹妹刘氏是萧鸾的正妻，萧宝卷、萧宝寅都是刘氏所生，萧宝寅上台不影响他的国舅地位。

萧遥光对他们两人的提议都不感兴趣，又提出了第三种意见：萧宝玄和萧宝寅都还年幼，应付10以内的加减法还行，要应付这样复杂的形势是绝对不行的，我认为应在京城的明帝近亲中选择一个年长的亲王继位为妥。

他的说法听上去似乎也不无道理，但实际上，由于萧鸾家族人丁不旺，近亲中年长且在京城的除了萧遥光，根本没有别人！

因此，他的说法等于是在说：除了我，谁也别想当皇帝！

刘暄马上跳出来表示反对。

原因很简单，萧遥光一旦上台，他的国舅地位就不保了！

就这样，时间过了一天又一天，会议开了一个又一个，几个人不但无法达成一致意见，分歧还越来越大，逐渐从动口变成了动手，又从动手变成了动刀——萧遥光竟然派出刺客，想要刺杀刘暄！

好在刘暄命大，逃过了一劫。

一怒之下，刘暄当即向皇帝告发了江氏兄弟的密谋。

萧宝卷虽然内向，但并不懦弱——其父萧鸾生前一直教导他千万不要像萧昭业一样心慈手软，临死前还特意留下了这样的遗训：做事不可在人后！

秉承着父亲的教诲，萧宝卷毫不犹豫地下令将江祏、江祀两人抓捕斩首。

不甘坐以待毙的萧遥光占据东府城（位于台城以东，扬州刺史所在地）起兵造反，但由于准备不足，很快他就兵败身亡。

告密的刘暄当然也不会有好结果——很快，他也被萧宝卷处死。

杀人就和吸毒一样，有了第一次，往往就会有第二次，第三次……

萧宝卷就是这样。

自从萧遥光等人谋反未遂的事发生后，他对朝中大臣就越发猜忌，而茹法珍等佞臣为了自己能专权也在旁边不断怂恿，于是萧宝卷大开杀戒，领军将军萧坦之、右卫将军曹虎、尚书令徐孝嗣、左仆射沈文季等一大批明帝时代的重臣相继被杀。

第三十二章　步步生莲花

除掉了这些碍手碍脚的臣子后,萧宝卷做事自然更加肆无忌惮。

和当初的刘昱一样,他也喜欢到处游玩。但和刘昱不同的是,他害怕见到陌生人,因此出门之前,他都要命手下清场——把出行范围内的所有百姓全都赶走,否则格杀勿论。

即使这样,萧宝卷仍不放心,又命人在路旁悬挂高大的布幔作为屏障,以防止被人看见。

他生性残忍,视人命如草芥——如果有历史人权法院以"反人类罪"对他提起公诉的话,他肯定会被判最重的刑罚!

有一次,一个孕妇因行动不便没能及时躲避,他便命手下当场将其剖腹,查看胎儿是男是女;还有一次,一个老和尚因患病无法逃走,躲在草丛中,他马上让随从百箭齐发,将其射成了刺猬……

这样的事发生了无数次,死在他手上的冤魂有无数个。

不过,再干旱的地方总有会下雨的光景,再冷血的暴君也总会有温柔的时候。

在爱妃潘玉儿面前,凶残阴狠的杀人狂魔萧宝卷一下子就变成了柔情似水的宠妻狂魔。

潘玉儿原名俞尼子,出身低微,却长得美艳动人,她本是王敬则家的歌伎,王敬则败死后,她被没入掖庭,成为一名宫女。一次偶然的机会,萧宝卷遇到了她,对她一见倾心,一往情深,很快就将其纳入后宫,封为贵妃,宠爱无比。

给爱妃改姓的事充分体现了萧宝卷超高的智商和别具一格的脑回路:宋文帝有个爱妃姓潘,在位长达三十年,由此可以推导出,只要爱妃姓潘,在位就能长达三十年,所以他也要把自己的爱妃改成姓潘,这样他在位也能达到三十年……

嗯,如果这个逻辑成立的话,我老婆和首富的老婆是同一个姓,那我岂不是要……

扯远了,还是继续回到现场。

为了取悦潘玉儿,萧宝卷可谓无所不用其极。

他模仿民间,在宫中建起了集市——毕竟贵妃出门不便,无法体验集市的热闹,在这个模拟集市上,潘玉儿卖酒,萧宝卷卖肉,其他人有卖菜的,有卖鱼的……热闹无比,其乐融融。

两人一边叫卖,还一边唱:树上的鸟儿成双对,绿水青山带笑颜。从今再不受那上朝苦,夫妻双双经商来。你卖肉来我卖酒,我算账来你数钱……

除此以外,萧宝卷还大兴土木,修建了多个豪华宫殿,又用高价从民间收购了大量的金银珠宝作为装饰,潘玉儿的服饰用品也无不极尽奢华。

他有重度恋足癖，对潘玉儿的一对柔若无骨的美足特别中意，特意命人用黄金凿成无数朵莲花贴在地上，然后让潘玉儿赤脚在上面走秀。

看着朵朵莲花在潘玉儿脚下盛开，萧宝卷发出了这样的感叹：真是步步生莲花啊。

这就是成语"步步生莲花"的由来。

不过，奢侈一时爽，财政跟不上。

毕竟，府库中的钱财是有限的，而萧宝卷对享受的追求是无限的。

很快，钱就花光了。

无奈，他只能下令在全国范围内增加各种赋税，不仅逼得百姓倾家荡产，甚至连各地的守令都无法承受了。

很快，各路诸侯纷纷举起了反旗。

四面皆反

最先起事的，是时任江州（治所今江西九江）刺史的老帅陈显达。

陈显达是南齐开国名将，他出身行武，勇略过人，在北伐、平叛等历次战争中功勋卓著，曾先后担任过广州刺史、南兖州刺史、益州刺史、车骑将军、侍中、司空、太尉等多个要职，是当时南齐军界首屈一指的人物。

不久前，他奉命督师北伐，却先胜后败，损失惨重，作为主帅的他主动引咎辞职，但朝廷不允许，只是改任他为江州刺史。

当时他已经72岁高龄，历仕宋、齐两朝，历经宋孝武帝刘骏以来十一个皇帝，却始终屹立不倒，平步青云，这在那个朝臣横死率比感冒发病率还高的时代是极其少见的。

陈显达做官的法宝是谨慎。

在战场上他一往无前，但在官场上却一向谦虚。

尽管他官位显赫，但却一直非常节俭，吃的是粗茶淡饭，穿的是粗布衣裳，乘坐的是一辆破车，随从的是十多个老弱病残……

他还经常不厌其烦地嘱咐儿子们：我本志不及此，尔等切勿以富贵凌人！

有一次，他看见一个儿子手中拿着个尘尾（魏晋名士清谈时用的名流雅器），劈头盖脸就是一顿痛骂：尘尾是王、谢等贵族家用的东西，你怎么能拿！

说完，他就当着儿子的面把尘尾烧掉了。

齐明帝萧鸾在位时，陈显达几次三番请求告老还乡，但萧鸾却始终不许。

于是，在某个国宴上，酒至三巡，他突然老泪纵横，还借着酒意向皇帝要了个枕头：臣年纪已老，富贵已足，只缺一个死的时候枕在头下的枕头，请陛下把它赐给我吧。我会枕着你的枕头入殓，把最亮的星写在天边……

可没等他说完，萧鸾就打断了他：陈公，你醉了！

就这样，他一直没能辞职。

萧宝卷继位后，陈显达更加担心。

好在后来他被任命为江州刺史，离开了京城这个是非之地，这才松了口气。

但他高兴得还是太早了。

到江州不久，他就听说萧宝卷在朝中肆意杀戮，他当初的同僚徐孝嗣等人相继被杀，接着又有可靠消息说皇帝还打算要袭击江州。

一直以来都以谦退为座右铭的陈显达觉得自己已经退无可退，当即决定起兵造反。

胜，则救国于危难之时；败，他也在所不惜。

公元499年十二月，陈显达率部从浔阳出发，日夜兼程，进军神速，先是在采石（今安徽马鞍山）击破了政府军将领胡松的阻击，接着又乘胜进抵新林（今南京雨花台区板桥新城，西临长江），与政府军大将崔慧景、左兴盛等人对峙。

为出奇制胜，陈显达祭出"明修栈道暗度陈仓"之计——当天夜里，他故意在营中点起大量篝火，制造大军按兵不动的假象，但实际上他却亲率数千精兵登上小船，打算在石头城登陆，随后趁夜偷袭台城。

可惜人算不如天算，他在途中遇到了大风，耽误了时间，直到次日清晨才登陆上岸。

此时天已大亮，偷袭已无可能。

但单行道上无法掉头，造反路上不能回头，他只能硬着头皮对台城发起强攻。

台城守军一面闭门死守，一面急召在新林的政府军主力回援。

一场大战在台城外打响。

陈显达老当益壮，一杆长槊舞得虎虎生风，但毕竟寡不敌众，在连续击杀数十名政府军士兵后，他最终因长槊折断而被刺于马下，战死沙场。

可怜他一辈子如履薄冰，却依然难逃身首异处的厄运！

陈显达败亡后不久，驻守北方重镇寿阳（今安徽寿县）的豫州刺史裴叔业也举起了反旗。

他深知凭借自己一州之力很难与政府军抗衡，便决定倒向北魏，借助北魏的实力与朝廷对抗。

为了增加自己的胜算，在起兵之前，裴叔业还专门派使者前去联络自己的老战友——雍州（治所今湖北襄阳）刺史萧衍。

萧衍是在齐明帝萧鸾去世前接替曹虎主政雍州的。

早在萧宝卷上台不久，嗅觉敏锐的他就预感到朝廷会发生大的变故。

他对录事参军张弘策（萧衍的堂舅，也是其心腹）说：天上阴云密布，一定会下雨。朝中小人当道，必然会大乱。雍州山水形胜，是个不错的居所。如果措施得当，足以称雄一方。

张弘策心领神会：我们应早做准备。

随后，萧衍开始以防备魏军南侵的名义大批招募勇士，同时又命人秘密砍伐了大量树木，沉在檀溪湖（古时襄阳城外的一个湖泊，今已不存）。

为什么要囤积这么多的木材？

除了萧衍和张弘策两人，没人知道。

但还是有人洞悉了萧衍的意图——刺史这么做，肯定是为了打造战船，为将来顺江而下，进军建康做准备！

此人名叫吕僧珍，时任中兵参军，也是萧衍的亲信之一。

猜透萧衍的心思后，吕僧珍并没有声张，而是偷偷购买了数百张船橹，藏在了自己家中。

当时萧衍的大哥萧懿正在郢州（治所今湖北武昌）担任刺史，萧衍派张弘策前去游说：无道昏君，不值得效忠。在当前形势下，变通是变通者的通行证，忠君是忠君者的墓志铭。郢州位置重要，雍州兵强马壮，如果两州结成联盟，以你们兄弟的英武，废昏立明，创造大业，易如反掌……

没等张弘策说完，萧懿就毫不客气地打断了他：不要再说了！人各有志，他走他的独木桥，我走我的阳关道！

张弘策还不放弃：忠于这样一个不值得忠的昏君，就像爱上一个不值得爱的渣男，结局一定会是悲剧的……

萧懿掷地有声地说：忠君报国，死而无憾！

就这样，萧懿、萧衍这两个三观完全不同的兄弟从此彻底分道扬镳，走上了完全不同的发展道路。

而就在萧衍厉兵秣马准备起事的时候，裴叔业的使者来了。

使者给萧衍带来了一封裴叔业的亲笔信，邀请他一起投魏：天下大势可知，你我都面临生死存亡的选择。我看咱们不如回向向北，至少还能做个河南公。

对裴叔业的看法，萧衍并不认同。

他回信劝阻说：如果你投靠魏国，魏人肯定会派别人来取代你，把你打发到河北的偏远地区，怎么可能让你做河南公？

接着他又提出了自己的建议：目前朝廷中小人专权，这些人只图近利，缺乏远见，你只要把家属送到京城，让他们安心应该就没问题了。如果他们还要苦苦相逼，你就干脆派兵直出长江，一举平定天下！

但裴叔业并没有这样的胆略。

如果做风险测评的话，他应该属于风险厌恶型的保守投资者。

在他看来，投魏的话，99%的可能是：不仅生存不是问题，至少还可以享受好的待遇，刘昶、王肃就是这样的例子；可如果造反，99%的可能是：死于非命，全族覆灭，和不久前的陈显达一样！

犹豫再三后，他还是投向了北魏。

刚登上帝位不久的北魏皇帝元恪闻讯大喜——是啊，当年父亲元宏踏破铁鞋无觅处的淮南名城寿阳，自己却得来全不费功夫，他怎能不欣喜若狂！

元恪当即封裴叔业为征南将军、豫州刺史、兰陵郡公，同时又派彭城王元勰、车骑将军王肃率十万大军前去接管寿阳。

魏军前锋奚康生、杨大眼等人率数千骑兵日夜兼程，卷甲狂飙，仅仅几天内就进入了寿阳城内！

之所以这么急，一方面是怕裴叔业反悔，另一方面也怕南齐军抢在了他们之前。不过，裴叔业已经永远不可能反悔了——在魏军入城之前，他就已经病死了。

而南齐方面也确实稍微慢了一步。

就在奚康生等人入城不久，南齐军前锋在冠军将军陈伯之的率领下也赶到了。见寿阳已被魏军占据，他只好在硖石（今安徽淮南西）扎营。

与此同时，南齐新任豫州刺史萧懿也领兵三万进驻小岘（今安徽含山），骁骑将军李叔献则屯兵合肥（今安徽合肥），与陈伯之成掎角之势。

可惜掎角很快就成了独角——不久，元勰、王肃率魏军主力抵达寿阳，出兵击败了陈伯之，接着又乘胜南下，攻占合肥，生擒李叔献。

淮南自此落入了北魏之手！

萧宝卷不甘心失败，又任命老将崔慧景为平西将军，让他领兵北上收复寿阳。

但出乎他意料的是，崔慧景竟然没有按照他的要求北上，反而把进攻矛头指向了他自己！

事实上，崔慧景对萧宝卷早就十分不满，早就有了反叛之心。

在北渡长江后，他就立即召集部将，慷慨激昂地对他们说，幼主昏庸狂妄，败坏朝纲，我受先帝厚恩，绝不能坐视不管，此次我打算与诸君一起废昏立明，共建大功，大家以为如何？

萧宝卷一向不得人心，因此崔慧景的倡议一出，众将全都表示赞同。

于是崔慧景马上率部回军，向广陵（今江苏扬州）进发。

广陵守将崔恭祖是崔慧景的族弟，见状立即打开城门，迎接崔慧景大军入城。

在广陵略作休整后，崔慧景又马不停蹄地率部渡江，进逼京口（今江苏镇江）。

镇守京口的是江夏王萧宝玄（萧鸾第三子）。

崔慧景一边进军，一边派人与萧宝玄联系，说自己要废昏立明，废掉萧宝卷，改立他萧宝玄为新任皇帝。

没想到萧宝玄不仅不答应，还杀掉了崔慧景的使者。

萧宝玄的这番表现一下子赢得了萧宝卷的信任。

他大为欣慰，连忙派出一批精兵前往京口，协助萧宝玄守城。

不料援军到来后，萧宝玄却突然翻脸。

他杀死了朝廷派来的将领，吞并了援军，随后与崔慧景合兵一处，浩浩荡荡杀向建康。

叛军一路势如破竹，连战连捷，很快就包围了皇宫所在的台城。

崔恭祖提议说，只要放火烧掉北掖门就能轻松攻入城内。

但自以为胜券在握的崔慧景却没有同意：这个不行，以后重建要花很多钱的。

崔慧景此时的心态，有点像一个在高考中考了状元的毕业生。

高考状元根本不用担心自己能否被名校录取，只需要考虑在大学里自己究竟该找什么样的女朋友——三观超正的，还是五官超正的？

崔慧景根本不担心台城能否被攻下，只是在考虑胜利后自己究竟该立谁为新的皇帝——萧宝玄，还是萧昭胄（齐武帝萧赜的孙子，竟陵王萧子良之子）？

其实之前他是准备立萧宝玄的，但萧宝玄在京口时的表现让他觉得此人心机太深，以后不好控制，又想要改立萧昭胄。

思来想去，翻来覆去，却始终下不了决心。

这一犹豫，就断送了好局。

因为就在此时，萧宝卷的救兵来了！

来的是萧衍的大哥豫州刺史萧懿。

萧懿原本领兵驻在小岘，得到京城危急的消息时，他正在吃饭，马上把筷子一扔，点起兵马，回军救驾。

仅仅几天后，萧懿大军就如神兵天将一样突然出现在了建康城外！

之前一直纠结于立萧宝玄还是萧昭胄的崔慧景这才回过神来：现在该考虑的不是立谁为帝，而是怎样避免人头落地！

猝不及防的他只能仓促应战。

没想到，此时崔恭祖又因和崔慧景之子崔觉有矛盾而临阵倒戈，投降了萧懿！

叛军军心大乱，萧懿乘机发动猛攻，大获全胜。

见大势已去，崔慧景只好仓皇北逃，却在江边被一个渔民砍下了头颅，传首建康。

萧宝玄等人也先后伏诛。

萧懿就这样力挽狂澜，救了萧宝卷——在萧宝卷一只脚已经踏入地狱门槛的情况下，硬是把他拉了回来！

他也因此被加封为尚书令。

然而，萧衍却对大哥的处境非常担心，特意写信规劝他：你如今建了不赏之功，这种情况即便是在明君贤主治下也难以保全，何况是在这个小人当政的时代？为今之计，要么效仿伊尹、霍光，行废昏立明之事，要么以抗拒北魏为由率部回到历阳（今安徽和县），拥兵自重，威震内外，切不可放弃兵权回朝任职！

但这些话对早就把"忠于皇帝"作为人生最高准则的萧懿来说，就相当于电之于绝缘体、美女之于太监——根本起不到任何作用。

萧懿还是毅然决然地回到了建康。

第三十三章 时来天地皆同力

萧衍起兵

后来发生的事果然被萧衍说中了。

仅仅几个月后，在茹法珍等人的怂恿下，萧宝卷决定赐死功高震主的萧懿。

有人事先听到了风声，在江边准备好船只，劝萧懿出逃投奔萧衍。

萧懿拒绝了：身为堂堂的尚书令，我宁可堂堂正正地死，也绝不偷偷摸摸地逃！

临死前，他非但毫无怨言，还不忘为皇帝考虑：臣死不足惜，只是臣的弟弟在雍州，必定会为臣报仇，深为陛下担忧！臣就是在九泉之下也无法安心啊……

即使皇帝把他撕成碎片，他对皇帝依然忠贞不贰！

不过，萧懿显然是太小看萧宝卷了。

萧宝卷早就想到了这一点。

在杀萧懿之前，他就已任命大将刘山阳为巴西（今四川阆中）太守，并配给他三千精兵，暗中命令他在路过荆州（治所今湖北江陵）时，会同荆州行事萧颖胄（荆州刺史萧宝融是萧鸾第八子，当时只有13岁，实权掌握在萧颖胄手中），一起偷袭襄阳，干掉萧衍。

但萧衍不是愚忠的萧懿，绝不可能坐以待毙。

在得知兄长被杀的消息后，他马上召集张弘策、吕僧珍以及长史王茂、别驾（刺史的佐官）柳庆远等属下一帮亲信官员，慷慨激昂地对他们说：昏君暴虐，杀害贤良，生灵涂炭，其罪恶超过商纣王。这样的人不亡，天理难容。希望诸位与我同心协力，共举大事！

由于事先做好了充分的准备，很快他就拉起了上万人的队伍，接着又用之前备好的木材打造了大量战船，吕僧珍也从家中拿出早就买好的数百支船橹，迅速组建起了一支强大的水军。

萧衍素有威名，深得人心，因此他一起兵，就得到了雍州附近各地军民的大力支持。

在短短几天时间内，梁州（治所今陕西汉中）刺史柳惔（dàn）、华山太守康绚、均州（今湖北丹江口）副将冯道根以及上庸（今湖北竹山）太守韦叡等纷纷响应。

这里边最值得一提的，是后来成为一代传奇名将的韦叡。

韦叡当时已经59岁了。

他出自关中名门京兆韦氏，其家族在南迁后一直居住在雍州。

尽管出身世家，又才华横溢，但他的仕途却一直十分不顺。

当然了，人生总有起起落落，可他之前五十多年的人生却一直是起起落落落落落落落……

刘宋前废帝刘子业在位时，他就深受当时的雍州刺史袁顗的赏识，被任用为主簿，后来袁顗和邓琬联手造反，关键时刻幸亏他一眼看出袁顗难以成事，找了个借口提前离开，这才逃过了一劫。

此后他又先后做过县令、别驾、校尉等基层官员，年过半百后他总算回到了家乡雍州，出任上庸太守。

不过，他虽然蹉跎了大半生，却依然没有失去建功立业的大志。

在他看来，花的盛开总是有早有晚，花期到了自然会灿烂绽放；人的成功总是有早有迟，时候到了一定会一飞冲天！

这些年来，韦叡一直在等待着自己的机会，一直在寻找着自己心目中的明主。

前段时间，陈显达、崔慧景先后起兵，雍州不少豪杰也跃跃欲试想要加入，韦叡对他们说：陈显达虽是老将，却非命世之才；崔慧景虽明事理，却无豪杰气概。真正的英雄，应该在我们雍州。

谁呢？

正是萧衍！

此次接到萧衍起兵的檄文后，韦叡立即砍竹为筏，率两千郡兵率先赶到了襄阳。

两封空函定一州

韦叡等人的加入，让萧衍如虎添翼，信心也更加充足。

然而，就在他和他手下的将领们摩拳擦掌、准备大干一场的时候，从建康的内应那里传来了朝廷派政府军大将刘山阳和荆州军一起来攻打雍州的消息。

众将全都大惊失色——要知道，荆州与襄阳相距仅有三四百里，急行军的话只要两三天就能到达！

　　萧衍却胸有成竹：只要刘山阳一到荆州，我就能让他人头落地，你们看着吧！

　　他让参军王天虎带着自己的两封亲笔信前往荆州，秘密拜会荆州行事萧颖胄及其弟萧颖达。
　　萧颖胄打开信封，却发现信中只有五个字：王天虎口述。
　　他屏退随从，偷偷询问王天虎：萧衍让你给我带的是什么口信？
　　王天虎也是一头雾水：没有啊。我家主公什么也没和我说啊——他说的是实话，萧衍确实没和他说任何话语。
　　这下萧颖胄更摸不着头脑了：萧衍到底安的是什么心？

　　但萧衍和萧颖胄密信往来的事，却已经传遍了江陵城——毫无疑问，这个消息是萧衍派人放出去的。
　　此时正逢多事之秋，出于关切，有些和萧颖胄关系较好的官员不免要去问他：萧衍在信中到底说了些什么？
　　萧颖胄据实回答，什么也没有。我收到的信是空白的。
　　这当然不能让人相信——这实在是不合常理啊。
　　来人难免要再问：那使者又和您说了什么呢？
　　萧颖胄还是据实回答：什么都没说。
　　这下来人自然更疑惑了：萧行事，咱们俩谁跟谁啊，一起同过窗，一起扛过枪，一起分过赃，一起嫖过娼——上次那个丽春院的韦春花，钱还是我付的，您怎么还要瞒我？
　　萧颖胄急忙辩解：我说的真的是实话，真的没骗你，我真的没骗你，真的没说实话……不，我真的说的是实话……

　　但他忘了有个成语叫"欲盖弥彰"——他越是反复强调，别人就越是不信。
　　这怎么可能？
　　萧衍派使臣来，却什么都不说？
　　骗傻子呢？
　　要么是他萧衍的脑子进了水，要么是你萧颖胄的话里注了水！
　　要么是这个世界上真的有鬼，要么是你萧颖胄的心里头有鬼！
　　很快，荆州城内谣言四起，人心惶惶。

　　刘山阳也听说了这样的谣言。
　　大概是觉得萧颖胄居心叵测，为稳妥起见，他在率兵到达荆州附近后并没有进城，而是驻扎在了城外。

山雨欲来风满楼,流言四起让萧颖胄愁白了头。

最令他担心的是,一旦刘山阳把这样的谣言报告给了皇帝,自己必死无疑!

思来想去,他决定与萧衍联手,一起起兵造反。

可刘山阳是一员猛将,怎样才能除掉他呢?

萧颖胄想了个办法。

心狠手辣的他将王天虎杀死,然后派人把首级送到了刘山阳那里:这是萧衍使者的人头,我愿意誓死效忠朝廷,与萧衍势不两立!

这下刘山阳彻底打消了疑虑:看来我错怪萧行事了。

为表诚意,他仅带了数十名随从进入荆州城。他刚进入城内就被萧颖胄安排的伏兵杀死,随后被传首襄阳。

就这样,萧衍不仅不费吹灰之力就除掉了劲敌刘山阳,还将荆州的萧颖胄拉下了水,迫使其上了自己的战车。

这就是史上著名的奇计"两封空函定一州"!

锦鲤之王

公元500年十二月,萧颖胄发布檄文,声称接到太后密令,奉南康王萧宝融为主,讨伐萧宝卷及其佞臣茹法珍、梅虫儿等人。

在萧颖胄的操纵下,萧宝融任命萧衍为都督前锋诸军事,萧颖胄为都督行留诸军事。

对这样的安排,萧衍的一些部下很不满意。

竟陵(今湖北天门)太守曹景宗就是其中一个。

他精于骑射,胆略过人,两年前在跟随陈显达北伐时曾以两千伏兵击败过北魏大将元英,是萧衍麾下数一数二的猛将。

他建议萧衍把南康王迎到襄阳,否则就不要出兵。

长史王茂也说:南康王在萧颖胄手中,萧颖胄在后方坐享其成,挟天子以令诸侯,我们在前线流血流汗却反而要受他的控制,这不是太吃亏了吗?

但萧衍却不这么认为。

他规劝部下说:风物长宜放眼量,眼前的小事不必太计较。如果将来大事不成,那么我们无论贵贱都将玉石俱焚;如果成功了,我必然威震四海,怎么可能受制于碌碌之辈!

公元501年三月，萧宝融在江陵正式称帝，加封萧颖胄为尚书令、荆州刺史，萧衍为尚书左仆射、征东大将军、都督征讨诸军事。

与此同时，萧衍命其七弟萧伟、九弟萧憺留守襄阳，自己亲率大军沿汉水顺流而下，进逼郢州（治所今湖北武昌）。

萧颖胄也派部将邓元起等人带领荆州兵沿江东进，与萧衍会合。

荆、雍两军合兵一处，声势大振，连战连捷，很快就将政府军分割包围在了郢城和对岸的鲁山（今湖北汉阳）两座孤城中。

势如破竹之际，萧衍却突然停了下来，命部队对两城围而不攻。

显然，他的意图是围城打援——吸引朝廷的援军到来，将其一举歼灭！

援军果然来了。

郢州危急，萧宝卷当然不可能不救。

然而，此时他父亲当初留给他的宿将陈显达、崔慧景、裴叔业等人都已被他逼反而死亡殆尽，无奈他只能矮子里头拔将军，任命冠军将军陈伯之为主帅，让他领兵西上，讨伐萧衍。

陈伯之年轻时是个远近闻名的无赖，仗着自己有几分膂力而横行乡里，不是偷鸡就是摸狗，不是放水钱就是放火，还曾经在抢劫时被人割掉过一只耳朵，人送外号"一只耳"，后来他从军入伍，凭借其勇悍而屡建战功，完成了从大盗到大将的华丽转身。

陈伯之派部将吴子阳等人带领十三支政府军精锐部队前往救援郢州，自己则坐镇江州（治所今江西九江）掌控全局。

不久，吴子阳率部抵达距离郢州城三十里远的加湖（当时在今湖北黄陂境内的一个湖泊，与长江相通），见萧衍军容鼎盛，他不敢再前进，只能就地驻扎，等待战机。

为了避免和荆、雍联军强大的水军硬拼，他特意选择在加湖岸边的山脚下扎营——加湖水浅，联军的大船根本开不进去。

应该说，吴子阳的想法并没什么问题。

只是，他即使机关算尽再聪明，也无论如何都算不到萧衍会有一个强大到无以复加的帮手——老天爷！

关键时刻，上天给萧衍来了个神助攻——此时突然下了一场万年不遇的暴雨，雨点又大又急，狂风与雷电齐飞，乌云共长天一色……

湖水迅速上涨，仅仅大半天的时间，水位就涨到可行大船了！

萧衍抓住机会，命王茂、曹景宗立即率水军发动猛攻。

面对政府军的小船，联军高大的楼船如坦克撞单车般横冲直撞，很快就将对手冲得七零八落，溃不成军，吴子阳几乎是只身逃回。

援军覆灭后，鲁山、郢城两座城池内的守军也彻底失去了信心，先后向萧衍投降。

萧衍任命韦叡留守郢州，自己则率领主力顺流而下，向建康进发。

此时前方唯一能阻拦他的，只剩下坐镇江州的政府军主帅陈伯之。

萧衍派人前去劝降。

陈伯之有些犹豫不决：你……你……先别过来，让我再考虑考虑。

对陈伯之的要求，他根本不予理会，反而指挥部队加速前进，很快就兵临江州城下。

如萧衍所料，重压之下，陈伯之果然把持不住了，马上就放弃抵抗，举旗投降。

萧衍任命他为镇南将军，让他与自己一起东下。

郢州、江州相继失守，朝廷军队节节败退的消息很快传到了建康。

然而，面对雪片般飞来的告急文书，萧宝卷却依旧无比淡定，依旧四处游玩，依旧左拥右抱，依旧看戏泡澡抠脚丫，每天的娱乐项目依旧排得满满的。

茹法珍心急如焚，劝他不要再玩了，要早做准备。

但他却不以为然地说：真是皇帝不急太监急。我都不急，你急什么？等敌军到了白门（建康南门，又称宣阳门），再与他们决一死战也不迟嘛。

公元501年十月，萧衍统率的荆、雍联军进抵建康城南。

萧宝卷这才命征虏将军王珍国率十万兵马在秦淮河南岸列阵迎敌，并派自己宠幸的太监王宝孙手持白虎幡督战。

王宝孙下令打开朱雀桥（秦淮河上的浮桥），断绝部队退路，以迫使士兵背水死战。

在有进无退的压力下，政府军攻势很盛，荆、雍联军逐渐支持不住，落了下风。

关键时刻，前锋大将王茂挺身而出，手持单刀直冲敌阵，部将韦欣庆则挥舞着铁槊在其左右护卫，一下子就将本来严整的政府军阵型撕开了一道口子。

再优质的钢材，只要一处有裂纹，可靠度就大为减弱；再强大的军队，只要一处被突破，防御力就大打折扣。

萧衍当然不可能放过这样的机会，立即命曹景宗、吕僧珍等人率所部发动全面反攻。

最终，政府军全军崩溃，王珍国等人带着少数残兵狼狈逃回了台城。

377

之后，萧衍指挥大军乘胜渡过秦淮河，东府城、东宫、新亭等建康多个要地的政府军守将纷纷望风而降。

联军一路如入无人之境，很快就将台城团团包围。

直到这时，萧宝卷依然毫不慌张。

据说在紧急情况下，有两种人是最镇定的：一种是胆略超常的强人，一种是傻子。

毫无疑问，萧宝卷是后一种。

在他看来，之前陈显达、崔慧景两次都曾打到过台城，最后不是都失败了吗？怕什么？

只是他忘了最重要的一点——崔慧景那次他能逃过一劫，靠的是不顾个人安危前来勤王的萧懿。而现在鉴于萧懿的下场，怎么可能还会有人来帮他！

更何况，像萧懿这样的人本来就稀少！

他能够依靠的，只能是他自己了。

此时，台城内尚有七万兵马，但粮食、柴火却只够用一百天，唯一的办法就是速战速决。

然而，政府军刚经历过大败，士气低落，哪里有什么斗志？

茹法珍急得团团转，向萧宝卷请求把宫中的金银珠宝悉数拿出来赏赐将士。

没想到一向挥金如土的萧宝卷居然一分钱都不肯拿出来：贼兵来又不是只要我一个人的命，为什么你只找我要钱？

茹法珍还是苦苦哀求。

萧宝卷勃然大怒：难道你得了狂劝病？烦死了，再烦我，杀了你！

无奈，茹法珍只能悻悻而去。

他前脚刚走，负责台城防御的大将王珍国又来了。

看见后堂中堆积有很多木料，他便向萧宝卷提出要拿去加固城防。

萧宝卷忍不住又大发雷霆：这是我好不容易才搞到的上好木材，我要留着将来造宫殿用的！你要是敢拿走一丁点，小心我打断你的狗腿！

对萧宝卷这个一毛不拔的小气鬼皇帝，城中的守军全都怨声载道。

王珍国硬着头皮组织了几次反击，也都以失败告终。

茹法珍、梅虫儿等人气急败坏，便向萧宝卷提出要杀掉作战不力的将领，以明军纪。

从内线那里得知这个消息后，王珍国终于下定决心，不再为萧宝卷卖命。

既然跟着昏君没有活路，那就只能自己找一条出路！

他偷偷派人出城给萧衍送上一面镜子——意为"心如明镜，愿意真心投诚"。

萧衍对此心领神会，也给他回送了一块断金——意为"二人同心，其利断金"。这下王珍国心里有了底。

他马上联络了另一名守城将领张稷，接着又通过张稷买通了几个内侍作为内应。

当天夜里，萧宝卷就寝之后，内侍钱强打开殿门，王珍国、张稷等人带兵一下子冲进了宫中。

此时萧宝卷尚未睡熟，听到外面大声喧哗，知道情况不妙，慌忙从床上一跃而起，向后门逃窜。

但哪里还逃得了？

没走几步，他就被追上了。

一个太监挥刀砍中了他的膝盖，他惨叫一声倒在了地上。

随后，张稷的亲信张齐又一刀砍下了他的脑袋。

王珍国、张稷连夜召集官员们入宫，命他们逐一在投诚书上签名，接着又派国子祭酒范云带着萧宝卷的首级前往萧衍军中。

同为"竟陵八友"之一的范云是萧衍多年来的好友，因此萧衍见到他后非常高兴，当即将他留在了自己身边。

对萧衍来说，喜讯还不止这一个。

就在前几天，从大本营荆州传来了另一件令他无比开心的事：萧颖胄死了！

萧颖胄与萧衍一同起事，不仅官位在萧衍之上，而且还挟天子以令诸侯，一直是萧衍及其手下的一个心病。

这次萧衍东征，萧颖胄坐镇江陵，负责后勤保障及内政事宜，没想到却遭到了忠于朝廷的蜀中巴西（今四川阆中）太守鲁休烈等人的袭击。

由于荆州军主力大多随萧衍一起出征，萧颖胄手中根本没多少军队，只好向萧衍求援。

然而，萧衍拒绝了，理由说得非常冠冕堂皇：鲁休烈等不过是一帮乌合之众，我不仅相信，而且确信，你一定能取得最后的胜利……

萧颖胄不由大怒：相信个屁！我就是相信这世上有鬼，也绝不会相信你萧衍的破嘴！

无奈，他只能左支右绌，苦苦支撑，却连战连败，被鲁休烈一直攻到了荆州附近。

内外交困中的萧颖胄忧愤成疾，不久就病死了。

之后萧衍命留守襄阳的弟弟萧憺带兵前去接管荆州，而鲁休烈等人听说建康已被萧衍拿下，知道大势已去，也只能向萧憺投降。

此时的萧衍真可谓是"时来天地皆同力"！

作为外部主要对手的萧宝卷，生命不息，作死不止，不是在作死，就是在作死的路上，不断开创作死的新高度；而作为内部最大对手的萧颖胄，则在恰到好处的时间恰到好处地死了，没有早一步，也没有晚一步，更没有带来任何副作用……

毫无疑问，萧衍就是那个时代的锦鲤之王！

也许，正是因为这段经历，让萧衍深刻体会到了运气的巨大作用，他把自己的好运归结为佛祖的保佑，使得本来就信佛的他越来越崇佛，直至后来的佞佛……

进入台城后，萧衍先是将茹法珍、梅虫儿等佞臣全部诛杀，接着又以太后的名义废萧宝卷为东昏侯，自任大司马、中书监、录尚书事、扬州刺史、骠骑大将军，集军政大权于一身。

办好了这些正事，志得意满的萧衍又来到了萧宝卷的后宫。

一见到潘玉儿，他就被迷住了——天下竟有如此美貌的女子！

打算纳其为妾。

王茂连忙进谏，导致东昏侯灭亡的，就是这个女人，您这样做恐怕会导致外面的议论。

萧衍毕竟不是萧宝卷，他是个理性的人，知道王茂的话在理，便忍痛割爱，将潘玉儿赏给了部将田安。

没想到潘玉儿早已下定决心为萧宝卷殉情，坚决不肯：死而后已，义不受辱！

最终她的要求得到了满足——被缢死在了狱中。

一代绝世佳人，就此香消玉殒。

对潘玉儿的死，萧衍也很惋惜。

他只好化悲痛为力量，寻找她的替代品。

好在萧宝卷的后宫美女如云，萧衍择其善者而纳之——他优中选优，千里挑一，从中挑选了余氏、吴氏、石氏等几个才貌特别出众的收为妾室，其余两千宫人则悉数赏给了有功的将士们。

代齐建梁

在范云、王茂等人的提醒下，萧衍并没有被美色冲昏头脑。

在他的眼里，这只是餐前的甜点、餐后的水果，是不可能作为主食的。

他真正追求的还是自己的功业。

尽管已经成了南齐帝国的实际掌舵人，但他对此并不满足。

他还想要更进一步，登基称帝！

然而，在中国古代，权臣想当皇帝这事就跟少女想嫁男人差不多——无论你再怎么想，也不能自己直说，只能等着别人提出来，否则就太没面子了。

好在，中国这片土地上也许会缺水缺粮，但从来不会缺善解人意的红娘。

萧衍的红娘，是他的好友沈约。

和范云一样，沈约也是"竟陵八友"之一，和萧衍私交很深。

他出身于江东大族吴兴沈氏，祖父沈林子是刘裕麾下的名将，父亲沈璞曾任盱眙太守，后因受始兴王刘濬谋反牵连而被杀，从此家道中落，但他人穷志不穷，一直勤学不倦，终于成为当时享誉盛名的大才子——他不仅编纂了二十四史之一的《宋书》，还与谢朓等人一起对古体诗的声律做了不少革新，共同创建了史称"永明体"（"永明"为齐武帝萧赜的年号）的新体诗，为唐代格律诗的产生和发展奠定了基础。

在文史界，沈约是一位巨擘；在见风使舵界，他也堪称一代宗师。

无论政治风云如何变幻莫测，他总能如鱼得水——南齐初年，他凭借竟陵王萧子良的赏识，先后担任过尚书左丞、御史中丞等官职；萧子良失势，他马上投向齐明帝萧鸾，依然官运亨通；萧宝卷败亡后，他又凭借与萧衍的交情，与范云一起成了后者的心腹。

沈约深知自己在萧衍起兵的过程中没立过尺寸之功，要进一步巩固自己的地位，必须要为老朋友做点什么。

很快，他就找到了一个风险小收益大的工作方向——劝进。

在一次私下的交谈中，沈约故意转弯抹角地暗示萧衍称帝。

这正中萧衍的下怀。

但他却并未吭声。

沈约明白，这样的谈话就和谈恋爱一样——对于如此大胆的试探，只要没有明确反对，通常就表示默许。

于是他也就不再遮遮掩掩，单刀直入地说道：天象预兆已经十分明显，如今，就是无知的小儿、放牧的村夫都知道齐朝的国祚已经到头了，大司马您应取而代之。天意不可违抗，人心不可失去。天道如此，您现在就是不想做，也是不可能的！

萧衍这才表态：让我再想想吧。

见他态度松动，沈约连忙秉持"宜将剩勇追穷寇"的精神继续穷追不舍：当初您起兵的时候，确实应该三思，但现在大业已成，您还有什么好考虑的呢？如果不早定大计，将来天子回到京城后（当时齐和帝萧宝融还在江陵），君臣名分已定，再办这件事就麻烦了！机不可失，时不再来，现在，就是最好的时候！

沈约走后，萧衍又将范云召来，征求他的意见。
范云也极力赞成此事。
萧衍不由大喜：真是智者所见略同！你明天可以与沈约一起来见我！

范云把这事告诉了沈约。
沈约很开心：那我们明天上午九点在大司马府门口碰头，你可一定要等我啊！
范云当然一口答应。

第二天，沈约早早就来了，他没有等范云，而是直接进了萧衍的办公室。
萧衍让他起草禅位诏书，沈约对此早有准备，当即从怀中拿出他早就拟好的诏书以及拟订的人事安排方案。
萧衍看过后大为叹服：写得太好了，简直滴水不漏。一个字都不用改！

此时范云也到了大司马府门外，由于没看到沈约，他只能在原地等待。
时间一分一分过去。
路人一个一个过去。
却始终见不到沈约的影子。
范云心急如焚，但按照约定他又不能单独进去，只好在门外一边不停徘徊，一边胡乱猜想：沈约这家伙怎么还不来呢？他到底是出了什么幺蛾子？难道是没设闹钟睡晚了？还是早上喝粥被噎死了？他如果真的死了，我该送多少礼金合适？挽联应该写"音容宛在"还是"栩栩如生"？……

沈约总算出现了——只不过，是从萧衍府中出来的。
范云这才恍然大悟——自己被好友耍了。
不过他一向为人厚道，因此并未责怪沈约，只是问道：对我怎么安排？
沈约用手往左边一指，意为尚书左仆射。
范云对此非常满意，气也一下子就消了：不失所望！
之后范云也和萧衍见了面，萧衍对沈约赞不绝口：我与休文（沈约字休文）交往多年，今日才发现他确实是才气纵横！
接着他又对范云说，我起兵至今已经是第三个年头了，功臣诸将，多有功劳，然而成我帝业者，却只有你和沈约二人！

接下来自然是那套改朝换代的程序。

二十二年前的那一幕又再次重演。

公元502年正月，萧衍被加封为相国，晋爵梁公，加九锡。

二月，萧衍又晋封为梁王。

三月，萧衍开始诛杀南齐诸王。

其实，萧衍和南齐皇室本来出自同族（萧衍的高祖父和齐高帝萧道成的曾祖父是亲兄弟），但萧衍却依然按照"本是同根生，相煎必须急"的原则对他们大肆灭亲，毫不客气地下了毒手——庐陵王萧宝源（萧鸾第五子）、邵陵王萧宝攸（萧鸾第九子）、晋熙王萧宝嵩（萧鸾第十子）、桂阳王萧宝贞（萧鸾第十一子）相继被杀，只有16岁的鄱阳王萧宝寅（萧鸾第六子）侥幸逃脱，后又辗转投奔了北魏。

四月，南齐最后一任皇帝萧宝融在从江陵东归途中下诏禅位。

随后，39岁的萧衍在建康南郊即皇帝位，改国号为梁，史称梁朝或南梁。

该如何处置已经退位的萧宝融？

萧衍征求范云和沈约的意见。

范云低头不语，但沈约却提醒道：我记得魏武帝曹操曾经说过一句话，不可慕虚名而受实祸。

正是这句话决定了萧宝融的命运。

很快，他就被赐死家中。

至此，在经历了长达两年的内乱后，南朝又再一次完成了改朝换代。

第三十四章　烽火再起

元恪亲政

令人诧异的是，在此期间，之前一直觊觎南朝领土、多次发兵南征的北魏却并未趁火打劫，始终在袖手旁观——除了因裴叔业投降而轻松得到淮南重镇寿阳外，基本没有采取过什么像样的军事行动。

这当然是有原因的。

因为，北魏这些年也并不太平。

孝文帝元宏去世后，17岁的太子元恪继位，是为北魏宣武帝。

元宏临终的时候，给元恪指定了六个辅政大臣，但吏部尚书宋弁没过多久就病死了，只剩下了五个——右仆射任城王元澄、左仆射广阳王元嘉、太尉咸阳王元禧（元宏二弟）、司空北海王元详（元宏七弟）以及尚书令王肃。

五人中，元嘉年事已高，不太管事。

而元澄对王肃这个南朝降人位居自己之上颇为忌恨，正好有人告发王肃密谋叛逃，元澄如获至宝，便下令将王肃拘禁，严加审问。

没想到元澄查了很久，却没查到任何证据。

元澄很尴尬，很丢脸。

丢脸还是小事，更倒霉的是还丢了位子——元禧趁机上奏朝廷，说元澄擅自拘禁大臣，最终元澄被免官回家。

不过，就像农民养猪并不是因为喜欢猪一样，元禧这么做也并不是因为喜欢王肃这个汉人。

事实上，他对王肃也非常仇视。

不久，王肃也被排挤出了京城，出任豫州（治所今河南汝南）刺史。

就这样，孝文帝死后不到一年，他钦定的六辅臣就变成了二辅臣——朝政大权落到了元禧、元详两位皇叔的手中！

元禧性情狂妄，贪婪好色，元恪对他非常不满。

元恪一方面重用另一个皇叔元勰（元宏六弟），让他担任录尚书事、司徒，以分元禧等人的权；一方面又加紧培养自己的嫡系——毕竟他当上太子的时间很短，缺少自己的班底。

他首先想到的，是自己的舅家。

元恪的生母高氏出身低微，她生于高句丽，后随父母移民到了北魏，迁居龙城（今辽宁朝阳），因长得漂亮被冯太后选入宫中，为元宏生下了二皇子元恪、五皇子元怀。

后来太子元恂被废，元恪意外捡漏，成了北魏帝国新的继承人。

但按照北魏帝国的"子贵母死"制度，儿子走上巅峰之日，便是母亲步入地狱之时——高氏在从平城前往洛阳的途中被害身亡。

元恪对母亲的悲惨遭遇非常同情，因此登上帝位不久，他就在民间找到了自己从未谋面的舅舅高肇、高显以及表弟高猛，将他们召进朝廷，封为公爵，信任有加。

不过，元恪也知道，高肇以及高氏家族在朝中没有任何根基，要想从元禧等辅政大臣手中夺回权力，靠他们是不可能的。

还有谁可以依靠呢？

元恪不知道。

生于深宫之中的他对外面的世界，根本是一窍不通。

就在元恪愁眉不展的时候，机会突然从天而降——领军将军于烈向他抛来了橄榄枝！

于烈出身于鲜卑八大家之一的万忸于氏，是北魏开国名将于栗䃅之后，多年来一直深受孝文帝的信任，掌管禁军，权重一时。

于烈人如其名，性情刚烈，对骄横的元禧很是看不惯。

元禧要于烈给他一批羽林军作为其仪仗队，于烈毫不犹豫地拒绝了：没有皇帝的诏书，我是不可能答应这个要求的。

元禧气坏了，派人给于烈传话：我乃是当今天子的叔父，又是辅政大臣，向你提这点小小的要求，和皇帝诏书有什么区别？

没想到于烈不仅依然丝毫不给面子，还撂出了这样一句狠话：我并非不知道王爷你的身份，但王爷想要天子的羽林军，这是绝对不可能的！我于烈的脑袋可以给你，但羽林军是不能给你的！

元禧不由恼羞成怒：姓于的，竟然敢不听我的话，真是不自量力，也不撒泡尿照照自己！

然而，他错了。
事实上，不自量力、需要撒泡尿照照的，是他元禧。
因为于烈早已下定决心，舍得一身剐，要把元禧拉下马！

当时元禧利用自己辅政大臣的身份，下令改任于烈为恒州（治所今山西大同）刺史。

于烈推说有病，拒不接受任命，同时让时任左中郎将、常在宫中值班的儿子于忠面谏皇帝元恪：诸王专权，意不可测，陛下应尽早将他们罢免，自揽权纲！

而北海王元详也对元禧的跋扈十分不满，暗中站在了皇帝的一边——他经常在元恪面前讲元禧的坏话，还说元勰太得人心，不能久在朝中。

在于烈、元详等人的支持下，元恪决定向元禧摊牌。
公元501年年初，元恪下令召见元禧、元勰、元详三位亲王，于烈则率全副武装的羽林军在旁边护卫。

元恪一脸严肃地对三人说：我元恪愚昧不才，在这个位子上不知不觉已经到第三个年头了，这期间多亏了诸位叔父的尽心辅佐，你们辛苦了，现在我打算要亲自执掌朝政。请叔父们暂回府上等通知，我对你们会有合适的安排。

安排的结果是元禧被晋封为太保——这是个荣誉职务，没有任何实权；元勰被免职回家；元详则出任录尚书事、大将军，成为唯一被留用的亲王。

对这样的任命，元详当然是满意的，而元勰早就想隐退，无心为官，也没有任何意见。
只有元禧对此极其不满。
有人趁机挑唆，说皇帝可能会诛杀他。
一怒之下，元禧决定铤而走险，起兵造反。

可他毕竟只是个纨绔之辈，虽然平时口气很大，事到临头却一头冷汗，两目无神，三心二意，四肢发软，五内俱焚，六神无主，心里七上八下，走路九步十回头，犹豫了很久都做不了任何决断。

显然，指望这样的庸人能造反成功比指望韭菜能开出牡丹花还要不现实，元禧的部下纷纷失去了信心。

很快就有人告发了元禧的阴谋，元恪立即命于烈领兵前去捉拿。元禧闻讯仓皇出逃，但没跑多远就被抓获，随后被元恪赐死，几个儿子也都被从皇族除名。

元禧败死后，19岁的元恪终于得以大权独揽。

他觉得此次自己之所以能顺利亲政，于烈无疑是最大的功臣，因此他投桃报李，不仅加封于烈为车骑大将军，还特意纳于烈的侄女于氏为妃，不久又立为皇后。

不过，元恪最信任的却是他的亲舅舅高肇——高肇被任命为尚书左仆射，从此一步登天，朝为田舍郎，暮登天子堂，从一个普通的平民一下子成了朝中首屈一指的重臣！

北风那个吹

此时正是南齐末年，萧衍和萧宝卷争斗正酣，镇南将军元英、车骑将军源怀等人纷纷上表，建议趁机攻打南朝。

但刚夺回大权的元恪却觉得内部还不稳定，不愿大举出兵，白白丧失了大好机会。

然而在两年后，萧衍已经取代南齐建立梁朝，坐稳了皇位，元恪却又改变了主意，决定发兵南征。

促成他思想转变的，是两个刚投奔过来的南朝降人。

一个是南齐末代皇帝萧宝卷的六弟萧宝寅。

16岁的萧宝寅在逃出国境后，先是来到寿阳，在休息了一段时间后，又被送到了北魏国都洛阳。

从此，无论是刮风还是下雨，无论是酷暑还是寒冬，无论是遭人鄙视还是被人漠视，在北魏朝廷大殿外，每天都会看到一个身材如竹竿般瘦弱、目光却如刀剑般犀利的年轻人在那里大声请求：陛下，请您一定要帮臣萧宝寅报仇雪恨，您不答应，臣就不起来！

另一个极力鼓动元恪出兵的人，是陈伯之。

前面说过，陈伯之本来是深受萧宝卷信任的南齐旧将，后来迫不得已才归降了萧衍，南梁建立后，他被任命为江州（治所今江西九江）刺史。

不过，尽管看起来萧衍对他还不错，但陈伯之深知自己的历史并不清白——既非嫡系又非主动投诚，因此一直都提心吊胆，时常担心萧衍会对他秋后算账：皇帝以后会不会变脸？毕竟，所有政客的承诺都是不可信的，只不过他们把出尔反尔叫作"此一时，彼一时"！

促使他从心中不安发展到图谋不轨的，是他的别驾（刺史佐吏）邓缮、长流参军（刺史属官）朱龙符等人。

由于陈伯之出身草莽，目不识丁，在处理政务时不得不依赖邓缮、朱龙符等人，而邓缮等人又善于逢迎，深得陈伯之的信任，权力很大。

邓缮借机以权谋私，胡作非为，干了不少坏事，民愤很大。

萧衍听说后，便命在建康任直阁将军的陈伯之之子陈虎牙前往劝诫，接着又派人取代邓缮担任江州别驾。

邓缮知道自己一旦离开陈伯之这个保护伞，肯定会被治罪，便极力怂恿陈伯之造反：皇帝表面上是要对我下手，其实是要对你下手。醉翁之意不在酒，在乎山水之间也。皇帝之意不在小人我，在乎大人之脑袋也。大人，你的情况很危险啊。不过，世上无难事，只要肯造反……

陈伯之对邓缮向来言听计从，加上本就担心萧衍会翻他的旧账，因此很快他就被说动了，居然真的在江州反了！

萧衍派大将王茂率中央军前往讨伐陈伯之。

陈伯之抵挡不住，只好渡江北上，投奔了北魏。

就这样，在短短数年间，陈伯之就在南齐、南梁、北魏之间连续两次改换门庭，成了名副其实的三姓家奴！

为博得新主信任，陈伯之也多次上书，一再强烈要求元恪攻打南梁。

公元503年秋，在萧宝寅、陈伯之等人的极力劝说下，元恪终于下决心出兵了。

此役魏军兵分两路，东路以扬州刺史任城王元澄为主帅，督率镇东将军萧宝寅、平南将军陈伯之等人，进攻淮南重镇钟离（今安徽凤阳，南梁徐州治所）等地；西路则由镇南将军元英为都督，攻打义阳（今河南信阳，南梁司州治所）。

魏军一路势如破竹，元澄的东路军连克九山（今江苏盱眙）、淮陵（安徽明光）等地，进抵钟离；与此同时，元英的西路军也攻破南梁司州刺史蔡道恭在城外设下的多道防线，包围了义阳城。

南梁皇帝萧衍急忙命冠军将军张惠绍和郢州刺史曹景宗、后将军王僧炳分别救援钟离和义阳。

然而，张惠绍却在钟离城外被魏军击败，全军覆没。

钟离城危在旦夕！

就在南梁钟离守将昌义之惴惴不安之际，老天帮了他一个大忙——连日天降大雨，淮河水位暴涨，元澄不得不退兵回到寿阳。

而西面的义阳守将蔡道恭就没有昌义之这么好的运气了。

由于城内兵马不多，他只能死守待援。

他一面日夜不停地在城头指挥防守，一次又一次地击退了敌军进攻；一面像岸边上奄奄一息的鲤鱼盼望水一样迫切地盼望着援军的到来——再不来，我就死定了！

结果却是一次又一次的失望。

蔡道恭度秒如年，心忧如焚，一百多天后，他终于积忧成疾，得病去世。

之后，他的堂弟蔡灵恩继承了他的遗志，一面继续坚守，一面等待援军。

可他依然是一次又一次的失望。

看到这里，想必诸位一定和蔡灵恩一样，也想问一个问题：援军到底去哪儿了呢？

原来，南梁援军王僧炳部在途中遭到了北魏军的伏击，损失惨重，而紧随其后的曹景宗见魏军势大，竟然顿兵不前，只是整天四处游猎：打自己的猎，让别人拼去吧！

不过，对南朝来说，义阳的地位实在是太过重要了，萧衍不能不救。

见指望不上曹景宗，他只能再次派出新的援军——主帅是猛将马仙琕（pín）。

马仙琕一路猛冲猛打，所向无前，以雷霆万钧之势直扑魏军大营。

但战场就和情场一样，仅有勇气是远远不够的。

更何况，马仙琕的对手是智勇双全的元英！

元英是北魏宗室名将，初出茅庐就在孝文帝第一次南征时大放异彩。当时其他各路都无功而返，只有他指挥的西路军高歌猛进，打得当时的南齐梁州（治所今陕西汉中）刺史萧懿毫无还手之力。此后，他一直深受元宏重用，屡建战功。

因其父南安王元祯（拓跋晃第十一子）曾参与过穆泰谋反，被削夺了王爵，元英一直憋着一口气，一心想要一雪前耻，重振家业。

此次见马仙琕来势汹汹，元英没有与他硬拼，而是派出一支弱旅前去诱敌，同时在士雅山（今河南信阳南的马鞍山）周围的山谷中埋伏了大量精锐，等待梁军钻入口袋。

立功心切的马仙琕果然上了当。

他就像追逐猎物的饿虎般穷追不舍，头也不回地进入了魏军的包围圈。

此时，突然一声炮响，伏兵四出，将马仙琕所部团团围住。

马仙琕不愧是一员虎将，在如此不利的情况下，他依然奋力杀出了重围，而麾下将士也折损了大半。

尽管遭此重挫，他还是不肯服输，在稍作休整后又带着残兵向魏军发起攻击。

但一个刚被打折一条腿的人没等恢复就再上搏击台，等着他的当然只能是再次被揍趴下——一日之内，马仙琕三战三败，最后只能狼狈退走。

就这样，义阳城始终没等来援军。
公元504年八月，弹尽粮绝、走投无路的蔡灵恩只好向魏军投降。

义阳南面有三个位于桐柏山和大别山之间、扼守南北交通要道的险关：武阳关、平靖关、黄砚关。
得知义阳陷落，三关守将也先后弃城而逃。
之后，北魏在义阳设立郢州，元英也因建此大功而被元恪加封为中山王，如愿以偿地拿回了在父亲手里丢掉的荣耀。
而南梁则不得不将防线南移，在南义阳（今湖北孝昌）设立了新的司州治所。

对萧衍来说，厄运还没有结束。
公元505年年初，南梁梁州（治所今陕西汉中）刺史庄丘黑病死，他的下属夏侯道迁献出汉中，向北魏投降。
元恪立即以尚书邢峦为镇西将军、都督梁汉诸军事，率军前往接收。
萧衍闻讯，连忙命冠军将军孔陵等人去收复汉中孔陵却被邢峦打得落花流水，一败涂地，不得不退保梓潼（今四川梓潼）。
此后，东西七百里、南北一千里的汉中十四郡土地，也全都归入了北魏版图。

邢峦还想继续乘胜南下，攻取益州（治所今四川成都）。
但元恪却没有答应：平蜀之举，还是等以后再说吧。
他之所以要阻止邢峦伐蜀，倒不是说他不喜欢巴山蜀水川妹子，而是因为他听说南梁近期可能会在东线发动大规模的军事行动。

这个消息是真的。
南梁皇帝萧衍确实有这样的安排。
登基三年多，面对北魏的连连进攻，南梁一直被动挨打，屡屡丧师失地，防线更是一退再退，一向自视甚高的萧衍对此怎么可能接受？
他决定主动出兵北伐，收复江淮失地！
是男儿，就要带吴钩，收取关山五十州！
是豪杰，就要驾长车，从头收拾旧山河！

第三十五章　天监北伐

与陈伯之书

公元505年十月,在经过一番紧锣密鼓的准备后,萧衍颁布《北伐诏》,传檄天下,宣布出师讨伐北魏。

谁会出任万众瞩目的北伐军主帅?

估计应该是战功赫赫的王茂,其次是威名远扬的曹景宗,再次是勇冠三军的马仙琕,之后依次是柳惔、吕僧珍、韦叡、裴邃、冯道根、张惠绍、昌义之……

但最后的结果却爆出了一个几乎任何人都没预测到的大冷门——入选的,是排名500开外的临川王萧宏!

萧宏是萧衍的六弟,也是当时萧衍在世的几个弟弟中年龄最长的一个(萧衍共有兄弟十人,他本人排行第三。长兄萧懿、次兄萧敷、四弟萧畅、五弟萧融此时都已去世),他不仅长得一表人才,是著名的美男,而且向有美名,与萧衍的关系也最好。

不过,萧宏之前并没有上过战场,让这样一个从未打过仗的人在如此关键的军事行动中出任主帅,就相当于让一个从未踢过球的人在世界杯的关键比赛中出场并担任中场核心一样,实在是太不可思议了。

但萧衍却不这么想。

他认为,之前的宋、齐两朝都因皇族内部自相残杀而导致灭亡,按照"负负得正,错误的反义词就是正确"这一原则,正确的做法应该是厚待和重用宗室。

他的信条是:兄弟同心,其利断金,用人唯亲,其国必兴!

正是基于这样的考虑,才有了这次对萧宏的任命。

为了弥补萧宏缺乏战争经验的弱点,萧衍还特意安排久经沙场的尚书左仆射柳惔为副总指挥，以辅佐萧宏。

萧宏把北伐的总部设在洛口（今安徽淮南东北，洛水和淮河的交汇处），梁军各地水陆兵马纷纷向洛口集结。

一时间，洛口一带部队云集，军容鼎盛，旌旗遮天蔽日，营垒连绵不绝……

此次北伐，梁军出动的总兵力号称百万，虽然这个数字就和数学老师说的"占用你们五分钟时间"一样——完全当不得真，但我们依然不可置疑地确定，这是自宋文帝刘义隆北伐失败后五十多年来，南朝军队主动发起的一次最大规模的军事行动——就连北魏方面也认为这是"百数十年所未之有"！

不过梁军的初战并不顺利。

梁将昌义之进攻寿阳东部的重镇梁城（今安徽寿县东南），被驻于此地的北魏平南将军陈伯之击败，铩羽而归。

陈伯之是南朝降将，之前萧衍对他也算不错，只是因被小人利用才一时糊涂降了魏，更重要的是，此人轻于去就，投降起来就和妓女脱裤子一样轻车熟路，毫无心理压力，因此萧宏觉得陈伯之完全可能争取过来。

于是，他让自己的记室（秘书）丘迟给他写了一封劝降书。

这就是曾被选入中学语文课本的千古名篇《与陈伯之书》：

陈将军足下无恙，幸甚。将军勇冠三军，才为世出。弃燕雀之小志，慕鸿鹄以高翔。昔因机变化，遭逢明主，立功立事，开国称孤，朱轮华毂，拥旄万里，何其壮也！如何一旦为奔亡之虏，闻鸣镝而股战，对穹庐以屈膝，又何劣耶？

……

夫以慕容超之强，身送东市；姚泓之盛，面缚西都。故知霜露所均，不育异类；姬汉旧邦，无取杂种。北虏僭盗中原，多历年所，恶积祸盈，理至燋烂。况伪孽昏狡，自相夷戮，部落携离，酋豪猜贰。方当系颈蛮邸，悬首藁街，而将军鱼游于沸鼎之中，燕巢于飞幕之上，不亦惑乎？

暮春三月，江南草长，杂花生树，群莺乱飞。见故国之旗鼓，感平生于畴日，抚弦登陴，岂不怆悢。所以廉公之思赵将，吴子之泣西河，人之情也。将军独无情哉！想早励良规，自求多福。

文章写得文采飞扬，效果也是出奇得好。

陈伯之尽管不识字，只能让人念给他听，但丘迟的话语还是深深打动了他。

尤其是最后那一段"暮春三月，江南草长，杂花生树，群莺乱飞……"更是让他久怀心中的思乡情绪如火山喷发般无法遏制地喷涌而出。

他动情了，也动心了。

他想家了，也想回家了。

听完信后，他不顾自己留在北方的儿子安危，马上带着手下八千兵马归降了南梁。

就这样，梁军兵不血刃就占领了梁城！

梁城的胜利大大地鼓舞了北伐军的军心。

此后的数月间，梁军捷报频传，先是太子右卫率张惠绍攻克宿预（今江苏宿迁），接着庐江太守裴邃夺取了羊石（今安徽寿县西）、霍邱（今安徽霍邱），之后青、冀二州刺史桓和又拿下了朐山（今江苏连云港西南）、固城（今山东滕州）……

韦虎出山

公元506年三月，梁军又收复了淮南重镇合肥（今安徽合肥）。

指挥这次作战的是时任豫州（治所历阳，今安徽和县）刺史的老将韦叡。

韦叡当时已经65岁了，身体又一向羸弱，无法骑马，无论是行军还是指挥作战都只能坐在平板车上。

不过，虽然他的样子看起来如林黛玉般弱不禁风，但在战场上的表现却如方世玉般锐不可当。

这次北伐，他奉命从历阳出发，攻打合肥。

首当其冲的是合肥东面的要地小岘（今安徽含山）。

小岘地势险要，易守难攻，韦叡亲自带着众将到前线巡视。

此时突然城门大开，魏军数百人从城中冲出，背城列阵，向梁军挑战。

韦叡当即下令迎击：弟兄们给我上！把他们干掉！

但诸将却都不愿意：我们这次是来勘察地形的，轻装而来，没有任何作战准备，就算要打，也要回营穿好盔甲才行啊。

韦叡激励道：城中敌军足以固守，之所以这些人会出战，必然是其中最骁勇的，只要击败了他们，拿下小岘就不在话下了！因此，我们必须现在就打，立刻，马上，一分钟都不能耽误！

但将领们不知是出于对北魏骑兵的畏惧，还是对初次指挥作战的韦叡的不信任，依然面面相觑，不敢出战。

韦叡把脸一沉，用手指着朝廷授予他的符节对他们说：此物不是用来当摆设的，我的话也不是用来当耳旁风的。谁敢不听我的命令，军法从事！

他的声音并不响，但言语中却有着排山倒海般不可阻挡的霸气！

他的眼睛并不大，但目光中却有着能击穿10厘米厚钢板的杀气！

一时间，风不吹，树不摇，鸟儿也不叫，就连路边的蚂蚁都屏住了呼吸。

将领们再也没人敢抗命了，再也没人敢不拼命了。
他们只能向前向前再向前，努力努力再努力，使劲冲锋，奋勇搏杀！
魏军抵挡不住，败退回城。
梁军趁势发动猛攻，果然如韦叡所料，当夜就顺利攻克了小岘。

随后，韦叡又率军乘胜进抵合肥。
经过一番仔细侦查，韦叡发现合肥虽然城池坚固，却紧邻淝水，顿时心生一计，决定在淝水上修建堤坝，水灌合肥。
堤坝很快建成了，水位开始日益升高。

没想到就在此时，突然传来了一个坏消息：北魏大将杨灵胤率五万大军前来救援合肥了！
前有坚城，后有强敌，梁军将领们大惊失色，纷纷催促韦叡向朝廷告急，请求增兵。
韦叡毫不犹豫地拒绝了他们的提议：敌军已到城下，现在求援，怎么来得及？用兵之道，在于出奇制胜，而不在于人多！
究竟他是怎样出奇的，由于史书记载不详，我们不知道，只知道这次韦叡又胜了，杨灵胤大败而逃。

然而，梁军还没来得及休整，北魏第二波援兵又到了。
这支魏军没有直接杀向城下，而是把进攻目标放在了淝水上刚修好的堤坝。
见魏军来势极为凶猛，韦叡麾下的将领们又慌了，纷纷请求撤兵：敌人如滔滔江水连绵不绝，又如黄河泛滥一发不可收拾，灭了这一拨，还有后来人。刀枪杀不尽，春风吹又生。我们怎么可能打得过？还是退守巢湖（今安徽巢湖）或三叉（今安徽肥东）吧。

韦叡勃然大怒，厉声呵斥道：你们说的是什么话！作为将军，死也要死在阵前，绝不能后退一步！
他命人将帅旗插在堤下，以示自己与大堤共存亡的决心。
在他的指挥下，梁军众志成城，一次又一次击退了魏军的进攻。
但后来魏军仗着人多，还是逐渐逼近了堤坝。有人开始用榔头凿子等工具破坏大堤。
见形势危急，韦叡再也坐不住了，他不顾自己的安危，抄起刀子亲自上阵，与敌军厮杀。

连年老体弱的主帅都如此不要命，梁军谁还敢不使出百分之二百五的力气？

经过一番殊死搏战，最终他们再次打败了北魏援军，保住了大堤。

魏军退走后，韦叡一面命人在堤坝上修建堡垒，增强防守；一面趁着高涨的水势，亲率水军乘坐高大的楼船，居高临下，对合肥城四面围攻。

北魏合肥守将杜元伦登城督战，被梁军万箭齐发射死。

这下守军彻底失去了斗志，合肥城很快就被攻陷。

就这样，在时隔六年之后，合肥城又回到了南朝的手中！

经此一战，韦叡名扬天下。

他那不畏强敌的气魄、不顾一切的狠劲、不屈不挠的意志和不拘一格的用兵策略，不仅让手下将士心服口服，更让敌军闻风丧胆。

从此，这个一头白发、一脸书生气、一个手无缚鸡之力、一匹马都驾驭不了的文弱老者，有了一个和他的外在形象完全相反的外号：韦虎！

一个人是否年轻，不看年龄，要看心态。

一个人是否勇敢，不看相貌，要看内在！

洛口大溃败

不过，韦叡虽然厉害，但北魏也不是没有将才。

得知梁军大举北伐，北魏皇帝元恪先是以中山王元英为征南将军，率军十余万前往洛口，抵御萧宏统率的梁军主力；接着又将前不久刚攻克汉中、建下大功的大将邢峦调到东面，任命他为安东将军，让他从东路发起反击。

邢峦果然不辱使命，五战五胜，打得梁将桓和、张惠绍等人满地找牙，很快就收复了宿预（今江苏宿迁）、淮阳（今江苏淮安）等地。

之后，元恪又下诏命邢峦率军西进，与元英合兵一处，进攻梁军北伐总部所在的洛口！

同时，他又下令在冀州（治所今河北衡水冀州区）、定州（治所今河北定州）、瀛州（治所今河北河间）、相州（治所今河北临漳）、并州（治所今山西太原）、肆州（治所今山西忻州）征发十万兵马，由安乐王元诠（元恪堂叔）率领南下，继续向前线增兵。

萧宏闻讯大惊。

敌方大兵压境，究竟是该打还是该撤？

对梁军来说，这是个问题。

但对萧宏来说，这不是个问题。

肯定是撤。

问题是怎样才能让那些积极主战的将领接受？

这才是真正令他担心的问题。

果然，在梁军北伐指挥部召开的作战会议上，他遇到了麻烦。

会议一开始，萧宏就婉转地表明了自己的态度：我军北征已经大半年了，战果卓著，但将士们也已经很疲惫了，如今敌军大批援军将至，各位觉得我们是否该见好就收，退兵回朝呢？

左卫将军吕僧珍早年曾担任过萧衍之父萧顺之的书佐，后来又跟随萧衍多年，对萧家每个成员的兴趣爱好、性格怪癖都了如指掌。

他深知萧宏极其怯懦，要他见到魏军到来而不跑，就相当于要羚羊见到狮子到来而不逃一样——绝对是不可能的，且萧宏和萧衍的关系非同一般，跟他保持一致，自己也吃不了亏，便马上随声附和道：知难而退，也是明智之举。

萧宏闻言大喜：我也是这么想的。

没想到副总指挥柳惔却提出了异议：我军所到之处，攻无不克，战无不胜，现在要打败敌军又有什么难的？

他这么一说，其他众将也群情激奋，纷纷站出来反对退兵。

庐江太守裴邃气冲冲地说：我们之所以要北伐，不就是要找敌人打嘛，现在敌人送上门来了，为什么又要躲避呢？

勇将马仙琕也是义愤填膺：殿下怎么能说出这样的亡国之言？天子把国家的全部兵力都交给了殿下，就应该有进无退才对！

徐州刺史昌义之的言辞尤为激烈：吕僧珍妖言惑众，应该斩首！如果百万大军还没有碰到敌人就望风而退，回去有何面目去见圣上！

另两名将领朱僧勇、胡辛生更是直接抗命：你们谁要退尽管退好了，但我们是绝不会退的，宁可向前战死沙场！

说完，两人拔剑而起，扬长而去。

在他们的带动下，其他人也都愤然离开。

会后，吕僧珍只好逐营向众将谢罪：殿下昨天得了风疾（因风寒侵袭导致的疾病），心神不定，无心于战事，如深入敌国，恐怕会招致大败，所以才提议班师以保全部队……

但根本就没人理他。

郁闷至极的吕僧珍只好找到了与他私交不错的裴邃，对他解释说：临川王非但胆小如鼠，还全无用兵的韬略。我和他讨论过军事，发现根本就是对牛弹琴。这样的人当主帅，我们怎么可能成功？

吕僧珍不愧是对萧家兄弟最了解的人。
他说得不错，萧宏确实是个纯种孬货。
面对众将的反对，他不仅没有胆量接受他们的建议、与敌人决一死战，甚至连力排众议、坚持撤军的勇气都没有！
前进吧，不敢，怕魏军不好打；撤退吧，也不敢，怕部下不听话……
进亦忧，退亦忧，前怕狼，后怕虎……
他只能像一条失去方向的小船一样停在原地，什么也不干——不战，不走，不明，不白，不清，不楚，不知如何是好……

这一切都被北魏猛将杨大眼看在了眼里。
他出身于氐人豪门，祖上曾在今甘肃陇南一带建立过仇池国，其祖父杨难当因被刘宋军击败而归顺了北魏，被封为仇池公。不过由于是庶出，他在家中并不为人所重视。
后来孝文帝南征，派尚书李冲选拔将才，杨大眼主动前往应征，并在面试时表演了这样的绝活：他在自己头上系了根三丈长的绳子，随后撒丫子狂奔，只见其速度比马还快，绳子如箭一般直，所经之处则刮起了超过十八级的短时阵风——离他横向距离近1米的人几乎全都失去平衡，完美实现了"站在风口上，猪都能飞起来"的视觉效果！
李冲忍不住大为叹服：真是千年来少有的逸才！
之后，杨大眼一直活跃在南北战场上，屡建战功。每次作战，他都冲锋在前，勇冠三军，威名远扬——史载在南朝北部边境一带，如果有小儿啼哭，只要听到有人说"杨大眼来了"，便会立即止住哭声！

在南朝百姓眼中，杨大眼是个神一般的人物。
据说有个降将在入魏后首次见到他时非常惊讶：之前南方都传说你的眼睛大如车轮，现在发现怎么不比常人大呢？
杨大眼笑着说道：老婆饼里没有老婆，夫妻肺片没有夫妻，我杨大眼当然也没有大眼。不过，在战场上相遇，我只要怒目一瞪，就足以让人不敢直视，何必要大如车轮！

此次梁军北伐，杨大眼先是在南阳（今河南南阳）一带击败了入侵的南梁开国名将王茂，接着又赶赴东线，与邢峦一起以摧枯拉朽之势赶跑了张惠绍等梁将，现在又奉命作为先锋与中路的元英会合。
他对元英说：梁军久不进兵，必定是畏惧我们。殿下如火速进攻洛水，他们必败无疑。

元英拒绝了：萧宏虽然不值一提，但他的手下有韦叡、裴邃这样的良将，不可小视。我认为还是不要轻举妄动，先观察一下形势再说。

元英深知魏军擅长野战却不擅攻城，便打算激怒萧宏，企图诱使其主动出战。

他故意派人给萧宏送去女人用的头巾，还编了一首歌谣，命人到处传唱：不畏萧娘和吕姥（mǔ），但畏合肥有韦虎——不怕萧大娘（萧宏）和吕大妈（吕僧珍），只怕合肥有韦叡这只猛虎！

可惜他失望了。
萧宏这个软蛋，实在不是一般的软。
怎么说呢？
有些人的软，是18岁少女肌肤的那种软——虽然软，但有弹性，且极其敏感；有些人的软，是80岁身患绝症奄奄一息老人肌肤的那种软——不仅软，而且泄，甚至感觉极其迟钝，再怎么刺激都没什么反应！
萧宏当然是后者。
在他看来，被别人羞辱，总比被别人修理要好得多；被别人当成是一个女人，也总比做一个死人强得多！
因此，不管是收到妇女用品还是被称作萧娘，他都无所谓，没有任何感觉。
海阔凭鱼跃，破鼓任人捶。

而吕僧珍却不一样。
他毕竟还残留有一丝血性，不由叹息道：如果让始兴王（萧憺，萧衍第十一弟）、吴平侯（萧景，萧衍堂弟）为元帅，我来辅佐，怎么会被敌人这样侮辱？
他忍不住找到了萧宏，请求分出部分兵力让裴邃率领前去攻打寿阳。
萧宏当然不会同意。

就这样，在接下来的几天时间里，无论是北魏的元英，还是南梁的萧宏，双方谁都没有动，谁都没有出手。
只不过，一个是捕食前的狮子，在等候战机；一个却是迷途中的羔羊，在无所适从！

公元506年九月二十七深夜，洛口一带突然狂风大作，暴雨如注。
处于低洼处的几个梁军营寨内积水越来越深，士兵们无法休息，只得起来搬家——把营寨转移到高处。
风声，雨声，士兵们的喧哗声，把正在睡梦中的主帅萧宏一下子吵醒了。

第三十五章 天监北伐

早已成惊弓之鸟的他顿时吓坏了，一股暖流从两腿间不由自主地流了出来——外面这么大动静，肯定是魏军攻进来了！

怎么办？
达则兼济天下，穷则独善其身。
不行，我得走！
他从床上一跃而起，连湿透的裤子都没来得及换，就跳上之前准备好的快马，带着几个亲信，向南方狂奔。
他用一整天的时间一口气跑到了江边，随后又找了条小船渡过长江，来到建康城外的要塞白石垒（今南京鼓楼区狮子山）。

当时已是夜间，白石垒大门紧闭。
又累又饿的萧宏只得拼命敲门。
白石垒守将萧渊猷（萧衍长兄萧懿之子）见他如丧家犬一样只身逃回，知道前线大事不好，坚决不肯开门：百万大军，一朝作鸟兽散。国家的生死存亡，很难预料。为避免奸人生变，我不能在夜间给你开门！
萧宏无言以对。
是啊，他还能说什么呢？
他虽然尿，但并不傻，当然知道自己临阵脱逃造成的后果肯定是极其严重的。

事实也的确如此。
萧宏逃走后，洛口梁军群龙无首，也全都丢盔弃甲，四散奔逃，史载仅自相践踏而死的就有五万人之多！

罪魁祸首的萧宏非但没有受到任何惩罚，甚至还继续加官晋爵——仅仅一年后他又被晋升为司徒、太子太傅。
对自己的家人，萧衍就是这样的大度——如果有"中国好兄长"这样的评选，他肯定能高居榜首！

不过，萧衍的身份毕竟不只是一人之兄，他还是一国之君。
该面对的还是要面对。
现在他要考虑的，已经不是收复失地了，而是如何保住原有的地盘！

当时南梁面临的形势颇为严峻。
梁军洛口不战而溃后，魏军在元英的率领下乘胜追击，大有长驱直入之势！
然而在轻松攻占了梁军的后勤基地马头城（今安徽怀远南）后，元英却出人意料地停下了脚步,只是将城中储备的粮草悉数运往北方。

得知这个消息后,建康城内的文武百官终于松了口气,看来魏军不会再继续南下了——否则的话,为什么不留着这些粮草以便南征时取用呢?

但萧衍却保持着清醒的头脑:这只是元英的障眼法,他一定不会就此退兵的!

第三十六章　钟离大战

进围钟离

那么，元英的下一个攻击点会是哪儿呢？

萧衍认为是钟离（今安徽凤阳临淮关）。

钟离是南梁徐州治所，在马头以东不远，紧邻淮河，在划淮而治的南北朝中期，其地理位置极为重要。

南朝在淮河以南原本有三个重兵把守的据点，自西向东分别为义阳（今河南信阳）、寿阳（今安徽寿县）、钟离，如今上游的义阳、寿阳已先后被魏军夺取，如果再失去钟离，那么淮河沿线的要地几乎将全部为魏军所占有，魏军铁骑南下长江将再无任何阻碍！

这是萧衍难以承受的。

必须不惜一切代价，死守钟离！

想到这里，他马上下令命刚从洛口前线撤退下来的徐州刺史昌义之抓紧加固城防，备足粮草弹药，做好充分的防守准备。

有人说，要成大事，判断往往比手段更重要。

不愧是一代人杰，萧衍的判断非常准确。

果然如他所料，元英很快就卷土重来，将钟离城团团包围！

北魏皇帝元恪对此次军事行动高度重视。

他在位的这几年，已经夺得了淮南三大重镇中的两个（寿阳、义阳），只要再拿下钟离城，他将实现大满贯！

为了进一步增加获胜的把握，他下诏让东路军的主帅邢峦与元英合兵，一起攻打钟离。

没想到，邢峦却唱起了反调，说不应该去打钟离，理由一大堆，什么钟离易守难攻啦，什么士卒疲惫不堪啦，什么攻下来也没好处啦……

元恪当然听不进去，严令他迅速进军。

但邢峦还是坚持自己的看法，坚持认为攻钟离是错误的，不如孤注一掷去打广陵（今江苏扬州），最后甚至还以辞职相要挟：陛下如果相信我，就允许我停止前进，要是不相信我，那么就请把我麾下的军队全部交给中山王，让他去指挥好了！

敢对皇帝这么说话，要是在一千多年后的"大清"，邢峦就是长一万个脑袋也不够砍的！

好在他生活在北魏，遇到的皇帝是元恪。

元恪这个人，堪称"严于律亲，宽以待人"的典范——对自己家里人冷酷无情，对外臣却颇为宽容。

尽管邢峦如此无礼，他却没有强迫，更没有治罪，只是将其调回了京城，另有任用，同时派镇东将军萧宝寅代替他领兵，与元英会攻钟离。

一时间，魏军数十万大军云集于钟离城下，日夜不停地对钟离城发动猛攻。

仅管钟离城内只有三千梁军，但守将昌义之却毫不畏惧，依托坚城死守，击退了魏军一波又一波的进攻。

元英穷尽了各种办法，冲车、云梯、土山、劝降、巫术、骂街……

可除了得到数以万计的尸体，他依然一无所获。

仅管如此，元英却不愿罢手，依然觉得自己只要持续进攻，总有一天会得手的——就像当初在义阳一样。

他相信，骆驼就算再强壮，能承受得了一根稻草，两根稻草……但只要不断增加下去，总有一根稻草会将其压垮；昌义之就算再坚韧，能挡得住一天进攻，两天进攻……但只要不断持续下去，也总有一天会支持不住！

当然，他必须做好长期战斗的打算。

由于钟离位于淮河以南，为沟通南北，方便后勤运输和部队往来，元英决定在淮河上架桥。

对大桥的位置，他进行了精心的选择，最后决定建在邵阳洲上。

邵阳洲是淮河中的一个沙洲，位于钟离城下游不远，是南梁从水路救援钟离的必经之处。

在他的指挥下，桥很快就架好了。

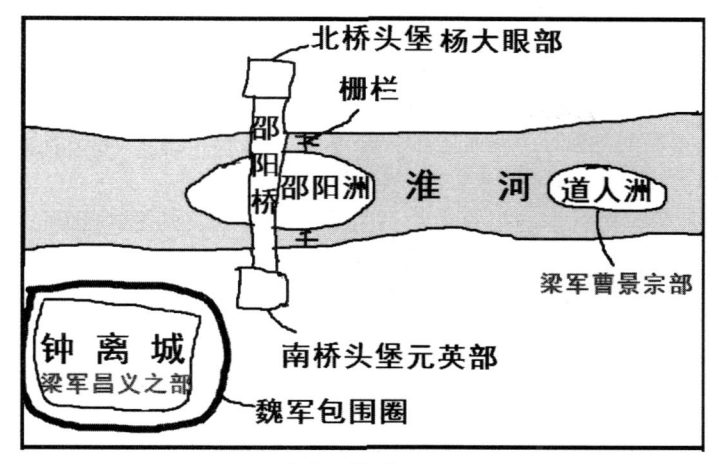

钟离之战地形图

大桥分为两段，南岸到邵阳洲为南桥，邵阳洲到北岸为北桥。

一桥飞架南北，天堑变通途，从此魏军后方的军需给养和增援部队可以源源不断地运往钟离城下，前方的攻城部队也可以在疲惫后轮流撤往北岸休整。

为确保大桥的安全，元英费了不少心思。

他先是在大桥下游的水中设置了长达数百步的栅栏，以阻挡南梁水军行动，接着又在大桥的南北两岸各修筑了一座城堡，他自守南岸，北岸则由猛将杨大眼领兵驻防，同时在邵阳洲上也派遣重兵把守。

南北中互相呼应，邵阳桥固若金汤。

元英很得意。

就算你南梁的援军来了，攻南岸则北岸相救，攻北岸则南岸驰援，攻中路的邵阳洲则南北都可支持。

谈笑无鸿儒，往来有强兵。可以调人马，阅兵丁。无丝毫之乱耳，无疲惫之劳形。何惧之有？

不久，南梁援军果然来了。

得知钟离危急，早有预判的萧衍马上征集了二十万大军，前往救援钟离。

援军的主将是右卫将军曹景宗。

因在义阳一战中作战不力，曹景宗被御史弹劾，好在萧衍这个人对自己的亲属和亲信向来十分宽容，不仅没有治他的罪，甚至连一句责备的话都没有，只是暂时剥夺了他的领兵权，他也因此没有参加之前的北伐。现在正当用人之际，萧衍又重新起用了他，并对他委以重任。

这让曹景宗感激涕零，一心想要建功立业，一雪前耻！
没想到这样的想法差点让他铸成大错。

出发前，萧衍给他的指示是让他先驻军于道人洲（位于邵阳洲下游淮河中的另一个沙洲），等各路军队抵达后再一起发起攻击。
可立功心切的曹景宗却把萧衍的话当成了耳旁风，没等其他援军到来就直接指挥本部军队逆流而上，前往攻打邵阳洲。
不料，此时突然狂风大作，浪涛汹涌，人站在船上就像站在跷跷板上一样——根本站不稳，淹死了不少士兵。

无奈，曹景宗不得不放弃了冒进的念头，退回了道人洲。
萧衍闻讯大喜：天意如此，看来破贼必矣！
不过，由于魏军兵力强大，防守又十分严密，在之后的数月时间里，曹景宗找不到突破口，只能与魏军相对峙。

而面对比老赖还能扛的昌义之，元英也找不到突破口，一直无法攻下钟离城。
战事陷入了僵局。

转眼到了公元507年二月。
见钟离久攻不克，北魏皇帝元恪也非常担忧，下诏要求元英撤军：如今已是春季，再等一段时间淮河就要涨水了，利于南人的水军行动，咱们还是先回来再说吧。
但元英却不甘心就此放弃，依然坚持要打下钟离：前段时间之所以没能成功，是因为天气经常下雨不便攻城，请陛下再给我一点时间，我一定会打下钟离的！

元恪还是不放心，又派使者到前线实地考察。
使者见钟离城池坚固，也劝元英退兵。
元英依然固执己见：我有把握拿下钟离！
他始终相信，凭借智慧的头脑、坚强的意志，自己一定会是最后的胜利者。
在他看来，这就和太阳一定从东方升起一样，是绝对没有任何疑问的！

然而，有一个人的到来，彻底改变了钟离的战局，也彻底改变了元英和他麾下数十万魏军的命运。

撼山易，撼韦叡难！

此人就是南梁豫州刺史韦叡。

他是奉皇帝萧衍之命，率军从合肥出发，前来与曹景宗会合的。

萧衍给他的任务是，出任救援军的副帅，受曹景宗节度，与其一起救援钟离。

之所以这样安排，萧衍是经过了一番深思熟虑的。

他知道曹景宗心高气傲，向来不甘人后，不让他当主帅，就相当于不让现在某些爱耍大牌的小鲜肉出演主角——肯定是会闹脾气的，而韦叡为人谦逊，顾全大局，所以他不得不委屈韦叡。

为了不让韦叡感到过于委屈，他又预先给曹景宗指示：韦叡是你家乡的望族，你对他一定要尊重——曹景宗是雍州新野（今河南新野）人，韦叡虽然祖籍关中，但也生长于雍州，两人算是同乡。

应该说，他的苦心没有白费。

曹景宗对韦叡非常恭敬，礼遇有加。韦叡也甘当绿叶，毫无怨言，两人同心协力，合作得非常好。

在他们的共同筹划下，一场大战逐步拉开了帷幕。

其实在之前的数月，曹景宗也不是毫无建树，他费了九牛二虎之力总算在邵阳洲的最东部站住了脚跟，扎下了营寨，但离魏军还有很长一段距离。

而韦叡一来，就一下子把阵地往前推进了二十里！

他命部将冯道根带领工兵趁着夜色潜入到魏军营地附近，挖战壕，竖鹿角（将木头削尖并交叉固定在一起，以阻止骑兵进攻），居然在一夜之间就建成了一个坚固的城堡！

第二天天明，见昨日还一片空旷的原野上突然出现了一座城池，魏军主帅元英几乎不敢相信自己的眼睛：是何神也！——怎么会有这样神奇的事！

他当即命杨大眼率万余铁甲骑兵前去攻打这座新城，务必趁梁军立足未稳之际，将其摧毁。

韦叡亲自领兵抵抗，他将所有战车聚集在一起，组成一道严密的车阵，同时命两千弩手埋伏在战车后面，严阵以待。

等杨大眼和魏军骑兵进入射程之后，韦叡一声令下，顿时，两千支离弦之箭朝魏军铺天盖地飞来！

杨大眼和他麾下的这些骑兵人马皆披有重甲，寻常的弓矢奈何不了他们，因此他们对此并不十分在意。但他们万万没想到，梁军这种强弩是特制的，威力非同一般——竟然能洞穿铁甲！

等他们意识到这一点的时候显然已经来不及了。

哭声，喊声，惨叫声，声声凄厉；骁将，健将，五虎将，纷纷落马。

一时间，魏军人仰马翻，就连杨大眼本人的右臂也负了伤，无奈只得败退回营。

元英当然不可能就此罢手。

次日他又亲自率军前来攻打。

韦叡身穿白色长衣，手持白角如意，和往常一样坐在木轮平板车上，从容不迫地带领部队迎战。

山不在高，有仙则名；兵不在多，有韦叡则灵。

在他的指挥下，梁军人人奋勇，个个拼命，元英苦战了一日依然没有得手，不得不退兵。

但顽强的元英依然不肯认输。

明的不行，就来暗的；白天不行，那就晚上来偷袭！

当天夜里，他又率军卷土重来。

由于事发突然，魏军的攻势又凶猛，梁军士兵开始骚动不安。

韦叡登上城头亲自督战，号令严明，指挥若定，士兵们这才逐渐镇定下来。

见魏军箭雨极为密集，韦叡之子韦黯请求韦叡下去避箭，韦叡坚决不肯。

因为他知道，不管多危险，自己这个时候必须出现在这里！

高峰期间，如果没有红绿灯的指示，肯定会堵成一片；关键时刻，如果没有主帅的领导，必然会乱成一团！

就这样，任耳旁箭雨呼啸，任身边硝烟弥漫，韦叡始终坚持站在城头，指挥部队一次又一次击退了魏军的进攻。

元英只能再一次铩羽而归。

撼山易，撼韦叡难！

面对如喜马拉雅山一样难以逾越的韦叡，之前从不气馁的元英这次终于感到有些气馁了：接下来自己该怎么办？是闪击战还是持久战？是硬拼还是智取？是用反间计还是美人计？是求神还是拜佛？玉皇大帝、如来佛祖、观音菩萨、太上老君、财神爷、隔壁村自称得道的张半仙，该拜哪个？还是一起都拜？……

然而，还没等他拿定主意，最后的决战就开始了！

何如霍去病

公元 507 年三月初，淮河上游普降暴雨，水位一下暴涨了六七尺，邵阳洲上的魏军大营几乎全被淹没，到处都是深达数米的积水。

魏军泡在由河水、雨水、泥水、汗水、尿水、粪水等混合的脏水里，度秒如年，苦不堪言。

见此情景，韦叡、曹景宗两人当机立断，决定发挥梁军擅长水战的优势，发动总攻。

按照皇帝萧衍事先的安排，韦叡负责攻打南桥，曹景宗负责攻打北桥。

韦叡命大将冯道根、裴邃等人率水军攻打邵阳洲上的魏军。

此时，魏军大多只能站在齐腰深甚至齐胸深的水中，连打盹儿都打不了，哪里还打得了仗？连举手之力都没有，哪里还有还手之力？

很快他们就死的死，降的降，全军覆没。

与此同时，梁军敢死队也乘坐着一艘艘小船向大桥疾驶而去。

由于汹涌的大水淹没了魏军之前精心布置的栅栏，梁军小船吃水又浅，因此一路畅通无阻，很快就抵达桥下。

随后，他们点火引燃了小船上装载的干草。

这些干草都提前浸过膏油，一经点着立即爆燃起来。

一时间，浓烟蔽日，火光冲天，不到一泡尿的工夫，横跨在邵阳洲上的南北二桥就化为了灰烬。

之后，梁军各支部队又在曹景宗、冯道根等人的率领下弃舟登岸，分别对淮河两岸的魏军发动猛攻。

梁军士气如虹，无不以一当百，而魏军眼睁睁看着邵阳洲上的同僚被杀、大桥被烧，早已心惊胆战，斗志全无！

在梁军猛虎下山般的凌厉攻势下，很快魏军就兵败如山倒，仅弃甲投水而死者就有十余万之多！

见此情景，元英知道败局已无法挽回，无奈只好长叹一声，带着少量残兵向寿阳方向西逃。

北岸的杨大眼也烧掉营帐，仓皇北撤。

至此，被包围了近半年的钟离城终于解围了。

南梁钟离守将昌义之站在城头看着这难以置信的场面，激动得不知道说什么好，只是如复读机一样一遍遍地重复着两个字：更生！更生！——得以再生！得以再生！

之后，梁军又分两路乘胜追击，北面追杨大眼到涣水（今浍河，位于今河南东部、安徽北部），西路追元英到洛口（今安徽淮南东北），又生擒了五万余人，斩杀不计其数。

沿淮河百余里，到处都是魏军的尸体和丢弃的辎重。

这就是史上著名的"钟离之战"！

此役梁军歼敌近三十万，是有史以来南朝军队在南北大战中取得的最辉煌的一次胜利。

明末清初的著名思想家王夫之甚至将此战与东晋时的淝水之战相提并论：钟离之胜，功侔淝水。

确实如此。

可以毫不夸张地说，正是这一战改变了历史的进程！

经此一战，之前北强南弱、北攻南守的南北对立形势发生了180度的大转变——原本一直咄咄逼人的北魏帝国遭到重创，元气大伤，从此由盛转衰，不仅再没有能力发动如此大规模的南侵，而且在不到二十年后就陷入了席卷全国的大动乱，最终分崩离析；而南梁却因此赢得了长达数十年的和平！

南梁朝廷为钟离大捷举行了隆重的庆功宴会。

酒酣耳热之际，文艺男中年萧衍忍不住诗兴大发，要求在场群臣赋诗助兴。

当时的文坛领袖尚书左仆射沈约分配韵脚。

在沈约的印象中，曹景宗性情粗豪，说话粗鲁，是个粗人，在他看来，要这样的武夫去写诗相当于要老虎去吃草——根本就是违背了其本性。

因此，为了不让曹景宗丢脸，沈约故意跳过了他，没给他分配韵脚。

没想到曹景宗却给脸不要脸，瞪着眼大声嚷嚷道：怎么了，看不起我？为什么我没有？我也要作诗！

萧衍连忙笑着打圆场：卿技能甚多，何必在意一首诗呢？——你要面子，皇帝亲自给你台阶下，总可以了吧。

不可以。

曹景宗还是不买账：诗歌面前，人人平等。你可以不喜欢我的文字，但不能剥夺我作诗的权利！

无奈，沈约只好答应了他的请求。

但此时所有的韵脚已经分得差不多了，只剩下了"竞""病"这两个冷僻字——不信，你翻翻《唐诗三百首》《宋词五百句》，能找到一首以这两个字为韵脚的诗词吗？

在场所有人都认为，这样高难度的任务，对没有文名的大老粗曹景宗来说，是绝对不可能完成的。

明明是剩女，偏要装圣母，实在是太不自量力了！

大家都等着看他的笑话。

然而，出乎他们意料的是，曹景宗竟然一气呵成：去时儿女悲，归来笳鼓竞。借问行路人，何如霍去病？

寥寥四句，豪气干云。

此诗一出，满座皆惊。

萧衍、沈约等人全都惊叹不已。

这是曹景宗一生中唯一的一首诗，也是庆功宴上所有诗词中唯一流传下来的一首诗，更被后世著名史学家范文澜称为是"南朝唯一有气势的一首好诗"！

要知道，南朝盛行宫体诗，风格华丽绮靡，《后庭花》这样的淫词艳曲多如牛毛，但这样豪放的作品却是绝无仅有的！

插曲叙完，接下来继续讲正事。

庆功宴后，朝廷又论功行赏，曹景宗位列首功，晋爵为公；其次为韦叡，晋升为侯爵；其余昌义之、冯道根、裴邃等人也都各有封赏。

之所以南梁官方把曹景宗列为钟离大捷的第一功臣，一方面是因为他当时的身份是主帅，另一方面也与韦叡的谦让有关——史载此役获胜后，曹景宗、昌义之等梁军将领全都争先恐后地向朝廷告捷，夸耀自己的功劳，但韦叡却没有，他信奉的是"桃李不言，下自成蹊；功成不说，人自有眼"。

事实也的确如此。

无论是在当时还是在后人的眼中，韦叡都是钟离一战当仁不让的主角，他作战在前、论功在后的君子作风更是得到了史书极高的评价。

《梁书》中这么称赞他：邵阳之役（即钟离之战），其功甚盛，推而弗有，君子哉！

第三十七章　由盛转衰

高肇擅权

"南边日出北边雨。"
此时的南梁喜气洋洋，举国一片欢腾；而北魏却是哀鸿遍野，朝野一片哗然。
这是自北魏立国以来，对南朝作战从未有过的耻辱！

有关部门奏请将主要责任人元英、萧宝寅等人处以极刑，但元恪还是赦免了他们。不过死罪可免，活罪难逃，元英、萧宝寅都被免官为民，杨大眼则被发配到营州当兵。
然而，仅仅一年后，元英就再次被重新起用，恢复了王爵。
因为他毕竟是个将才，元恪需要用他来平叛。

元恪在位期间，内政一直很不稳定。
这与元恪的用人是分不开的。
他最倚重的人，是他的亲舅舅高肇。

前面说过，高肇本是个平民，元恪继位后才将其召到了洛阳。
尽管之前甥舅两人从未见过面，但不知是因为血缘关系还是出于对已逝母亲的怀念，元恪对高肇却是一见如故，极为亲近，无比欣赏。
后来他刚一亲政，就加封高肇为尚书左仆射。

而高肇也没有让元恪失望。
他虽然没有任何执政经验，且因出自高句丽而被人轻视，可上台伊始的表现却令人刮目相看——他谋事有心计，干事有魄力，处世有手腕，表现出了很强的个人能力。

这让元恪对高肇更加信任。

不久，他又加封高肇为尚书令，之后又将自己的姑妈高平公主（献文帝拓跋弘之女）许配给了高肇，同时还把高肇的侄女高氏纳入后宫，封为贵嫔，非常宠爱。

既是皇帝的舅舅，又是皇帝的姑父，还是皇帝的叔丈人，高肇身兼三大皇亲于一身，这样的关系，不要说是在北魏一朝，就是在整个中国历史上也是极为罕见的！

此时的高肇，在朝中的职位也许并不是最高的，资历更是浅得可怜，但他对皇帝的影响力却无疑是最大的——元恪对他几乎是言听计从。

而元恪本人又一向沉迷于佛教，不太爱管事，几乎把政务全都交给了高肇处理。

这样一来，高肇自然在朝中权力极大，几乎达到了一手遮天的程度！

不过他虽然精明强干，但毕竟出身市井，没有受过良好的教育，更没有任何"天下大同""内圣外王"之类的政治理想。

假设有个人生导师和他对话的话，场景应该是这样的。

导师：你的人生目标是什么？

高肇：权力、金钱和女人。

导师：你的目标能不能再远大点？

高肇：更大的权力、更多的金钱和更美的女人！

也正是因为这样，高肇把个人的权力看得重如泰山，把国家的利益看得轻如鸿毛。

在他的眼里，所有的大臣只分两种：听他话的和不听他话的——对于前者，不管水平多差，他都一律予以重用；对于后者，无论功劳多大，他都大肆打击报复。

在他的眼里，所有的政事也只分两种：对他有利的和对他不利的——对于前者，即使对国家有再大的坏处，他也坚决执行；对于后者，即使对百姓有再多的好处，他都一定不干。

为了防止大权旁落，他对北魏宗室亲王特别忌讳。

元恪亲政后，本来身居高位的几个皇叔死的死——比如元禧，退的退——比如元勰，留在朝中的，只剩下了一个北海王元详。

元详不仅权位不低——时任太傅、司徒、录尚书事，而且还与元恪身边的亲信茹皓等人过从甚密。对高肇来说，元详显然是个很大的威胁。

他当然不能容忍这样的人存在，下决心要除掉元详。

他知道，元详贪财好色、奢侈无度，欺男霸女、欺行霸市的事干了不少，在民间的声望很差，要从这样一个人身上挑毛病，简直比从公鸡身上找羽毛还要容易得多！

然而，狡猾的高肇却并没有从这些方面入手，而是无中生有，秘密向元恪诬告，说元详勾结茹皓等人，企图谋权篡位。

这正好击中了元恪的要害——他最怕的就是宗室谋反！

得到舅舅的密告后，元恪马上招来御史中尉崔亮，让他弹劾元详、茹皓等人。随后将茹皓赐死，元详则被废为庶人，软禁起来。

没过多久，元详也死了。

在《魏书》中，元详死得颇为蹊跷：

元详有几个家奴想把主子劫持出来，便写了一封密信让人送到了元详手中，没想到元详刚打开还没来得及看，就被看守发现了。元详大惊，痛哭了几声就气绝身亡了。

而《北史》的记载却简单得多：帝密令害之——皇帝元恪下密令杀害了元详。

究竟哪种说法是真的？

我不知道。

烹饪界有句名言：真材实料的好食材，是不需要加很多调料的。

扳倒了元详这个劲敌，高肇的气焰更加嚣张。

不久，他又把魔爪伸向了后宫。

当时后宫中地位最高的是于皇后，不过她却不是最得宠的——最受元恪宠爱的是高肇的侄女高贵嫔。

公元507年十一月，一向早睡早起爱锻炼的于皇后突然被发现暴死在宫中。

关于她的死因，史书只记载了八个字：宫禁事秘，莫能详也。

于皇后生有一个皇子，也是当时元恪唯一的儿子，名叫元昌。

在母亲死后不到半年，年仅3岁的元昌也夭折了。

他死于一起医疗事故。

据说他本来得了某种没有任何危险的小病，却因御医王显用药失误，最终导致元昌离世。

皇后、皇子先后离奇死亡，这成了当时北魏最吸引眼球的爆炸性新闻。

一时间，街头巷尾传言传得沸沸扬扬，都把矛头指向了高肇。

这当然是有理由的。

因为高肇不仅有作案的动机，而且还有作案的证据——那个治死皇子的王显是高肇的亲信！

旁观者清，当局者迷。

尽管外人心若明镜，但元恪却被蒙在了鼓里。

他对这一切似乎毫不知情，依然对高肇无比信任，依然对高贵嫔无比宠爱。

公元 508 年七月，他又将高氏册封为了皇后。

如此一来，高家的地位自然更上了一层楼，高肇也更加志得意满。

人一骄傲，做事就容易任性。

之后他处理政事更加随意，经常朝令夕改，将许多之前行之有效的制度改得乱七八糟，朝野上下全都怨声载道。

枉杀贤王

高肇还游说元恪，让其派羽林军监控宗室诸王的宅邸，搞得诸王几乎失去了自由。

这让那些王爷怎么能接受？

彭城王元勰本来已不过问政事，这次也忍无可忍挺身而出，劝元恪不要这样做。

而此时的元恪根本就是高肇的一致行动人——高肇说什么就是什么，说对就对，不对也对；说不对就不对，对也不对。

因此，元勰的话不仅没起到任何作用，还让高肇对他更加恨之入骨。

之所以要说"更加"，是因为之前高肇就已经对他十分不满了——当初立高氏为皇后的时候，元勰就曾极力反对。

顺我者昌，逆我者亡。

高肇发誓要除掉元勰这个敢和他作对的家伙。

不过，元勰为人一向谦虚谨慎，为政一向清廉公正，做事一向合法合理，作风一向正派正直，既没有婚外情也没有账外账，加之早早就退出了权力中心，要想在这样一个人身上找到罪名简直比在妓院里找到处女还难！

但这却难不倒权谋高手高肇。

他相信，再丑的女人，只要 P 得好，总能把她变成美女；再清正的元勰，只要罗织得巧，总能把他变成罪人。

很快，京兆王元愉的谋反让他找到了诬陷元勰的机会。

元愉是孝文帝元宏第三子，元恪的异母弟，可兄弟两人的关系却并不好。

这一切，源于一个出身低微的女人。

此女本姓杨，元愉早年在出任徐州刺史时与其相识，对她一见钟情，为了提高其身份，元愉还特意为她找了个河北高门赵郡李氏的干爹，之后便改称李氏。

由此可见，元愉的本意应该是想让李氏做王妃的。

可是人在皇族，身不由己——他的皇兄元恪亲自做主，为他娶了于皇后的妹妹为王妃，李氏只能做妾。

元愉是个足以做琼瑶剧男主角的情种，在他看来，虽然娶哪个女人自己做不了主，但爱哪个女人自己是能做主的。

他把李氏当成心上人，整天卿卿我我；把于氏则当成局外人，对其冷若冰霜。

于氏只得到了妻子的名分，却得不到丈夫的心，无奈只好向自己的姐姐于皇后（当时于皇后还在世）和姐夫元恪哭诉。

元恪和于皇后为此多次做元愉的工作，于皇后甚至还用棒子打过李氏，却没有任何效果——元愉和李氏两人始终痴心不改。

这终于惹火了元恪。

不久，元恪借口元愉搞腐败（这是事实，史载元愉"竞慕奢丽，贪纵不法"，是个不折不扣的腐败分子），将他召入内宫，杖责五十，外放到冀州（治所信都，今河北衡水冀州区）出任刺史。

到冀州后，元愉心里越想越气，越想越恨。

他恨哥哥元恪，多次侮辱自己和李氏；他也恨高肇，多次进谗言陷害他及其兄弟清河王元怿（元恪四弟）、广平王元怀（元恪五弟）；他更恨无情的命运，命运让自己投胎太晚没当上皇帝，否则的话他就可以率性妄为而不会受制于人了，就可以不让自己心爱的女人受那么多的委屈了……

这天，他在某篇文章中看到了这样一句话：弱者抱怨命运，强者改变命运！

他顿时热血沸腾，头脑发热，当即决定在冀州起兵造反。

他要改变自己的命运！

公元508年八月，元愉宣称自己得到了清河王元怿的密报"高肇弑君谋逆"，随后杀掉了朝廷派给他的长史、司马，在信都城南称帝，立李氏为皇后。

但在没有任何准备、全凭一时冲动的情况下，就连做饭也不一定能做好，何况是造反呢？

仅仅一个多月后，北魏政府军就攻进了信都，元愉仓皇出逃，途中被抓。

元恪下令将他押回洛阳，以家法处置。

高肇却秘密派出杀手，在半路上将其杀害。

就这样，元愉终于如愿以偿地实现了自己改变命运的目标。

在征讨元愉的过程中，高肇还了解到了一个与元勰有关的信息——元勰的舅

第三十七章 由盛转衰

舅潘僧固当时正好在冀州下属的长乐郡（长乐郡的治所也在信都）担任太守，遭元愉胁迫加入了叛军。

得知此事后，高肇如获至宝，马上决定以此为由诬陷元勰与元愉同谋。

不过，他也知道，正如伪造的古董要想让人上钩就必须请人做旧一样，捏造的事情要想让人上当也必须有人做证。

为此他不惜以高官厚禄为诱饵买通了元勰的两个前下属魏偃、高祖珍。

随后，在高肇的指使下，有人向元恪告发了此事。

元恪一开始并不相信——元勰向来清心寡欲，对权位的兴趣比聋子对音乐的兴趣还小，且早已退隐回家，怎么可能参与谋反？难道他脑子坏掉了？

他询问身边的亲信元晖（北魏宗室，昭成帝拓跋什翼健六世孙），元晖也认为这不可能。

接着，元恪又找到了他最倚重的高肇，想听听他的意见。

高肇一口咬定确有此事，并让魏偃、高祖珍站出来做证。

在高肇的如簧巧舌和魏、高两人精心编造的所谓证据面前，元恪渐渐动摇了，对叔叔本来还残留的一点信任最终化为了乌有。

这也意味着元勰的生命即将化为乌有。

几天后，元恪召元勰与高阳王元雍、清河王元怿、广平王元怀等亲王入宫赴宴。

当时元勰因王妃李氏（李冲之女）刚生了孩子，本想推辞不去，可元恪一次次派使臣催促，无奈他只好恋恋不舍地与李氏告别，坐上牛车，前往皇宫。

也许是牛通灵性，进入宫门后它似乎感受到里面气氛不对，一下子停了下来，无论怎样用鞭子抽它都不肯前进半步。

此时元恪又派随从来催，元勰无奈，只好下车由随从牵着手徒步赴宴。

由于宴席持续到很晚，元恪让各位亲王留在宫内过夜。

元勰刚进入自己的房间，高肇的亲信左卫将军元珍就捧着一杯毒酒尾随而至，身后还跟着几个杀气腾腾的武士！

元勰见状脸色大变：我没罪，我要面见皇上，虽死无恨！

元珍冷冷地拒绝了：皇上怎么可能再见你呢？

元勰还是不肯放弃：皇上圣明，应该不会无罪杀我，这肯定是有人诬告我，我要与他当面对质……

元珍不耐烦地朝旁边的武士使了个眼色。

武士当即拔出随身佩带的环首刀，用刀环猛击元勰的头部。

元勰疼痛难忍，一边拼命挣扎一边拼命大叫：苍天啊，你睁开眼看看，我如此忠心却反而被杀……

但这显然是徒劳。

最终他还是被武士打倒在地，并强行灌下了毒酒。

大概是怕他不死，武士又狠狠地补了一刀。

可怜元勰至死也不知道自己为何被杀！

他死不瞑目！

次日清晨，元勰的尸体被送回了彭城王府。

通报给其家人的死因是：彭城王因饮酒过量而导致猝死。

这样的说法，当然没人相信。

李氏知道这肯定是高肇所为，边哭边痛骂道：高肇枉理杀人，天道有灵，将来一定不得好死！

元勰一向有"贤王"之名，在当时名望极高。他的死讯传开后，无论达官贵人还是贩夫走卒都感到无比惋惜，而对杀害他的主谋高肇则无比痛恨，甚至村头卖西瓜的王二娘、街头捡垃圾的李二狗也全都义愤填膺：姓高的竟然枉杀如此贤王！

不过，这些话高肇当然听不到。

他身边围满了各种马屁精，就连大蒜吃多了口气难闻也被人吹捧为"气若幽兰，卡布奇诺，此味只应天上有，人间哪得几回闻"……

这让他自我感觉愈加良好。

除掉元勰后，他权势更盛，不久又升任司徒，位列三公。

不过，他虽然权谋水平极高，但毕竟不学无术，私心又极重，在他的主持下，北魏的朝政日益腐败，贪污成风，贿赂公行。

据说当时的吏部尚书元晖甚至公开卖官鬻爵，明码标价，以郡太守为例，大郡卖两千匹绢，中等郡为一千匹，小郡则是五百匹，其余各种官职也各有不同价钱，以至于天下人把负责选拔官员的吏部称为"市曹"——"市场衙门"。

上行下效，地方官员自然也都竞相侵吞公财，搜刮百姓。

而皇帝元恪对此则全然不管。

他热衷于谈论佛教义理，经常在内宫召集天下名僧，亲自讲经论道，很少把精力放在国事上。

可以说，此时的北魏早已是金絮其外、败絮其中了——表面上看起来依然歌舞升平，但实际上却隐藏着极深的社会危机。

这一点，很多有识之士都看出来了。

清河王元怿就是其中的一个。

他是元恪的四弟，一向以才学著称，见此时高肇擅权，而元恪却不闻不问，他非常忧虑。

在一次和元恪的谈话中，他一针见血地说此时的北魏是：明君失之于上，奸臣窃之于下，祸乱之基，于此在矣！——皇帝（元恪）在上面碌碌无为，奸臣（高肇）在下面胡作非为，祸乱的根子，就在眼下这时候啊！

但元恪对此却不以为然，只是一笑置之。

每况愈下

就这样，在元恪和高肇的统治下，北魏的国势就和进入冬季后的气温一样开始持续断崖式下跌——不仅内政混乱不堪，外战也连连受挫。

公元511年三月，南梁的朐山（今江苏连云港西南）发生内乱，当地民众杀了守将，向北魏求援。北魏徐州刺史卢昶趁机派部将傅文骥乘虚而入，占领了朐山。

朐山是南梁边防重地，不容有失。

萧衍得知朐山失陷，立即派大将马仙琕率部北上，反攻朐山。

卢昶急忙向皇帝告急，请求增兵。

他是元恪的宠臣，不久前刚从朝中外放到徐州当刺史。对于他的求援，元恪当然是有求必应，便马上派出总人数达十万的多支部队前往增援，由卢昶统一指挥。

然而，卢昶根本就不是打仗的料——他出身于北方顶级名门范阳卢氏，门第高，学问高，心气也高，平时在朝中讲起军事来头头是道，简直诸葛亮附体，但真上了战场他才发现自己什么都不知道。

结果他统率的各路大军既无法进入朐山帮助守将傅文骥防守，也无法对攻城的梁军马仙琕部造成任何威胁，只会远远地摇旗呐喊，遥相呼应。

几个月后，朐山城内的傅文骥弹尽粮绝，被迫向梁军投降。

见朐山丢了，卢昶知道自己的任务已经无法完成，急忙点起本部兵马，向徐州撤退。

也许是跑得太慌张了，他竟然没有通知其他各路部队！

魏军一觉醒来，发现主帅已经不知去向，一下子全都蒙了。

最高领导都逃了，我们还留在这干吗？难道不应该时刻与领导保持一致吗？

于是他们也都纷纷四散奔逃。

由于群龙无首，毫无组织，很快他们就溃不成军。

马仙琕乘机率军追杀，大获全胜，魏军死伤大半，幸免于难的只有不到二成。

这是继钟离之战后，魏军遭遇的又一次大惨败！

就连《魏书》也不得不承认：自国家经略江左，唯有中山王英败于钟离，昶于朐山失利，最为甚焉。

连续两次大败，对北魏皇帝元恪来说，显然是极其丢脸的。

同样的军队，为什么在他的父祖手里攻无不克，到了他的手里却是战无不败？

这让他感到无比郁闷。

胡太后：好风凭借力

公元514年十月，南梁益州（治所今四川成都）的两名将领叛逃北魏，力劝元恪伐蜀。

此时元恪正急于获得一场对南梁的胜利以挽回自己的颜面，两人的提议对他来说，等于是犯困了有人送枕头、饥饿了有人送馒头、尿湿了有人送裤头——完全是求之不得，他岂有不答应之理！

他当即决定以司徒高肇为大将军、平蜀大都督，统兵十五万西进，前往攻取益州。

其实和卢昶一样，高肇之前也从未打过仗，这次之所以会挂帅出征，是因为他在权倾天下后自信心极度爆棚，企图建立军功，以进一步加强自己的地位。

一路上，他踌躇满志，奇思异想层出不穷，很快想出了若干种作战计划。

然而他万万没有想到，他刚出发不久，朝廷内就出了大变故！

公元515年正月，33岁的元恪得了重病，三天后就去世了。

由于死得突然，元恪没来得及留下任何遗诏，也没来得及指定辅政大臣，之前大权独揽的高肇又不在朝中，北魏政权的顶层一下子变成了权力真空。

这无疑给高肇的对手留下了可乘之机。

执掌禁军的左卫将军于忠是于烈之子，是当初被高肇、高皇后联手谋害的于皇后的堂兄，他对高肇极其痛恨，当即下决心要趁此机会推翻高肇。

别看当初蹦得欢，现在我要对你拉清单！

他马上找到了中书监崔光、右卫将军侯刚等人。

由于高肇极其不得人心，几个人一拍即合，立即结成了同盟，决定连夜拥立年仅6岁的太子元诩继位。

太子詹事王显是高肇的亲信，连忙阻止：这么急干吗？还是先报告高皇后，再举行仪式也不迟啊。

崔光把脸一沉：皇帝驾崩，太子继位，这就和下雨了要打伞一样正常，哪里需要皇后的许可！

就这样，当天夜里，在于忠等人的拥戴下，元诩登上了皇位，是为北魏孝明帝。

由于皇帝年幼，无法亲政，为稳定朝局，本着"敌人的敌人就是朋友"这一原则，于忠、崔光提议重新起用此前被高肇排挤的皇族亲王。

于是，孝文帝时期的重臣、德高望重的任城王元澄在退隐多年后再次出山，出任尚书令，总管朝政，高阳王元雍（孝文帝元宏五弟）则入驻皇宫，处理具体事务。

这引起了高太后（元诩登基后，尊高皇后为太后）以及高肇一党的恐慌。

显然，作为高肇死对头的诸王复辟，就意味着高肇的失势，意味着他们的末日！他们怎么可能甘心接受？

太子詹事王显、中常侍孙伏连等人手持高太后的手谕，声称之前的任命是无效的，而应以太后的旨意为准：高肇为录尚书事，继续执政，因高肇领兵在外，由王显、高猛（高肇之侄）两人出任侍中暂领朝政。

然而有句话是这么说的：枪杆子里出政权。

禁军控制在于忠等人手里，王显他们怎么翻得了天？

于忠视太后如废后，视手谕如手纸，悍然出动禁军，将王显捕杀，罪名很简单：王显曾长期担任御医，治病不力，对大行皇帝的死负有不可推卸的责任。

之后，在于忠的授意下，小皇帝下旨召高肇回朝。

高肇这才得知元恪的死讯，大惊失色，懊悔不已。

自己留在京城干点什么不好，为什么偏偏要出来打仗！

可是再后悔也来不及了。

就像葡萄酒再也无法变回葡萄，他再也回不到过去了。

现在大权已经旁落，该怎么办？

造反吗？

他不敢。

因为他知道，自己虽然手握十五万大军，但之前从没带过兵，在军中没有威望，将领们一定不会服从。

那么，还有别的选择吗？

他绞尽脑汁却依然找不到答案。

他茶饭不思，寝食不安，仅仅几天的时间就瘦了一大圈——本来合身的衣服一下子变得跟孕妇服一样宽大；人也老了一大截——本来保养得跟水蜜桃一样滋润的脸一下子变得跟核桃一样满是皱纹。

思来想去，心存侥幸的他最后决定还是遵旨回京。

也许于忠他们看我这么听话，会一时心软放过我吧。

毕竟，梦想还是要有的，万一实现了呢？

但万一的事，99.99%不会发生。

回到洛阳后，高肇刚哭完丧下殿就被于忠派人抓捕，并当场杀死。

接着，高太后也被勒令出家为尼，三年后不明不白地去世。

而元诩的生母胡贵嫔则被尊为胡太妃，不久又升任太后。

胡氏是汉人，祖籍安定临泾（今甘肃镇原），出身于当地大族安定胡氏，她的曾祖胡略和祖父胡渊分别在后秦和胡夏为官，北魏灭夏时胡渊主动投诚，被封为武始侯，后任河州（今甘肃临夏）刺史。

胡氏的父亲胡国珍似乎没多大本事，除了有一个世袭的爵位外，他前半生唯一值得一提的成就只有一个：生了一个出色的女儿。

胡氏不仅生得容貌出众，楚楚动人，而且天资聪颖，多才多艺，诗词歌赋、琴棋书画无一不精。

然而，千里马常有，伯乐不常有；美女常有，入宫的不常有。

胡氏的伯乐是其姑妈。

她的姑妈很早就出家做了尼姑，在当时名气很大，经常有机会进入皇宫与笃信佛教的皇帝元恪谈经论道，闲谈时便有意无意地提起自己的侄女，说她有沉鱼落雁之貌……

一席话听得元恪色心大动，很快就将胡氏召入宫中，封为承华世妇——北魏后宫分为七级，从高到低分别是皇后、左右昭仪、三夫人、三嫔、六嫔、世妇、御女，可见胡氏入宫时的地位并不高。

由于北魏建国以来一直施行的"子贵母死"制度，后宫嫔妃们都害怕为皇帝生下第一个皇子——谁都不想因此而失去生命。

但胡氏却不这么看，她经常对别人说，苟利皇帝生死以，岂因祸福避趋之！

天子不可没有儿子，我怎么能为了自己的生死而让皇家失去继承人！

此时元恪已经年近 30 了，还没有儿子——之前有过两个但都早夭了，对此非常焦急，故而胡氏的话传到元恪耳中后，他对她自然更有好感。
这姑娘，真的如她姑妈说得那样，心灵和外表一样美！
从此，他对胡氏越加宠爱。

不久，胡氏怀了孕，有相熟的嫔妃劝她为自己的安全考虑，想办法流产。
她不仅不听，还发誓说：但愿我怀的是个男孩儿，即便我因此而死，也在所不辞！
公元 510 年三月，孩子出生了——天遂人愿，果然是个儿子！

元恪喜出望外，当即为儿子取名叫元诩，同时加封胡氏为充华嫔。
他还亲自安排抚育人员，将小元诩安置在别宫精心抚养，无论是高皇后还是胡氏都无法接近。
元诩 3 岁时被封为太子，按照之前的惯例，胡氏的生命应该进入倒计时了。
但元恪却没有这么做——也许是出于对胡氏的感恩，也许是出于对幼子的同情，也许是因为高皇后家势力太大，他想留着胡氏以便对高家有所制约……
实行了一百多年的"子贵母死"制度至此寿终正寝。

不过，对胡氏来说，危险并没有完全解除。
为了确保自己的地位不受威胁，一向性情妒忌且心狠手辣的高皇后一直想置其于死地——甚至在元恪去世的时候，她还企图派人暗杀胡氏。
关键时刻，幸亏知情的太监刘腾事先将此事告诉了右卫将军侯刚，侯刚在和于忠、崔光等人通气后及时将胡氏转移到了别处，并严加保护，胡氏这才幸免于难。
高太后被赶出后宫后，作为小皇帝元诩生母的胡氏顺理成章地被群臣抬了出来，成了新的太后。

接下来的一段时间里，于忠大权独揽，骄横跋扈，包括诸王在内的大臣们对他都极其不满。
为制衡于忠，群臣奏请胡太后临朝听政。
胡太后不负众望，刚一上台就用雷霆手段将于忠贬为冀州刺史，把他打发到地方任职。
之后她重用元澄、元雍、元怿等北魏亲王以及崔光、侯刚、刘腾等功臣，北魏的朝政很快就稳定了下来。
就这样，继冯太后之后，又一个女人走上前台，成为北魏最有权势的人物。

公元516年，执政不久的胡太后遇到了一个严峻的挑战——时隔几年，南方边境的形势又再度紧张起来了！

自从连续取得钟离、朐山两战的胜利后，南梁皇帝萧衍信心大增，一心想要收复淮南重镇寿阳（今安徽寿县）。

公元514年，在降将王足的建议下，萧衍突发奇想，决定在寿阳淮河下游的浮山峡（今安徽五河）修建拦河大坝，想要水灌寿阳。

在征用了二十万民工、付出了无数人力物力财力脑力后，两年后大坝终于合龙了。

一时间，北魏军队颇为紧张。

然而，这只是一场虚惊。

以当时有限的技术条件，根本无法保证这种大规模水利工程的质量。

就在浮山堰建成仅几个月后，淮河水位暴涨，大坝被冲毁了。

决堤的洪水给下游造成了巨大的灾难——一下子吞没了下游无数村落和十多万南梁无辜百姓的生命！

杀敌为零，自伤十万！

萧衍拍脑袋想出的这个主意非但没能实现他的战略意图，反而导致自己的国力遭受重创！

一时间，百姓怨声载道，经济元气大伤。

之后，萧衍不得不把自己的主要精力放在了内政上，放弃了原先雄心勃勃的北进计划。

南北两朝的局势终于再次平静了下来。

也许在那个时候，谁也不会想到，表面的风平浪静之下早已暗流涌动。

也许在那个时候，谁也不会想到，一个更加波澜壮阔、更加激动人心的时代即将到来。

也许在那个时候，谁也不会想到，尔朱荣、高欢、宇文泰、陈庆之、高敖曹、独孤信、李虎（唐高祖李渊祖父）、杨忠（隋文帝杨坚之父）、韦孝宽、陈霸先、高长恭（兰陵王）、宇文邕……一个个如雷贯耳的盖世英雄们已经在台下做好了充分的热身，即将依次登上历史舞台，为大家展现那段充满热血、充满智谋、充满精彩的千古传奇！

欲知详情，请参看我的另两部作品《彪悍南北朝之铁血双雄会》《彪悍南北朝之铁血后三国》。